Ethische Entscheidungen treffen

Orientierung für Christen

Mülheimer Verband (Hrsg.)

Nochmals überarbeitete und erweiterte Neuauflage
Bremen 2024

Missionsverlag des Mülheimer Verbandes
Freikirchlich-Evangelischer Gemeinden

Titel:

Ethische Entscheidungen treffen
– Orientierung in stürmischen Zeiten

Herausgeber:

Mülheimer Verband Freikirchlich-Evangelischer Gemeinden
Habenhauser Dorfstr. 27, 28279 Bremen

Auflage:

1. Auflage, Bremen 2007, 750 Stück
2. Auflage, Bremen 2007, 600 Stück
3. Überarbeitete und erweiterte Auflage, Bremen 2010, 1.600 Stück
4. Überarbeitete und erweiterte Auflage, Bremen 2017, 2.500 Stück
5. Nochmals überarbeitete und erweiterte Auflage, Bremen 2024, 3.000 Stück

Satz & Layout: Dieter Stiefelhagen, Bremen; Neuauflage: Rebecca Meinikheim, Rot am See
Cover: Judith Böttger, Mülheim an der Ruhr
Druck: Wydawnictwo ARKA, Polen
ISBN 978-3-923649-24-2

Bestellungen an:

Missionsverlag des Mülheimer Verbandes
Habenhauser Dorfstr. 27, 28279 Bremen
E-Mail: geschaeftsstelle@muelheimer-verband.de
Internet: www.muelheimer-verband.de

Inhaltsverzeichnis

1 **Vorwort**
Prof. Dr. Dr. Thomas Schirrmacher

5 **GEMEINDEETHIK**

6 **Ethische Entscheidungen treffen**
Woran orientieren wir uns?
Prof. Dr. Dr. Thomas Schirrmacher

22 **Den Feiertag heiligen**
Was bedeutet das im Alltag?
Vorstand des Mülheimer Verbandes FEG

28 **Das Abendmahl feiern**
Wer ist eingeladen und wer nicht?
Vorstand des Mülheimer Verbandes FEG

36 **Geld** *(überarbeitet)*
Der verantwortungsvolle Umgang mit Geld
Markus Zobec

50 **Erdbestattung – Kremation – Friedwald**
Wie gehen Christen mit der sich verändernden Begräbniskultur um?
Martin Lutzweiler

58 **Gemeindezucht** *(überarbeitet)*
Wie soll die Gemeinde auf ethische Verfehlungen reagieren?
Dr. Markus Liebelt

78 **Sexueller Missbrauch**
Wie können wir unsere Kinder und Jugendlichen schützen?
Anne Hitzemann

98 **Das christliche Zeugnis in einer multireligiösen Welt** *(neu)*
Empfehlungen für einen Verhaltenskodex
Ökumenischer Rat der Kirchen, Päpstlicher Rat für Interreligiösen Dialog und Weltweite Evangelische Allianz

105 FAMILIENETHIK

106 Vater und Mutter ehren
Was bedeutet das konkret und wie weit geht das Gebot?
Friedemann Pache

118 Unerfüllter Kinderwunsch
Ist alles erlaubt, was medizinisch machbar ist?
Hans-Peter Pache

134 Empfängnisverhütung
Wege zur verantwortlichen Familienplanung
Manfred Vetter

142 Adoption
Ein Ausweg aus der Kinderlosigkeit?
Ulrich Pauli

160 Pflegebedürftige Senioren
Was tun, wenn die Eltern älter werden?
Esther und Klaus-Günter Pache

175 SEXUALETHIK

176 Sex ohne Trauschein
Was dient der Liebe?
Manfred Vetter

188 Die Institution Ehe zerfällt *(überarbeitet)*
Wie sollen wir reagieren?
Johannes Euhus

214 Bis dass der Tod uns scheide
Kirchlicher Segen ohne Trauschein?
Johannes Euhus

218 Ehescheidung bei Pastoren und Ältesten
Wie geht die Gemeinde damit um?
Stellungnahme der Leitung des Mülheimer Verbandes FEG

226 **Homosexuell empfindende Menschen in der Gemeinde** *(überarbeitet)*
Wie gestalten wir das miteinander?
Vorstand des Mülheimer Verbandes FEG

282 **Pornografie** *(neu)*
Konsumfolgen aus psychologischer, soziologischer und theologisch-ethischer Sicht
Merlin Fürstenberg

305 **SOZIALETHIK**

306 **Schwarzarbeit und Sozialbetrug**
Kavaliersdelikt oder Sünde?
Dr. Markus Liebelt

318 **Alternative Heilverfahren**
Hat Recht, wer heilt?
Johannes Euhus

332 **Vergebung oder Strafanzeige?**
Wie viel Unrecht muss ein Christ ertragen?
Edwin Schulz

344 **Umwelt- und Klimatschutz** *(neu)*
Welche Antworten geben wir?
Daniel Gerasch

358 **Künstliche Intelligenz** *(neu)*
Wie gehen Christ/-innen mit den Potenzialen und Risiken von KI-Systemen um?
Johannes Haack

388 **Weiterführende Literatur**
Friedemann Pache

Vorwort

Private Heiligung und gesellschaftliche Veränderung

von Prof. Dr. Dr. Thomas Schirrmacher

Ethik ist für Evangelikale – in guter Tradition des Pietismus und der Erweckungsbewegungen, aber auch reformatorischer und charismatischer Aufbruchsbewegungen – zunächst einmal „Heiligung". Ethik bedeutet zuallererst, dass Gott in Christus jedem Sünder vergibt und jeder in der Kraft des Heiligen Geistes ein neues Leben beginnen kann.

Die Verbindung von Ethik und Heiligung zeigt sich treffend in der Glaubensbasis der Deutschen Evangelischen Allianz von 1972. Sie bekennt sich „zur göttlichen Inspiration der Heiligen Schrift, ihrer völligen Zuverlässigkeit und höchsten Autorität in allen Fragen des Glaubens". Sie führt diesen Satz aber weiter, indem sie ergänzt: „… und der Lebensführung". Das Verhältnis zur Bibel, die uns Christus bezeugt, wird damit auf die persönliche Lebensführung zugespitzt, wie es bereits in der Kernstelle 2. Timotheus 3,16-17 der Fall ist. Weiter bekennt sich die Glaubensbasis „zum Werk des Heiligen Geistes, welcher Bekehrung und Wiedergeburt des Menschen bewirkt, im Gläubigen wohnt und ihn zur Heiligung befähigt". Deshalb: Ethisches Handeln ist für Evangelikale der Ausdruck ihrer christlichen Existenz, ist „Leben in der Heiligung" durch das gnädige Handeln Gottes und seines Geistes.

Daraus wurde aber oft abgeleitet, evangelikale, ja biblische Ethik überhaupt, sei Privatsache. Manche Christen haben das vehement vertreten und jedes soziale und politische Engagement verworfen, ebenso haben Außenstehende uns Christen, manchmal zu Recht, manchmal zu Unrecht, vorgeworfen, sich der Gesellschaft zu verweigern.

Doch ist bereits Familie noch reine Privatsache? Kann man zwischen dem privaten Familienleben und der gesellschaftlichen Lage der Familie, ja der Familienpolitik wirklich trennen? Sind Kinderkrippen eine Frage der privaten Lebensführung oder ein hochpolitisches Thema?

Und kann man von der biblischen Arbeits- und Wirtschaftsethik sagen, dass es sich bei ihr nur um eine rein persönliche Arbeitsmoral handele? Wenn die Bibel immer wieder auffordert, Armen zu helfen, ist damit nur gemeint, dass der Einzelne einem Armen privat etwas zusteckt? Warum greifen dann die alttestamentlichen Propheten Großgrundbesitzer an, die durch ihre Immobilienspekulationen die Armut der Witwen und Waisen verursachen?

Tatsächlich umfasst ein christlicher Lebensstil immer sowohl die privatesten Dinge des Herzens als auch die öffentlichsten Fragen der ganzen Schöpfung. Gott ist der Schöpfer und Erlöser jedes Einzelnen ebenso wie der ganzen Welt.

Die ethische Stärke der weltweiten evangelikalen Bewegung ist sicher ihre Verbundenheit mit der Basis der Kirchen. Sie hat eine starke Mobilisierungskraft, die von persönlichen Beziehungen ausgeht und von der verändernden Kraft des Heiligen Geistes im Leben des Einzelnen getragen wird. Sie ist äußerst aktiv, so sehr, dass darüber die lehrmäßige und intellektuelle Reflexion bisweilen hinten ansteht und dass sie selbst bisweilen nicht wahrnimmt, welch weittragende Bedeutung ihre Ethik oft hat. Das führt dann auch leicht dazu, dass bestimmte Lieblingsthemen ständig auf der Tagesordnung stehen, viele für den Einzelnen ebenso wie für die Gesellschaft wichtige Einzelfragen aber ins Hintertreffen geraten.

Der vorliegende Band ist da eine rühmliche Ausnahme und gibt den Weg vor, den wir noch in vielen anderen Fragen zu beschreiten haben. Zwei Beiträge beschäftigen sich etwa mit Adoption und mit medizinischen Wegen, den unerfüllten Kinderwunsch vielleicht doch zu erfüllen. Für die Betroffenen sind das tief in ihr persönliches Leben eingreifende, schwere Entscheidungen, auf die gesamte Gesellschaft hochgerechnet ergibt sich daraus aber auch insgesamt, wie stark sie von der Liebe geprägt ist. Viel zu selten geben hier Christen einander und anderen Menschen Hilfen an die Hand.

Ähnliches gilt für andere Themen des Buches. Der Umgang mit den pflegebedürftigen Eltern ist etwas, das das Privatleben tiefgreifend bestimmt, aber zugleich auch ein gesamtgesellschaftliches Problem von großer rechtlicher und wirtschaftlicher Tragweite. Ebenso ist die Frage danach, ob man Strafanzeige erstattet oder Vergebung anbietet, nicht entweder dem privaten oder dem öffentlichen Bereich zuzuordnen. Viele ganz persönliche Entscheidungen in diesem Bereich ergeben doch zusammen genommen eine Gesellschaft der Versöhnlichkeit oder eine Gesellschaft des andauernden Rechtsstreites von jedem gegen jeden.

Wer solch konkrete Fragen angeht, muss sich auch Fragen der innergemeindlichen Ethik stellen - und zwar durchaus selbstkritisch, denn nur die Wahrheit, nicht die Selbsttäuschung, kann uns frei machen. Deswegen beschäftigen sich zwei Beiträge mit Pastorenehen und mit Gemeindezucht.

Es ist dem Mülheimer Verband zu danken, dass er nicht nur für seine eigenen Gemeinden und Mitarbeiter, sondern auch für alle an der Heiligung aller Lebensbereiche interessierten Christen an einigen Themen deutlich macht, wieviel wir zu sagen haben, wenn wir einerseits das lebendige Wort Gottes immer wieder neu studieren und ernst nehmen und gleichzeitig die heutigen realen Fragen und Probleme unsererseits selbstkritisch und ehrlich aufgreifen und kompetent angehen.

PROF. DR. DR. THOMAS SCHIRRMACHER
PROFESSOR FÜR ETHIK UND REKTOR DES MARTIN BUCER SEMINARS
VORSITZENDER DER THEOLOGISCHEN KOMMISSION DER WELTWEITEN EVANGELISCHEN ALLIANZ UND SEIT 2014 PRÄSIDENT DES INTERNATIONALEN RATES DER INTERNATIONAL SOCIETY FOR HUMAN RIGHTS

Ethische Entscheidungen treffen

Gemeindeethik

Ethische Entscheidungen treffen

Woran orientieren wir uns?

von Prof. Dr. Dr. Thomas Schirrmacher

1. Lieben, Denken, Arbeiten

Bevor wir uns der Frage der konkreten Entscheidungsfindung zuwenden, wollen wir zunächst drei Grundlagen legen. Drei Dinge sind nämlich Voraussetzung für alles Folgende:

1. die Bereitschaft zum Lieben
2. die Bereitschaft zum Denken
3. die Bereitschaft zum Arbeiten

1.1 Christliche Führungskräfte lieben gerne

Christliche Ethik[1] ist Liebesethik, denn „Gott ist Liebe" (1. Joh. 4,8 und 16). Er ist „der Gott der Liebe" (2. Kor. 13,11) und Jesus ist „die Liebe Gottes unter uns" (1. Joh. 4,9). Deswegen hat die Liebe im Wesen Gottes ihren Ursprung: „Die Liebe ist von Gott" (1. Joh. 4,7). Zugleich hat Gott „Lust an der Liebe" (Hos. 6,6). Deswegen ist es dasselbe, in Gott zu sein und in der Liebe zu sein: „Gott ist Liebe und wer in der Liebe bleibt, bleibt in Gott und Gott bleibt in ihm" (1. Joh. 4,16). Aus der Liebe Gottes[2] ergibt sich das Liebesgebot.

---

1 Ich habe mich mit vielen der in diesem Buch angesprochenen Fragen ausführlich aus dem Blickwinkel der theologischen Ethik in meinem Werk „Ethik" (2. Aufl., 3 Bände, 2560 S., RVB: Hamburg, 2001) beschäftigt. Wer also statt der Konzentration auf praktische Fragen der Entscheidungsfindung grundsätzlichere Diskussionen wünscht, sei auf diese Bände verwiesen.

2 Die drei besten mir bekannten Untersuchungen zum Begriff „Liebe" im Neuen Testament sind: Wilhelm Lütgert. *Die Liebe im Neuen Testament.* TVG. Brunnen: Gießen, 19862 (Nachdruck von A. Deichert: Leipzig, 19051) - kurzgefasst in Wilhelm Lütgert. *Schöpfung und Offenbarung.* Brunnen: Gießen, 19842 (Nachdruck von Bertelsmann:

Das Gebot zur Liebe ist nicht irgendein Gebot, sondern jedes Gebot und jede Entscheidung gewinnt seine Bedeutung aus der Liebe und ist auf Liebe ausgerichtet.[3] Paulus schreibt deswegen: „Das Endziel des Gebotes ist Liebe aus reinem Herzen und gutem Gewissen und ungeheucheltem Glauben" (1. Tim. 1,5).

Deswegen können die Gebote Gottes und die Grundwerte dieser Schöpfung nie mit der Liebe in Konflikt geraten. Lediglich wenn die Grenzen überschritten werden, ist die Liebe in Gefahr. Deswegen schreibt Paulus: „Die Frucht des Geistes aber ist: Liebe, Freude, Friede, Langmut, Freundlichkeit, Güte, Treue, Sanftmut, Selbstbeherrschung. Gegen diese ist das Gesetz nicht" (Gal. 5,22-23).

Durch die Verbindung der Liebe mit den Geboten Gottes wird auch die Frage nach der Selbstliebe in dem Satz „Du sollst deinen Nächsten lieben wie dich selbst" geklärt.

Die Bibel kann selbst das höchste Ziel des Menschen, nämlich ewiges Leben zu erlangen und in ewiger Gemeinschaft mit Gott zu leben, in doppelter Weise begründen. Einerseits wird damit Gott an die erste Stelle gesetzt und der Mensch ordnet sich demütig Gottes Willen unter: Der Mensch wird Gott ewig als seinen Herrn und Erlöser preisen. Andererseits ist dies aber zugleich das Beste, was ein Mensch für sich selbst tun kann. Deswegen begründet die Bibel ein Leben nach dem Willen Gottes ohne Hemmungen mit dem Nutzen, den der Mensch davon in Ewigkeit haben wird (z.B. Eph. 6,8; Kol. 3,23-24; Joh. 4,36; vgl. 1. Tim. 6,19). Die ewige Gemeinschaft mit dem dreieinigen Gott ist die höchste Vollendung der Liebe zu Gott, der Liebe zu anderen und der wahren Liebe des eigenen Lebens, also dem Wunsch, das Beste aus dem eigenen Leben zu machen.

1.2 CHRISTLICHE FÜHRUNGSKRÄFTE DENKEN UND LERNEN GERNE

Der gottesfürchtige Mensch ist im Alten Testament ein Mensch, der viel nachdenkt und nicht gedankenlos in den Tag hineinlebt. Dies wird im Buch der Sprüche immer und immer wieder betont, so etwa, wenn es um das Reden geht: „Das Herz des Gerechten überlegt, was zu antworten ist; aber der Mund der Gottlosen lässt Bosheiten sprudeln" (Spr. 15,28); „Der Einfältige glaubt jedem Wort, aber der Kluge achtet auf seinen Schritt" (Spr. 14,15). Christen wissen, was sie tun, und leben nicht blind in den Tag hinein.

Gütersloh, 19341). S. 375-398; Leon Morris. *Testaments of Love: A Study of Love in the Bible.* Wm. B. Eerdmans: Grand Rapids (MI), 1981; Benjamin B. Warfield. *„The Terminology of Love in the New Testament".* The Princeton Theological Review 16 (1918): S. 1-45+153-203, abgedruckt in Benjamin B. Warfield. *Biblical Doctrines. The Banner of Truth Trust*: Edinburgh, 1988 (Nachdruck von 1929). S. 511-597.

3 Vgl. dazu vor allem Wilhelm Lütgert. *Die Liebe im Neuen Testament.* a. a. O. S. 82-85

Die im Neuen Testament immer wieder angesprochene „Selbstbeherrschung“[4] (früher oft mit „Zucht“ wiedergegeben) hat sehr viel damit zu tun, nicht den Trieben zu folgen, sondern erst zu denken und dann zu handeln (Apg. 24,25; 2. Petr. 1,6; 1. Kor. 7,29; 1. Kor. 9,25; Tit. 1,8). Die noch häufiger empfohlene „Besonnenheit“, also die Dinge ruhig zu durchdenken, wird immer wieder als eine Eigenschaft bezeichnet, die Christen auszeichnen soll (z.B. Röm. 12,3; 1. Petr. 4,7; vgl. Spr. 1,4).

Die Veränderung unseres alltäglichen Lebens beginnt in unserem Herzen. Nur wenn unser Denken dem Willen Gottes unterstellt wird, können alle Bereiche unseres Lebens von der „Erneuerung“ erfasst werden. Der Verstand, der nach Römer 1,18-32 preisgegeben werden musste, um ja nicht Gott dienen zu müssen, erhält seine ursprüngliche Bestimmung zurück: Durch ihn können wir den offenbarten Willen Gottes erfassen und Gott dienen. Der Verstand erhält durch Gottes Gnade für den Christen eine ungeahnte Würde.

1.3 CHRISTLICHE FÜHRUNGSKRÄFTE ARBEITEN GERNE

In der Bibel ist Gott schon im Schöpfungsbericht ein Gott, der arbeitet.[5] Dass der Mensch sechs Tage arbeiten und am siebten Tag ruhen soll, wird in den Zehn Geboten damit begründet, dass Gott in sechstägiger Arbeit die Welt erschaffen hat und danach „von seiner Arbeit“ (1. Mose 2,2) ruhte. Die Bibel spricht häufig von Gottes Arbeit[6], von den „Werken [oder: Arbeit] deiner Hände“ (Ps. 138,8). Gott ist ein weiser Bau- und Werkmeister (Ps. 104,24; Hebr. 11,10). Der Mensch kann ruhig schlafen und von der Arbeit Abstand nehmen, denn „Siehe, der Hüter Israels schläft und schlummert nicht“ (Ps. 121,4).

Für die biblische Arbeitsmoral[7] hat Arbeit deswegen eine große Würde, eine Würde, die in der menschlichen Ebenbildlichkeit Gottes begründet liegt.

---

4 Griech. „enkrateia“, andere Bedeutungen: Selbstkontrolle, Enthaltsamkeit, Zucht, Mäßigkeit, Besonnenheit. Das Gegenteil ist Unbeherrschtheit, Zuchtlosigkeit, Gesetzlosigkeit, Unmäßigkeit.

5 Vgl. Dennis Peacocke. *Almighty and Sons. Doing Business God's Way! Rebuild*: Santa Rosa (CA), 1995. S. 51-54

6 Vgl. Horst Dietrich Preuß. „Arbeit I“. S. 613-618 in: Gerhard Müller (Hg.). *Theologische Realenzyklopädie*. Bd. 3. de Gruyter: Berlin, 1993/1978 (Studienausgabe), hier S. 614-615 (vgl. insgesamt zur „Arbeit“. S. 613-669)

7 Vgl. Alfred de Quervain. *Ruhe und Arbeit, Lohn und Eigentum*. Ethik II Bd. 3. Evangelischer Verlag: Zollikon (CH), 1956. S. 17-112+149-165; Miroslav Volf. „Arbeit, Geist und Schöpfung“. S. 32-60 in: Hermann Sautter, Miroslav Volf. *Gerechtigkeit, Geist und Schöpfung*: Die Oxford-Erklärung zur Frage von Glaube und Wirtschaft. Brockhaus: Wuppertal, 1992 und die gute Zusammenstellung bei Derek Prince. *Biblische Lebenshilfen im Grundriß*. Verlag der Francke-Buchhandlung: Marburg, 1990. S. 42-43, so-

Die Arbeit ist nicht erst dann etwas wert, weil und wenn etwas dafür bezahlt wird, sondern Arbeit soll gerecht bezahlt werden, weil sie schon an sich einen Wert hat, also wertvoll ist. Deswegen hat die bezahlte Arbeit auch den gleichen Stellenwert wie die unbezahlte Arbeit. Wenn der Mensch sechs Tage arbeiten soll, heißt das nicht unbedingt, dass er sechs Tage für Geld arbeiten soll. Wenn man einmal aufzählt, was in Spr. 31,11-31 als Tätigkeiten der Frau aufgelistet wird, ist man erstaunt, welche Vielfalt dort erscheint und wie die unterschiedlichsten Tätigkeiten mit und ohne Erwerb gleichberechtigt nebeneinander stehen.

Die Zehn Gebote beinhalten das Gebot „sechs Tage sollst du arbeiten" (2. Mose 20,8-10; 5. Mose 5,12-15), auch wenn hier also nicht unbedingt eine sechstägige Arbeit für Geld („Sechstagewoche") gemeint ist, sondern dieses Gebot auch von der Hausfrau, freiwilliger Sozialarbeit oder ehrenamtlichen Tätigkeiten erfüllt wird. Faulheit ist deswegen in der Bibel Sünde. „Eine der bittersten Anklagen der Propheten gilt den faulen Reichen (z.B. Amos 6,3-6)."[8] Reichtum kann etwas Positives sein und genossen werden, aber nicht, wenn er zum obersten Lebenszweck wird, und nicht, wenn er die Wohltat des Arbeitens verdrängt oder vernichtet.

Dabei ist Gott ein Gott, der mehr arbeitet als alle Menschen, weil er mehr Autorität hat als alle Menschen. Er „schläft und schlummert nie" (Ps. 121,4).

Dementsprechend bringt Verantwortung und Macht immer Mehrarbeit mit sich. Dass mehr Verantwortung und Autorität zu mehr Arbeit führt, ist ein Prinzip, das eine Besonderheit des Christentums (und Judentums) unter den Religionen darstellt. Die Autorität des Menschen über die Erde (1. Mose 1,26-30) als Krone der Schöpfung, also der Auftrag, sich die Erde untertan zu machen, bedeutet gerade den Auftrag zur Arbeit, die Erde zu verwalten, die er ja nicht nur verändern („bebauen"), sondern auch erhalten

---

wie die zwar gemäßigt kritischen, aber wichtigen Untersuchungen: Walther Bienert. *Die Arbeit nach der Lehre der Bibel.* Evangelisches Verlagswerk: Stuttgart, 1954 475 S. (S. 414-428 umfangreiche Literatur); Alan Richardson. *Die biblische Lehre von der Arbeit.* Anker-Verlag: Frankfurt, 1953; Udo Krolzik. *Umweltkrise: Folge des Christentums?* Kreuz Verlag: Stuttgart, 1979. S. 61-70. Die Untersuchung, die mit unseren Ausführungen zur Arbeitsethik am stärksten in Einklang steht, ist Doug Sherman; William Hendricks. *Your Work Matters to God.* NavPress: Colorado Springs (CO), 1990PB; John Stott. *Christsein in den Brennpunkten unserer Zeit … 3 …* im sozialen Bereich. Francke: Marburg, 1988 [Engl. 1984]. S. 11-64; Michael A. Zigarelli. Christianity 9 to 5: *Living Your Faith at Work.* Beacon Hill Press: Kansas City (MI), 1998; „Arbeit". S. 189-204 in: *Lexikon der Bioethik.* 3 Bde. Bd. 1. Gütersloher Verlagshaus: Gütersloh, 1998; Walter Künneth. *Moderne Wirtschaft - Christliche Existenz.* Claudius: München, 1959. S. 6-8, Abschnitt „Arbeit als Stiftung Gottes"

8 Alan Richardson. *Die biblische Lehre von der Arbeit.* a. a. O. S. 16

(„bewahren“) soll, wie 1. Mose 2,15 deutlich macht: „Gott der Herr nahm den Menschen und setzte ihn in den Garten, um ihn zu bebauen und zu bewahren“.

1.4 DIE DREI SEITEN JEDER ENTSCHEIDUNG

Wir sind nun also eingestimmt, zu lieben, zu denken und zu arbeiten, wenn wir Entscheidungen treffen. Wir wollen im Folgenden drei Aspekte jeder Entscheidung, insbesondere jeder Führungsentscheidung, nacheinander betrachten.

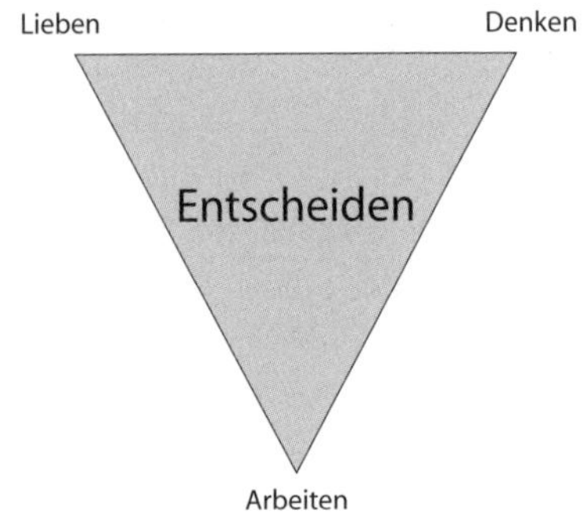

Der **normative Aspekt** kommt in der Bibel in der Bedeutung der unveränderbaren **Gebote** Gottes zum Ausdruck. In der Ethik generell finden wir ihn am stärksten in den Grundwerten wieder.

Der **situative Aspekt** kommt in der Bibel in der Bedeutung der **Weisheit** zum Ausdruck, die aufgrund von Erfahrung und der konkreten Situation abwägt. In der Ethik generell spielen hier die so genannte Pflichtenkollision, die Situationsethik und die kulturelle Anpassung eine Rolle.

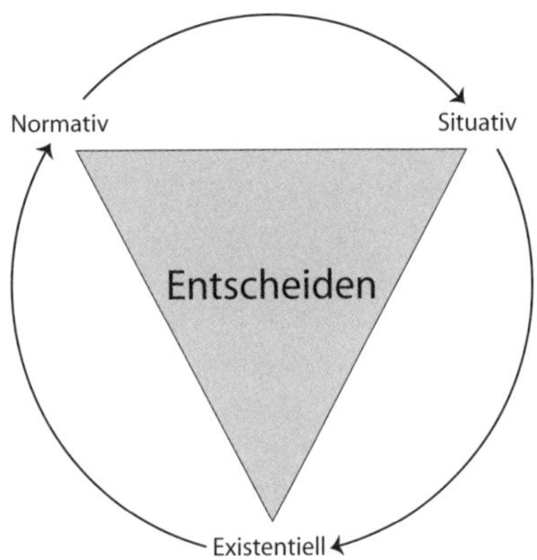

Der **existentielle Aspekt** kommt in der Bibel in der Bedeutung des **Herzens** und des **Gewissens** zum Ausdruck, in dessen Innerem aufgrund normativer und situativer Überlegungen die eigentliche Entscheidung fällt. In der Ethik generell wird hier vom Gewissen und von den Motiven gesprochen.

Normativ, situativ und existentiell stehen für klassische Entwürfe der Ethik. Sie gehen davon aus, dass dem Menschen durch Normen und Gebote vorgegeben wird, wie er zu handeln hat, der Mensch nur in der Situation erfassen kann, was das Beste ist, oder aber die ethische Entscheidung in unserem Innersten als Ringen um unsere Existenz stattfindet.

Ich halte alle drei Entwürfe für falsch, wenn sie für sich stehen und gegen die anderen Schwerpunkte ausgespielt werden. Ich halte alle drei Entwürfe für berechtigt, wenn sie sich als wichtiges Glied in einer Gesamtentscheidung verstehen. Vor allem bin ich der Meinung, dass alle drei Aspekte in der Bibel breit bezeugt sind, nicht als Gegeneinander, sondern als Ergänzung.[9]

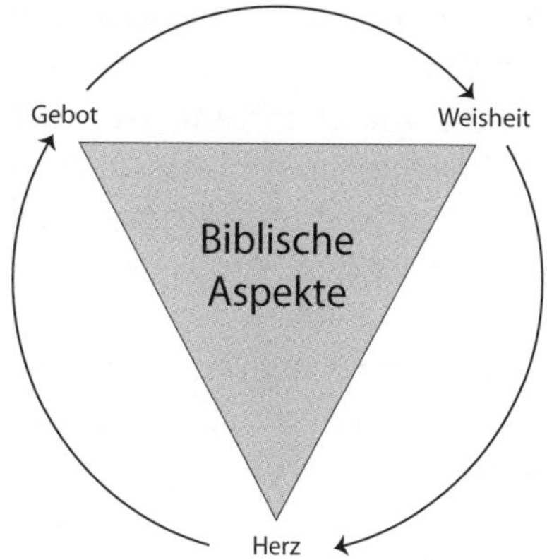

Wenn ich im Folgenden verschiedene Aspekte diesen drei Schwerpunkten zuordne, so ist das nicht so zu verstehen, als sei eine perfekte Abgrenzung möglich. Dies gilt insbesondere für die vielen Beispiele. Da jede Entscheidung alle drei Aspekte enthält, könnte man die meisten Beispiele auch unter anderen Kategorien aufführen, aber ich betone jeweils einen Aspekt besonders.

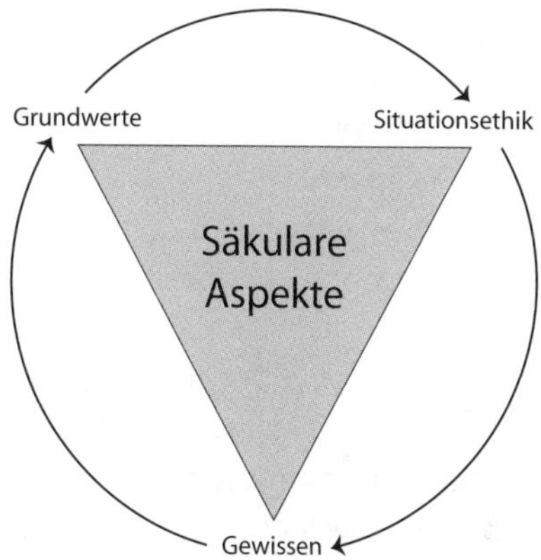

2. Normativ entscheiden

2.1 NORMATIV FÜHREN HEISST WERTE SETZEN UND GRENZEN ZIEHEN

Werte und Glauben

„Keine menschliche Gemeinschaft kommt ohne Normen aus, weil der Mensch (im Gegensatz zum Tier, das vom Instinkt geleitet wird) nicht einfach von Natur aus weiß, wie er sich verhalten muss, damit die Gemeinschaft funktioniert."[10] Werte und Normen werden [...] in ihrem Sinn von der Liebe her bestimmt. Sie setzen die Bereitschaft voraus, sie aus Liebe zu verteidigen und aus Liebe Grenzen zu ziehen, wo diese Werte mit Füßen getreten werden.

Diese Werte sind dem Menschen nicht an sich vorgegeben, lassen sich auch nirgends „an sich" ermitteln oder durch wissenschaftliche Forschung nachweisen,

9 So auch John M. Frame. *Perspectives on the Word of God: An Introduction to Christian Ethics*. Wipf and Stopk Publ.: Eugene (OR), 19992; Presbyterian and Reformed Publ.: Phillipsburg (NJ), 19901. S. 51-56

10 Andreas Henrici. „Das schweizerische Recht". S. 365-369 in: Niklaus Flüeler; Roland Gfeller-Corthésy. *Die Schweiz*. Ex Libris Verlag/Migros: o. O., 1975, hier S. 365

sondern ergeben sich aus dem Glauben eines jeden Menschen, wobei hier „Glaube" nicht im engen Sinne verstanden wird, sondern alles umfasst, worauf sich der Mensch verlässt, ohne es vorab beweisen zu können.

Die Bedeutung des Glaubens für die Werte bedeutet allerdings nicht, dass diese Werte dem Nachdenken entzogen sind, denn die Auswirkungen solcher Grundentscheidungen kann man sehr wohl im tatsächlichen Leben überprüfen.

Quellen der evangelischen Ethik

Wenn es um normative Entscheidungen und um Werte geht, stellt sich die Frage, woher christliche Führungskräfte diese Werte und Grenzen nehmen und auf welcher Autorität sie beruhen. Alister E. McGrath schreibt dazu:

„Grob gesprochen, hat die christliche Tradition vier Hauptquellen erkannt:

1. Die Schrift

2. Die Vernunft

3. Die Tradition

4. Die Erfahrung."[11]

Daneben könnte man noch die Situation (also die konkreten Umstände) sowie die jeweilige uns umgebende Kultur nennen, wobei man diese Faktoren natürlich alle unter die vier von Alister E. McGrath genannten klassischen Quellen der Ethik subsumieren kann. Für die evangelische Ethik ist das Wort Gottes der letzte und einzig unantastbare Maßstab, die Richtschnur, an der alle anderen Autoritäten zu messen sind (Lat. „norma normans", also die Norm, die andere Normen normiert). Weil sich der Schöpfer der Welt, der weiß, wozu er die Welt erschaffen hat und welche Ordnungen für sie am besten sind, durch die Heilsgeschichte hindurch offenbart und das Wichtigste daraus in seinem Wort zusammengefasst hat, beginnt für Christen jedes ethische Denken dort.

Damit stellt sich aber natürlich sofort die Frage, welchen relativen Stellenwert denn dann andere Größen wie die Tradition, der Verstand, die Weisheit, die Erfahrung oder die konkrete Situation und Kultur haben: Sind sie zu verwerfen, weil die Heilige Schrift die höchste Autorität ist, oder dürfen sie in ethische Entscheidungen einbezogen werden? Die Nennung von Tradition, Erfahrung, Verstand und Situation (bzw. Kultur) soll dabei keine abschließende Einteilung der Erkenntnisquellen und -wege der Ethik sein, sondern nennt klassische Bezeichnungen aus unserer Kultur-

---

11 Alister E. McGrath. *Der Weg der christlichen Theologie*. C. H. Beck: München, 1997. S. 189; vgl. ausführlicher ebd. S. 189-243 (Kap. 6: „Die Quellen der Theologie"). Vernunft und Erfahrung neben der Schrift diskutiert Martin Honecker. *Einführung in die Theologische Ethik*. Walter de Gruyter: Berlin, 1990. S. 187-202.

geschichte, mit denen wir beschreiben, auf welchem Wege gute und richtige Einsichten zu uns gelangen.

Eine überzogene Sicht, die frömmer sein will, als es Jesus oder die Apostel waren, will all diese Größen aus der Ethik ausschalten. Angeblich orientiert man sich dann ausschließlich an der Bibel und verwirft alle anderen Maßstäbe und Ratschläge. Natürlich könnte man zunächst einfach darauf verweisen, dass das in der Realität gar nicht möglich ist. Es gibt niemanden, der steril ausschließlich aus der Bibel lebt, und niemanden, der sich nicht auch dann für Gutes und gegen Böses entscheiden kann, wenn der Sachverhalt in keiner Weise von der Bibel beleuchtet wird. So wird man Argumente gegen das Tabakrauchen zusammentragen können, auch wenn die Bibel nirgends auf dieses Thema eingeht und man Rauchen nicht unmittelbar als Sünde bezeichnen kann. Rauchen ist eben „nur" ungesund, unsozial und unweise.

Ich möchte an dieser Stelle aber vielmehr darauf verweisen, dass der Bibel selbst ein solches Konzept völlig fremd ist. Die Bibel selbst fordert uns immer wieder dazu auf, neben und unter der göttlichen Offenbarung, die Weisheit und Erfahrung sowie die Ermahnung verschiedener Autoritätsträger aus der Geschichte ernst zu nehmen.

2.2 NORMATIV FÜHREN HEISST ANWENDEN UND ÜBERSETZEN

Die vielfältige Art der Gebote

Die Bibel selbst tritt uns nicht einfach als Sammlung einiger grundlegender Ordnungen und Werte gegenüber, die man schnell erlernt und in der Situation aufsagt. Die Gebote und Ordnungen Gottes können nämlich in einer ungeheuren literarischen Vielfalt und Ausdrucksweise verkündigt werden.[12]

Fünf Ebenen des Gesetzes

Die Bibel vermittelt die Ethik nicht einlinig in Form von feststehenden Geboten allein, sondern in der gesamten Bandbreite zwischen sehr allgemeinen Grundaussagen auf der einen und sehr konkreten Fallbeispielen auf der anderen Seite.

So kann man etwa im alttestamentlichen Gesetz fünf Ebenen unterscheiden: 1) Kernanliegen; 2) Grundgebot; 3) Ausführungsbestimmung; 4) Fallgesetz am Beispiel von Menschen; 5) Fallgesetz am Beispiel von Tieren.

Natürlich könnten auch andere Ebenen voneinander abgegrenzt werden und natürlich finden sich nicht immer alle Ebenen zu einem Thema. Es geht hier nicht um die Zahl, sondern um das Wesen des Gesetzes, die Gebote in der Spannweite zwischen ganz allgemeinen Aussagen und ganz konkreten Beispielen zu formulieren.

---

12 Vgl. die Übersicht bei Walter C. Kaiser. *Towards Old Testament Ethics.* Zondervan: Grand Rapids (MI), 1983. S. 64-66

Werte sind „nur" ein Rahmen

Gottes Offenbarung setzt uns einen Rahmen für unser Leben, Denken und Planen, aber sie füllt diesen Rahmen nicht aus. Gott lebt nicht unser Leben, sondern schafft nur die Voraussetzungen dafür. Grundlegende Prinzipien werden uns oft noch an Fallbeispielen illustriert. Aber ansonsten fordert uns die Bibel auf, abzuwägen, nachzudenken, Rat zu suchen und dann die Verantwortung für unseren eigenen Weg zu übernehmen.

Übersetzen helfen

Es ist meines Erachtens eine der Hauptaufgaben der Gemeinde Jesu, ihren Mitgliedern zu helfen, die Bibel in ihre jeweiligen Lebensbereiche am konkreten Beispiel übersetzen zu helfen. Dies geschieht viel zu wenig, wofür es viele Gründe gibt. Die theoretische Ausbildung der Vollzeitlichen fern der Praxis ist daran ebenso schuld wie die Konzentration der Lehrvermittlung auf 52 Predigten für jedermann im Jahr. Auch die Ausgrenzung ganzer Lebensbereiche („Mit Wirtschaft und Politik hat die Gemeinde Jesu nichts zu tun") ist hier mitbeteiligt. Sie ist genauso sinnvoll wie aus der Trennung von Gemeinde und Familie den Schluss zu ziehen, die Familie habe mit dem Glauben nichts zu tun.

3. Situativ entscheiden

3.1 SITUATIV FÜHREN HEISST ABWÄGEN

Von der normativen zur situativen Ethik

Wir haben bereits gesehen, dass die normative Seite der Ethik und der Entscheidungen förmlich zur situativen Seite drängt. Denn normative Ethik ist Prinzipienethik und setzt nur einen Rahmen für das Leben.

Dies kommt auch gerade in biblischen Geboten zum Ausdruck, die gar nicht unabhängig von einer konkreten Person oder Situation gedacht werden können.

Zur Rechtfertigung der Entscheidung zugunsten des höheren Gebotes

Die reformierte Theologie[13] geht zumeist davon aus, dass es in jeder Entscheidungssituation, die von Gottes Geboten betroffen ist, eine richtige Entscheidung geben kann und der Mensch jeweils dem höheren Gebot verpflichtet ist, das damit

---

13 Vgl. z.B. John M. Frame. *The Doctrine of the Knowledge of God: A Theology of Lordship.* Presbyterian & Reformed: Phillipsburg (NJ), 1987. S. 137-139 „Hierarchies of Norms"

eine Ausnahme für das niedrigere Gebot darstellt.[14] Mir ist kein Fall in der Bibel bekannt, wo ein Mensch in der Entscheidungssituation stand und auf jeden Fall sündigen musste, also nur entscheiden konnte, welches die weniger schwerwiegende Sünde war.

3.2 SITUATIV FÜHREN HEISST WEISE SEIN

Gesetz und Weisheit

Neben die unmittelbar gültigen und direkt umsetzbaren Gebote tritt die Weisheit, die die richtige Entscheidung von der jeweiligen Situation abhängig macht und nur richtig handeln kann, wenn sie die beteiligten Menschen kennt. Die Weisheit kann in Sprichworten, Gleichnissen, Vorbilderzählungen und Anschauungsunterricht weitergegeben werden. Die Weisheit enthält auch Lebenserfahrungen, die nur im Regelfall wahr sind (z.B. Spr. 15,1; Spr. 22,6), aber nicht zwingend so kommen müssen.

Die Weisheit gibt meist allgemeine Ratschläge, die nur in konkreten Situationen angewandt werden können und deren Anwendung in einer Situation scheinbar das genaue Gegenteil bedeutet, wie in einer anderen Situation.

Hier geht es um eine gesunde „Situationsethik". Wenn die Situationsethik nämlich die Gebote Gottes anerkennt und sich auf solche Situationen beschränkt, in denen in Weisheit Dinge zu entscheiden sind, die nicht von Gottes Ordnungen eindeutig vorgegeben sind, ist sie eine wichtige Ergänzung und ein alltäglicher Bestandteil ethischer Entscheidungen.[15]

Ein Musterbeispiel ist Spr. 26,4-5: „Antworte dem Toren nicht nach seiner Narrheit, damit nicht auch du ihm gleich wirst! Antworte dem Toren nach seiner Narrheit, damit er nicht weise bleibt in seinen Augen!" Soll man einem Toren antworten oder nicht? Die Antwort hat zwei Seiten, die je nach Situation abgewogen werden müssen. Die Frage, ob man einem Toren antwortet und auf seinen Unsinn eingeht oder nicht, wird nicht durch ein Gebot Gottes ein für allemal entschieden. Der weise Mensch muss entscheiden, was er im konkreten Fall beim konkreten Menschen mit seiner Reaktion bewirkt.

---

14 Auch nichtreformierte Theologen vertreten diese Sicht, etwa Norman L. Geisler. „Graded Absolutism". S. 131-137 in: David K. Clark, Robert V. Rakestraw. *Readings in Christian Ethics*. Vol. 1: Theory and Method. Baker Books: Grand Rapids, 1994; Norman L. Geisler. *Christian Ethics*. Baker: Grand Rapids, 1989. S. 116-122 u. ö.

15 Dies zeigt besonders gut James I. Packer. „Situations and Principles". S. 148-156 in: David K. Clark, Robert V. Rakestraw. *Readings in Christian Ethics*. Vol. 1: Theory and Method. Baker Books: Grand Rapids, 1994.

Ohne Beratung geht es nicht

In der Weisheit spielt die Beratung eine große Rolle. Während das Gesetz eindeutig ist, ordnungsgemäße Richter über seine Einhaltung wachen können und der Gesetzeslehrer die unmittelbare Autorität des Gesetzes mit sich bringt, muss die Weisheit viele Möglichkeiten abwägen, Erfahrungen zusammentragen und viele an der Beratung beteiligen.

Entgegen dem Sprichwort „Viele Köche verderben den Brei" hat die Beratung in der biblischen Weisheitsliteratur einen sehr hohen Stellenwert. Dies gilt zunächst ganz grundsätzlich: „Pläne scheitern, wo keine Besprechung stattfindet, wo aber viele Ratgeber sind, kommt etwas zustande" (Spr. 15,22). Erst recht gilt dies dort, wo viel Verantwortung zu tragen ist: „Wo es an Führung fehlt, kommt ein Volk zu Fall, doch durch viele Ratgeber kommt Rettung" (Spr. 11,14). In der Beratung verkündigt nicht der Gesetzeslehrer endgültige Antworten – auch wenn das Gesetz unaufgebbarer Rahmen für die Entscheidung ist –, sondern Weise geben ihre Begründungen dafür ab, warum sie einen Weg für weiser als den anderen halten. Dabei geht es vor allem um das Ergebnis der Handlungen und Entscheidungen.

Die Folgen unseres Handelns

Die Weisheit argumentiert vor allem vom Ergebnis des Handelns her.

Diese Konsequenzen kennen die Weisheitslehrer vor allem durch ihre Erfahrung, also durch die Beobachtung ihres eigenen Lebens und des Lebens anderer Menschen. Sie gehen davon aus, dass jeder Mensch mit Erfahrung diese Beobachtungen nachvollziehen und bestätigen kann.

Für die Weisheitslehren gibt es vielgestaltige Begründungen.[16] In vielen Sprichworten beginnt der zweite Teil des Satzes mit „denn", wobei die unterschiedlichsten Begründungen gegeben werden, die von dem Aufzeigen beispielhafter Folgen bis zur Berufung auf das Gericht Gottes reichen können. Oft hätte man auch jeweils andere Begründungen geben können. Die Begründungen sind nicht grundsätzlich und einzigartig, sondern werden „unter pädagogisch-praktischen Gesichtspunkten"[17] ausgewählt.

---

16 Vgl. bes. Gerhard von Rad. *Weisheit in Israel*. a. a. O. S. 120-124

17 Ebd. S. 122

4. Existentiell entscheiden

4.1 EXISTENTIELL FÜHREN HEISST VERINNERLICHEN

Gott geht es nie um die rein äußere Erfüllung seiner Gebote, sondern um die Erfüllung der guten Werte aus innerster Überzeugung und aus Liebe. Paulus hat dies treffend formuliert: „Das Endziel des Gebotes ist Liebe aus reinem Herzen und gutem Gewissen und ungeheucheltem Glauben" (1. Tim. 1,5).

Werte sind immer innere Werte, auch wenn sie sichtbar zum Ausdruck kommen müssen. Sicher ist es immer noch besser, dass der Staat mich am Töten hindert, als dass ich meiner inneren Mordlust äußerlich Ausdruck verleihe. Aber das Ziel des Mordverbotes ist nicht einfach das Verhindern des äußeren Mordens, sondern das Überwinden des inneren Hasses durch die Liebe. Deswegen sagt Paulus den Christen, dass viele Menschen dem Staat zwar nur aus Angst vor Strafe gehorchen (Röm. 13,1-5), dass Christen das vom Staat geforderte Gute aber „nicht allein wegen der Strafe, sondern um des Gewissens willen" tun sollen (Röm. 13,5).

4.2 EXISTENTIELL FÜHREN HEISST ERFAHRUNGEN MACHEN

Ein scheinbar schwieriges Kapitel ist die Verschränkung des Studiums der Heiligen Schrift mit den aus Tradition, Erfahrung und vernünftigen Überlegungen gewonnenen Einsichten, die wir in Kapitel 2.1. diskutiert haben. So richtig der Wunsch nämlich grundsätzlich ist, die Bibel nicht durch die Brille unserer eigenen Weltanschauung lesen zu wollen, so unvermeidlich ist es doch, dass meine Biografie mein Bibellesen mitbestimmt. Wichtig ist hier ein ständiges Wechselspiel, in dem die Heilige Schrift zwar den normativen Part hat, die Persönlichkeit des Lesers aber immer eine entscheidende Rolle spielt. Die Bibel mahnt Veränderungen an, die der Heilige Geist in uns umsetzt, aber diese Veränderungen lassen uns die Heilige Schrift zugleich wieder in einem anderen Licht lesen und schließen uns neue Aspekte auf.

Wer als Kind anfängt, die Bibel zu lesen, liest Gottes Wort, aber eben durch die Brille eines Kindes. Mit der Reifung der Persönlichkeit reift auch das Verständnis der Bibel. Mit neuen Erfahrungen werden auch neue Teile der Bibel verständlich und greifbar, die zwar zuvor auch schon immer Gottes Wort waren und doch das persönliche Leben oder die Lehre kaum berührt haben. Persönlich erfahrenes Leid kann etwa die Klagepsalmen und die Bücher Jeremia, Klagelieder oder Hiob aufschließen. Unsere Denkvoraussetzungen und unser Erfahrungshorizont sind für unser Verständnis der Bibel unverzichtbar, während die Bibel zugleich aber unsere Denkvoraussetzungen und unseren Erfahrungshorizont verändern und bestimmen will.

4.3 EXISTENTIELL FÜHREN HEISST MITLEIDEN UND BEZIEHUNGEN PFLEGEN

Wenn unsere Entscheidung von der Liebe bestimmt ist, hat sie immer auch etwas mit Beziehungen zu tun. Auch bei einer für den anderen harten Entscheidung kann ich mich der Beziehung zu ihm nicht entziehen und mein Mit-Leiden wird dennoch gefragt sein.

Führungsentscheidungen können nie davon absehen, dass sie immer auch über die Beziehung von Menschen untereinander und über das Schicksal von Menschen entscheiden. Das bedeutet nicht, dass man nicht sachbezogen und besonnen entscheiden könne und dürfe. Aber es bedeutet, dass die Folgen, die eine Entscheidung für andere Menschen hat, und die Bedeutung, die die Entscheidung für das Verhältnis zu den Untergebenen und dieser untereinander hat, immer einen wesentlichen Faktor in der Güterabwägung darstellen.

4.4 EXISTENTIELL FÜHREN HEISST ANKLAGEN UND VERTEIDIGEN ZUGLEICH

Jesus Christus, der Herr des Universums, ist der vollkommene Richter, weil er die Anklage ernst nimmt, aber zugleich Verteidiger derer ist, die an ihn glauben.

Die Mischung aus gesunder Anklage und selbstverständlicher Verteidigung macht echte Autorität in allen Lebensbereichen aus.

Wir gestehen nur dem zu, uns „anzuklagen“ und zu kritisieren, der sich auch für uns einsetzt. Deswegen kann eine gute Ehe massive, unter vier Augen geäußerte Kritik des anderen wohlwollend annehmen und als Hilfe empfinden, die außerhalb der Ehe als Rufmord angesehen würde.

4.5 EXISTENTIELL FÜHREN HEISST EINE PERSÖNLICHKEIT ZU SEIN

Zum existentiellen Bereich gehört natürlich auch die Erfahrungstatsache, dass jeder gemäß seiner Persönlichkeit die Dinge immer ein bisschen anders gewichtet und dass keine zwei Menschen die Welt und jede konkrete Situation völlig identisch sehen und einschätzen.

Es gibt aus der Sicht einer christlichen Ethik keine lupenreine Entscheidung, die mit der Persönlichkeit und Lebensgeschichte des Entscheidenden überhaupt nichts zu tun hätte. Zwar darf man mit dem Hinweis auf die „Subjektivität“ jeder Entscheidung nicht jeden normativen Ausgangspunkt und jede situative Güterabwägung ablehnen, aber umgekehrt wird jede Entscheidung - und sei sie noch so grundsätzlich und von Werten bestimmt - von konkreten Menschen gefällt, die eine eigene Persönlichkeit, einen eigenen Charakter, eigene Erfahrungen und eine eigene Vorgeschichte haben. Man muss sich nur dessen bewusst sein.

4.6 EXISTENTIELL FÜHREN HEISST „EINSAM" ENTSCHEIDEN

Auch wenn alle normativen, situativen und existentiellen Faktoren einer Entscheidung berücksichtigt worden sind, verbleibt der existentiellste aller Faktoren einer Entscheidung. Der Mensch muss sich nämlich letztlich in seinem „Herzen", also in seinem tiefsten Inneren, ganz persönlich entscheiden und damit die Verantwortung dafür übernehmen. Diese innerste Entscheidung kann ihm niemand abnehmen. Sie kann aber gerade bei einer schwierigen Güterabwägung eine Entscheidung im stillen Kämmerlein, eine einsame Führungsentscheidung sein, selbst wenn ihr noch so viele Überlegungen, Gespräche und Stunden der Beratung vorangegangen sind.

Die letzte, innerste, vor unserem Gewissen gefällte Entscheidung macht die Entscheidung erst eigentlich zu einer Entscheidung. Was bisher Überlegung war und immer noch unter Vorbehalt der Umkehrbarkeit stand, wird nun unumkehrbar zur Tatsache. Die Entscheidung wird zum Teil meiner Existenz, meiner persönlichen Geschichte, für die ich die volle Verantwortung trage, im Guten wie im Schlechten, also sowohl, wenn die Folgen besser als erwartet sind, als auch, wenn sie sich schlechter gestalten.

SCHLUSS

Die Heilige Schrift macht uns deutlich, dass eine ganzheitliche gute Entscheidung sowohl grundlegende vorgegebene Werte und Ordnungen berücksichtigt, als auch die konkrete Situation erforscht und abwägt und schließlich die innerste Persönlichkeit und Verantwortlichkeit des Menschen beinhaltet.

Deswegen müssen wir uns davor hüten, die verschiedenen Aspekte der Ethik gegeneinander auszuspielen. Wer nur die Situationsabwägung gelten lässt, wird letztlich jeden normativen Wert aushebeln können. Wer nur die Normen hochhält, wird zu vielen Situationen nichts zu sagen haben. Zur Berufung auf Normen gehört die existentielle Verantwortungsübernahme im innersten Gewissen, so wie umgekehrt eine Berufung auf das Gewissen ohne jedwede höhere Normen auch Hitler möglich war.

Wir müssen uns als Christen deswegen für eine gute, ethische Führungsentscheidung

1. unsere grundlegenden Werte und Ordnungen bewusst machen,
2. Situationen so gut wie möglich erfassen und abwägen und

3. daraus eine verantwortbare persönliche Entscheidung ableiten, die berücksichtigt, dass die Beziehungen der Menschen untereinander ein kostbares Gut sind.

Und in allem gilt: „Wenn jemandem unter euch Weisheit fehlt, der bitte Gott, der jedem gerne gibt …“ (Jak. 1,5).

PROF. DR. DR. THOMAS SCHIRRMACHER
PROFESSOR FÜR ETHIK UND REKTOR DES MARTIN BUCER SEMINARS
VORSITZENDER DER THEOLOGISCHEN KOMMISSION DER WELTWEITEN EVANGELISCHEN ALLIANZ UND SEIT 2014 PRÄSIDENT DES INTERNATIONALEN RATES DER INTERNATIONAL SOCIETY FOR HUMAN RIGHTS

Den Feiertag heiligen
Was bedeutet das im Alltag?

Von der Leitung des Mülheimer Verbandes

1. Die Frage nach dem Sonntag

EINIGE BEISPIELE

- Ein junges Ehepaar ist vor kurzer Zeit zum Glauben gekommen. Sie kommen verbindlich zum Hauskreis, lassen sich aber nie im Gottesdienst blicken, da sie an jedem Wochenende mit dem Wohnmobil unterwegs sind. Auf diese Zeit für sich könnten sie nicht verzichten, sagen sie.
- Nach einer gemeindlichen Veranstaltungswoche muss das Evangelisationszelt abgebaut werden. Der Zeltmeister hat dafür nur den Sonntag zur Verfügung. Nach dem Gottesdienst helfen ihm einige Gemeindemitglieder. Nur ein Gemeindeglied verweigert die Mitarbeit. Begründung: Am Sonntag dürfe man nicht arbeiten.
- Ein junger Mann muss sein Studium finanzieren. In der nahe gelegenen Tankstelle wird jemand für die Kasse gesucht. Leider gehört der Sonntag zur Schicht, so dass der junge Mann nicht mehr in den Gottesdienst gehen kann.
- Ein Mädchen spielt im Tennisverein. Immer wieder werden Turniere am Sonntag veranstaltet. Da die Eltern das Mädchen zu den Turnieren begleiten, fehlt die ganze Familie häufig im Gottesdienst.

OFFENE FRAGEN

- Ist das Sabbatgebot alttestamentlich und damit für die Gemeinde Jesu überholt?
- Wie sollen es Christen mit der Sonntagsheiligung halten, wenn diese einerseits durch die Industrie, andererseits durch die Konsumgesellschaft (Brötchen am Sonntagmorgen, Sonntagsverkauf in Kaufhäusern, etc.) ausgehöhlt wird?

- Wenn es doch noch heute gilt, gibt es dann eine verbindliche Vorschrift, wie der Feiertag zu heiligen ist?
- Wie steht es um Christen, die Berufe ausüben, zu denen der Sonntagsdienst gehört (Ärzte, Pflegedienst, Polizei, Feuerwehr, Pastoren usw.)?

2. Sabbat und Sonntag

Bereits im Schöpfungsbericht ruht Gott am siebten Tag und heiligt ihn (1. Mose 2,2-3). So ist die Sabbatbeachtung schon vor ihrer Erwähnung in den 10 Geboten bekannt (2. Mose 16,22) und der Sieben-Tage-Rhythmus in der Schöpfung verankert. Das Sabbatgebot nimmt innerhalb der 10 Gebote den größten Raum ein und wird innerhalb des Alten Testamentes öfter behandelt als die anderen Gebote.

Jesus selbst geht am Sabbat „aus Gewohnheit" in die Synagoge (Lukas 4,16). Er bekräftigt den Sabbat, den er „für den Menschen geschaffen" nennt und verwirft die knechtende Sabbatbeachtung der Pharisäer: „Der Mensch ist nicht für den Sabbat geschaffen". Er selbst ist der „Herr des Sabbats", d.h. der, der den Sabbat auslegt und zu dessen Ehre der Sabbat gehalten wird (Markus 2,27-28). Schirrmacher vermutet in seiner Ethik[1] zu Recht, dass sich hier schon der spätere Sonntag als „Tag des Herrn" (Offbg. 1,10) abzeichnet.

Die erste Gemeinde beging, da sie jüdischen Hintergrund hatte, weiterhin den Sabbat. Allerdings traf man sich nun am ersten Tag der Woche, dem Tag der Auferstehung, zum Gottesdienst und Herrenmahl. Mit Ausnahme der Juden hielt niemand in der Antike einen freien Wochentag. Die heidenchristlichen Gemeinden hielten also den Sabbat nicht, feierten ihre Gottesdienste aber ebenfalls am ersten Tag der Woche (Apostelgeschichte 20,7). Bis in die Mitte des 5. Jahrhunderts ist der Tag nur als „Herrentag" bekannt. Der römische Name „Sonntag" bedeutet „dem Sonnengott geweiht". Die Verwendung dieses Namens für den „Herrentag" ist in der alten Kirche erst ab 450 n. Chr. bezeugt.

3. Die Sonntagsheiligung in der Geschichte

Der Sonntag war zunächst nicht arbeitsfrei. Dies änderte sich im Jahr 321 n. Chr. unter Kaiser Konstantin, der den Sonntag für Beamte und städtische Bürger

1 Schirrmacher, Dr. Thomas. *Ethik*, Reformatorischer Verlag Beese, Hamburg, 2002, Band 4, S. 162

zum freien Tag erklärte. In der sich entwickelnden Staatskirche wurde die Sonntagsheiligung zunehmend unter alttestamentlichen Gesichtspunkten gefordert, so dass sich eine Reihe kirchlicher Gebote um den Sonntag herum entwickelten. In der Reformation, besonders von Martin Luther, wurde das Sabbatgebot für den Christen nicht mehr als verbindlich angesehen. Trotzdem hielt man am Sonntag fest, da es einen Tag geben müsse, an dem man auf das Wort Gottes hören, Gott anbeten und Leib und Seele Ruhe gönnen könne. Durch die puritanische Bewegung und den Pietismus (beide etwa ab dem 17. Jahrhundert) wurde die Sonntagsheiligung wieder verschärft.

Durch die Industrialisierung veränderte sich das Arbeitsleben dann grundsätzlich. Die Sonntagsarbeit nahm so zu, dass man diese am Ende des 19. Jahrhunderts durch Gesetze einschränken musste. Aus der Weimarer Reichsverfassung von 1919 wurde dann im Jahr 1949 der Schutz von Sonn- und Feiertagen als Artikel 139 ins Grundgesetz der Bundesrepublik Deutschland übernommen. Der Sonntag und die staatlich anerkannten Feiertage sind damit bis heute als Tage der Arbeitsruhe und der seelischen Erhebung gesetzlich geschützt.

In den letzten 20 Jahren erleben wir allerdings, wie der Schutz des Sonntags mehr und mehr ausgehöhlt wird. So wird z.B. im Handel- und Dienstleistungsgewerbe das Arbeitsverbot am Sonntag durch eine stetig wachsende Zahl von Ausnahmegenehmigungen umgangen. Gegen die schleichende Abschaffung der Feiertagsruhe am Sonntag wendete sich der Rat der Evangelischen Kirche in Deutschland (EKD) sowie die katholische Deutsche Bischofskonferenz in einer gemeinsamen Erklärung vom September 1999. Darin betonen sie, dass der Sonntag aus biblischen und auch aus kulturell unaufhebbaren Gründen weiterhin als Ruhetag geschützt werden müsse.

Von der evangelikalen Christenheit gibt es bisher kaum Stellungnahmen zum Sonntag. Hier wird entweder sehr unreflektiert die strenge pietistische Sonntagsheiligung erwartet oder ebenso unreflektiert der Sonntag als „zufälliger Gottesdienstzeitpunkt" betrachtet, dessen besondere Bedeutung mit dem Ende des Alten Testaments aufgehoben sei. Die dann regelmäßig zitierte Stelle Römer 14,5: „Der eine hält einen Tag für höher als den anderen, der andere hält alle Tage gleich. Ein jeder sei seiner Meinung gewiss", bezieht sich u. E. aber nicht auf eine Nivellierung der Wochentage, sondern auf die Einhaltung vieler anderer Feier- und Fastentage, die damals im Judentum gebräuchlich waren. Eine pointierte Stellungnahme für die Sonntagsheiligung aus evangelikaler Sicht findet sich in der Ethik von Thomas Schirrmacher, Band 4.

4. Theologische Konsequenzen

1. Der Sieben-Tage-Rhythmus ist eine göttliche Ordnung unter dem Segen Gottes, die zum Wohl von Mensch und Tier eingerichtet ist.

2. Die besondere Stellung des einen Feiertags dient dem Menschen zur Besinnung vor Gott und zur Erholung und kann nicht ohne ernsten Schaden für den Einzelnen und die Gesellschaft aufgehoben werden.

3. Auch wenn die frühe (heidenchristliche) Gemeinde keinen arbeitsfreien Sonntag kannte, liegt der heutige Schutz des Sonntags in der Konsequenz biblischer Gedanken und ist von uns zu beachten.

4. Die gottesdienstliche Feier der Gemeinde Jesu liegt zu Recht auf dem Sonntag, der als Tag der Auferstehung Jesu den jüdischen Sabbat weiterführt und erfüllt. So feiern wir als Christen im Gottesdienst die Auferstehung unseres Herrn und bezeugen durch den Gottesdienst sichtbar unsere Zugehörigkeit zu ihm.

5. Praktische Konsequenzen

1. Der Sonntag wird zum „Tag des Herrn" durch die Feier des Gottesdienstes. Dies müssen wir mit Nachdruck in unseren Gemeinden lehren. Damit stellen wir klar, dass die Qualität unseres Menschseins weder von der Arbeit auf der einen, noch von der Zerstreuung auf der anderen Seite abhängt, sondern von unserem Gott und seinem Wort.

2. Der Sonntag soll neben dem Gottesdienst der Erholung dienen. Hier steht die ganze Bandbreite denkbarer Entspannungen offen, ob Müßiggang oder Sporttreiben, Gemeinschaft pflegen oder einem Hobby nachgehen.
   Die Eltern sollten in der wichtigen Frage nach sonntäglichen Sportveranstaltungen ihrer Kinder ermutigt werden, auf die Sonntagsheiligung zu achten und diese im Gespräch mit den Verantwortlichen in den Vereinen anzusprechen. Sicherlich dürfen Ausnahmen sein, aber dem Sport generell Vorzug vor dem Gottesdienst zu geben, würde für die Kinder vollkommen falsche Maßstäbe setzen.

3. Menschen, die in helfenden Berufen tätig sind und deren Schicht den Sonntagsdienst erfordert, nehmen sich einen anderen Wochentag zur Erholung. Jesus hat am Sabbat geheilt (Markus 3,1ff) und auch die Priester im Tempel waren von der Sabbatpflicht entbunden (Matthäus 12,5).

4. Auch der sonntägliche Gemeindedienst ehrenamtlicher Mitarbeiter sollte nicht in „Arbeit" ausarten. Mitarbeitersitzungen sollten nicht am Sonntag stattfinden, da für sie innerhalb der Woche Zeit genug sein sollte. Notwendige Gemeindeaktionen, die an keinem anderen Tag geleistet werden können (z.B. ein Kleidertransport, der nun einmal am Sonntag auf die Reise geht, oder auch die eingangs beschriebene Situation des Zeltabbaus), verletzen die Beachtung des Sonntags nicht. Sie sind gleichzusetzen mit dem Hilfsgebot am Sabbat, das Jesus mit den Pharisäern diskutiert (Matthäus 12,9-13).

5. Menschen, die aus Zeit- oder Geldmangel den Sonntag zur Arbeit zu brauchen meinen, sollen ermutigt werden, im Vertrauen auf die göttliche Versorgung der biblischen Ordnung zu folgen und den Sonntag von Arbeit freizuhalten.

6. Wir sprechen uns auch in gesellschaftlichen Bezügen für die Erhaltung des arbeitsfreien Sonntags aus, der seine besondere Bedeutung durch die gemeinsame Arbeitsruhe aller und den gemeinsam gefeierten Gottesdienst der Gemeinde erhält. Das bedeutet auch, dass Christen aus Gehorsam gegenüber Gottes Wort der Versuchung widerstehen sollten, am Sonntag einzukaufen oder Geschäfte zu tätigen, selbst wenn dies möglich wäre.

DIE LEITUNG DES MÜLHEIMER VERBANDES
FREIKIRCHLICH-EVANGELISCHER GEMEINDEN

Das Abendmahl feiern

Wer ist eingeladen und wer nicht?

Von der Leitung des Mülheimer Verbandes

1. Zum Abendmahlsverständnis

Die Art und Weise, wie in den christlichen Kirchen das Abendmahl (auch Brotbrechen, Mahl des Herrn oder Eucharistie genannt) gesehen und gehandhabt wird, lässt sich in zwei unterschiedliche Linien aufteilen.

Die orthodoxen Kirchen, die katholische Kirche und die anglikanischen und lutherischen Kirchen sehen in Brot und Wein des Abendmahls den tatsächlichen Leib und das tatsächliche Blut Christi mit dem Ergebnis, dass Christus im Abendmahl gegenwärtig ist (Realpräsenz) und die Gemeinde im Empfang des Abendmahls an Christus leibhaftig Anteil bekommt. ***Im Abendmahl kommt Christus also erneut zur Gemeinde.***

Die reformierten Kirchen und in ihrer Folge die meisten evangelikalen Freikirchen halten Brot und Wein lediglich für Symbole des Leibes und Blutes Christi. Das Abendmahl ist somit eine Erinnerung an das Opfer Christi und verpflichtet die Gemeinde neu auf das Heilsgeschehen, das sie im Glauben bereits angenommen hat. ***Im Abendmahl kommt die Gemeinde also erneut zu Christus.***

Nun will diese Abhandlung nicht die theologische Bedeutung des Abendmahls und der unterschiedlichen Abendmahlsverständnisse beleuchten, sondern sie beschäftigt sich mit Fragen, die sich aus der Abendmahlspraxis ergeben. Vorausgesetzt wird das Abendmahlsverständnis des Mülheimer Verbandes Freikirchlich-Evangelischer Gemeinden (MV), im MV-Selbstverständnis unter Punkt A. 3. b.:

- Der MV versteht das Abendmahl als Gedächtnis-, Gemeinschafts-, Bekenntnis- und Hoffnungsmahl.
- Wir glauben, dass Christus als der Herr der Gemeinde die Gläubigen durch das Wirken des Heiligen Geistes in der Feier des Mahles segnet.

- Zum Abendmahl sind alle Gottesdienstbesucher eingeladen, die Jesus Christus als ihren Herrn anerkennen und bereit sind, ihr Leben nach den biblischen Grundsätzen auszurichten (vgl. Matthäus 26,26ff.; Lukas 22,19ff.; 1. Korinther 10,16ff.; 11,23ff. u.a.).

Somit steht der MV in reformierter Tradition (Gedächtnis-, Gemeinschafts-, Bekenntnis-, und Hoffnungsmahl), rechnet aber damit, dass im Abendmahl der auferstandene Herr die Gemeinde segnet, also tatsächlich wirksam ist.

2. Beobachtungen zur Praxis des Abendmahls

EINIGE BEISPIELE

- Im Gottesdienst sind Gäste anwesend, von denen die Gemeinde annehmen muss, dass sie keine persönliche Beziehung zu Jesus Christus haben. Wie selbstverständlich nehmen sie am öffentlichen Abendmahl teil.
- Zwei Gemeindeglieder sind zerstritten, nehmen aber trotzdem am Abendmahl teil.
- Ein junges Paar lebt unverheiratet zusammen. Die Gemeindeleitung hat sie von ihrer Mitarbeit entbunden. Sie nehmen aber weiterhin am Abendmahl teil.
- In der Gemeinde entsteht die Frage, ob Kinder am Abendmahl teilnehmen dürfen. Einige Eltern befürworten es, andere sind zurückhaltend.
- Christen aus der katholischen oder einer evangelischen Kirche sind im Gottesdienst. Sie kommen zum Abendmahl.

OFFENE FRAGEN

- Wenn das Abendmahl ein Zeichen der Zugehörigkeit zu Christus ist, hat eine Gemeinde dann nicht die Pflicht, bekanntermaßen Ungläubige vom Abendmahl auszuschließen, da diese sonst eine Gemeinschaft mit Christus demonstrieren, die gar nicht besteht? Schärfer gefragt: Versündigt sich eine Gemeinde, die nicht zwischen Gläubigen und Ungläubigen unterscheidet? Ist diese Unterscheidung andererseits aber so einfach möglich? Außerdem: Fühlen sich Außenstehende, die wir ja gewinnen wollen, dann nicht ausgeschlossen?
- Streit oder Unfrieden machen doch „unwürdig" für den Tisch des Herrn. Muss nicht erst auf Bereinigung der Verhältnisse gedrängt werden? Aber besteht dann nicht die Gefahr, dass die Gemeindeleitung in einem Konflikt zwischen alle Stühle gerät?
- Wenn es bei Gemeindemitgliedern zu Sünde kommt, die allgemein bekannt geworden ist, muss dann nicht den Betreffenden die Teilnahme am Abendmahl

untersagt werden? Sonst entstünde doch der Eindruck, die Sünde wäre gar kein Problem.
- Dürfen Kinder, über deren Glaubensstand schwerlich zu urteilen ist und die in unserer Gemeindepraxis in der Regel ungetauft sind, am Abendmahl teilnehmen?
- Christen anderer Konfessionen, so z.B. Katholiken und Orthodoxen, ist es durch ihre Kirchen untersagt, an unserem Abendmahl teilzunehmen. Sind sie trotzdem eingeladen?

DIE FRAGEN AUF DEN PUNKT GEBRACHT

- Dürfen Menschen ohne persönliche Beziehung zu Jesus Christus am Abendmahl teilnehmen?
- Dürfen Menschen, die mit ihrem Nächsten in Unfrieden leben, am Abendmahl teilnehmen?
- Dürfen Menschen, die in bewusster Sünde leben, am Abendmahl teilnehmen?
- Dürfen Kinder am Abendmahl teilnehmen?
- Dürfen Christen anderer Konfessionen am Abendmahl teilnehmen?
- Wie steht es um Gläubige, die noch vor ihrer Taufe stehen?
- Sollten wir, um „Ungläubige“ nicht spürbar auszugrenzen, das Abendmahl vielleicht vor oder nach dem eigentlichen Gottesdienst feiern?

3. Die Praxis in evangelikalen Kirchen und Gemeinden

Die Bandbreite schwankt je nach theologischer Prägung zwischen vollkommener Freiheit und strikter Kontrolle der Teilnahme. So verlautbart die Evangelisch-methodistische Kirche, sie feiere ein „offenes“ Abendmahl. Das bedeutet: „Nicht nur Bekehrte, Glaubende oder Mitglieder der eigenen Kirche sind zur Abendmahlsfeier zugelassen, sondern jeder, der Gottes Vergebung sucht und das aufrichtige Verlangen hat, an der Tischgemeinschaft Jesu Christi teilzunehmen.“[1] Andere Freikirchen haben keine Bedenken, auch Glieder anderer Kirchen zum Abendmahl zuzulassen, erwarten aber stillschweigend eine geistliche Übereinstimmung. So schreibt z.B. die FeG Wuppertal-Barmen auf ihrer Homepage: „So teilen wir Brot und Wein mit allen Geschwistern, aber auch mit Gästen oder Freunden der Gemeinde, sofern sie eine persönliche Beziehung zu unserem Herrn Jesus Christus haben und um

1 http://www.emk.de/fakten/55_370.htm vom 27.10.2005

die Vergebung ihrer Schuld wissen."[2] In diese Sicht würden auch die meisten MV-Gemeinden einwilligen.

In der Regel gehört in den Freikirchen zur Abendmahlsliturgie die Ermahnung, das Abendmahl nicht unwürdig zu nehmen, und eine Zeit der inneren Einkehr zur Selbstprüfung und Buße. Dies gilt sicherlich ebenso für die große Mehrheit der Gemeinden des MV.

Dem entgegen handhabt die Brüderbewegung die Zulassung zum Abendmahl sehr restriktiv mit der Konsequenz, dass die Gemeindeleitung jedem Gemeindeglied die „Zulassung" erteilen muss. In manchen Gemeinden sind Gäste nur dann zum „Brotbrechen" zugelassen, wenn sie ein Referenzschreiben ihrer heimatlichen Gemeindeleitung vorweisen. Diese Gemeinden pflegen nicht einmal Abendmahlsgemeinschaft mit evangelikalen Christen außerhalb der Brüderbewegung. In der Bewegung ist die Angst sehr stark, durch gemeinsames Brotbrechen mit „unwürdigen" Teilnehmern eine geistliche Verunreinigung zu erfahren.

4. Der biblische Befund und praktische Schlussfolgerungen

4.1 DAS ABENDMAHL SOLL NUR VON GLÄUBIGEN GEFEIERT WERDEN

Das Abendmahl ist gemäß der Einsetzung durch unseren Herrn Jesus Christus ein Zeichen für den neuen Bund (Lukas 22,19+20), den Jesus mit dem Vater geschlossen hat, um uns Menschen zu erlösen. Wenn wir das Abendmahl feiern, tun wir es zu Jesu Gedächtnis „und verkünden den Tod des Herrn, bis er kommt" (1. Kor. 11,26). Als Bundeszeichen für die Gemeinde kann und soll das Abendmahl also nur von Gläubigen gefeiert werden. Teilnehmen kann jeder, der in Jesus Christus seinen Herrn und Erlöser bekennt, unabhängig von der Konfession.

Anders als in der katholischen Kirche, den orthodoxen Kirchen und den evangelischen Landeskirchen können in den meisten evangelikalen Freikirchen Ungetaufte teilnehmen, wenn sie Jesus Christus als Herrn und Heiland angenommen haben. In unseren MV-Gemeinden sollten wir sie allerdings dringend zur Taufe ermutigen.

Da sich in unseren Gottesdiensten Gläubige und Ungläubige mischen, sollte bei der Einleitung zum Mahl der Charakter des Bundeszeichens deutlich herausgestellt werden, mit der Konsequenz, dass Ungläubige nicht zugelassen sind. In der Praxis werden wir

---

2 http://www.emk.de/fakten/55_370.htm vom 27.10.2005

im Gottesdienst darauf hinweisen, dass jeder, der sich nicht klar als Jünger Jesu bekennt, nicht am Mahl teilnehmen soll. Allerdings können wir niemanden zurückweisen. Wir wissen ja nicht, was im Herzen des Menschen während des Gottesdienstes geschehen ist, sondern überlassen jedem die eigene Entscheidung zur Teilnahme.

Ein vor oder nach dem Gottesdienst gefeiertes Mahl, wie es manchmal vorgeschlagen wird, nimmt das Abendmahl aus der Mitte der Gemeinde und löst das Problem nicht befriedigend. Wir müssen uns also der Spannung stellen.

4.2 IM ABENDMAHL SEGNET GOTT DEN GLÄUBIGEN

Paulus schreibt, dass die Gemeinde durch Kelch und Brot Gemeinschaft mit Jesus Christus erhält (1. Kor. 10,16). Dies versteht der Mülheimer Verband, anders als manche Kirchen, nicht „sakramental". Unser Verständnis ist also nicht so, als würde das Abendmahl diese Gemeinschaft von sich aus, allein durch die Einnahme von Brot und Wein, bewirken. Gegen das sakramentale Verständnis spricht u.a., dass Paulus den Korinthern aufgrund der falschen inneren und der daraus folgenden äußeren Haltung abspricht, dass sie das „Abendmahl des Herrn" feiern (1. Kor. 11,20). Die Gemeinschaft mit Jesus kommt also nur zustande, wenn sich der Mensch ihm anvertraut hat und sich mit allen seinen Lebensbezügen unter Christi Herrschaft stellt.

Dann darf aber im Glauben damit gerechnet werden, dass in der Abendmahlsgemeinschaft der auferstandene Herr wirkt und die Gläubigen durch seinen Heiligen Geist segnet. Somit ist das Abendmahl nicht ein Bestandteil des Gottesdienstes unter vielen, sondern eine besondere Zeit der Gemeinschaft mit Gott.

Vor jedem Abendmahl sollte durch den Pastor oder Gottesdienstleiter die Bedeutung des Mahls und der Hinweis auf eine würdige Teilnahme erläutert werden. Er darf den Gläubigen Mut machen, das Wirken Gottes zu erwarten und dem Herrn in der Stille Nöte und Anliegen zu nennen, für die sie dringend seine Antwort brauchen.

4.3 SÜNDEN GEGEN DIE GEMEINSCHAFT SIND ERNST ZU NEHMEN

Im Abendmahl werden die Gläubigen zu einem Leib verbunden, wie Paulus in 1. Korinther 10,17 schreibt. Dies geschieht als geistliche Wirkung, nicht durch das psychologische Moment der Gemeinschaft. Jesus will durch das Mahl Gemeinschaft stiften.

Diese Bedeutung des Abendmahls soll in unseren Gemeinden neu gesehen werden. Insofern sind Sünden gegen die Gemeinschaft, wie sie in Korinth vorkamen (Selbstsucht, Rücksichtslosigkeit gegen schwächere oder ärmere Geschwister, Lehrstreitigkeiten), dazu geeignet, die Abendmahlsgemeinschaft zu verhindern und dürfen nicht auf die leichte Schulter genommen werden.

4.4 WÜRDIG IST JEDER, DER SEINE SÜNDE BEKENNT

Unwürdige, wörtlich „unangemessene" Teilnahme am Abendmahl führt zum Gericht Gottes (1. Kor. 11,29). Als unwürdig/unangemessen werden aus dem Kontext von 1. Korinther 11 zwei Haltungen erkennbar, die die zurechtbringende Züchtigung Gottes heraufbeschwören können: unbrüderliches Verhalten, wie Paulus es den Korinthern vorhalten muss (1. Kor. 11,18.28+29) und Gleichgültigkeit gegenüber der göttlichen Vergebung (1. Korinther 11,31-32).

An dieser Stelle sollten wir vermeiden, dem Abendmahl eine Gefahr anzudichten, die es gewissenhaften Menschen sicherer erscheinen lässt, nicht daran teilzunehmen. Ein ernsthafter Charakter wird sich immer „unwürdig" fühlen und übersieht dabei, dass das Abendmahl gerade den Sünder auf seinem Weg der Nachfolge stärken will. „Würdig" teilzunehmen ist jeder, der seine Sünde vor Gott nicht leugnet und in allem auf die Gnade vertraut.

Trotzdem müssen wir auf die Möglichkeit der „unwürdigen/unangemessenen" Teilnahme hinweisen, so wie Paulus es tut. Wer mit seinen Nächsten in schuldhaftem Unfrieden lebt und nicht zur Versöhnung bereit ist und wer auch sonst die Gnade Gottes ablehnt, indem er an erkannter Sünde festhält, heuchelt im Mahl eine Gemeinschaft mit Gott und Menschen, die in Wirklichkeit nicht besteht, und muss vor dem züchtigenden Gericht Gottes gewarnt werden. Der Pastor oder Gottesdienstleiter sollte das in der Hinführung zum Mahl immer wieder ansprechen. In der Regel sollte es im Rahmen der Einleitung des Abendmahls einen kurzen Moment der stillen Selbstprüfung geben (1. Kor. 11,28).

4.5 WER AN BEWUSSTER UND OFFENBARER SÜNDE FESTHÄLT, SOLL NICHT TEILNEHMEN

Im Umgang mit Christen, die an bewusster und offenbarer Sünde festhalten, gelten im Neuen Testament Grundsätze, die auf jeden Fall auch Auswirkungen auf das Abendmahl haben. Wenn man mit einem fortgesetzt sündigenden Bruder „nichts zu schaffen haben" soll (2. Thess. 3,14), „mit so einem auch nicht essen" soll (1. Kor. 5,11) und „den Bösen aus der Mitte" verstoßen soll (1. Kor. 5,13), dann hat man mit ihm auch nicht das Abendmahl gefeiert.

Das heißt, dass Menschen, die in bekannter, fortgesetzter Sünde leben oder unter Gemeindezucht stehen, nicht am Abendmahl teilnehmen können. Dies soll mit dem Ziel geschehen, dass sie ihr Leben überdenken und ändern. Die Gemeindeleitung hat sie darüber zu informieren, dass ihre Teilnahme am Abendmahl bis zum Zeitpunkt ihrer Umkehr nicht möglich ist.

4.6 ABENDMAHL MIT KINDERN BLEIBT EINE OFFENE FRAGE

Kindern kann nicht grundsätzlich die Teilnahme am Mahl verweigert werden, da auch sie in einer lebendigen Beziehung zu Jesus stehen können. Allerdings wäre es sinnvoll, dass sie über die Bedeutung des Abendmahles unterrichtet sind. Falls man in den Gemeinden nach einer generellen Regel sucht, ist es denkbar, dass man sie nach Abschluss des biblischen Unterrichts zum Mahl zulässt. Allerdings stellt sich dann die Frage nach der Taufe umso dringender. Eine andere Möglichkeit ist, Kinder am Abendmahl in Verantwortung ihrer Eltern teilnehmen zu lassen. Wenn die Eltern um die Bedeutung des Abendmahls wissen, können sie am besten beurteilen, ob die Teilnahme für ihre Kinder förderlich ist.

DIE LEITUNG DES MÜLHEIMER VERBANDES FREIKIRCHLICH-EVANGELISCHER GEMEINDEN

GELD

DER VERANTWORTUNGSVOLLE UMGANG MIT GELD

VON MARKUS ZOBEC

Beim Thema Geld hat man sehr schnell die Aufmerksamkeit des westlichen Durchschnittschristen, denn dieser will zwar nicht über Geld reden, aber alles über Geld wissen.

Warum über „Geld" reden (oder schreiben)? Man könnte einwenden, dass „Geld" eine delikate Angelegenheit ist, dass es sich um ein durchaus emotionales Thema handelt, dass die Leserinnen und Leser aus unterschiedlichsten Einkommens- und Vermögensverhältnissen kommen und sich die Prägungen in Bezug auf Geld stark unterscheiden. Das ist alles richtig. Dennoch ist es nötig und wichtig, darüber zu schreiben und nachzudenken. Denn Geld ist aus unserem Alltag nicht wegzudenken – und Jesus selbst hat häufig und sehr offen über das Thema Geld gesprochen. Es scheint also ein wichtiges Thema zu sein.

Ekkehart Vetter, unser ehemaliger Präses, schrieb über den Stellenwert von Geld in unserem Leben (Vetter, „Spenden", *Ethische Entscheidungen treffen*, 4. Aufl., S.36):

„Geld ist ein Riesenthema in unserem Alltag. Wir treffen praktisch täglich Entscheidungen, wofür wir unser Geld ausgeben. Doch für viele ist Geld gleichzeitig ein Tabuthema. Wer redet schon offen über seine Einkommensverhältnisse, über Geldanlagen, Lebensversicherungen und Aktienfonds, über Zinseinnahmen oder auch Schulden? Beim Umgang mit Geld lassen sich viele nicht gern in die Karten schauen. Geld hat schon unzählige Beziehungen und Freundschaften zerstört, viele Ehen sind durch unterschiedliche Vorstellungen in Bezug auf den Umgang mit Finanzen belastet. Tagtäglich wird uns durch die Nachrichtenlage präsentiert, dass das Geld die Welt regiert. Wer Geld hat, hat Macht. Wer Macht hat, hat Einfluss. Großkonzerne, begüterte Lobbyisten, die Befindlichkeit der Aktienmärkte dieser Welt – sie alle üben riesigen Einfluss auf politische Entscheidungen aus. *Weil Geld eine solch große Bedeutung in unserem Alltag hat, ist es auch ein zentrales Thema für Christen.*"

Der sogenannte „Zehnte"

Man könnte aufgrund der Bandbreite des Themas in unterschiedliche Richtungen denken, z.B. die Frage beantworten, wie man als Christ Geld investieren kann, oder ob man Schulden machen darf, wie viel Geld man guten Gewissens für Urlaub ausgeben kann, wieviel Besitz als Christ überhaupt verantwortbar ist, usw. Aber ich möchte mich auf ein spezielles Thema konzentrieren, nämlich auf die Frage nach der Spende an die örtliche Gemeinde. Vielen von uns ist diese Spende auch unter dem Decknamen „der Zehnte" vertraut. Der Zehnte ist uns aus dem Alten Testament bekannt und bis heute für viele Christinnen und Christen Leitlinie für das Geben innerhalb der lokalen Gemeinde. Allerdings ist der Zehnte kein neutestamentliches Konzept, das sich ohne Weiteres auf die Praxis innerhalb unserer Ortsgemeinden übertragen lässt. Ich werde das weiter unten noch genauer erklären.

Hintergrund und Praxis der alttestamentlichen Abgaben

Der Zehnte diente im mosaischen Bund zunächst dazu, den Kult, und später dann den Tempelbetrieb, aufrecht zu erhalten und den Stamm der Leviten zu versorgen. Man ging davon aus, dass 10% des Einkommens aus jedem Haushalt in Israel bereitgestellt wurden, um den Tempeldienst und die damit verbundenen Aufgaben zu ermöglichen. Was heutzutage wenig Beachtung findet, aber aus bibelwissenschaftlicher Sicht absolut klar ist: Diese 10% sind nur ein Teil dessen, was von den Israeliten als Abgaben gefordert wurde. Es gab mindestens drei klar geregelte Abgaben:

1. DIE ABGABE AN DIE LEVITEN

Die Abgabe an die Leviten und den damit verbundenen Tempeldienst betrug 10% (4Mo 8,21). Mit diesen Abgaben sorgte das Volk für den Stamm der Leviten, der als einziger Stamm Israels bei der Landverteilung kein Land erhielt. Mit diesen Erträgen konnten sie sich versorgen und ihren Dienst versehen. Der Zehnte konnte vom Volk in Form von Wohnraum, Früchten, Geld und Tieren abgeleistet werden. Die Leviten wiederum reichten 10% ihres Einkommens an die Priester weiter. Es wäre somit keine angemessen konzeptualisierte Lösung, wenn wir versuchen würden, den alttestamentlichen „Zehnten" auf unsere heutige Gemeindepraxis zu übertragen, da die strukturellen Voraussetzungen völlig andere sind. Auch auf die Gefahr hin, bei dem ein oder anderen Leser (bzw. der einen oder anderen Leserin) eine heilige Kuh zu schlachten: Der berühmte „Zehnte" des Alten Testaments (Mal

1,6-14; 3,7-12) ist nicht bindend für unsere Ortsgemeinden, zumal es schon damals weniger um eine exakt bestimmte und reglementierte Abgabe als vielmehr um die Anbetung Gottes und das Vertrauen in Gott ging. Den Ursprung des Zehnten finden wir im Übrigen auch nicht erst im mosaischen Gesetz, sondern bereits in Abrahams Abgabe an den Priesterkönig Melchisedek, der höchstwahrscheinlich als eine Jesus-Typologie, also als eine Art Vorläufer, Prototyp und Beispiel diente (1Mo 14,18-20). Der Zehnte gehört auf jeden Fall nicht zu denjenigen Geboten, die durch Jesus weiterhin bindend gemacht wurden. Wir finden dazu keine einzige Aufforderung im Neuen Testament.

2. DIE FESTTAGSABGABE

Neben dem o.g. Zehnten gab es noch einen weiteren Zehnten: die Festtagsabgabe, die ebenfalls 10% betrug. Sie berechnete sich vermutlich anhand des Einkommens, das nach der Abgabe des Zehnten noch übrig war (5Mo 14,22-27). Mit dieser Abgabe wurden die verschiedensten religiösen Feste finanziert und wiederum die Leviten unterstützt, die die außergewöhnlichen Ausgaben, die bei den Hochfesten anfielen, nicht aus ihrem normalen Budget bestreiten konnten.

3. DIE ABGABE FÜR DIE BEDÜRFTIGEN

Alle drei Jahre wurde ein weiterer Zehnter einbehalten (5. Mo 14,28-29). Dieser Zehnte diente vor allem als Hilfe für Arme, Ausländer, Witwen und notleidende Leviten. Rechnet man diese Abgabe auf ein Jahr um, ergibt sich ein Betrag von 3,33% des jährlichen Einkommens.

Will man vom alttestamentlichen Vorbild eine Praxis für die heutige Gemeinde ableiten, müsste man also ehrlicherweise eher von 20-25% reden statt von 10%. Ich vermute, dass diese Tatsache bei den wenigstens Lesern die Motivation weckt, dem ‚alttestamentlichen Vorbild' für heute umzusetzen.

Kein Zehnter, aber eine Erstlingsgabe

Wenn schon kein Zehnter – was dann?

Es gibt ein alttestamentliches Prinzip, das wir uns fürs „Geben" abschauen können – es ist die strategische Forderung Gottes an sein Volk, zur Ausübung des Kultes nötige Abgaben mit der sogenannten „Erstlingsgabe" abzuleisten – also mit den ersten Früchten der Ernte, den erstgeborenen Tieren, usw. (2Mo 23,19; 5Mo 26,11;

Neh 10,36-38). Gott war nicht zufrieden mit den zehn Prozent, die am Jahresende übrigblieben – mit dem „best of the rest“, sondern freute sich über das Beste von Öl und Korn und allem, was wuchs. Die Erstlingsgabe geschah zu einem Zeitpunkt, an dem Israel Gott vertrauen musste, dass er sie auch weiterhin versorgen und segnen würde, und war somit ein starkes Signal dafür, dass Gott nicht nur mit dem Mund gelobt wurde, sondern auch tatsächlich das Zentrum des Lebens und des Glaubens innehatte.

Während wir also den Zehnten als alttestamentliches Gebot des Gebens vernachlässigen können, sollten wir das mit der Erstlingsgabe ernster nehmen. Denn die Erstlingsgabe ist immer noch ein Prinzip, das in der Lage ist, den Stellenwert von Gott in unserem Leben sehr anschaulich widerzuspiegeln.

Geben und spenden wir also am Anfang des Jahres oder des Monats, ohne zu wissen, wie das Jahr oder der Monat laufen wird? Oder machen wir unser Geben von unserer aktuellen Situation abhängig und justieren dann dementsprechend unsere Spende nach unten oder oben? Die Gefahr, die in einer monatlichen oder sogar wöchentlichen Justierung liegt, ist nicht so sehr, dass wir am Ende möglicherweise weniger gegeben haben, sondern dass wir Gott nur gegeben haben, was übrig war. Das kann mehr oder weniger sein. Aber es geschieht nicht in der Abhängigkeit von Gott, sondern im Einklang mit unserem Kontoauszug. Das wiederum hat mit der Freude und der Freiheit, mit der die Erstlingsgabe verbunden war, nicht mehr so viel gemein.

Neues Testament: Das Spendenverhalten in der frühen Gemeinde

Zu Beginn der Ausführungen rund um die Frage, wie Christen im NT gespendet haben, möchte ich zwei Beobachtungen in den Raum stellen, die im Gegensatz zu meiner o.g. These zu stehen scheinen, dass der Zehnte für neutestamentliche Christen nicht mehr bindend ist.

Erstens: Nirgendwo in den neutestamentlichen Schriften finden wir die Aufhebung des Zehnten.

Zweitens: Es gibt mit Mt 23,23 sogar eine Stelle, in der Jesus die Abgabe des Zehnten weiterhin annimmt.

Diese beiden richtigen Beobachtungen haben aber weniger mit der Validität des Zehnten zur Zeit der ersten Christen zu tun als damit, dass Jesus es im Übergang zwischen altem Bund und neuem Bund vielerorts mit gläubigen Juden zu tun hatte, die weiterhin unter dem mosaischen Gesetz standen. Und da, wo er (wie in Mt 23,23) den Zehnten aufgreift, tut er es, um zu verdeutlichen, dass die gängige Praxis der Abgaben in die Sackgasse der Gesetzlichkeit führt, die das wirklich Wichtige, nämlich Gerechtigkeit, Barmherzigkeit, Glaube (oder Treue) institutionell über Generationen hinweg vernachlässigt hat. Das ist also mitnichten der Versuch Jesu, seine Nachfolger zur Abgabe des Zehnten zu animieren.

Wenn Paulus in seinen Briefen über die Bereitschaft zum Spenden spricht, benutzt er u.a. das griechische Wort *haplotēs* (2Kor 9,11a). Man kann das in diesem Kontext gut mit „großzügig" übersetzen: *„Er wird euch so reich beschenken, dass ihr jederzeit großzügig sein könnt."* Hier ist bereits impliziert, dass der Empfang göttlicher Gaben (geistlich und materiell) an das Abgeben eben derselben gekoppelt ist. Man könnte sogar so weit gehen zu sagen: Man empfängt, um weiterzugeben.

Auch in 1Tim 6,18-19, wo Paulus seinem Protegé Timotheus Ratschläge für den Umgang mit reichen Gemeindegliedern gibt, finden wir keine mosaisch-orientierte Motivation, diese Leute zum Geben zu bewegen. Hier verwendet Paulus das Wort *eumetadotos*, das mit „freigiebig" oder „bereit zum Teilen" übersetzt werden kann. *„Sie sollen Gutes tun, freigebig sein und ihren Besitz mit anderen teilen. Wenn sie so in guten Werken reich werden, schaffen sie sich einen sicheren Grundstock für die Zukunft und werden das wirkliche Leben gewinnen."* Dieses „wirkliche Leben" (*tēs ontōs zōēs*) – ein Ausdruck, den Paulus nur hier verwendet und der im Kontext seiner Gnadentheologie, die die Werke-Orientierung der örtlichen Gemeinde verurteilt, eigentlich erstaunen muss – beinhaltet also auch das Weitergeben der Segnungen Gottes. Hier wird somit die Wechselwirkung von „Segen empfangen" und „Segen weitergeben" – Segen, der die Finanzen einschließt – als christliche Ethik zementiert. Neutestamentlich gesehen geht es nicht mehr um eine prozentuale Abgabe, die sich am Gesetz orientiert, sondern um ein fröhliches Geben aufgrund dessen, was Christus für uns getan hat. Unsere Spende ist also ein Echo auf die Freigebigkeit Gottes im Opfer seines Sohnes.

Mit der Abwendung von gesetzlich geregelten Bestimmungen macht Paulus an dieser Stelle etwas, das wir von ihm schon aus dem Galaterbrief kennen. Auch wenn es dort um einen völlig anderen Themenbereich geht, hilft uns dieser Brief, etwas Grundsätzliches über die verschiedenen Bünde zu verstehen.

Im Kapitel vier des Briefs paart Paulus in den Versen 21-31 vier Parteien in sehr überraschender Art und Weise zu einer völlig neuen Bundesschlusstheologie.

Das erste Paar: Mose und das Gesetz auf der einen Seite bekommen Hagar als passende Parallele auf der anderen Seite zugeordnet. Diese Zuordnung von Hagar und Mose vergleicht Paulus mit dem zeitgenössischen Sklavenstatus Israels unter dem unfruchtbaren Gesetz (Gal 4,25). Das muss die Juden damals schockiert haben. Hagar war in der jüdischen Rezeption bestimmt Vieles, aber keine ansprechende Parallele zum verehrten Gesetz und dem großen Propheten.

Das zweite Paar: Abraham/Sara/Isaak wird mit dem Leben in Freiheit und unter der Führung des Geistes Gottes verglichen. Paulus schließt den Gedanken mit folgendem Fazit für seine jüdisch-griechische Gemeinde ab: *„Deshalb sind wir, liebe Geschwister, nicht die Kinder einer Sklavin, sondern die einer freien Frau."* Anders ausgedrückt: Das Gesetz bestimmt nicht mehr, was wir zu tun haben. Die Freiheit in Christus, das Innewohnen des Heiligen Geistes, ist jetzt unsere neue Orientierung. Wo knüpft Paulus heilgeschichtlich an? Nicht am Sündenfall Adams, nicht am Gesetz Moses, sondern an Gottes Verheißung an Abraham.

Diese Feststellung ist deshalb so wichtig, weil sie uns das Denken der ersten Christen, inklusive ihrer jüdischen Anhänger (wie z.B. Paulus), offenbart. Es ist so, als ob Paulus von Jesus ausgehend einen großen Bogen um Mose und das Gesetz zieht und den Anschluss des neuen Gnadenbundes an den alten Gnadenbund mit Abraham vollzieht. Der Anknüpfungspunkt ist nicht mehr Mose, sondern Abraham. Dies bekräftigt Paulus an anderer Stelle, wenn er im Römerbrief Abrahams Gerechtigkeit ausschließlich mit der Gnade Gottes in Verbindung bringt: *„Abraham glaubte Gott, und das wurde ihm als Gerechtigkeit angerechnet"* (Rö 4,3; zitiert aus Gen 15,6). Und es ist ja genau dieser Abraham, der den Zehnten gab, ohne dass es dazu schon in passendes Gesetz gab (Heb 7,4-6). Er tat es aus freiem Willen, mit Freude und Dankbarkeit. Das ist genau der innere Ort, an dem Gott auch uns ‚neutestamentliche Christen' haben möchte. Und es ist die geistliche Prägung, von der er sich wünscht, dass sie in uns Gestalt annimmt.

Um diesen Punkt noch ein wenig zu untermauern, möchte ich nun einen Blick auf zwei konkrete Spendentexte des Neuen Testaments werfen. Der erste wird verdeutlichen, dass unser Geben ein verantwortliches Geben sein soll (2Kor 8,13ff). Der zweite wird den Charakter der Fröhlichkeit beim Geben veranschaulichen (2Kor 9,7). Beide Texte entfernen sich etwas vom Prinzip der Erstlingsgabe – es geht um eine konkrete Sammlung für einen bestimmten Zweck – was es m. E. aber noch spannender macht.

Vertiefung 1: Ein Blick auf 2Kor 8 und das verantwortliche Geben

2. Korinther 8,13:
Es soll nicht dahin kommen, dass ihr anderen aus ihrer Not helft und dadurch selbst in Not geratet. Es geht vielmehr darum, einen Ausgleich zu schaffen.

Der Kontext dieses Verses, in dem Paulus die biographische Situation der Geber berücksichtigt, ist die von Paulus ins Leben gerufene Sammlung für Christen in Jerusalem, die in Not geraten sind.

Paulus weiß: Natürlich gibt es eine Verantwortung, z.B. der Familie gegenüber. Diese Verantwortung schränkt das Geben ein. Niemand soll durch Großzügigkeit selbst in Not geraten. Dieser Gefahr bzw. Angst möchte Paulus mit Vers 13 entgegenwirken. Denn wenn der Zehnte erst einmal nicht mehr in Stein gemeißelt ist, könnte der Anspruch des Gebens natürlich auch Druck erzeugen.

Das Ziel des Gebens im Neuen Testament ist nicht, dass alle das Gleiche haben, sondern dass keiner Not leidet. Paulus benutzt für den Terminus „einen Ausgleich schaffen“ das Wort *isotētos*. Dann fügt er an:

2. Korinther 8,14-15:
Zum jetzigen Zeitpunkt hilft euer Überfluss ihrem Mangel ab, damit dann ein anderes Mal ihr Überfluss eurem Mangel abhilft, und auf diese Weise kommt es zu einem Ausgleich (isotētos). Es heißt ja in der Schrift (Ex 16,18): „Wer viel hatte, hatte nicht zu viel, und wer wenig hatte, hatte nicht zu wenig.“

Isotētos bedeutet hier so viel wie „gerechter Anteil“. Die Christen in Korinth sind also eingeladen, das Evangelium der Freiheit in Verbindung zur Urgemeinde und der Verantwortung ihr gegenüber zu verstehen. Der „Überfluss“ (*perisseuma*), von dem Paulus hier spricht, wird von vielen Exegeten nicht ausschließlich finanziell gedeutet, sondern vor allem als „Bereicherung der Gnade“ betrachtet, die die Korinther empfangen haben und weitergeben sollen (vgl. Ralph P. Martin, WBC; S. 267). Diese Argumentation kennen wir bei Paulus schon aus dem ersten Korintherbrief: *„dass euch nicht eine von den Gaben fehlt, die er in seiner Gnade schenkt.“* (1Kor 1,7).

Letztlich ist mit dem „Ausgleich“ keine finanzielle Gleichheit im Sinne eines christlichen Sozialismus oder Kommunismus gemeint. Paulus beschreibt ihn vielmehr als ein flexibles, reziprokes und ortsübergreifendes System, in dem sich die Gemeinden, je nach Situation, gegenseitig unterstützen.

Demgegenüber ist der Zehnte ein mechanisches System, das dieser neuen, dynamischen Situation von entstehenden Ortsgemeinden und dem missionarischen

Kontext nicht gerecht werden kann. Deswegen ist er auch nicht im Fokus – weder bei Jesus noch bei Paulus.

Der vielleicht wichtigste Grund, warum wir uns weder an 10%, 25% oder sonstige Prozentzahlen halten sollten, ist ein ganz anderer und hat mit dem opfergesteuerten Tempelkult zu tun.

Wenn ich bisher über die im Alten Bund gesammelten 25% geschrieben habe, habe ich das mit dem Wort „Abgabe" bezeichnet. Aber letztlich war es eine Steuer, kein freiwilliges Geschenk. Die „Abgabe" war im Gesetz reguliert, und es wurde erwartet, dass sie geleistet wird. Nicht als eine Option; nicht, weil man das so wollte, sondern weil sie notwendig war, um den mosaischen Opferbetrieb aufrecht zu erhalten. Wenn wir aber eines aus dem Neuen Testament wissen, dann, dass wir keinen opfergesteuerten Tempelkult mehr haben. Die Gemeinde ist nicht mit dem Tempel gleichzusetzen und der Tisch des Herrn ist nicht der Altar, an dem geopfert wurde.

Deshalb möchte ich dich als Leserin und Leser fragen:

Siehst du die Spende an deine Ortsgemeinde als eine Art Steuer, die von dir gefordert ist? Oder haderst du mit dir selbst, weil du noch nie diese 10% deines Netto- oder Brutto-Einkommens gespendet hast? Fühlst du einen gewissen Druck, wenn das Körbchen herumgeht oder du vor dem Überweisungsformular sitzt?

Es ist ein erklärtes Ziel dieses Artikels, dir diesen Druck zu nehmen. Wir zahlen innerhalb unserer freikirchlichen Struktur heutzutage keine Steuern an die Gemeinde. Deine Gemeinde freut sich, wenn du großzügig bist und das, was du für richtig, ausgleichend und gerecht erachtest, gibst und für Gottes Reich freisetzt – ohne irgendwelche Vorgaben. Und Gott freut sich auch!

Und falls dir Gottes Freude noch nicht genug ist – wie wär's mit seiner Liebe?

Vertiefung 2: Ein Blick auf 2Kor 9 und die Fröhlichkeit im Geben

Im zweiten Text, den wir uns genauer anschauen wollen, bringt Paulus nämlich die Freude als Motiv für unser freiwilliges Geben und die Liebe Gottes zusammen.

> *2. Korinther 9,7:*
> *Jeder soll für sich selbst entscheiden, wie viel er geben möchte, und soll den Betrag dann ohne Bedauern und ohne Widerstreben spenden. Gott liebt den, der fröhlich gibt.*

Gott liebt den, der fröhlich gibt. Meine Vermutung ist, dass wir in den Gemeinden immer noch sehr viel Arbeit vor uns haben, wenn es darum geht, Menschen die richtigen Motive zum Geben zu vermitteln.

Nicht, dass wir uns falsch verstehen: ich schätze den Gehorsam Gott gegenüber und halte ihn für unerlässlich, vor allem in Gebieten, wo ich Gott (noch) nicht verstehe und es einzig der Gehorsam ist, der mich auf der Spur hält. Aber Gehorsam gegenüber einer Prozentangabe steht diametral zu der am Schenken, wie sie Gott sich von uns wünscht, ja, wie er sie an uns liebt.

An dieser Stelle antizipiere ich eine typische Nachfrage von kritischen Lesern:

Nun, wenn das jeder so machen würde, wenn jeder selbst entscheidet – hat der Leib Christi und ganz konkret die Ortsgemeinde dann noch genug? Reicht das?

Gute Frage. Ich bin froh, dass du sie gestellt hast. Hier eine Antwort.

Erstens muss man festhalten: Eine Gemeinde, in der man geschlossen den Zehnten gibt, hat es nie gegeben, gibt es nicht und wird es nicht geben.

Zweitens: Paulus kennt diese Frage und nimmt in den beiden anschließenden Versen genau diesen Ball auf. Und hier wird es jetzt spektakulär, denn Paulus wendet den Blick weg von dem, was unsere (kleine oder große) Spende mit uns macht oder für andere bewirkt, hin zu dem, was Gott mit unserer Spende für uns und für andere tun wird.

> ***2. Korinther 9,8-9:***
> *Gott kann euch mit derartig vielen Wohltaten überschütten, dass ihr nicht nur jederzeit genug für euch selbst habt, sondern auch anderen noch reichlich Gutes tun könnt. So steht es auch geschrieben: „Er hat den Armen reichlich gegeben, seine Gerechtigkeit besteht ewig."*

Zunächst einmal – ganz wichtig: Wir werden weiterhin versorgt sein. Und dann – nicht minder wichtig: Gott selbst ist es, der die Armen versorgt. Dieses Prinzip ist uns bestens aus der Geschichte mit den zwei Broten und fünf Fischen (Mt 14,13ff) bekannt. Das, was die Jünger – und somit auch wir als Nachfolger Jesu – haben und geben können, mag rein rechnerisch nicht genug sein. Wenn es jedoch erst einmal durch Gottes Korb gelaufen ist, geht die Nahrung für 5.000 und mehr Menschen nicht aus. Die Jünger lebten in der Spannung zwischen den zwei (An-)Weisungen, die Jesus ihnen auf den Weg gab: „Gebt ihr ihnen doch zu essen!" Und: „Bringt sie her zu mir!" Auch wir leben mit unserem persönlichen Geben in dieser Spannung.

Richtiges Geben lässt sich also nicht an Prozenten festmachen. Für einige von uns wären 10% existenzgefährdend, für andere von uns wären 10% lediglich ein Betrag aus der Portokasse, den wir kaum bemerken. Die Größe eines Betrags sagt *nichts* über unser Herz aus.

Ich vermute, dass die Menschen, die sich an der von Paulus erbetenen Spende beteiligt haben, ihr nun knapperes Budget deutlich gespürt haben. Mit ihrer Spende haben sie sich zwar nicht ihrer Lebensgrundlage beraubt, aber sie haben sicherlich auf Dinge verzichten müssen, die sie sich ohne diese Spende hätten leisten können. Von der Summe her hat es sich höchstwahrscheinlich nicht um den Betrag der Erstlingsgabe gehandelt, auch wenn Paulus die Gemeinden bereits im Vorfeld darauf vorbereitet hatte. Für uns ist wichtig, dass hier derselbe Lebensstil der Einfachheit und des Verzichts auf Luxus übernommen wird, den Paulus seinem Azubi Timotheus ins Stammbuch schreibt (1Tim 6,8-10) und den er selbst vorlebt (Phil 4,11-13).

Der Begriff „Opfer“ ist vielerorts kein geflügeltes Wort mehr für die Bezeichnung der gemeindlichen Spenden. Das ist einerseits verständlich, andererseits aber auch unglücklich. In urbanen Zentren ist „Opfer“ ein erklärungsbedürftiger und sperriger Begriff – deshalb ist es hilfreich und gut, wenn er in diesem Kontext vermieden wird. Was hingegen schlecht ist, dass das Konzept des Opfers immer mehr in Vergessenheit gerät, obwohl es seine Wichtigkeit nicht eingebüßt hat. In seinem Buch "*Christians in an Age of Wealth: A Biblical Theology of Stewardship*" schreibt Craig L. Bloomberg zurecht, dass man die Bereitschaft zum „Opfern“ in Bezug auf das Spendenmuster des christlich geprägten Westens mit der Lupe suchen muss (S. 165-169). Dieser Aspekt darf unter der Überschrift des freien und fröhlichen Lebens prophetisch verkündigt und dadurch wiederentdeckt werden. Jeglicher Besitz ist auf die unverdiente und von Gott geschenkte Gnade zurückzufahren – das habe ich oben versucht deutlich zu machen. Deswegen sind wir nicht Besitzer, sondern Verwalter der Segnungen Gottes.

Was bedeutet das nun in der Praxis?

Miss dein Geben nicht an dem, was von deinem Konto wegfließt, sondern an dem, was es mit deinem Herzen macht. Wie geht es dir dabei: Freust du dich? Fühlst du dich gut? Ist es dir ein Herzensanliegen zu geben? Und ist da vielleicht auch eine Art heiliger und reinigender Schmerz – immer dann, wenn du etwas loslässt, woran dein Herz zu sehr gehangen hat?

Um noch einmal Jesus zu zitieren (Mt 6,21): *„Denn wo dein Reichtum ist, da wird auch dein Herz sein.“*

Wenn wir diesen Herzens-Check, diese Art von Fragen – und die positiven Antworten darauf – kultivieren, wird das Geben im Kontext eines Gottesdienstes auch nicht mehr komisch oder deplatziert wirken. Nein, es wird den Charakter der Anbetung bekommen. Wenn wir ein solches Mindset schaffen, gelingt es auch, die durchschnittlich 20% evangelikaler Christen im Westen, die gar nicht spenden, zum Geben zu motivieren (Bloomberg).

Ein Gedanke für Menschen in Leitungsverantwortung

Falls du diesen Text als Pastor oder Pastorin oder als Mitglied der Gemeindeleitung liest, möchte ich dir noch einen weiteren Gedanken mitgeben:

Geben wir unseren Leuten als Leiterinnen und Leiter eigentlich das Gefühl, dass ihre Spenden etwas bewirken? Dass wir gut mit den Spendengeldern umgehen? Was beobachtest du an deinem eigenen Spendenverhalten? Gibst du mehr, wenn du weißt, wofür du gibst, wenn du den Sinn dahinter verstehst? Gibst du mehr, wenn du die Ziele kennst? Gibst du fröhlicher, wenn du um den Mangel weißt – wie die Korinther bei den in Not geratenen jüdischen Geschwistern? Gibst du begeisterter, wenn du dich mit der Vision deiner Gemeinde und ihren Spendenzielen identifizieren kannst?

Hier hat vielerorts nicht die Gemeinde ein Spendenproblem, sondern die Leitung ein Kommunikationsproblem. Das soll kein Angriff sein, sondern unsere Praxis hinterfragen. Wir sind als Leitungen gemeinhin nicht besonders gut darin, das Spendenverhalten der Gemeinde mit der Vision und der Notwendigkeit des Gebens so positiv zu verdrahten, dass Menschen mehr Freude am Geben bekommen. Deshalb – ungefragt und ungebeten – mein Tipp für deine nächste Spendenpredigt: Fang mit der Vision an, und habe das Ziel, Freude zu vermitteln. Das ist ein guter Start.

Vier Thesen

Zusammenfassend möchte ich anregen, über folgende Thesen nachzudenken:

1) Fröhliches Spenden macht reich, frei und glücklich (2Kor 9,7.11).
2) Durch meine freiwillige und großzügige Spende erlebe ich Gott wieder selbst als Versorger (2Kor 9,8) und mache mir meine eigene Abhängigkeit bewusst. Gottes Mathematik ist nicht unsere.
3) Großzügiges Spenden ist ein Vorrecht, das ich mir einfach nicht nehmen lassen möchte, weil es eine sehr verantwortliche und ehrbare Tätigkeit ist. Ich segne damit sowohl meine Geschwister als auch Gott (2Kor 8,4 und 9,13).

4) Meine geschwisterliche Großzügigkeit gleicht den Mangel eines anderen aus und bringt große und ausgleichende Frucht im Reich Gottes.

Wer als Bruder oder Schwester fröhlich, freiwillig, großzügig und mit geschwisterlicher Verbundenheit notwendige Finanzen in den örtlichen und weltweiten Leib Christi investiert, ehrt Gott!

Pastorale Schlussbemerkung

Auf dem Weg hin zum gemeinsamen Ziel gibt es wichtigere Dinge als die Frage, wie wir unser Geld für uns selbst ausgeben können oder wieviel unseres Einkommens an unsere Gemeinde, an christliche Werke oder in die Mission fließen soll. Die in 2Kor 8-9 beschriebene Spende zeigt die über ethnische Grenzen hinweg funktionierende Einheit von drei Gemeinden, die sich nicht kannten. Es gibt also auch einen biblisch-übergemeindlichen Maßstab, den man nicht außer Acht lassen sollte. Andererseits gilt – und das schreibe ich als jemand, der in der Abhängigkeit von Spendengeldern lebt – dass dort, wo die natürliche geistliche Erstversorgung geschieht, sicherlich auch der Schwerpunkt der Spende liegen darf.

Jede Möglichkeit, die sich uns in der Welt bietet, unser Geld auszugeben, ist letztlich ein Charaktertest. Unser Fitnesszustand und unsere Resilienz gegenüber dem Wohlstand dieser Welt offenbart auch unseren geistlichen Fitnesszustand und unsere Resilienz gegenüber dem Einfluss des Mammons (Mt 6,24). Letztlich ist unser Geben nichts anderes als ein sehr effektiver Götzenschnelltest. Ob, wie und was wir geben, ist also kein Thema für die Kategorie „unter ferner liefen". Es ist eine Anbetungsangelegenheit und damit oberste Priorität.

Und damit sind wir wieder da, wo wir angefangen haben: bei den Motiven fürs Geben.

Als Paulus in 2Kor 8,12-15 und 9,12 von Mangel spricht, erinnert er daran, wie es in der Wüstenwanderung war, als das Manna auftauchte (2Mo 16,15-21). Die Menschen sammelten so viel Manna ein, wie sie an einem Tag verbrauchen würden. Am nächsten Morgen waren die Reste schon verdorben. Die Lektion Gottes: Wer wenig gesammelt hatte, hatte genug; wer viel gesammelt hatte, hatte genug. Wer allerdings für den nächsten Tag gesammelt hatte, um auf Nummer sicher zu gehen – wer also nicht darauf vertraute, dass Gott auch morgen wieder segnen und versorgen würde – der wurde beschämt.

Diese Wüstengeschichte hat uns einiges zu lehren. Zum Beispiel sollten wir uns fragen, ob es wirklich unser Ziel ist, unsere Identität als Wanderer, Nomaden, Exil-Menschen auf dem Weg, auf der Durchreise hin zur richtigen Heimat, zu begreifen. Oder ist unser Fokus eher darauf gerichtet, uns schon hier in der Welt sehr heimatlich einzurichten? Mit solch einem Fokus würden wir verhindern, dass der reale Mangel in Gemeinden, in unserem Verband und in dieser Welt ausgeglichen wird.

Echter Reichtum kommt, wenn man Dinge, von denen man denkt, dass man sie braucht, in Freiheit loslässt, um andere im Reich Gottes zu segnen.

Falls du denkst, dass das nur ein weiterer Satz im Artikel war, kommt er hier noch einmal, weil es der zentrale Satz dieses Artikels ist:

Echter Reichtum kommt, wenn man Dinge, von denen man denkt, dass man sie braucht, in Freiheit loslässt, um andere im Reich Gottes zu segnen.

Geld und Besitz sind uns nur für eine kurze Zeit anvertraut, und es lohnt sich nicht, sie festzuhalten, auch wenn dies unserem Sicherheitsverständnis so kolossal widerspricht. Vierzig, fünfzig, vielleicht siebzig Jahre – so lange nur verwalten wir Gottes Geschenke in dieser Welt. Nur für die Länge unseres Lebens sind wir Haushalter, Ökonomen, Wirtschafter Gottes. Der „oikonomos" – dieses kleine Wort, das wir knapp ein Dutzend Mal im NT finden, lange bevor es an der Wallstreet eingesetzt wurde – war nichts anderes als der erste Sklave im Haus des Herrn, von dem erwartet wurde, dass er den gesamten Haushalt und Besitz im Sinne seines Herrn verwalten würde.

Das sind wir. Du und ich. Wir sind Verwalter.

Genauso wenig, wie wir Besitzer unseres Glaubens sind, sind wir die wirklichen Besitzer unseres Geldes. Glaube ist ebenso ein Geschenk, wie alles, was wir besitzen. Also lasst uns doch dem die Ehre geben, der uns mit jeder Gnadengabe beschenkt hat.

Freiwillig, großzügig, fröhlich, dankbar.

PASTOR MARKUS ZOBEC
BREMEN

VERWENDETE LITERATUR:

- Bloomberg, Craig L., *Christians in an Age of Wealth: A Biblical Theology of Stewardship*, Grand Rapids, MI: Zondervan, 2013.
- Martin, Ralph P., *2Corinthians*, Word Biblical Commentary Vol. 40, Nashville, TN: Thomas Nelson, 2006.
- Vetter, Ekkehart, „Spenden: Wie viel Geld soll man geben?“ in *Ethische Entscheidungen treffen*, 4. Auflage, Bremen: Mülheimer Verband Freikirchlich-Evangelischer Gemeinden, 2017.

Erdbestattung Kremation Friedwald

Wie gehen Christen mit der sich verändernden Begräbniskultur um?

von Martin Lutzweiler

Begräbniskultur im Wandel

„Die Vorstellung ist einfach beruhigend, dass der Baum, der irgendwann mein Beisetzungsplatz sein wird, mich noch eine Zeitlang durchs Leben begleiten wird. Dass ich ihn beobachten, begreifen, wachsen sehen kann, so wie später meine Freunde und Angehörigen, die sich in seiner Nähe an mich erinnern werden" – so oder ähnlich könnte jemand begründen, warum er einmal in einem Friedwald seine letzte Ruhestätte finden möchte. Diese Bestattungsform, bei der die Asche eines Verstorbenen direkt an den Wurzeln eines Baumes beigesetzt wird, ist in dafür besonders ausgewiesenen Waldstücken seit einigen Jahren auch in Deutschland bestattungsrechtlich möglich geworden. Zum „Friedhof" mit seinen Grabfeldern für Erdbestattungen bzw. Urnenbeisetzungen tritt der „Friedwald", eine alternative Bestattungsform, in der die Grabpflege von der Natur übernommen wird und statt eines Grabsteines ein Schild am Baum an den Verstorbenen und seinen letzten Ruheplatz erinnert.

Der gesetzlich verordnete „Friedhofszwang"[1] erlaubt in Deutschland ansonsten nur noch die Seebestattung, andere Formen werden ausgeschlossen. Man darf also nicht – wie z.B. in der Schweiz – die Asche irgendwo in Wald und Wiese oder einem Fluss ausstreuen oder privat zu Hause oder im Garten aufbewah-

1 Das Bestattungsrecht ist in Deutschland Sache der Bundesländer, die Unterschiede sind allerdings nicht gravierend. Der „Friedhofszwang" schreibt eine Bestattung an dafür ausgewiesenen Orten durch dazu autorisierte Bestatter vor.

ren.[2] Immer häufiger werden allerdings bei Bestattungsunternehmen solche Wünsche vorgebracht und dann auch realisiert, wobei weder zusätzliche Kosten noch Mühen gescheut werden. Die eigene Bestattung tritt gewissermaßen verstärkt ins Blickfeld der individuellen Lebensplanung. Es könnte auch hierzulande bald soweit sein, dass der Gesetzgeber die ganze Vielfalt an Bestattungsformen erlauben wird.

Wie beurteilen wir aus der Sicht des christlichen Glaubens diese Entwicklung? Steht auch einem Christen die ganze Palette an Bestattungsmöglichkeiten offen? Oder ist die Erdbestattung die einzig legitime christliche Form und die Kremation (mit den sich ergebenden verschiedenen Bestattungsmöglichkeiten) nicht erlaubt? Vom biblischen Schöpfungsbericht her gesehen scheint diese Frage schnell zu beantworten sein: „Da machte Gott der Herr den Menschen aus Erde vom Acker und blies ihm den Odem des Lebens in seine Nase. Und so wurde der Mensch ein lebendiges Wesen", heißt es in 1. Mose 2,7 und kurz darauf in 1. Mose 3,19 finden sich die Worte an Adam: „Im Schweiße deines Angesichts sollst du dein Brot essen, bis du wieder zu Erde werdest, davon du genommen bist. Denn du bist Erde und sollst zu Erde werden." Zu Erde wird der Mensch wohl am natürlichsten, wenn man seinen Leichnam in die Erde legt. Doch könnte man in der Kremation nicht auch ein beschleunigtes „Zu Erde Werden" sehen?

Biblischer Hintergrund - Bestattungsbräuche in Israel

Die zu biblischen Zeiten übliche Bestattungsform war die Erdbestattung. Das Klima in Israel begünstigt eine rasch einsetzende Verwesung, so dass schnell – oft noch am Sterbetag – für die Bestattung gesorgt werden musste. Besorgt wurde sie von den Angehörigen. So begrub z.B. Abraham seine Frau Sara (1. Mose 23,19) und wurde selbst von seinen Söhnen bestattet (1. Mose 25,9). Die Begräbnisplätze lagen in der Regel außerhalb der bewohnten Siedlungen. Nur Kinder und Fürsten wurden mitunter im Hause beigesetzt. Die Regel war jedoch die Bestattung in einer Totenstadt, einer Nekropole.

Die Gräber der Wohlhabenden unterschieden sich von denen der Armen. Während unbemittelte Leute wahrscheinlich in Senkgräbern unter die Erde kamen (vgl. 2. Kön. 23,6), wurden die Reichen in vornehmeren und dauerhafteren Felsengrabmälern bestattet. Die Leichen wurden auf Bänken niedergelegt, die sich an den drei Seiten der rechteckigen Grabkammer links, rechts und gegenüber der Eingangsseite

---

2 Wer gar eine „Ballonbestattung" wünscht, bei der die Asche aus einem Heißluftballon in der Höhe über einem Wald - oder einem Wiesengebiet verstreut wird, der muss nach Frankreich oder Tschechien ausweichen.

befanden. Hier wurde man „zu seinen Vätern versammelt". Für die sterbenden Nachkommen wurde Platz gemacht, indem die Gebeine später von der Bank weggenommen und in eine Sammelgrube gelegt wurden, die sich meist in einer Ecke der Grabkammer befand. Grabinschriften mit den Namen der Verstorbenen sind aus alttestamentlicher Zeit nicht bekannt. Eine eigentlich individuelle Form der Bestattung mit Einzelkammer, Gebeinkästen und Grabinschriften kam erst in römisch-hellenistischer Zeit auf. Die Toten wurden in ihren Kleidern bestattet. Jesaja 22,18 erwähnt aber auch das Umwickeln mit Binden. In neutestamentlicher Zeit wurde es üblich, den Leichnam in Tücher einzuschlagen (Matthäus 27,59; Johannes 14,44). Die Einbalsamierung war nicht allgemein gebräuchlich, wohl aber kannte man die Sitte, in die Grabkammer stark riechende Spezereien oder Harze zu legen, die den Todesgeruch vertreiben sollten. Mit dieser Absicht waren am Ostermorgen auch einige Frauen auf dem Weg zum Felsengrab des Josef von Arimathäa, in die der Leichnam Jesu gelegt worden war (Lukas 23,50-24,10).

Unbegraben zu bleiben war eine Schande. Die Verweigerung der Bestattung galt als Erzübel. Den Hunden oder den Vögeln zum Fraß preisgegeben zu werden hieß, den Unterschied zwischen Mensch und Tier aufheben: „ein Eselsbegräbnis" (Jeremia 22,19). Die Leichenverbrennung war nicht üblich, sie wird jedoch auch nicht ausdrücklich verworfen oder verurteilt. In Amos 2,1 bestand der Frevel der Moabiter nicht so sehr darin, dass „sie die Gebeine des Königs von Edom verbrannt haben zu Asche", sondern dass dies wohl im Zusammenhang einer Grabschändung geschah, was als die eigentliche Freveltat zu sehen ist. Einige Stellen erwähnen die Verbrennung als Todesstrafe (1. Mose 38,24; 4. Mose 20,14; 21,9). Der besondere Strafcharakter der Verbrennung eines Lebenden lag vermutlich in der Absicht, dem Verbrecher dadurch eine ehrenhafte Bestattung zu verwehren.

Geschichtliches zur Feuerbestattung

In der Antike war die Feuerbestattung ein wesentlicher Bestandteil der griechischen Bestattungskultur und wurde später auch von den Römern übernommen. Die teure Feuerbestattung war im alten Rom ein Vorrecht der Reichen. Da die ersten Christen ärmeren Bevölkerungsschichten angehörten, war für sie die Erdbestattung die übliche Form. Durch die Christianisierung des Römischen Reiches wurde ab circa 400 n. Chr. die Erdbestattung zur bevorzugten Bestattungsform. Karl der Große verbot im Edikt von Paderborn im Jahre 785 die Einäscherung von Leichen bei Todesstrafe, da er die Feuerbestattung als heidnischen Brauch betrachtete. Am Ende des Mittelalters tauchte der Gedanke an die Feuerbestattung in Verbindung mit den durch soziale und hygienische Missstände hervorgerufenen Forderungen nach einer Verbesserung des Bestattungswesens wieder auf. Basierend auf dem Gedankengut der Aufklärung bekam die Feuerbestattung besonders zur Zeit der französischen Revolution neuen Auftrieb. An Stelle der christlichen Erdbestattung sollte die Einäscherung eingeführt werden.

Der Konflikt um die Kremation erreichte einen Höhepunkt im Jahre 1869. Parallel zum Ersten Vatikanischen Konzil tagte in Neapel ein internationaler Freimaurerkongress, der die Leichenverbrennung als Kampfmittel gegen die katholische Kirche instrumentalisierte: „Der Religion des Kreuzes soll eine Religion der Urne entgegengesetzt werden", lautete der Wahlspruch. Die Feuerbestattung wurde zum Symbol der Leugnung der Auferstehung der Toten. Die katholische Kirche reagierte scharf und sprach 1886 ein Verdikt (ein absolutes Verbot) gegen die Feuerbestattung aus. Wer sich dennoch verbrennen ließ, wurde exkommuniziert und es durfte kein kirchliches Begräbnis stattfinden. Dieses Verbot wurde 1963 aufgehoben, nachdem man glaubte feststellen zu können, dass die Feuerbestattung den Charakter einer Leugnung der Auferstehung der Toten weitgehend verloren hat. Allerdings zieht die katholische Kirche auch heute noch die Erdbestattung vor und empfiehlt diese ausdrücklich.

Der Trend zur Kremation

In einigen Ländern Europas liegen heute die Einäscherungsraten schon bei mehr als 50% der Bestattungen, so z. B. in Großbritannien, Dänemark, Schweden und der Schweiz. In Deutschland wächst die Rate der Feuerbestattungen pro Jahr um circa 1%. In manchen Städten wie z. B. Berlin, Bremen und Hamburg macht die Zahl der Einäscherungen schon weit mehr als die Hälfte der Bestattungen aus. Auffallend ist, dass in mehrheitlich katholischen Regionen die Quote immer noch deutlich niedriger ausfällt (z. B. in Aachen oder Augsburg circa 10-15%).[3]

Das erste Krematorium in Deutschland nahm am 10. Dezember 1878 in Gotha seinen Betrieb auf. Heute gibt es im gesamten Bundesgebiet circa 200 Krematorien. Sie alle arbeiten nach demselben Prinzip: Die Einäscherung wird mitsamt dem Sarg vorgenommen. Dieser darf nicht geschraubt sein und muss aus Materialien gefertigt werden, die keine negativen Auswirkungen auf die Umwelt haben. Das gilt auch

3 Daten von 1997 nach wikipedia, Artikel Feuerbestattung

für die Sargausstattung und das Totenkleid, denn für Krematorien gelten die Bestimmungen des Bundes-Emissionsschutzgesetzes. Vor der Kremierung erfolgt im Krematorium eine zweite Leichenschau durch einen Amtsarzt oder Rechtsmediziner, die sicherstellen soll, dass nicht etwa Hinweise auf einen unnatürlichen Tod durch die Verbrennung vernichtet werden. Ein mit einer Nummer versehener feuerfester Schamottestein, der auf den Sarg gelegt wird, gewährleistet die eindeutige Zuordnung der Asche. Die Öfen in den Krematorien sind für nur einen Sarg ausgelegt. Trotz der hohen Temperaturen von über 1.000 °C bleiben Rückstände. Künstliche Hüftgelenke oder Herzschrittmacher z. B. werden nach der Verbrennung entfernt. Magnete filtern etwaige Metallrückstände (z. B. Beschläge von Särgen) heraus. Feste Bestandteile wie Knochen kommen in eine Mühle. Erst danach kann die Asche des Verstorbenen zusammen mit dem Schamottestein in die Aschekapsel gefüllt werden, die in einer Urne beigesetzt wird.[4]

Die Bestattungsform ist eine freie Entscheidung des Einzelnen

Die Erdbestattung wird vielerorts in Kirchen und Gemeinden als „die christliche Bestattungsform" empfunden. Das ist aufgrund der jüdisch-christlichen Tradition und der Geschichte der Kremation verständlich.[5] Doch sollte dies nicht dazu führen, Christen, die sich für die Kremation entscheiden, den rechten Glauben abzusprechen oder ihr Gewissen zu belasten. Auch wenn die Bibel die Feuerbestattung nicht kennt, wird diese Bestattungsform andererseits auch nicht ausdrücklich abgelehnt oder verboten.

---

4 Eine Frage könnte zukünftig unter ökologischen Gesichtspunkten breiter diskutiert werden, ob Menschen, die infolge einer Krebserkrankung mit Zytostatika behandelt wurden (Chemo-Therapie) und deren Leichnam noch starke Spuren der Chemikalien aufweist, eine Erdbestattung weiterhin ermöglicht werden soll. Hiermit beschäftigt sich M.Frast in einer Diplomarbeit am Ethik-Zentrum der Universität Zürich unter dem Titel: „Zu Staub oder Asche? – Ist eine gesetzliche Kremationspflicht von Verstorbenen nach vorausgegangener Zytostatika Therapie aus ethischer Sicht vertretbar?"

5 Die biblischen Sprachbilder wie das vom „Weizenkorn", das in „die Erde fällt und stirbt" (Joh. 12,24) oder die Erklärungen des Apostels Paulus zur Auferstehung der Toten - „Es wird gesät verweslich und wird auferstehen unverweslich. Es wird gesät in Niedrigkeit und wird auferstehen in Herrlichkeit: Es wird gesät in Armseligkeit und wird auferstehen in Kraft. Es wird gesät ein natürlicher Leib und wird auferstehen ein geistlicher Leib" (1. Kor. 15,42ff) - bezeugen, dass in biblischer Zeit eben die Erdbestattung üblich war. Aus diesen Stellen lässt sich aber sicher nicht ein Verbot der Kremation ableiten.

Es gibt keine Aussagen, die sie als minderwertige oder mit einem Makel behaftete Form beschreiben oder darauf hindeuten, dass die Kremation die „Qualität" des Auferstehungsleibes mindere.[6] Darum dürfen wir hier einen Freiraum annehmen, in dem jeder Einzelne selbst darüber entscheiden darf und soll, auf welche Weise er einmal bestattet werden möchte. Bei der Entscheidung für eine Erd- oder Feuerbestattung spielen oft auch ganz praktische Gründe eine Rolle. Viele scheuen die hohen Kosten, ein Urnengrab ist um circa ein Drittel günstiger als ein Erdgrab. Außerdem wird die Urne bevorzugt, weil vielfach keine Familie da ist, die das Grab pflegen könnte. Diese Entwicklung zeichnet sich in größeren Städten deutlicher ab als auf dem Land.

In diesen Zusammenhang gehört auch die Frage, ob es in der mobilen Gesellschaft eine neue Trauer- und Erinnerungskultur geben wird. Zum Trauern und Gedenken gehört bisher selbstverständlich ein Ort, an dem der Verstorbene ruht und wo ein Grabstein oder eine Inschrift an ihn erinnert. Dies ist sowohl bei der Erdbestattung wie auch wie der Urnenbestattung – sei es als Urnengrab, bei der Einstellung der Urne in ein Kolumbarium oder auch beim Friedwald – gegeben. Doch gibt es bei der Erdbestattung auch die zwar seltene, aber zunehmend genutzte Möglichkeit des anonymen Grabes, der billigsten Bestattungsvariante. Und wenn nach einer Kremation die Asche verstreut wird oder auch im Falle einer Seebestattung, ist für die Trauer und das Gedenken kein konkreter Ort mehr vorhanden. Für das christlich geprägte Empfinden gehört bislang allerdings ein konkreter Ortsbezug, eine letzte Ruhestätte, zur Trauer- und Erinnerungskultur dazu.[7]

---

6 Dies müsste dann ja auch für die Märtyrer der alten Kirche gelten, die zum Teil den Feuertod starben oder in den Arenen den wilden Tieren vorgeworfen wurden. Selbst der Kremation sehr ablehnend gegenüberstehende Positionen räumen ein, dass das Verbrennen im Blick auf die Auferstehung und die Ewigkeit keine Rolle spielt: „Es sind meist die Ungläubigen, die sich kremieren lassen und zwar meist, weil sie glauben, dadurch eine Auferstehung zu verunmöglichen, was freilich vergeblich ist, ... denn auch die Person mit kremiertem Körper muss vor Gottes Richterstuhl erscheinen." (A. Küpfer, 700 Fragen und Antworten, Frage Nr. 73, www.bibelkommentare.de).

7 Ein Zitat aus der Zeitschrift „Psychologie heute" (Ausgabe Januar 2009, Seite 39) verdeutlicht die in unserer modernen Gesellschaft sich anbahnenden Veränderungen: „In einer individualisierten Welt wird in Zukunft auch der – enttabuisierte – Umgang mit dem eigenen Tod Teil der gesteigerten Selbstverantwortung sein, er ist weder juristisch zu regeln, noch ist er zu delegieren, sondern wird zu Lebzeiten besorgt. Auch das Andenken werden die Menschen, sofern es ihnen wichtig ist, selbst mitzugestalten haben. So könnte es unter eine Vorsorgemaßnahme fallen, noch zu Lebzeiten einen Nekroweblog zu installieren, um den Hinterbliebenen die Möglichkeit zu bieten, unabhängig von einer konventionellen Grabstätte die Erinnerung an den Toten zu pflegen. „In memoriam" wird so zu „e-memorial". Aus rest in peace wird rest in web."

„Wiedergeboren zu einer lebendigen Hoffnung durch die Auferstehung Jesu Christi von den Toten"

Sich darüber klar zu werden, wo und wie man einmal bestattet werden möchte, ist sicher eine richtige und noch zu Lebzeiten zu treffende Vorsorgemaßnahme. Alle diese Fragen rund um die Begräbnis- und Trauerkultur sind im Grunde jedoch nur zweitrangig und nebensächlich. Die wichtigste Vorsorgemaßnahme im Blick auf das eigene Sterben ist allerdings bereits für uns getroffen worden: „Christus Jesus hat dem Tode die Macht genommen und das Leben und ein unvergängliches Wesen ans Licht gebracht" (2. Timotheus 1,10). Diese „Vorsorgemaßnahme" braucht unsererseits nur bestätigt und in Empfang genommen zu werden. Die christliche Hoffnung, die über den Tod hinaus weist, gründet sich in der Person Jesu, in seinem Tod und seiner Auferstehung. Auferstehung und ewiges Leben sind dabei nicht eine bloße Sache oder ein Geschehen nur an sich, sondern vielmehr eine Person und untrennbar mit ihr verbunden: „Ich bin die Auferstehung und das Leben", sagt Jesus. „Wer an mich glaubt, der wird leben, auch wenn er stirbt; und wer da lebt und glaubt an mich, der wird nimmermehr sterben" (Johannes 11,25). Diese Worte Jesu sind zugleich Anspruch und Einladung, schon hier in einer glaubens- und vertrauensvollen Beziehung mit dem zu leben, „der über Tote und Lebende der Herr" ist (Römer 14,9). Diese Beziehung hält und trägt auch durch Sterben und Tod. Mit den Worten des Apostel Paulus (Philipper 1,21): „Denn Christus ist mein Leben und Sterben ist mein Gewinn."

PASTOR MARTIN LUTZWEILER
WEIL DER STADT

Gemeindezucht

Wie soll die Gemeinde auf ethische Verfehlungen reagieren?

von Dr. Markus Liebelt

1. Worum geht es?

Wenn wir über ethische Leitlinien sprechen, drängt sich unweigerlich die Frage auf, was denn nun geschieht oder geschehen soll, wenn diesen Leitlinien im Verhalten und Lebenswandel von Menschen nicht entsprochen wird. Ethische Leitlinien einer christlichen Kirche oder Gemeinde orientieren sich am Gebot Gottes. Ansonsten handelt es sich nicht um eine biblische Ethik. Das heißt, die ethischen Wertmaßstäbe, die in einer christlichen Gemeinde gelten, stehen unter dem Anspruch der unbedingten Gültigkeit. Wenn sich die Frage, was erlaubt sei oder nicht, am Gebot Gottes orientiert, dann kann die Antwort auf diese Frage niemals nur im Sinne einer „freundlichen Empfehlung" verstanden werden. Es geht um Gottes Gebot, es geht um Gottes eigenen Anspruch, der in den erkannten und verkündigten biblischen Wertmaßstäben vernehmbar gemacht werden soll. Gewiss gibt es hier in allen Bereichen menschlichen Verhaltens einen gelebten Ermessensspielraum. Manche sehen manches „nicht so eng", andere sehen es „enger". Darüber im Einzelfall zu urteilen, ist hier aber nicht der Ort. Die ethische Diskussion sucht, wie es in den Beiträgen dieses Bandes deutlich wird, die Relevanz des Gebotes Gottes in den gegenwärtigen Lebensbezügen deutlich zu machen und anzuwenden. Sie sucht in der Verantwortung vor Gott und in der Orientierung an seinem Wort nach verantwortbaren Leitlinien. Ganz gleich jedoch, wie groß der Ermessensspielraum im Blick auf die eine oder andere Fragestellung in dieser Diskussion sein mag, biblische Ethik wird früher oder später an den Punkt kommen, wo alles Ermessen ein Ende hat. Es ist der Punkt, wo ganz zweifelsfrei die Grenze des Akzeptablen überschritten ist, das Verhalten eindeutig als Sünde gilt und Konsequenzen nach sich zieht. Doch wie könnten und sollen diese Konsequenzen aussehen? Genau darum soll es im Folgenden gehen.

2. Was versteht man unter „Gemeindezucht"?

Im Rahmen der christlichen Gemeindelehre hat sich seit dem Mittelalter über die Jahrhunderte hinweg der Begriff „Gemeindezucht" bzw. „Kirchenzucht" etabliert. Nun ist, wie sich zeigen wird, der Begriff „Gemeindezucht" nicht unproblematisch: zum einen, weil es kein biblischer Begriff ist, zum anderen, weil er die Konsequenzen aus dem Fehlverhalten auf den Gedanken des „Züchtigens" fokussiert, ein Begriff, der mit mehr oder weniger brachialen Vorstellungen verbunden und geschichtlich verwurzelt ist. Die heutigen Vorstellungen, die mit dem Begriff der „Zucht" (Gemeindezucht, Kirchenzucht) assoziiert werden, stammen wesentlich aus dem Mittelalter. Gewiss kannte schon die frühe Kirche Sanktionen gegen Abtrünnige und Irrlehrer. Doch hatte dies nicht annähernd etwas zu tun mit den Vorstellungen von Kirchenzucht und kirchlichen Strafsanktionen, wie sie im Mittelalter herausgebildet wurden. Im Verständnis der frühen Kirche im 2. und 3. Jahrhundert ging es wesentlich um inhaltliche, lehrmäßige Abgrenzungen. Der neuere Begriff „Kirchenzucht" hingegen ist untrennbar verbunden mit einer Zeit, in der es keine Trennung von Kirche und Staat gab. Seit den Anfängen der Koalition von Kirche und Staat unter Konstantin dem Großen im 4. Jahrhundert wurde es üblich, bestimmten Verfehlungen handfeste kirchliche „Strafen" folgen zu lassen. Die Rechtgläubigkeit sollte nun mithilfe staatlicher Machtmittel gesichert werden. Die erstarkende römisch-katholische Kirche entwickelte nach und nach ein ausgeklügeltes System von Strafen und Sanktionen. Die Palette reicht von verhängten Bußübungen, Geldstrafen, der Exkommunikation (Verweigerung zur Teilnahme an kirchlichen Handlungen bzw. Sakramenten) bis hin zum ultimativen Kirchenbann, dem „Anathema". Dies bedeutete in der Regel die juristische „Freigabe zum Abschuss", eine Situation, die eine breite und tiefe Blutspur grauenhaftester Verfolgungen durch die Geschichte gezogen hat. Im Mittelalter hatten Exkommunikation und Kirchenbann ruinöse weltliche Folgen für den Betroffenen. Im „Heiligen römischen Reich deutscher Nation" ging der Kirchenbann seit 1220 n. Chr. mit der Reichsacht, der Aberkennung aller bürgerlichen Rechte einher.[1] Seit 1235 (Mainzer Landfrieden, Art. 25 und 26) erstreckte sich der Bann automatisch auch auf Personen und Städte, die den Geächteten Schutz boten. Ganze Ortschaften wurden in Schutt und Asche gelegt. Vor diesem Hintergrund erscheint die Rettung des sicherlich prominentesten Reichsachtopfers Martin Luther (1521) durch Kurfürst Friedrich den Weisen noch einmal in einem besonderen Licht. Dieser Automatismus wurde erst mit dem Augsburger Religionsfrieden von 1555

1 Confoederatio cum principibus ecclesiasticis, Art. 7.

gelockert. Doch das Prinzip kirchlich-weltlicher Strafen blieb und wurde selbst von den jungen reformatorischen Kirchenbildungen (als „Landeskirchen" unter dem Territorialfürsten als Bischof) praktisch uneingeschränkt übernommen. So mussten beispielsweise nach einer Verordnung von 1708 die Eltern nichtehelicher Kinder in der Oberen Grafschaft Wied-Runkel bei der Taufe, die erst nach drei Wochen nach der Geburt stattfinden durfte, zwei Gulden Kirchenstrafe zahlen und öffentlich Kirchenbuße leisten. Die herrschaftliche Strafe betrug zusätzlich für beide Elternteile jeweils sechs Reichstaler (entspricht neun Gulden), wobei bis 1796 die Gesamtsumme von der Mutter zu zahlen war, wenn der Vater nicht ermittelt werden konnte; für den Wiederholungsfall wurden zusätzliche obrigkeitliche Strafen in Aussicht gestellt.[2] Die Liste derartiger, aus heutiger Sicht grotesker Verfügungen ließe sich schier unendlich bis hin zu den furchtbaren Schrecken der Inquisition und des Hexenwahns fortsetzen. Ein „christlicher" Staat, als Einheit von Staat und Kirche fordert Glaubenstreue (Konfessionstreue) und christliche Tugenden mit Gewalt ein. Nun hat die neuzeitliche Trennung von Kirche und Staat, die unschätzbare Errungenschaft des Rechtes auf Glaubens-, Gewissens- und Meinungsfreiheit im Wesentlichen mit diesen Verhältnissen Schluss gemacht. Die Nachwirkungen dieses politisch-religiösen Sanktionssystems (Staat bestraft moralische Verfehlungen) indes reichen bis weit in das 20. Jahrhundert hinein. So galt vorehelicher Verkehr (§172 StGB) sowie die Duldung oder Förderung desselben (Kuppelei, §180 StGB) in der Bundesrepublik bis 1969(!) als Straftatbestand, der von einem weltlichen Gericht mit Gefängnisstrafen belegt werden konnte und auch wurde.

In vielen christlichen Gemeinden, vor allem in evangelischen Freikirchen und Gemeinschaften wird „Gemeindezucht" mit dem Gemeindeausschluss oder dem Ausschluss vom Abendmahl gleichgesetzt. An dieser Stelle erhebt sich nun eine Vielzahl von grundlegenden Fragen. Sie reichen vom Verständnis des Alten Testamentes, von Sünde, von Heiligung, vom Abendmahl bis hin zum Verständnis von Kirche ganz generell. Vor dem Hintergrund, dass ja kein Christ ohne Sünde ist, stellt sich sodann die fundamentale Frage nach einer geistlichen Berechtigung von Sanktionen überhaupt. Wie viel (und welche) Sünde ist tolerabel, bis es zum Gemeindeausschluss kommt? Leider gibt es auch in durchaus wohlmeinenden biblisch orientierten Gemeinschaften zuweilen bizarren theologischen Wildwuchs. Dieser reicht von einem gänzlichen Verzicht auf Sanktionen bis hin zu rüden „Rausschmissen" wegen Banalitäten.

2 Vgl. Johann J. Scotti (Hg.), Sammlung der Gesetze und Verordnungen, welche in den ... nunmehr königlich preußischen Landesgebieten über Gegenstände der Landeshoheit, Verfassung, Verwaltung und Rechtspflege ergangen sind, Band V/1. Wied-Neuwied und Wied-Runkel, 1836

3. Biblische Voraussetzungen

Im Alten wie im Neuen Testament finden wir Beispiele und Aufforderungen, unter bestimmten Umständen dem Fehlverhalten von Menschen aus der Gemeinschaft Konsequenzen folgen zu lassen. Im Alten Testament stand auf bestimmte Verfehlungen sogar die Todesstrafe. Dies schloss neben kapitalen Verbrechen wie Mord oder Raub eindeutig moralische Vergehen wie Ehebruch (3. Mose 20,10), aber auch religiöse Vergehen wie etwa Irrlehre oder falsche Prophetie (vgl. 5. Mose 3,6ff.) ein. Leitender Gedanke ist die Heiligkeit Gottes und die Heiligkeit seines Volkes. Diesem Anspruch war Genüge getan, wenn einerseits die Kardinalsünden, wie sie im Dekalog (10 Gebote) aufgeführt sind, nicht begangen wurden (Du sollst nicht ...) und darüber hinaus die geistlich-rituellen Basis-Vorschriften (Feste, Sabbate, Lehre usw.) befolgt wurden. Dies war die unantastbare „Magna Charta". Alle anderen Verfehlungen, sozusagen die „kleineren" Sünden, konnten durch Opfer gesühnt oder durch bestimmte Gegenleistungen abgegolten werden. Geistlich-ritueller Höhepunkt dieses Geschehens war der alljährliche Jom Kippur (3. Mose 16), der große Versöhnungstag.

Mit dem Kommen Jesu geschieht eine tiefgreifende heilsgeschichtliche Zäsur. Was im Alten Bund prophetisch vorgeschattet war, erfüllt sich nun in atemberaubender Weise. Jesus, der Messias, Gott selbst in Menschengestalt, nimmt alle Schuld auf sich und stirbt stellvertretend den Tod am Kreuz. „Er hat den, der von keiner Sünde wusste, für uns zur Sünde gemacht" (2. Korinther 5,21). Eine neue Heilszeit bricht an. Gott schließt in Christus einen neuen Bund. Dies zog im politischen Sinne ungeheure Auswirkungen für das Verständnis von Gottes Volk, Herrschaft, Sünde und Strafe nach sich.

Zentraler Gedanke im Neuen Testament ist hierbei der Begriff vom Reich Gottes. Mit Christus ist Gottes Reich auf Erden angebrochen. Das neutestamentliche Gottesreich ist, im Unterschied zum alttestamentlichen Reich Israel, keine politische territoriale Größe mehr. Der fatale Irrtum des mittelalterlichen Staatsverständnisses in Europa war die katholische Übertragung des Reich-Gottes-Gedankens, samt alttestamentlicher Strukturen auf den weltlichen Staat, das „heilige römische Reich deutscher Nation" gleichsam als eine Art christlicher (katholischer) „Gottesstaat" (civitas dei), der keine andersdenkenden Minderheiten dulden konnte. Das Reich Gottes, von dem Jesus spricht, ist hingegen ein geistliches Reich. Diese Unterscheidung ist von ganz fundamentaler Bedeutung für die Frage nach den Konsequenzen bei ethischem Fehlverhalten. Hier laufen nun im Neuen Testament diese beiden geistlichen Linien zusammen. Erstens: Christus nimmt stellvertretend die Schuld auf sich. Und zweitens: Das Reich Gottes ist ein geistliches Reich, kein territoriales. Diese beiden Linien bilden die Grundlage für das Verständnis von Gemeinde Jesu als sichtbare Verwirklichung des Glaubensreiches und der Herrschaft Gottes wie auch für das Verständnis für den Umgang mit Verfehlungen. Infolge der neuen Orientierung am Wort Gottes als maßgeblicher Norminstanz wurde bereits in den Anfängen der Reformation das Prinzip der Trennung von Kirche und Staat zu einem wesentlichen Leitmotiv in der biblischen Gemeindelehre. Dieses Leitmotiv der Trennung von Kirche und Staat sowie der Glaubens- und Gewissensfreiheit blieb eine der Hauptforderungen der gläubigen Gemeinden, wie etwa der täuferischen Bewegung. Für diese Forderungen wurden sie – auch von protestantischen Territorialkirchen – blutig verfolgt. Erst die Aufklärung in Europa hat diesen alten, aus dem Evangelium heraus begründeten Forderungen zum politischen Durchbruch verholfen und das Joch des religiösen Despotismus abzuschütteln vermocht.

Gemeinde Jesu ist sichtbare Verwirklichung des Reiches Gottes auf dieser Erde. Sie ist die Gemeinschaft der wiedergeborenen Nachfolger Christi und repräsentiert die geistliche Herrschaft Gottes. Was den Umgang mit Verfehlungen betrifft, regiert das Prinzip der Gnade und Vergebung, da Christus ja bereits die Strafe auf sich genommen hat. Mit seinem stellvertretenden Tod auf Golgatha hat Christus alle Sünden eingeschlossen. Damit deckt er nicht nur die „kleinen" Sünden ab, die durch Opfer ausgesühnt werden konnten, sondern ausdrücklich „alle Sünden", also auch die Todsünden.

Vor diesem Hintergrund kennt die christliche Gemeinde des Neuen Testamentes definitiv keine Todesstrafe oder sonstige physische Gewalt- oder Zwangsmaßnahmen gegen moralische, kultische oder lehrmäßige Verfehlungen. Sie billigt dem weltlichen Staat in weltlichen Dingen das Recht des Schwertes zu (Römer 13). Sie unterstellt sich aller menschlichen Gesetzgebung als von Gott verfügter Ordnung, sofern sie nicht zum Bruch des Gebotes Gottes genötigt wird. Sie selbst jedoch kennt keine physischen „Züchtigungen", keine religiösen „Bußübungen" oder sonstige jedweder Gewalt behaftete Strafmaßnahmen. Gemeinde Jesu und Gewalt schließen sich gegenseitig aus.

Dennoch finden wir auch im Neuen Testament deutliche Aufforderungen zu Konsequenzen. Schwerwiegendes Fehlverhalten, wie etwa der offen praktizierte Verstoß gegen die 10 Gebote soll keinesfalls stillschweigend hingenommen werden. Das Prinzip der Gnade darf keinesfalls als Freibrief zur Sünde missverstanden werden (Römer 6,1ff.; Galater 5,16ff. u. a.). Das Gebot Gottes ist nicht aufgehoben. Es gilt und wird im geistlichen Leben erfüllt. Der Geist drängt zu einem Leben, das Gott gefällt. Er drängt zur Verwirklichung und Umsetzung des Gebotes im Leben.

Wenn es zur Verfehlung gekommen ist, wird dieser Verfehlung auf geistliche Weise, mit geistlichen Mitteln und Kriterien begegnet. Es geht also immer darum, ein gestörtes geistliches Leben, eine gestörte Beziehung mit Christus wieder herzustellen. Die erste Instanz bildet das von Wort und Geist geprägte Gewissen. Darüber hinaus kennt das Neue Testament eine Anzahl von geistlichen Mitteln, die der Gemeinde Jesu an dieser Stelle dienen. Sie reichen von dem persönlichen Hinweis auf das Fehlverhalten und der Aufforderung, die Sünde zu unterlassen (Korrektur), der offenen Zurechtweisung bis hin zum Ausschluss aus der Gemeinschaft. Im Folgenden wollen wir auf die bedeutsamen biblischen Kriterien und die diesen entsprechenden biblischen Stellen eingehen.

4. Das Gewissen

Das Gewissen ist eine Instanz im Menschen, die unser Handeln gegenüber einer von uns innerlich akzeptierten Norm bewertet. Es ist eine Art „innere Stimme“, die uns auf eigentümliche Weise wissen lässt, ob unser Tun gut oder verwerflich ist. Das Gewissen ist die erste Instanz, die bei einem Fehlverhalten „Alarm“ schlägt. Nun ist das Gewissen allerdings kein Normgeber. Es hat von sich aus keine biblischen ethischen Werte abgespeichert. Das Gewissen wird geprägt. Es ist wie eine Art „Wecker“. Stellt man ihn auf sieben Uhr, wird er um sieben Uhr klingeln, stellt man ihn auf 12 Uhr, wird er um 12 Uhr klingeln. Er klingelt so, wie er eingestellt wird. Was nun vom Gewissen als richtig oder falsch, gut oder schlecht identifiziert wird, hängt ganz und gar von der Prägung, sozusagen von der „Einstellung“, ab.

Diese Bedingung ist sehr bedeutsam im Blick auf die Sündenerkenntnis und die Bewertung von Fehlverhalten. Je mehr ein Mensch vom Wort Gottes geprägt wird, desto sensibler wird sein Gewissen auf Fehlverhalten reagieren, anders herum genauso. Ein Mensch, der erst am Anfang des Glaubensweges steht, wird unter Umständen bei bestimmten Sünden kein schlechtes Gewissen haben. Da er in seinem bisherigen Leben möglicherweise von völlig anderen Werten und Verhaltensmustern geprägt wurde, erkennt er in seinem Tun noch kein Fehlverhalten. Er weiß es schlicht und ergreifend nicht besser, obgleich er freudig seinen Weg mit Jesus gehen will. Das Gewissen schlägt nicht an. Das hat nichts zu tun mit Ungeistlichkeit, allenfalls mit geistlicher Unreife. Der Mensch ist einfach noch nicht an diesen Punkt gekommen. Erst nach und nach werden ihm Dinge deutlich und sein Leben verändert sich. Dies zu beachten ist ganz außerordentlich wichtig, gerade wenn es um den Umgang mit eigentlich unerträglichen Verhaltensweisen von Neubekehrten „aus der Welt“ geht. Da werden dann schnell Probleme wie etwa das Rauchen für manche zum eigentlich anstößigen Problem, während in Wirklichkeit die Heiligung erst einmal an viel brennenderer Stelle ansetzen und dem

Leben an sich Schritt für Schritt in einigermaßen geordnete Bahnen geholfen werden muss. Es macht einen riesigen Unterschied, ob ein langjähriger Gläubiger, der es eigentlich wissen müsste, in Sünde beharrt, oder ob ein Neuling des Glaubens erst einmal nach und nach die Werte des neuen Lebens kennen und leben lernen muss.

Und doch geht es auch hier niemals darum, die Dinge einfach irgendwie laufen zu lassen. Eine neue Prägung des Handelns und Gewissens geschieht nur bedingt von selbst. Gemeinde hat das Recht und auch die geistliche Pflicht, Menschen zu begleiten und ihnen zurecht zu helfen. Dabei geht es auch um konkrete Ansprache. Die Dinge müssen nach und nach erst einmal konkret bewusst gemacht werden, damit es zur Einsicht, Umkehr und Veränderung kommen kann. Das ist kein leichter Prozess, der durchaus eine Menge Geduld erfordert. Im Kern geht es bei dem allen ganz wesentlich um die innere Einstellung. Auf die innere geistliche Haltung kommt es an. Wenn die stimmt, wird ein ehrlicher Neubekehrter, wie auch ein alt gedienter Sünder, bereit sein, sich etwas sagen zu lassen. Allerdings bevorzugt auch dann nur, wenn es nicht in herablassender, liebloser Weise geschieht.

5. „Wir alle sind Sünder" – Vom Recht der Gemeindekorrektur

Da nun in der Sünde selbst das empfindlichste Gewissen verdrängt oder mit allerlei akrobatischen „theologischen" Selbstrechtfertigungen übergangen werden kann, gibt es im Neuen Testament eine Reihe von geistlichen Mitteln, mit denen Gemeinde Jesu auf Fehlverhalten reagieren kann und soll. Dabei handelt es sich nicht um freundlich gemeinte Ratschläge, sondern um klare Aufforderungen, wie Gemeinde mit Menschen, die offen und beharrlich in Sünde leben, umgehen soll. Um den problematischen Begriff der „Gemeindezucht" zu vermeiden, reden wir im Folgenden zielführender von der Gemeindekorrektur. Denn darum geht es. Menschen, deren Verhalten auf unakzeptablen Wegen ist, sollen geschwisterliche Korrektur erfahren.

Nun stellt sich die dringende Frage, ab wann und unter welchen Umständen eine solche gezielte Gemeindekorrektur angezeigt ist. Denn kein Mensch ist perfekt. Niemand ist fehlerlos. Wir alle sündigen mannigfaltig, wir haben zu kämpfen mit Schwächen und Versuchungen. Welches Maß an Sünde wäre also tolerabel, bevor es zur Ermahnung kommt? Drängt man auf diese Weise nicht die Sünde in den Keller und produziert eine Gemeinschaft von Heuchlern? Mit welchem Recht also, unter welchen Voraussetzungen, bei wem und in welcher Weise darf und soll unvollkommene Gemeinde Jesu Gemeindekorrektur üben?

Die einfache Antwort lautet: Es ist der Gemeinde in der Schrift so geboten. Doch mit welchem Recht? Der Schlüssel zur Antwort auf diese Frage ist die Botschaft von der Gnade Gottes. Da wir alle sündigen, kann es also niemals darum gehen, eine Gemeinschaft der Sündlosen herzustellen. Dies wäre ohnehin nicht möglich und jeder Versuch in diese Richtung wäre grenzenlose Heuchelei. Es geht um etwas ganz anderes. Es geht um den wahren Stellenwert der Gnade im Leben des Menschen. Es geht um die Einsicht in die Verwerflichkeit der Sünde im Licht der Gnade. Der Sünder, der von Herzen aus der Gnade Gottes lebt, bereut seine Sünde. Er freut sich an der Gnade, eben weil er weiß, dass er ohne sie in seiner Sünde verloren wäre. Für ihn gibt es an der Sünde nichts wirklich Gutes, auch wenn die Versuchung da ist und so manches durchaus verlockend erscheint. Er weiß, dass er die Gnade braucht, die Christus für ihn am Kreuz erwirkt hat. Demgegenüber stellen Menschen, die mutwillig in Sünde beharren, den Sinn der Gnade Gottes elementar in Frage. Sie leben nicht mehr wirklich aus der Gnade. Sie degradieren Gnade zu einem Prinzip, welches ihr Fehlverhalten decken oder gar akzeptabel machen soll. Auf diese Weise „entmachten" sie regelrecht für sich die Gnade. Im Tiefsten geht es ihnen in ihrem Tun auch nicht um Christus, sondern um die eigenen Interessen. Sie reden vielleicht noch ganz fromm und versuchen ihr Tun „biblisch" zu begründen. In Wirklichkeit stehen sie bereits abseits.

6. Wann ist Gemeindekorrektur geboten?

Vor dem Hintergrund dessen, was wir bisher gesehen haben, lässt sich diese Frage relativ leicht beantworten. Gemeindekorrektur ist dann geboten, wenn Gläubige in einer Weise an sündigem Verhalten festhalten, welches die Sünde verharmlost und die jegliches Bewusstmachen des Fehlverhaltens gering schätzt oder gar missachtet.

Wenn wir nun nach der Art der Sünde fragen, bei der Gemeindekorrektur geboten ist, so gibt uns das Neue Testament auch in dieser Frage eindeutige Auskunft. Um es auf den Punkt zu bringen: Es geht hier um die Verletzung ethischer Grundnormen des Wortes Gottes. Dies betrifft ganz zentral die Gebote. Weitere Kriterien sind die Verbreitung von Irrlehre wie auch die Stiftung von Unfrieden.

6.1 VERSTOSS GEGEN DIE GEBOTE

Dazu gehören ganz elementar Sünden wie Götzendienst, Geiz, Unzucht, Ehebruch, Diebstahl, Mord (auch Rufmord), Verleumdung, Geiz, Gier und alle Sünden der Habsucht.

1. Korinther 5,11

„Ihr sollt nichts zu schaffen haben mit einem, der sich Bruder nennen lässt und ist ein Unzüchtiger oder ein Geiziger oder ein Götzendiener oder ein Lästerer oder ein Trunkenbold oder ein Räuber; mit so einem sollt ihr auch nicht essen …" vgl. dazu Römer 16,17.

Galater 5,19ff.

„Offenkundig sind aber die Werke des Fleisches, als da sind: Unzucht, Unreinheit, Ausschweifung, Götzendienst, Zauberei, Feindschaft, Hader, Eifersucht, Zorn, Zank, Zwietracht, Spaltungen, Neid, Saufen, Fressen und dergleichen. Davon habe ich euch vorausgesagt und sage noch einmal voraus: Die solches tun, werden das Reich Gottes nicht erben." Vgl. dazu 1. Korinther 6,9ff.

Die Liste an Beispielen ließe sich noch um viele Stellen erweitern. Doch die genannten Stellen machen eindrucksvoll deutlich, worum es geht. Alle angeführten Fehlverhalten verstoßen in irgendeiner Weise gegen die ethischen Maßstäbe aus Gottes Gebot. Diese Dinge gelten übrigens auch für Neubekehrte! Wenn zu biblischen Zeiten Menschen zum lebendigen Glauben an Jesus gekommen waren, taten sie Buße über ihre Sünden (insoweit diese ihnen durch die Verkündigung deutlich wurden) und haben unverzüglich mit den Kardinalsünden wie etwa mit dem Götzendienst und dergleichen gebrochen (vgl. Apostelgeschichte 19,19; 1. Thessalonicher 1,9 u. a.). Eine Hinwendung zu Jesus geht immer einher mit einer grundsätzlichen Abwendung vom alten Leben in der Sünde und des Irrglaubens. Das muss auch so sein. Man möge sich einmal vorstellen, was geschehen würde, wenn in der Gemeinde Menschen anfingen, ihren Glauben etwa an Horoskope oder sonstigen in der Welt weit verbreiteten abergläubischen Unsinn auszubreiten – und niemand würde etwas dazu sagen! Das wäre ein fatales Versäumnis. Genauso ist es auch mit den anderen Sünden. Wenn Sünde verharmlost oder aus falschen menschlichen Rücksichtnahmen toleriert wird, wird sie erbarmungslos um sich greifen. Die Gemeinde wird einen großen geistlichen Schaden erleiden und ihre geistliche Kraft verlieren. Dabei geht es, wie ausdrücklich betont, nicht um die Herstellung einer Gemeinschaft von Vollkommenen. Ebenfalls wird man nicht bei jedem Neubekehrten aus der Welt immer alles auf einmal erwarten können. Das ist eine Spannung, die missionarische Gemeinde Jesu aushalten muss. Und doch geht es um Umkehr, um eine neue Richtung im Leben, um eine konsequente Neuorientierung an Gottes Maßstab. Hierbei wird verantwortungsbewusste Gemeinde auch die Neubekehrten aktiv auf ihrem Weg in das neue Leben begleiten.

6.2 DAS VERBREITEN VON IRRLEHRE

Mit Irrlehren sind Lehren gemeint, die der biblischen Botschaft in Gesetz und Evangelium nicht entsprechen oder gar dagegen stehen und die Gläubigen verwirren. Dabei geht es um zentrale biblische Wahrheiten über Gott und seine Gebote, über das Leben, Werk und die Person Jesu wie auch die Grundwahrheiten über Gottes Erlösungsplan. So wird beispielsweise die Leugnung der Auferstehung (1. Korinther 15,12) oder das Predigen eines „anderen Evangeliums" eindeutig verurteilt.

Galater 1,8

„Aber auch wenn wir oder ein Engel vom Himmel euch ein Evangelium predigen würden, das anders ist, als wir es euch gepredigt haben, der sei verflucht."

Titus 3,10

„Einen sektiererischen (= Irrlehren verbreitenden) Menschen meide, wenn er einmal und noch einmal ermahnt ist."

2. Johannes 10,11

„Wenn jemand zu euch kommt und bringt diese Lehre nicht, so nehmt ihn nicht ins Haus und grüßt ihn auch nicht. Denn wer ihn grüßt, der hat Teil an seinen bösen Werken."

Es geht immer um die zentralen Aussagen der biblischen Lehre. Es geht ausdrücklich nicht um unterschiedliche Betonungen von Aspekten der wahren Lehre. Ebenso geht es nicht um Erkenntnis- und Verständnisfragen, wie etwa zur Tauflehre oder zur Wiederkunft Jesu. Da reicht es zu wissen und freudig zu bekennen, dass Jesus wiederkommen wird, um die Seinen dann in der Entrückung zu sich zu nehmen. Alles weitere Drumherum, manche Überlegungen über die „70 Jahrwochen des Daniel", über den Wiederaufbau des Tempels, wie auch der Bedeutung Israels in dem ganzen Geschehen usw., sind an dieser Stelle – mit Verlaub gesagt – sicher nicht unwichtig, aber keinesfalls heilsrelevant. Hier muss sorgfältig zwischen unaufgebbarer Lehrposition und individueller Erkenntnisfrage unterschieden werden.

6.3 STIFTEN VON UNFRIEDEN UND SONSTIGEN BOSHAFTIGKEITEN

In jeder Gemeinschaft wird es auch immer Menschen geben, die aus verschiedenen Gründen eine Unzufriedenheit in sich tragen. Auch in der Gemeinde wird es immer wieder Situationen geben, in denen Fehler passieren und Einzelne die Leidtragenden davon sind. Jedoch macht es für die Gemeinde einen großen Unterschied, wie damit umgegangen wird. Zeige ich mich bereit zur Aufarbeitung und Versöhnung? Hege ich einen Groll? Nutze ich die mir geschehene „Ungerechtigkeit", um bei anderen Menschen zu punkten und andere „Betroffene" zu finden? Die Realität zeigt, dass auch in der Gemeinde nicht immer der Weg der Versöhnung gesucht wird, sondern dass es Menschen gibt, die aus unterschiedlichen Motiven und unterschiedlich motiviert bewusst Unfrieden stiften, andere schlecht machen, Unsicherheit streuen und Vertrauensverlust gezielt erwirken wollen. So schaden sie der ganzen Gemeinschaft. Was auch immer der Hintergrund eines solchen Verhaltens sein mag: Ihr Verhalten ist lieblos, unbrüderlich und schädlich. Ein in Gesprächen gefundener Konsens hält nie lange an. Man geht auf sie ein, doch bald schon geht es wieder los… Vor allem in kleineren Gemeinden kann so etwas großen Schaden anrichten und eine Gemeinschaft innerlich ruinieren. Misstrauen wächst, „Grüppchen" bilden sich. Im Prinzip sind diese Fehlverhalten ja auch in Bibelstellen, wie z. B. Galater 5,20 oder 1. Korinther 13 usw. einbezogen. Und doch warnt Paulus in seinen Schreiben besonders vor solchen Leuten.

Römer 6,17

„Ich ermahne euch aber, liebe Brüder, dass ihr euch in Acht nehmt vor denen, die Zwietracht und Ärgernis anrichten … und euch von ihnen abwendet."

1. Timotheus 1,20

„Unter ihnen sind Hymenäus und Alexander, die ich dem Satan übergeben habe, damit sie in Zucht genommen werden und nicht mehr lästern."

2. Timotheus 4,14.15

„Alexander, der Schmied, hat mir viel Böses angetan; der Herr wird ihm vergelten nach seinen Werken. Vor dem hüte du dich auch; denn er hat sich unsern Worten sehr widersetzt."

2. Timotheus 2, 21

„Wenn nun jemand sich reinigt von solchen Leuten, der wird ein Gefäß sein zu ehrenvollem Gebrauch, geheiligt, für den Hausherrn brauchbar und zu allem guten Werk bereitet."

Das Neue Testament mahnt deutlich eine Distanzierung von Menschen an, die permanent durch mutwilliges Fehlverhalten, durch Irrlehre oder durch sonstige

Einheit schädigende Verhaltensweisen (Stänkereien, negatives Gerede oder Stimmungsmache, Afterreden usw.) Unfrieden stiften. Sie schaden der Gemeinde nachhaltig, wenn man sie gewähren lässt. Die Pastoralbriefe richten sich vornehmlich an geistliche Leiter. Gewiss ist an dieser Stelle jeder aus der Gemeinde gefragt. Doch es ist die geistliche Leitung einer Gemeinde, die an dieser Stelle eine besondere geistliche Verantwortung für die ihr anbefohlene Gemeinde trägt. Es geht um die Heiligung, den geistlichen Zustand der Gemeinde als Ganze.

7. Die praktischen Schritte der Gemeindekorrektur

In Matthäus 18 gibt Jesus selbst die Schritte vor, die zu gehen sind, wenn „ein Bruder sündigt". Es muss sicherlich nicht betont werden, dass „Bruder" hier für jeden glaubenden Menschen, Mann oder Frau, steht. In manchen Bibelübersetzungen findet sich der Zusatz „an dir" (sündigt ein Bruder an dir …). Der Zusatz „an dir" steht allerdings nicht im griechischen Urtext, sondern stellt eine Interpretation dar. Liest man den Text wie er ursprünglich ist, wird unmissverständlich deutlich, dass es sich hier nicht um eine persönliche Verfehlung gegen einen anderen handelt, sondern um Sünde ganz allgemein. Dies schließt gegenseitige Verfehlungen gewiss mit ein, bleibt aber nicht auf diese beschränkt. Es ist derselbe Gedanke, wie Paulus ihn in Galater 6,1 anspricht: „…wenn ein Mensch von einer Verfehlung übereilt wird, so helft ihm wieder zurecht mit sanftmütigem Geist …".

Bemerkenswert ist die Tatsache, dass den Anweisungen Jesu über die Zurechtweisung in der Gemeinde in Matthäus 18 unmittelbar das Gleichnis vom verlorenen Schaf als Parallele zu Lukas 15,4-7 vorausgeht. Das ist ganz sicherlich nicht ohne Grund so. Jesus nimmt die Sünder an. Er sucht sie auf, geht ihnen nach. Aber nicht um die Sünde zu rechtfertigen, sondern um das Verlorene zu retten. Dem in die Irre gelaufenen Schaf muss nachgegangen werden. Lässt es sich zurückführen, ist es gerettet, lässt es sich nicht zurückführen, bleibt es in der Ferne. So ist es auch mit den abgeirrten Menschen. Niemand wird gezwungen, genötigt oder gar mit Machtmitteln dazu gebracht, auf den Weg des Glaubens zurück zu kehren. Für den Einsichtigen ist dies alles eine ungeheure Gnade, eine riesige Chance. Er empfängt Vergebung und darf fröhlich seinen Weg im Glauben dem ewigen Ziel entgegen weiter gehen. Und genau das ist auch der Sinn. Der Nicht-Einsichtige hingegen entscheidet selbst, ob er weiter den Weg im Glauben gehen will oder nicht. Dies ist der Hintergrund, die Intention dessen, was Jesus über den Weg der Zurechtweisung innerhalb der Gemeinschaft der Glaubenden in Matthäus 18,15ff. sagt. Alle weiteren neutestamentlichen Aussagen zu diesem Thema lassen sich von hier aus begründen und verorten. Die einzelnen Aspekte und praktischen Schritte sollen nun anhand von Matthäus 18,15ff. erläutert werden.

7.1 DIE PERSÖNLICHE ERMAHNUNG

Am Anfang steht das persönliche Gespräch. Jeder Gläubige hat die Aufgabe, den Bruder oder die Schwester auf offenkundiges Fehlverhalten aufmerksam zu machen. Dies geschieht zunächst im vertrauten Zweiergespräch.

Matthäus 18,15

„Sündigt aber ein Bruder, so geh hin und weise ihn zurecht zwischen dir und ihm allein. Hört er auf dich, so hast du einen Bruder gewonnen."

Wenn nun mehrere Menschen das Fehlverhalten sehen und unabhängig voneinander, d.h. ohne von einander zu wissen, diejenige Person ansprechen, ist das keinesfalls verkehrt. Im Gegenteil. Es kann nur hilfreich sein und der Person zeigen, dass es sich hier nicht um eine Einzelmeinung handelt. Allerdings sollten sich auch nicht gleich alle auf jemanden „stürzen", der in Sünde gefallen ist. Behutsamkeit gehört auch zur Liebe. Man sollte immer zuerst davon ausgehen, dass der Mensch nicht absichtlich sündigt. Das heißt, dass ihm sein Verhalten nicht als Fehlverhalten bewusst ist. Und doch ist es Sünde – keine Frage. Nun geht es darum, dem Menschen „mit sanftmütigem Geist", also entspannt, zurecht zu helfen. Er soll freundlich auf sein Fehlverhalten angesprochen werden. Dies geschieht immer aus einer Haltung heraus, selbst begnadigter Sünder zu sein. Kommt es zur Einsicht und Umkehr, ist das Thema erledigt. Dann braucht nicht mehr darüber gesprochen zu werden. Mit niemandem.

7.2 DIE GEMEINSAME ERMAHNUNG

Nun gibt es aber auch die Situation, dass es nicht zur Einsicht kommt. Der Mensch versucht sein Verhalten mit allerlei Argumenten zu rechtfertigen. Das Spektrum reicht von theologischer Interpretationsakrobatik bis hin zur Nichtakzeptanz oder gar Bedrohung dessen, der auf das Fehlverhalten aufmerksam macht. Nicht selten fallen dabei dann „Argumente" wie z.B. „Du hast mir überhaupt nichts zu sagen....", „Das geht dich nichts an....", „Von der Bibel her ist das völlig o.k.", „Wenn du das weiter behauptest, wirst du schon sehen, was du davon hast..." usw. An dieser Stelle darf nun nicht der Fehler begangen werden, über diese Angelegenheit zu streiten oder Gegenreaktionen zu persönlich zu nehmen. Der richtige Weg ist es nun, ins Gebet zu gehen und dann eine oder zwei weitere Personen zu einem weiteren Gespräch mitzunehmen.

Matthäus 18,16

„Hört er nicht auf dich, so nimm noch einen oder zwei zu dir, damit jede Sache durch den Mund von zwei oder drei Zeugen bestätigt werde."

Nun wird die Sache schon ernster. Jesus bezieht sich auf 5. Mose 19,15. Bevor es „vor die Gemeinde" kommt, muss die uneinsichtige Haltung des betreffenden Menschen von mindestens einem weiteren Zeugen bestätigt werden. Noch immer geht es darum, die betroffene Person zu gewinnen, sie zur Umkehr zu bewegen. Interessant ist auch, dass mit keiner Silbe danach gefragt wird, ob die Person von sich aus das Gespräch wünscht. Die Initiative liegt bei den Gespräch Suchenden. Sie gehen dem geistlich verirrten Menschen ungefragt nach. Wenn nun das gesuchte Gespräch abgewiesen wird oder es immer noch nicht zu einer Einsicht kommt, geht es weiter. Es folgt die Ermahnung durch die Gemeinde.

7.3 DIE ERMAHNUNG DURCH DIE GEMEINDE

Die Gemeinde ist als geistlicher Organismus in einem solchen Falle immer betroffen. Weil das schlechte Beispiel schon bei anderen aus der Gemeinde „Schule" gemacht hat, weil die Gemeinde schon nach außen hin ins Gerede gekommen ist, weil durch falsche Lehren schon Irritationen entstanden sind oder wie auch immer. Gemeinde ist immer betroffen. Sie trägt die Last und auch den geistlichen Schaden. Deshalb soll nach dem Willen Jesu die Gemeinde bereits im nächsten Schritt einbezogen werden.

Matthäus 18,17

„Hört er auf die nicht, so sage es der Gemeinde."

Ganz praktisch sieht das so aus, dass die Gemeinde über den ganzen Vorgang informiert werden muss. Hier stellt sich natürlich die Frage: Wer ist „Gemeinde"? Wer soll konkret informiert werden und darüber „verhandeln"? Sollte nun in einer Art Mitgliederversammlung über solche Dinge debattiert und am Ende abgestimmt werden? Um mit den Worten des Paulus zu sprechen: „Das sei ferne!" Wie aber dann? Auf diese Frage gibt es keine auf alle Gemeinde-Situationen anwendbare Pauschalantwort. Fest steht nach den Worten Jesu, dass Gemeinde, in welcher Form auch immer, in das Ganze involviert werden muss. Dies kann jedoch sehr unterschiedlich aussehen. Zunächst einmal kommt es gewiss darauf an, wie groß die Gemeinde ist. In einer hauskreisartigen Gemeinde werden diese Dinge sicherlich strukturell anders gelöst und besprochen als in einer Gemeinde mit vielen hundert Mitgliedern. Ganz wesentlich gefragt ist in diesem Moment immer die geistliche Leitung der Gemeinde, ganz gleich wie groß oder klein die Gemeinde ist. Sie trägt die geistliche Verantwortung für das Ganze der Gemeinde. Sie hat das geistliche Hirtenamt. Dieses Amt bekleidet sie im Auftrage Gottes und im Auftrag der Gemeinde. Damit trägt es zugleich auch repräsentativen Charakter für das Gesamte der Gemeinde. Sie soll „binden" und „lösen". Das bedeutet ganz praktisch, dass sich nun die geistliche Leitung der Gemeinde ganz offiziell einschaltet. Oftmals ist es in der Praxis ja ohnehin so, dass – je nachdem, worum es geht – es bereits der Pastor selbst (oder ein leitender Ältester) ist, der bereits auch die ersten beiden Schritte getan hat. Aber das muss nicht der Pastor oder die Gemeindeleitung gewesen sein. Nun geht jedoch kein Weg an der geistlichen Leitung der Gemeinde vorbei. Sie wird sich, gewissermaßen als „letzte Instanz" im Namen und Auftrag der Gemeinde dieser Sache annehmen und den verirrten Menschen ermahnen. Immer noch geht es darum, den Menschen für die Gemeinschaft zurück zu gewinnen, aber auch darum, Schaden von der Gemeinschaft abzuwenden. Wenn dies alles nicht fruchtet, folgt als letzter Schritt die Distanzierung.

7.4 DIE DISTANZIERUNG

Matthäus 18,17

„... so sei er dir wie ein Heide und Zöllner."

Das Neue Testament mahnt die Distanzierung als die letzte Konsequenz bei permanentem nicht akzeptablem Fehlverhalten an. Nachdem die Einsicht und Umkehr suchenden Gespräche vergeblich geblieben sind, bleibt der Gemeinschaft keine andere Möglichkeit. Das ist schmerzlich, denn es bedeutet in der Regel auch einen menschlichen Bruch. Hinzu kommen oftmals auch Skrupel, weil im Falle einer Distanzierung die christlichen Ideale von Annahme, Liebe, Gnade und Vergebung verletzt zu sein scheinen. Eine weitere innere Bastion gegen einen solchen Schritt sind ganz persönliche Verbundenheitsgefühle durch gewachsene Beziehungen. An dieser Stelle scheitern viele Gemeinden und lassen die Dinge aus falschen Rücksichtnahmen laufen. Damit werden sie allerdings ihrer geistlichen Verantwortung nicht gerecht. Die biblischen Grundwerte wie Gnade, Annahme, Liebe und Brüderlichkeit dürfen niemals zum Deckmantel zur Sünde werden, unter dessen Schatten man dann schädliches, ungeistliches Verhalten gewähren lässt. Es geht nicht mehr nur um den Gestrauchelten, sondern nun vor allem um die geistlichen Auswirkungen seines Tuns in der Gemeinde.

Jesus sagt, dass er fortan als „Heide und Zöllner" gelten solle. Dies ist ganz unzweifelhaft eine eindeutige Distanzierung. „Heiden und Zöllner" galten zu Jesu Zeit als Inbegriff für „Sünder". Sie standen definitiv außerhalb. Schon der Kontakt mit ihnen galt als verwerflich. Ihr Verhalten war mit den Geboten Gottes nicht zu vereinbaren. Gewiss klingt hier an, dass Jesus ja auf die Sünder (Heiden und Zöllner) zugegangen ist. Die ausgestreckte Hand bleibt. Doch von der Aussage her steht hier zunächst einmal die Distanzierung im Raum. Er ist wieder wie ein Heide und Zöllner geworden, also keiner mehr von uns. Das heißt im Klartext, dass er aus der Gemeinschaft ausgeschlossen wird. Die Distanzierung bedeutet einen Ausschluss aus der Gemeinde. Ganz in diesem Sinne finden wir es auch bei Paulus, dem großen Botschafter der Gnade Gottes: „Ich ermahne euch aber, liebe Brüder, dass ihr euch in Acht nehmt vor denen, die Zwietracht und Ärgernis anrichten ... und euch von ihnen abwendet" (Römer 16,17). „Ihr sollt nichts zu schaffen haben mit einem, der sich Bruder nennen lässt und ist ein Unzüchtiger oder ein Geiziger oder ein Götzendiener oder ein Lästerer oder ein Trunkenbold oder ein Räuber; mit so einem sollt ihr auch nicht essen ... Verstoßt den Bösen aus eurer Mitte" (1. Korinther 5,11.13).[3]

Bei aller Ernsthaftigkeit geht es noch immer darum, dem Gestrauchelten wieder zurecht zu helfen. Es soll der Bruder zurückgewonnen werden. Doch jetzt steht er erst einmal außerhalb. Seine Uneinsichtigkeit und Unbußfertigkeit haben ihn von der Gemeinschaft der Glaubenden distanziert.

Die Frage ist nun, was der Ausschluss im Einzelnen bedeutet und wie das in der gegenwärtigen Gemeindepraxis konkret aussehen kann. Der konkrete Vollzug einer Distanzierung kann in der gegenwärtigen Gemeindepraxis auf verschiedene Weise geschehen. Je nach Situation können verschiedene Möglichkeiten in Betracht gezogen werden. Da dieser Vorgang im Neuen Testament nicht so ausdifferenziert ist, lässt dies einen gewissen Spielraum in der praktischen Anwendung zu. Ob dies nun etwa ein Aufkündigen der Mitgliedschaft oder die Verweigerung des Abendmahles oder gar ein Hausverbot etc. bedeutet, soll in einem eigenen Abschnitt behandelt werden. Zunächst soll noch auf einige Fragen bzw. Bibelstellen eingegangen werden, die in diesem Zusammenhang von Bedeutung sind.

3 Vgl. auch 2. Thess.3,6.

7.5 DAS AMT DER SCHLÜSSEL – BINDEN UND LÖSEN

Matthäus 18,18

„Wahrlich, ich sage euch: Was ihr auf Erden binden werdet, soll auch im Himmel gebunden sein, und was ihr auf Erden lösen werdet, soll auch im Himmel gelöst sein."

In diesem Vers kommt nun die geistliche Tragweite des ganzen Vorganges zum Ausdruck. Gemeinde ist bevollmächtigt, zu binden oder zu lösen. Gemeinde hat die „Schlüsselgewalt". Was in Kapitel 6,19 zunächst Petrus anvertraut wurde, ist nun der ganzen Gemeinde aufgetragen. In der Vollmacht Jesu kann und soll sie einschließen und ausschließen, binden oder lösen. Sie nimmt auf, sie kann aber auch ausschließen. Ihr Tun hat Gültigkeit im Himmel. Diese Aussagen dürfen nun aber nicht zu dem Missverständnis verleiten, dass Gemeinde über Heil oder Unheil verfüge. Das widerspräche dem Heilsweg im Neuen Testament. Die geistlichen Realitäten sind bereits durch das Verhalten des Menschen Gott gegenüber gesetzt. Die Sünde trennt von Gott, die Buße führt zu ihm. Im Grunde bringt die Ausübung der Schlüsselgewalt eine bereits bestehende geistliche Realität im konkreten Leben zum öffentlichen Vollzug. Das Handeln bildet quasi einen geistlichen Zustand ab. Ähnlich wie (umgekehrt) bei der Taufe. Damit hat das Binden und Lösen auf Erden zugleich völlige Gültigkeit im Himmel. Der unbußfertige Sünder ist bereits durch sein Tun und seine Haltung geistlich von der Gemeinde distanziert. Wenn er in seiner unbußfertigen Haltung verharrt, soll er auch tatsächlich aus der Gemeinde ausgeschlossen werden.

7.6 DEM SATAN ÜBERGEBEN

1. Korinther 5,5

„... soll dieser Mensch dem Satan übergeben werden zum Verderben des Fleisches, damit der Geist gerettet werde am Tage des Herrn."

1.Timotheus 1,20

„Unter ihnen sind Hymenäus und Alexander, die ich dem Satan übergeben habe, damit sie in Zucht genommen werden und nicht mehr lästern."

Ein hartnäckiger unbußfertiger Sünder soll „dem Satan übergeben werden, zum Verderben des Fleisches, damit der Geist gerettet werde am Tage des Herrn." (1. Korinther 5,5). Dies ist sicherlich die theologisch am meisten herausfordernde Aussage in diesem Zusammenhang. Was hier im ersten Moment wie eine Ungeheuerlichkeit anmutet, erweist sich beim näheren Hinsehen wiederum als Bezugnahme zu derselben geistlichen Realität, wie wir sie schon bei Jesus in Matth. 18 gesehen haben. Dahinter steht die biblische Lehre von den zwei Reichen, dem Reich Gottes und dem Reich dieser Welt. Das Reich dieser Welt wird vom Satan als dem Gott und Fürsten dieser Welt (2. Korinther 4,4; Johannes 12,31; Epheser 6,12) beherrscht. Es ist die Finsternis, in der sich die Menschen ohne Jesus befinden (Johannes 1,5; 12,46 u. a.). Wer zu Jesus kommt, kommt „von der Finsternis zu seinem wunderbaren Licht" (1. Petrus 2,9), er ist errettet von der Macht der Finsternis und in Gottes bzw. Christi Reich versetzt (Kolosser 1,13). „Finsternis" steht immer für den Bereich (Reich) des Satans, „Licht" steht für den Bereich (Reich) Gottes (Apostelgeschichte 26,18: „...dass sie sich bekehren von der Finsternis zum Licht und von der Gewalt des Satans zu Gott"). Dieser Gedanke ist der Schlüssel zum Verständnis von 1. Korinther 5,5. Im Vollzug der „Schlüsselgewalt" wird der unbußfertige Sünder wieder „dem Satan übergeben", d. h. wegen seiner Unbußfertigkeit gehört er wieder zu dem alten Leben, dem alten Machtbereich der Finsternis. Diese geistliche Verhältnisbestimmung wird in dem Ausschluss aus der Gemeinde wieder sichtbare Realität.

7.7 GEMEINDEAUSSCHLUSS = AUSSCHLUSS VOM ABENDMAHL?

An dieser Stelle soll nun zu guter Letzt der Frage nachgegangen werden, wie denn die Ausübung der Schlüsselgewalt, d. h. die Distanzierung, bzw. der Ausschluss ganz konkret in der gegenwärtigen Gemeindepraxis aussehen könnte, wenn es denn die Situation erfordert. Noch einmal sei betont, dass die Ausübung der Schlüsselgewalt im Neuen Testament keine freundliche Empfehlung darstellt, sondern unter den dargestellten Umständen geboten ist. Aber wie soll konkret vorgegangen werden? Was ist zu tun?

Nicht selten finden wir die Praxis vor, dass eine Gemeindekorrektur oder, besser gesagt, die Ausübung der Schlüsselgewalt den Ausschluss vom Abendmahl bedeutet. Doch ist diese Praxis von der Bibel her gerechtfertigt? Meint die Bibel im Wesentlichen das?

An dieser Stelle werden gewisse Anfragen laut. Die Praxis, in der Abendmahlsverweigerung ein Mittel der „Gemeindezucht" zu verstehen, entstammt einem Verständnis von Kirche, das die Kirche wesentlich als Abendmahlsgemeinschaft versteht. Kirche sei dort, wo das Abendmahl ordentlich gefeiert wird. Gewiss wird in der Gemeinde der Glaubenden das Abendmahl gefeiert. Und es soll auch ordentlich gefeiert werden, keine Frage. Doch ist vom biblischen Grundverständnis her das Abendmahl der Dreh- und Angelpunkt von Kirche?

Gern wird in diesem Zusammenhang auf Matthäus 5,23ff. verwiesen: „Wenn du deine Gabe auf dem Altar opferst und dort kommt dir in den Sinn, dass dein Bruder etwas gegen dich hat, so lass dort vor dem Altar deine Gabe und geh zuerst hin und versöhne dich mit deinem Bruder und dann komm und opfere deine Gabe." Gewiss ist der Gedanke der Versöhnung ein wesentlicher Gedanke des

Abendmahles. Und wenn zwei Gemeindeleute in Streit sind, sollen sie sich versöhnen, bevor sie Gott im Abendmahl für seine Versöhnung preisen. Doch haben diese Gedanken nur bedingt etwas mit dem aktiven Gemeindeausschluss im Sinne der Schlüsselgewalt zu tun. Hier geht es ja nicht ausschließlich um Streit untereinander, sondern generell um einen Bruch des Gebotes Gottes, unabhängig davon, ob ein Streit vorliegt oder nicht.

Ein weiterer Gedanke bezieht sich auf 1. Korinther 11,27: „Wer nun unwürdig von dem Brot isst oder aus dem Kelch trinkt, der wird schuldig sein am Leib des Herrn." Das „unwürdig" bezieht sich auf eine unwürdige Art und Weise, das Abendmahl zu feiern, weniger darum, ob die teilnehmenden Menschen würdig seien oder nicht. Selbstverständlich ist das Abendmahl ein Ausdruck und Dank der Erlösung für die glaubende Gemeinde. Dies sollte auch in jedem Abendmahl so zum Ausdruck kommen. Gewiss ist an dieser Stelle auch die Frage berechtigt, ob der unbußfertige Sünder das „Recht" hat, am Mahl der Versöhnung teilzuhaben. Dies ist aber nur ein „Nebeneffekt". Das Abendmahl als Mittel zur „Gemeindezucht" anzusehen, bedeutet eine unzulässige Instrumentalisierung des Abendmahles. Es wird dem geistlichen Sinn des Abendmahls nur schwerlich gerecht. Hinzu kommt, dass das Abendmahl ja immer zugleich auch eine bleibende Einladung zum persönlichen Bekenntnis zu Jesus und zum stellvertretenden Sühnetod Jesu darstellt. Aus diesem Grunde feiern die Gemeinden des Mülheimer Verbandes das Abendmahl als Bestandteil des öffentlichen Gottesdienstes, in dem jeder Besucher (auch jeder Gast) prinzipiell zum Abendmahl eingeladen ist, ohne dass es vorher zu einer individuellen Prüfung der „geistlichen Würdigkeit" kommen würde. Wenn man sicherstellen wollte, dass nur in diesem Sinne „würdige" Personen am Abendmahl teilnehmen, müsste man das Abendmahl separat feiern. Nun ist hier nicht der Ort einer tiefergehenden theologischen Auseinandersetzung mit dem Abendmahlsverständnis. Doch sollten derartige Aspekte in diesem Zusammenhang sorgfältig bedacht werden.

7.8 GEMEINDE ALS LEIB CHRISTI

Ein theologisch tragfähigerer Ansatz geht konsequent vom Leib-Christi-Gedanken aus. Gemeinde Jesu wird im Neuen Testament als „Leib Christi" bezeichnet (z. B. 1. Korinther 12,27; Epheser 4,12). Alle Glieder sind durch den Heiligen Geist in geistlicher Weise miteinander verbunden. In allen wirkt der Geist. Ausdruck findet dies im vielfältigen Miteinander und im konkreten Zusammenwirken unterschiedlicher Gaben, also in der konkreten Gemeinschaft und Mitarbeit. In der konkreten Gemeinschaft und Mitarbeit wird die geistliche Gliedschaft am Leib Christi konkret. Hier findet sie ihren Niederschlag im realen Leben. Durch unakzeptables Verharren in der Sünde wird nun dieses geistliche Miteinander in Gemeinschaft und Mitarbeit beschädigt. Deshalb geht es beim Thema „Schlüsselgewalt“/Gemeindeausschluss wesentlich um die Aspekte Mitarbeit und Gemeinschaft. Im Falle einer notwendigen Distanzierung setzt diese folgerichtig zunächst einmal bei der Mitarbeit an. Der Mensch wird von der Mitarbeit entbunden. Dennoch ist er zum Gottesdienst eingeladen und willkommen. Es geht ja immer noch darum, dass er auf den richtigen Weg zurückfindet. Immer noch leitet die Hoffnung auf Einsicht und Umkehr.

Sollte sich auch dann keine Veränderung zeigen, folgt schlussendlich der tatsächliche Ausschluss aus der Gemeinde. Das heißt, der Mensch wird von der Mitgliedschaft ausgeschlossen. Er ist fortan kein Gemeindeglied mehr. Nun ist der Schritt vollzogen, wo der Mensch wieder als „Heide und Zöllner“ betrachtet wird (s. o.). Er ist nun wieder im alten Leben. In vielen Fällen haben diese Menschen schon von sich aus den Kontakt zur Gemeinde abgebrochen, aber nicht unbedingt. Manche machen „von außen her“ weiterhin Ärger. In solchen Fällen ist die Gemeinde gezwungen, den letzten ultimativen Schritt zu gehen. Sollte das Gemeinde schädigende Verhalten nicht aufhören, folgt die umfassende Distanzierung von der Gemeinschaft („… nicht mehr essen“). Die Gemeinde zieht sich komplett zurück und distanziert sich. Dies könnte im Extremfall, etwa bei drohender Gefahr von Straftaten oder sonstiger erheblicher Stiftung von Unfrieden, sogar ein Hausverbot bedeuten. Dem Betroffenen ist dann die Gemeinschaft aktiv verwehrt. Es gibt Situationen, in denen erst nach einem solchen Schritt Diebstahl, heimtückische Machenschaften, Verleumdungen, Rufschädigungen, Beschimpfungen, Bedrohungen und was auch immer man an Gehässigkeiten oder sonstigen Freveln noch anführen könnte, aufhören.

Dies sind alles sehr schmerzliche Dinge, und wohl der Gemeinde, der solches erspart bleibt! Doch wenn die Situation es erfordert, ist Gemeinde, insbesondere die geistliche Leitung der Gemeinde in der geistlichen Verantwortung. Dann führt, allen emotionalen Begleiterscheinungen zum Trotz, kein Weg an den im Neuen Testament gebotenen notwendigen Schritten vorbei. Nur so kann Gemeinde vor größerem Schaden bewahrt bleiben.

DR. MARKUS LIEBELT
SCHWENNINGEN

Sexueller Missbrauch
Wie können wir unsere Kinder und Jugendlichen schützen?

von Anne Hitzemann

1. Einleitung

Sexuelle Gewalt gegen Kinder ist ein wichtiges, zugleich aber auch mit sehr unangenehmen Empfindungen verknüpftes Thema. Lieber wähnt man sich weit weg davon. Wie schnell sich jedoch unbeabsichtigt Berührungspunkte ergeben, habe ich selbst vor vielen Jahren erfahren: Auf einer Freizeit eines christlichen Trägers näherte sich ein Mitarbeiter wiederholt allein einem Mädchen, machte ihr Komplimente zu ihrem Körper und steckte ihr Süßigkeiten zu – eine große Belastung für das Mädchen. Sind das erste Schritte in Richtung sexueller Missbrauch?

1.1 Sexueller Missbrauch: Wann und wo tritt er auf?

Sexueller Missbrauch an Kindern und Jugendlichen zieht sich wie ein roter Faden durch die Menschheitsgeschichte. Jedoch wurde das Thema bis in die 80er Jahre fast völlig tabuisiert und verdrängt[1]. Erst dann begannen zunächst Frauen von ihren Erfahrungen sexueller Gewalt zu berichten, die sich zumeist innerfamiliär abgespielt hatten. So richtete sich der Fokus zunächst auf Mädchen, die von ihren (Stief-)Vätern missbraucht wurden.

Heute geht man davon aus, dass ein Drittel der Betroffenen Jungen sind und dass sexueller Missbrauch nicht zumeist in Familien stattfindet, sondern zu einem hohen Prozentsatz auch außerhalb der Familie im nahen sozialen Umfeld des Kindes, z.B. durch Freunde der Familie, Jugendliche aus der Nach-

---

1 Vgl. Bundesministerium für Familie, Frauen, Senioren und Jugend (2012): Mutig fragen – besonnen handeln. Informationen für Mütter und Väter zur Thematik des sexuellen Missbrauchs an Mädchen und Jungen. 6. Auflage, 2011

barschaft, entferntere Verwandtschaft sowie durch Mitarbeitende in Institutionen, die ihr Machtverhältnis ausnutzen. Etwa ein Viertel der TäterInnen gehören nicht zur Familie bzw. dem Bekanntenkreis, sondern sind Fremde.

Insofern stellt sich gerade auch für Institutionen wie Gemeinden die verantwortungsvolle Aufgabe, Kinder gemeinsam besser vor sexuellen Übergriffen zu schützen, denn die Arbeit in Kirche und Gemeinde ist zumeist verbunden mit intensivem Kontakt zu Kindern und Jugendlichen.

1.2 SCHUTZ VON KINDERN ALS AUFGABE DER GEMEINDE

Jesus selbst waren Kinder immer besonders wichtig. Er wertschätzte ihre vertrauensvolle Art als Vorbild für alle[2]. Für den Schutz ihres leicht vertrauenden und schutzbedürftigen Wesens, das charakteristisch für Kinder ist, setzte Jesus sich besonders ein. Daher sollten Kinder gerade in der Gemeinde darauf hoffen können, dass ihr Recht darauf, „gegen alle Formen von psychischer oder physischer Gewalt geschützt zu werden",[3] auch gelebt wird. Doch wie kann dies konkret umgesetzt werden?

Dieser Artikel kann dieses komplexe Thema sicherlich nur an einigen Stellen anschneiden und zur weiteren Beschäftigung im persönlichen Umfeld anregen und einladen. Manche Unklarheit wird bleiben und individuelle Reflexionsprozesse werden von Fall zu Fall nötig sein.

Zunächst stehen allgemeine Grundsätze für die Prävention von und den Umgang mit sexuellem Missbrauch im Vordergrund. Im letzten Kapitel finden sich Anregungen, wie dies konkret und verbindlich in der Gemeinde vor Ort umgesetzt werden kann.

Vielleicht können diese Impulse dabei hilfreich sein, weiter offen mit dem Thema umzugehen und zu überprüfen, an welchen Stellen der Umgang mit Kindern noch sicherer gemacht werden kann.

2. Definition „sexueller Missbrauch"

Um sich dem Begriff des sexuellen Missbrauchs zu nähern, ist es zunächst sinnvoll, zwischen Grenzverletzungen, sexuellen Übergriffen und sexuellem Missbrauch zu unterscheiden, wobei die Übergänge fließend sein können.

---

2 Vgl. Mt.18, 2-6 NL

3 Vgl. Artikel 19 UNO-Kinderrechtskonvention, die Deutschland bereits 1992 unterzeichnet hat und die im selben Jahr in Kraft getreten ist.

2.1 GRENZVERLETZUNGEN

Grenzverletzungen bestehen in Verhaltensweisen, die persönliche Grenzen von Kindern und Jugendlichen[4] überschreiten. Dies kann zum Beispiel ein In-den-Arm-Nehmen sein, wenn das Kind es nicht möchte. Auch wenn das Kind nicht ungestört auf die Toilette gehen oder allein im eigenen Bett schlafen kann, werden die persönlichen Grenzen des Kindes verletzt[5]. Ob es sich um eine Grenzverletzung handelt, hängt davon ab, wie das Kind es selbst erlebt. Im Alltag lassen sich Grenzverletzungen wie unabsichtliches Berühren häufig nicht ganz vermeiden. Entscheidend ist es, diese wahrzunehmen, sich zu entschuldigen und künftig zu unterlassen. Daher ist auch das Ansprechen von und die Sensibilisierung für Grenzüberschreitungen ein wesentlicher Baustein, um Kinder besser zu schützen.

2.2 SEXUELLE ÜBERGRIFFE

Sexuelle Übergriffe hingegen passieren nicht aus Versehen und äußern sich massiver und häufiger. Beispiele hierfür sind wiederholtes Berühren von Genitalien oder Brüsten, sexuell gefärbte Äußerungen sowie das Verlangen von Zärtlichkeiten.

Bei derartigen sexuellen Übergriffen handelt es sich um ein persönliches Fehlverhalten, da kein ausreichendes Einfühlungsvermögen gegenüber den Kindern vorhanden ist: Es wird sich über sichtbare und weniger sichtbare Grenzen und Abwehrhaltungen der Kinder hinweggesetzt und gegen gesellschaftlich geltende Regeln eines respektvollen Miteinanders verstoßen. Kritik an ihrem Verhalten wird von den Tätern[6] häufig missachtet bzw. als Mobbing oder Hetzerei abgetan.

Durch sexuelle Übergriffe bereiten TäterInnen mitunter einen strafrechtlich relevanten sexuellen Missbrauch vor.

2.3 SEXUELLER MISSBRAUCH

Unter sexuellem Missbrauch werden jegliche sexuelle Handlungen gefasst, die mit oder vor einem Kind vorgenommen werden und strafrechtlich relevant sind. Im § 174ff. StGB werden diese auch als Straftaten gegen die sexuelle Selbstbestimmung bezeichnet.

---

4 Wenn im Folgenden von Kindern die Rede ist, beziehen sich die Ausführungen gleichsam auch auf Jugendliche (14-Jährige bis zur Vollendung ihres 18. Lebensjahres).

5 Bundesministerium für Familie, Frauen, Senioren und Jugend (2012), 12ff.

6 Laut polizeilicher Kriminalstatistik werden zu 96% der Fälle sexuellen Missbrauchs durch Männer begangen. Erhebungen im Dunkelfeld gehen von einem Frauenanteil von ca. 10% aus und rund 25% der Delikte an Kindern werden von unter 18-Jährigen begangen. Im weiteren Text bezieht sich der Begriff „Täter" auf den o.g. Personenkreis (Vgl. Bundesministerium für Familie, Frauen, Senioren und Jugend (2012): S. 17)

Strafbar ist nach § 176 StGB grundsätzlich jegliche sexuelle Handlung an einem Kind (unter 14 Jahren) bzw. eine sexuelle Handlung an einer anderen Person, zu der ein Kind gezwungen wird.

Sexueller Missbrauch kann zum einen sexuelle Kontakte mit direktem Körperkontakt umfassen, z.B. penetrative Handlungen am Kind sowie sexuelle Handlungen an anderen, zu denen das Mädchen oder der Junge gezwungen wird.

Zum anderen kann sexueller Missbrauch auch ohne direkten Körperkontakt erfolgen, beispielsweise durch sexuelle Belästigung durch Worte oder durch Foto- oder Filmaufnahmen, durch die das Kind auf sexualisierte Art dargestellt wird sowie dadurch, dass das Kind sexuellen Aktivitäten wie Exhibitionismus bzw. pornografischem Material ausgesetzt wird.

Wichtig ist in diesem Kontext auch die Tatsache, dass sexueller Missbrauch sowohl durch erwachsene Betreuungs- und Bezugspersonen als auch durch Jugendliche bzw. Gleichaltrige erfolgen kann, die ihre physische, psychische oder kognitive Überlegenheit ausnutzen.

2.4 SEXUELLER MISSBRAUCH VON SCHUTZBEFOHLENEN

Um das besondere Vertrauensverhältnis zwischen Minderjährigen und Mitarbeitern zu schützen, ist in §174 StGB der sexuelle Missbrauch von Schutzbefohlenen näher umschrieben. Schutzbefohlene sind demnach Personen unter 16 Jahren, die einem zur Erziehung, Ausbildung oder Betreuung anvertraut sind.

Nutzt ein Mitarbeitender zusätzlich das Abhängigkeitsverhältnis und damit seine übergeordnete Stellung aus, z.B. durch Erpressung oder Druck auf das Opfer, so ist nicht nur der Missbrauch von Schutzbefohlenen unter 14 Jahren, sondern auch der Missbrauch von unter 18-Jährigen strafbar. Das Ausmaß der Folgen für die Betroffenen variiert je nach Häufigkeit und Schweregrad der sexuellen Übergriffe.

3. Prävention in der Gemeinde

Nach der ersten Begriffsklärung stellt sich nun die Frage, wie ein wirksamer Schutz von Kindern in der Institution Gemeinde konkrete Formen annehmen kann.

3.1 DIREKTE STÄRKUNG VON KINDERN

Kinder haben selbst nur sehr begrenzte Möglichkeiten, sich vor sexuellem Missbrauch durch Erwachsene zu schützen. Vielmehr ist es die Aufgabe von Erwachsenen, sich für das Thema zu sensibilisieren, schützende Rahmenbedingungen zu schaffen, sexuellen Übergriffen und Missbrauch entgegenzuwirken sowie laufenden sexuellen Missbrauch zu stoppen[7].

Da Gemeindearbeit sehr stark mit Kontakten zu Kindern verbunden ist, darf sich der Schutz von Kindern nicht ausschließlich auf die Interventionsebene bei vorgefallenem Missbrauch beschränken, sondern sollte primär präventiv ausgelegt sein. Die Stärkung von Kindern durch Eltern und Erwachsene in der Kinder- und Jugendarbeit stellt einen ersten wichtigen Ansatzpunkt der Prävention dar.

Förderung der Wahrnehmung ihrer eigenen Grenzen

Die Kinder brauchen in der Gemeinde einen sicheren Rahmen sowie eine Atmosphäre, in der persönliche Grenzen geachtet werden, eine Auseinandersetzung über Grenzverletzungen erfolgen kann und (sexuelle) Gewalt geächtet wird. Praktisch bedeutet dies, persönliche Grenzen zu achten, z.B. bei Spielen mit Körperkontakt ein „Nein!" zu akzeptieren, auf Freizeiten nicht allein mit Kindern auf dem Zimmer zu sein sowie für getrennte Schlaf-und Waschmöglichkeiten von Jungen und Mädchen zu sorgen.

Hierfür sind verbindliche Gemeinderegeln wichtig, die das Recht von Kindern auf sexuelle Selbstbestimmung schützen und für besondere Gefährdungslagen sensibilisieren.

Ernstnehmen der Kinder und ihrer Gefühle

Sexuelle Selbstbestimmung bedeutet in diesem Zusammenhang, dass Kinder das Recht haben, ihren Körper zu schützen und zu bestimmen, wer sie wann, wie und wo anfasst[8].

Weiterhin sollte ihnen vermittelt und erklärt werden, dass sie ihren eigenen Gefühlen vertrauen dürfen und wie man gute von schlechten Berührungen unterscheiden kann.

Auch das Recht auf „Nein-Sagen", die Unterscheidung zwischen guten und schlechten Geheimnissen sowie die Ermutigung, sich bei Problemen Hilfe zu suchen, sind wesentliche Aspekte, um Kindern mehr Sicherheit zu geben.

---

7 Vgl. Enders, U.: Sexueller Missbrauch in Institutionen. Zur Strategie der Täter, zur Verantwortung der Institution und der Reaktion der Kirche. In: Goertz, S/Ulonska, H.(Hrsg.) (2010): Sexuelle Gewalt. Fragen an Kirche und Theologie. Berlin, 39

8 Vgl. Deegener, G. (2010): Kindesmissbrauch. Erkennen- helfen- vorbeugen. 5. komplett überarbeitete Auflage. Weinheim und Basel, 180ff.

Beteiligungs- und Beschwerdemöglichkeiten schaffen

Von besonderer Bedeutung ist es für Kinder grundsätzlich auch, in einer Atmosphäre aufzuwachsen, in der sie gehört und in Entscheidungsprozesse miteinbezogen werden. Es sollte selbstverständlich sein, dass Kinder Möglichkeiten bekommen, Sorgen oder Beschwerden loszuwerden, das heißt, dass sie informiert sind, dass und wo es Orte und (Vertrauens-)Personen gibt, die ihnen zuhören und sie in ihren Nöten ernst nehmen.

Aufklärung und Information

Abgerundet werden diese Inhalte damit, Kindern zu vermitteln, dass auch Erwachsene Fehler machen und kein Recht auf die Ausübung von Gewalt haben.

Diese präventive Arbeit sollte von einer stetigen, bereits früh einsetzenden, Sexualerziehung begleitet werden, um Kindern überhaupt erst die Möglichkeit zu geben, Dinge in Worte fassen und sich so Hilfe holen zu können.

3.2 STRUKTURELLE MÖGLICHKEITEN DER PRÄVENTION

Nach der Beschäftigung mit Präventionsmöglichkeiten im unmittelbaren Umgang mit den Kindern gehen wir nun der Frage nach, welche strukturellen Möglichkeiten bestehen, um die Prävention sexuellen Missbrauchs stärker in der Gemeinde zu verankern, z.B. durch festgelegte Regeln und Verfahrensweisen.

Verhaltensregeln festlegen

An der Erarbeitung verbindlicher Regeln des Miteinanders sollten Kinder, Mitarbeitende, Leitung und Eltern nach Möglichkeit beteiligt werden. Damit die Regeln auch im Alltag gelebt und transparent werden, bedarf es einer regelmäßigen Wiederholung und Offenlegung für Kinder und Eltern, um auch neu Hinzugekommene damit vertraut zu machen[9].

Von Seiten der Mitarbeiterschaft ist es dringend erforderlich, dass sich alle schriftlich dazu verpflichten, diese Regeln, die eine spezielle Grundhaltung den Kindern gegenüber zum Ausdruck bringen, umzusetzen.

Hierzu gehören z.B. der Respekt vor der Würde und einzigartigen Persönlichkeit jedes einzelnen Kindes, das ein Ebenbild Gottes ist. Dies impliziert einen wertschätzenden und vertrauensvollen Umgang mit jedem einzelnen Kind.

Diese Mitarbeiterverpflichtung sollte zudem ein klares Bekenntnis enthalten, jegliche Form von Gewalt und somit auch sexuelle Gewalt zu bekämpfen und stattdes-

9 Vgl. Enders 2010, 40f.

sen die anvertrauten Kinder vor Gewalt in jeglicher Form zu schützen. Dazu gehört auch ein klar formuliertes „Nein“ für jegliche Formen von Diskriminierung, sexistischem oder anderweitig abwertendem Verhalten.

Dies knüpft an einen weiteren Aspekt an, der in einer solchen Selbstverpflichtung nicht fehlen sollte, nämlich die Sensibilisierung jedes einzelnen Mitarbeitenden für die individuellen (Scham-)Grenzen und den persönlichen Willen des Anderen. Verpflichten sollten sich die Mitarbeitenden auch zu einer verstärkten Achtsamkeit gegenüber Situationen und Gelegenheiten, in denen besondere Gefährdungsmomente und Gelegenheitsstrukturen vorhanden sind (z.B. auf Freizeiten) sowie gegenüber Grenzüberschreitungen im Alltag durch andere Mitarbeitende oder Teilnehmer. Um dies tatsächlich auch umzusetzen und den hierfür nötigen Wahrnehmungsprozess zu verfeinern, ist in der Praxis ein regelmäßiger Austausch wichtig, in dem weniger das Hinweisen auf Fehler im Vordergrund stehen sollte als ein offener Dialog über (mögliche) Grenzverletzungen.

Natürlich sollte in dieser Selbstverpflichtung auch benannt werden, dass sich die Unterzeichnenden zu einem verantwortungsvollen Umgang mit Nähe und Distanz bekennen und ihre Rolle als Mitarbeitende nicht für sexuelle Kontakte bzw. die Befriedigung eigener sexueller Bedürfnisse missbrauchen. Auch die disziplinarischen bzw. strafrechtlichen Konsequenzen jeglicher sexueller Kontakte mit Schutzbefohlenen sollten klar benannt und jedem Mitarbeitenden bekannt sein. Dies gilt in besonderer Weise für Hauptamtliche.

Diese Konsequenzen gelten im Übrigen auch für Vorgesetzte, die bei Kenntnis eines sexuellen Missbrauchs nicht für den Schutz der Kinder sorgen.

Die ausführliche aktuelle Selbstverpflichtung für Mitarbeitende der Paulus-Gemeinde Bremen befindet sich als Beispiel im Anhang.

Fortbildung und Unterstützung durch Fachdienste

Um keine Tabus in der Gemeinde entstehen zu lassen und diesen Präventionsprozess zu ermöglichen, bildet neben einer Selbstverpflichtung für alle Mitarbeitenden die regelmäßige Durchführung von Fortbildungen zu den Themen „(sexuelle) Gewalt“ sowie „Vorbeugung von sexuellem Missbrauch“ ein weiteres wichtiges Element.

Sicherheit für Kinder lässt sich zudem dadurch fördern, dass sich die Gemeinde verpflichtet, bei Verdacht auf sexuellen Missbrauch regelmäßig unabhängige Fachdienste hinzuzuziehen. Eine Vernetzung mit derartigen Fachdiensten kann sehr gut im Zuge von Fortbildungen zur Thematik angebahnt werden.

Auch für Kinder und Eltern ist es bei Verdachtsmomenten hilfreich, wenn die Gemeinde neben internen Ansprechpartnern auch unabhängige Fachdienste benannt hat und diese für alle transparent und bekannt sind.

Sinnvoll ist hier beispielsweise eine Übersicht mit den Kontaktdaten der verschiedenen regionalen Anlaufstellen, die im Bedarfsfall Unterstützung geben können.

Es können auch Vertrauenspersonen in der Gemeinde eingesetzt werden, die sich bezüglich geeigneter Fachstellen auskennen und Mitarbeitende bei der Vernetzung unterstützen können. Wichtig ist hierbei einerseits, dass die Vertrauenspersonen sich in der Aufklärung von und dem Umgang mit sexueller Gewalt auskennen. Andererseits sollte auch klar umrissen sein, welchen Handlungsspielraum und welchen Auftrag sie haben, z.B. sollten sie nicht selber voreilig ermitteln und Personen konfrontieren. Vielmehr können Vertrauenspersonen zu besonnenem Handeln anleiten (siehe 3.2).

Auswahl von hauptamtlichen Mitarbeitenden

Eine weitere Ebene des Kinderschutzes in der Gemeinde betrifft die Personalauswahl von Hauptamtlichen in der Kinder- und Jugendarbeit. So ist die Vorlage eines aktuellen polizeilichen Führungszeugnisses ein wichtiges Instrument, um Bewerber mit potenziell pädosexuellen Absichten abzuschrecken[10]. Ziel ist hier nicht, Mitarbeitende unter einen Generalverdacht zu stellen, sondern vielmehr von vornherein offen und unverkrampft mit dem Thema sexuellen Missbrauchs in der Mitarbeiterschaft umzugehen und Tabus gar nicht erst entstehen zu lassen.

Eine auf all den beschriebenen Ebenen funktionierende aktive Prävention reduziert das Risiko des sexuellen Missbrauchs in den eigenen Reihen, da mögliche TäterInnen abgeschreckt werden.

4. Handlungsmöglichkeiten im Missbrauchsfall

Doch wie erkenne ich betroffene Kinder und was ist zu tun, wenn es bereits zu einem sexuellen Übergriff bzw. Missbrauch gekommen ist?

---

10 Vgl. Conen, M.L. (2002): Arbeitshilfe für die Personalauswahl zur Vermeidung der Einstellung pädophiler Mitarbeiter. In: Fegert, J.M, Wolff, M (Hrsg.): Sexueller Missbrauch durch Professionelle in Institutionen. Prävention und Intervention. Ein Werkbuch. Münster, 58

4.1 UMGANG MIT DEM BETROFFENEN KIND

Mögliche Symptome bei sexuellem Missbrauch

Um auf betroffene Kinder aufmerksam zu werden und stumme Hilferufe nicht zu übersehen, stellt sich die Frage, woran man sie überhaupt erkennen kann.

Die Folgereaktionen, die Kinder aufgrund sexuellen Missbrauchs zeigen, können je nach Alter und Ausprägung extrem variieren, was die konkrete Symptomatik sowie den Zeitpunkt ihres Auftretens angeht.

Ein Ausschnitt des Spektrums möglicher Symptome reicht u.a. von Ängsten, Schlafstörungen, Albträumen, depressiven Reaktionen, geringem Selbstwertgefühl, sozialem Rückzug, Essstörungen, Kopf-, Hals-, Magen- und Unterleibsschmerzen, allgemeinen Entwicklungsstörungen, Sprachstörungen und -verweigerung, Einnässen, Einkoten, aggressivem Verhalten, Schulproblemen, Vernachlässigung der Körperhygiene, Zwängen, Selbstverletzungen, Suchtverhalten, Selbstmordgedanken bis hin zu auffälligem Sexualverhalten wie sexualisiertem Spielverhalten. Diese Symptome können auf einen sexuellen Missbrauch hindeuten, können aber auch andere Ursachen haben. Keine dieser beobachtbaren Verhaltensweisen lässt für sich einen eindeutigen Rückschluss auf einen stattgefundenen sexuellen Missbrauch zu.[11]

Sicherheit und Ruhe vermitteln

Um Verdachtsmomente zu prüfen, empfiehlt es sich daher, sich bei externen Fachstellen beraten zu lassen, denn sowohl ein Übersehen als auch ein Überbewerten von Symptomen kann verheerende Folgen haben. Hat sich ein Kind oder ein Freund des Kindes einem Erwachsenen anvertraut, so ist es wichtig, Ruhe zu bewahren sowie überlegt, aber trotzdem zeitnah, das weitere Vorgehen zu planen.

Oberste Priorität hat bei allen weiteren Schritten der Schutz des Kindes vor weiterer sexueller Gewalt. Hierfür ist es zunächst wichtig, das Kind ernst zu nehmen, ihm zu glauben und es für seinen Mut zu loben, sich zu öffnen. In diesem ersten Schritt steht weniger die Beweissammlung im Vordergrund, als erst einmal unvoreingenommen seinen Bedürfnissen und seinem emotionalen Erleben behutsam Raum zu geben, ohne dabei die Richtung vorzugeben. Dies bedeutet, offene Fragen in der Sprache des Kindes zu stellen und jegliche Art von Suggestivfragen auszuschließen. Das Kind selbst sollte entscheiden, was, wie viel und wann es erzählt.

Eigene Gefühle sollten an dieser Stelle bewusst zurückgehalten werden, um dem Kind Ruhe und Sicherheit zu signalisieren. Denn häufig merken Kinder, wenn Erwachsene überfordert wirken und nehmen dann eventuell das Gesagte wieder zurück.

---

11 Vgl. Deegener 2010, 88ff.

Sicherheit geben bedeutet in diesem Kontext auch, dem Kind zu versichern, dass allein der Erwachsene und nicht das Kind die Verantwortung für eine derartige Tat und die Folgen trägt.

Häufig wünschen sich betroffene Kinder Hilfe und Entlastung, möchten aber gleichzeitig nicht, dass ihre Offenbarungen weitergegeben werden, weil sie Angst vor den weiteren Folgen haben und ggf. den Täter nicht verraten wollen. Einer Geheimhaltung sollte jedoch auf keinen Fall zugestimmt werden. An dieser Stelle ist es nötig dem Kind zu erklären, dass seine Berichte so wichtig sind oder sein könnten, dass Erwachsene, die ihm helfen können, davon erfahren müssen. Hilfreicher ist es an dieser Stelle, dem Kind Verständnis für seinen Wunsch zu signalisieren und mit ihm über diese Ambivalenz zu sprechen.

Sicherheit bedeutet auch, dem Kind gegenüber klar und transparent zu erklären, welches die folgenden Handlungsmöglichkeiten sind, um sein Einverständnis für das weitere Vorgehen zu bekommen. Diese Verantwortung können jedoch gerade jüngere Kinder noch nicht übernehmen.

Befragung des Kindes

Kinder sollten so wenig wie möglich und von möglichst wenigen Personen befragt werden, um Verzerrungen und Retraumatisierungen zu vermeiden. So kann auch die Aussageentstehung des Kindes vor Gericht besser nachvollzogen werden und das Kind wird so wenig wie möglich belastet.

Es wird deutlich, dass die Befragung der Kinder eine sehr anspruchsvolle und wichtige Aufgabe ist und einen hierin nicht Geübten schnell an persönliche Grenzen bringen kann. Daher empfiehlt es sich dringend, ausgebildete externe Fachkräfte in diesen Vorgang mit einzubeziehen. Häufig kann man sich hier auch zunächst anonym beraten lassen.

4.2 HANDLUNGSSCHRITTE FÜR MITARBEITENDE BEI VERDACHTSFÄLLEN

Dokumentation der Beobachtungen

Zu den Grundlagen des weiteren Vorgehens bei Verdachtsmomenten gehört eine konkrete und sorgsame Dokumentation der Beobachtungen[12]. Dies ist auch eine sinnvolle Grundlage für ein späteres Beratungsgespräch zu dem betreffenden Fall.

---

12 Vgl. Bange, (2013) Planung der Intervention. Online-Kurs Prävention von sexuellem Kindesmissbrauch KJPP Universitätsklinikum Ulm., 4

Trotz der verständlicherweise schnell aufkeimenden starken Betroffenheit ist es nötig, Tatsachen von Interpretationen und Hypothesen strikt zu trennen und Handlungen möglichst genau zu beschreiben sowie schriftlich festzuhalten. Hierzu gehört auch die Erwägung von Gegenhypothesen. Diese Notizen sollten datiert und möglichst in einem durchnummerierten Notizbuch dokumentiert werden, um Manipulationen entgegenzuwirken. Die Notizen können möglicherweise bei nachfolgenden Gerichtsverhandlungen von großer Bedeutung sein.

Einbeziehung kompetenter Ansprechpartner – intern und extern

Bei Verdachtsmomenten ist es von besonderer Bedeutung mit diesem Wissen nicht allein zu bleiben, sondern kompetente Ansprechpartner zu kennen, mit denen gemeinsam überlegt, sorgfältig reflektiert und gehandelt werden kann, wie man im konkreten Fall am sinnvollsten weiter verfährt.

An dieser Stelle sind die Erarbeitung gestufter Handlungspläne, in denen auch Verantwortlichkeiten in der Gemeinde festgelegt werden, notwendig. Diese ermöglichen eine erste Orientierung, wer im Bedarfsfall Ansprechpartner ist. Hierin sollte z.B. festgelegt sein, dass Mitarbeitende bei Verdachtsmomenten schnellstmöglich ihre Leitung informieren, sofern diese nicht selbst involviert ist. Auch die Funktion sowie der Handlungsspielraum von eventuellen Vertrauenspersonen oder Kinderschutzbeauftragten als Anlaufstellen in der Gemeinde sollte in diesem Zuge geklärt werden.

Weiterhin ist es wichtig zu definieren, welche regionalen spezialisierten Beratungsstellen hinzugezogen werden können und ob bzw. wann eine strafrechtliche Verfolgung erfolgen soll. Dies kann z.B. im Rahmen einer Fortbildung mit Kinderschutzexperten für die Gemeinde vor Ort erarbeitet werden. Bei der Vermutung eines sexuellen Missbrauchs in den eigenen Reihen ist eine externe Beratung der Leitung erforderlich, um mit einer gewissen Distanz reflektieren und besonnen handeln zu können[13]. Zudem ist jeder Fall anders und bedarf individueller Abwägungsprozesse, um für das betreffende Kind einen möglichst umfassenden Schutz gewährleisten zu können. Hierfür sind ein umfangreiches Fach- und Erfahrungswissen unverzichtbar, das man durch eine solche Kooperation nutzen kann.

Umgang mit dem betroffenen Mitarbeitenden

Seitens der Gemeinde muss auch die Fürsorgepflicht der Institution gegenüber dem Mitarbeitenden bedacht werden: Geschieht eine solche Reflexion ausschließlich hausin-

13 Vgl. Enders (2010), 35ff.

tern, so ist die Gefahr groß, dass sich Verdachtsmomente früh herumsprechen, Mitarbeitende so fälschlicherweise vorverurteilt, falschen Beschuldigungen ausgesetzt oder aber Täter vorzeitig mit der Tat konfrontiert bzw. aus Solidarität gewarnt werden. Dies wiederum kann dazu führen, dass mehr Druck auf die betroffenen Kinder ausgeübt wird.

5. Krisenintervention nach der Aufdeckung

An verschiedenen Stellen wurde deutlich, dass eine gelingende Präventionsarbeit in der Gemeinde nicht von der Vernetzung mit spezialisierten Fachstellen zu trennen und es wichtig ist, auf diese Fachlichkeit zurückzugreifen. Dies gilt umso mehr für die Krisenintervention nach der Offenlegung eines sexuellen Missbrauchs, die ein spezielles Krisenmanagement auf allen Ebenen erfordert.

Die im Folgenden aufgeführten Punkte dienen als Denkanstöße, welche allgemeinen Punkte bei der konkreten Entwicklung und Ausgestaltung eines solchen Krisenmanagements bedacht werden sollten. Konkretisiert finden sich Beispiele christlicher Verbände hierzu unter Punkt 6.

5.1 RECHTLICHE UND FACHLICHE UNTERSTÜTZUNG DER LEITUNG

Die Leitung benötigt sowohl themenbezogene rechtliche Informationen als auch fachliche Unterstützung, um die schwierige Balance aus Fürsorgepflichten gegenüber dem Arbeitnehmer, Rückendeckung gegenüber anderen Mitarbeitenden, Information der Eltern und Sicherung des Kindeswohls für die Kinder sicherstellen zu können.

Auch die Frage, ob eine Strafanzeige gestellt wird, muss je nach Fall individuell entschieden werden. Durch die Kooperation mit einer entsprechenden Fachstelle kann im Rahmen einer Plausibilitätskontrolle ausgelotet werden, ob eine Anzeige dem Wohl des Kindes eher förderlich sein oder zum jeweiligen Zeitpunkt eher schaden würde. Letzteres kann z.B. der Fall sein, wenn das Kind stark traumatisiert ist und die Belastung durch ein Strafverfahren zu groß wäre. Strafanzeigen können nicht wieder zurückgenommen werden, denn Polizei und Staatsanwaltschaft haben einen Verfolgungszwang. Weiterhin lässt sich gemeinsam abwägen, ob eine weitere Gefährdung durch mutmaßliche Täter mit hoher Sicherheit auszuschließen ist.

5.2 FACHLICHE UNTERSTÜTZUNG IM UMGANG MIT MITARBEITERSCHAFT

Notwendig ist bei erwiesenem sexuellem Missbrauch in der Einrichtung auch die fachliche supervisorische Unterstützung der übrigen Mitarbeitenden, die oft unsicher sind, wie sie mit den betroffenen Kindern sowie den Eltern umgehen sollen. Meist sind sie zutiefst erschüttert, verunsichert, desillusioniert, fühlen sich mitschuldig, hintergangen und Vertrauen ist zerstört. Hinzu kommt, dass es nicht selten zu einer Spaltung des Teams kommt zwischen denen, die sich mit dem Täter solidarisieren und wütend auf das Opfer sind und denen, die sich auf die Seite der betroffenen Kinder stellen. Angesichts der erlebten starken Hilflosigkeit und des Schocks empfiehlt sich die Hinzuziehung einer Fachkraft mit traumatherapeutischer Zusatzqualifikation.

5.3 INFORMATION DER ELTERN

Die Eltern brauchen nach der Aufdeckung eines Missbrauchs eindeutige Informationen. Hierbei ist es nicht nötig, Details zu benennen. Jedoch sollte für die Eltern transparent werden, wie es zur Aufdeckung kam und welche Schritte bisher durch die Leitung unternommen worden sind bzw. beabsichtigt werden, um die Sicherheit der Kinder wiederherzustellen.

In diesem Zusammenhang ist das Angebot eines Informationsabends für die Eltern der Gruppe mit Unterstützung entsprechender Fachstellen von Bedeutung, um über die Situation zu informieren und für Mütter, Väter und Kinder Anregungen zu geben, die sexuellen Gewalterfahrungen zu bewältigen.

5.4 UNTERSTÜTZUNG DER KINDERGRUPPE BEI DER VERARBEITUNG

Für die Gruppe der Kinder ist eine klare Zusicherung und Sorge dafür, dass der Täter nicht wiederkommt, wichtig, um sich wieder sicher fühlen zu können.

Kinder brauchen zur Verarbeitung ein möglichst normales Alltagsgeschehen. Andererseits kann auch die Neugestaltung der Räumlichkeiten eine große Hilfe dabei sein, eine bewusste Grenze zu markieren und einen Neuanfang zu symbolisieren.

5.5 AUFARBEITUNG IN DER GESAMTGEMEINDE

Schließlich bildet auch die langfristige Aufarbeitung in der Gemeinde einen wichtigen Schritt, um sexuellem Missbrauch entgegenzuwirken. Hierzu zählen z.B. das Aufspüren möglicher struktureller Fehlerquellen in der Gemeinde sowie deren langfristige Veränderung.

6. Weiterführende Informationen

Nachdem sich die Vernetzung mit Fachstellen für sexuellen Missbrauch wie ein roter Faden durch diesen Artikel zieht, stellt sich nun die Frage, mit wem und wo man sich am besten vernetzen kann.

Es kann an dieser Stelle leider nur eine Auswahl von Adressen wiedergegeben werden. Diese sind jedoch sehr gut geeignet, um weitere Anlauf- und Beratungsstellen vor Ort zu finden:

- Bundesweit bieten Beratungsstellen des Deutschen Kinderschutzbundes (www.dksb.de) sowie Kinderschutz-Zentren (www.kinderschutz-zentren.org) Möglichkeiten, weitere Hilfe und Beratung zu finden.
- Auch beim Allgemeinen Sozialdienst, Jugend- und Gesundheitsämtern können Vernetzungsmöglichkeiten zu Spezialdiensten angefragt werden.
- Das Netzwerk weiterer spezialisierter Beratungsstellen zu sexuellem Missbrauch variiert je nach örtlichen Gegebenheiten. Sehr hilfreich können hier Onlineportale wie die des Unabhängigen Beauftragten für Fragen des sexuellen Kindesmissbrauchs (www.hilfeportal-missbrauch.de/) oder das Portal des Vereins für Betroffene, Partner und Gegner von sexuellem Kindesmissbrauch (www.gegen-missbrauch.de/) sein, über die mittels PLZ-Suche regionale Vernetzungsmöglichkeiten gesucht werden können.
- Eine telefonische Beratungsmöglichkeit bietet die Anlaufstelle des Unabhängigen Beauftragten für Fragen des sexuellen Kindesmissbrauchs unter 0800/2255530.
- Für Kinder gibt es das kostenlose telefonische Beratungsangebot der Nummer gegen Kummer 0800/1110333 und für Eltern gibt es dieses Angebot unter 0800/110550.
- Für die Arbeit mit den Kindern können vielfältige Materialien zum Themengebiet Prävention von sexuellem Missbrauch u.a. über den Verein Zartbitter Köln e.V. www.zartbitter.de angefordert werden.
- Vertiefende Informationen speziell für die Gemeindearbeit bietet die Sonderausgabe von christ-online zum Thema „Vor sexuellem Missbrauch schützen" der Christlichen Jugendpflege e.V. Basdahl, die Ende 2010 im Mülheimer Verband verteilt wurde. Dort sind neben grundlegenden Informationen und Hinweisen für Gemeindeleitungen auch Fallbeispiele zu finden.
  Der enthaltene Verhaltenskodex sowie Verhaltensregeln für Mitarbeitende können auch online abgerufen werden unter http://www.agb-online.de/fileadmin/content/dokumente/sonstige/Verhaltenskodex_Missbrauch.pdf und ggf. als Vorlage für die Erstellung eigener Richtlinien genutzt werden.

- Ein Beispiel für einen Verhaltenskodex sowie weitere rechtliche Informationen und Gesetzestexte kann man in der Broschüre „Initiative zum Schutz vor Gewalt und Missbrauch" der FEG finden: https://www.feg.de/fileadmin/Presse/Schutz_Sexueller_Missbrauch_2.pdf
- Ein weiteres Beispiel für einen Ablaufplan im Falle eines Verdachts auf sexuellen Missbrauch findet sich bei der Arbeitsgemeinschaft Evangelikaler Missionen (AEM) e.V.: http://www.aem.de/fileadmin/main/data/Dokumente/Empfehlung_Kinderschutzrichtlinien_fuer_AEM_Mitglieder.pdf
  Dieser setzt jedoch voraus, dass es Kinderschutzbeauftragte in den eigenen Reihen gibt und erfordert von ihnen ein sehr fundiertes Wissen im Umgang mit sexuellem Missbrauch.
- Des Weiteren finden sich im Anhang dieses Artikels die Richtlinien der Paulus-Gemeinde Bremen zur Prävention sexuellen Missbrauchs.

Will man einen professionellen Umgang mit Verdachtsfällen garantieren, sollte man auf die externe Vernetzung nicht verzichten, da in der Ortsgemeinde vermutlich die wenigsten über ein derart breit gefächertes Wissen wie das einer Fachstelle verfügen.

7. Fazit

Deutlich wurde sicherlich, dass Prävention von sexuellem Kindesmissbrauch ein sehr umfangreicher Prozess ist und sämtliche Ebenen von Gemeinde einschließt. Es gibt kein allgemeingültiges Rezept, vielmehr ist es notwendig zu überprüfen, welche Möglichkeiten die Gemeinde vor Ort hat, um eine verbindliche Verfahrensweise zu gestalten.

Dieses Thema geht uns alle an: Jeder ist hier gefragt, in den Prozess der Prävention einzusteigen, Ideen zu entwickeln und die eigene Wahrnehmung zu trainieren, um so dem Ziel näher zu kommen, Kinder besser und dauerhaft vor sexuellem Missbrauch zu schützen.

ANNE HITZEMANN
BREMEN

Anhang:

RICHTLINIEN DER PAULUS-GEMEINDE BREMEN ALS BEISPIEL

Grundsätze der Selbstverpflichtung zur Prävention sexueller Gewalt für alle angestellten und ehrenamtlichen Mitarbeiter der Paulus-Gemeinde Bremen

FAHRPLAN

- Die Gemeindeleitung ernennt ausgewählte Vertrauenspersonen als erste Ansprechpartner. Ziel: drei Frauen und drei Männer. Diese sollten sich für diese Aufgabe durch eine Schulung „ausbilden" lassen.
- Allen Mitarbeiter/innen wird eine Selbstverpflichtung zur Unterschrift ausgehändigt. Außerdem erhalten alle einige Tipps zur Umsetzung („Verhaltensregeln") und diesen „Krisen-Fahrplan". Als weitere Hilfe kann eine Mitarbeiterzeitschrift zu diesem Thema angefordert werden.

IM KRISENFALL

- Anschuldigungen und Verdachtsmomenten ist unverzüglich nachzugehen! Diese sollten einer der von der Gemeindeleitung ernannten Vertrauensperson geschildert werden. Die Aussage wird schriftlich mit Nennung von Daten, Ortsangaben und Personennamen dokumentiert.
- „Verdachtsmomente" gehen über bloße Gerüchte oder anonyme Schreiben hinaus; es handelt sich vielmehr um Tatsachen, die den Rückschluss auf ein Fehlverhalten begründen.
- „Nachgehen" beinhaltet, mögliche Zeugen, Täter/Täterinnen und Opfer zu hören, die hierbei erfahrenen Umstände abzuwägen und die Glaubwürdigkeit der Informationen einzuschätzen. Ziel ist die zügige Klärung, ob ein Anfangsverdacht i. S. des § 160 StPO (Strafprozessordnung) gegeben ist.
- Wenn ein Missbrauchsverdacht besteht, wird der/die betroffene Mitarbeiter/in sofort aus seinem Dienst mit Schutzbefohlenen herausgenommen.
- Wenn sich ein Verdacht erhärtet, wird eine professionelle Einrichtung zu Rate gezogen werden (Beispiel: Kinderschutzbund, Weißes Kreuz, Schattenriss oder ähnliches).
- Bis zu diesem Schritt muss absolute Diskretion über Verdachtsfälle gewährleistet werden. Beratung und Austausch über die Aussagen sollte nur im Kreis der Vertrauenspersonen geschehen. Dies dient dem Schutz des Opfers (Aufrechterhal-

tung von Selbstschutzeinrichtungen) genauso wie dem Schutz vor Verleumdung eines oder einer unschuldigen Verdächtigen!

- Gleichzeitig wird die Gemeindeleitung (mindestens ein Pastor und der Vorstand) über den Verdacht und die „Beweislage" informiert.
- Das weitere Vorgehen wird dann mit einer Fachstelle, dem Opfer und der informierten Gemeindeleitung abgestimmt: Die Paulus-Gemeinde strebt einen klaren öffentlichen und rechtlichen Umgang mit einem Täter an (Strafanzeige).
- Vor Erstattung einer Anzeige muss dem möglichen Täter/der möglichen Täterin Gelegenheit zur Stellungnahme gegeben werden.
- Vorrangig den Opfern, aber auch dem Täter, muss Hilfe angeboten werden. Die Gemeinde muss auf die Opfer zugehen und ihnen signalisieren, dass sie sich um sie kümmert. Therapeutische Hilfe muss von entsprechend ausgebildeten Fachleuten geleistet werden!

Vertrauenspersonen der Paulus-Gemeinde sind zurzeit:

....

....

VERHALTENSREGELN

Diese Verhaltensregeln wollen dir helfen, die Selbstverpflichtung in der Praxis konkret werden zu lassen. Sie dienen auch deinem Schutz. Schon eine erfundene Verdächtigung eines Kindes oder Jugendlichen kann sonst das Ende für Mitarbeitende bedeuten. Die nachfolgenden Empfehlungen für Mitarbeiterteams sind kein vollständiges Regelwerk und können bzw. sollten je nach Situation angepasst werden.

Gespräche über Sexualität müssen immer auf Freiwilligkeit beruhen. Bei solchen Themen ist sensibel auf die Grenzen aller Anwesenden zu achten. In allen Situationen sollte möglichst eine Öffentlichkeit vorhanden sein. Das bedeutet:

- Mitarbeitende begleiten Kinder möglichst nicht allein auf das Zimmer, die Toilette, ins Bad, Zelt oder andere geschlossene Räume.
- In der Regel sollte immer ein zweiter Mitarbeiter/eine Mitarbeiterin oder andere Kinder mit anwesend sein.
- Eingangstüren bleiben immer geöffnet (nie von innen abschließen, wenn man mit einer anvertrauten Person alleine ist).
- Bei Verletzungen, Splitterentfernungen, Einreiben von Salben usw. in intimen Körperbereichen sollte immer eine weitere Person anwesend sein (bereits das

Einreiben des Rückens oder des Bauchs kann unter Umständen als Intimität gewertet werden).
Bei älteren Kindern, Teens und Jugendlichen sollte dies auf jeden Fall von einem gleichgeschlechtlichen Mitarbeitenden erfolgen.

- Bei Spielen mit Körperkontakt Situationen vermeiden, die falsch interpretiert werden können.
- Bei Spielen mit Körperkontakt ist das „Nein" eines Kindes/Teenagers auf jeden Fall zu akzeptieren.
- Im Team werden unklare Situationen angesprochen und Verhaltensstandards festgelegt, auch unter Einbeziehung der Gemeindeleitung.

In Freizeiten und Camps gilt zusätzlich:

- Für Jungen und Mädchen gibt es getrennte Schlaf- und Waschmöglichkeiten.
- Bei Gemeinschaftsduschen sollte kein Kind/Teenager gezwungen bzw. aufgefordert werden, nackt zu duschen.

WENN DU SEXUELLE GEWALT VERMUTEST ODER DAVON ERFÄHRST…

… Ruhe bewahren! Auch wenn es nicht einfach ist: Ruhe bewahren und nichts überstürzen.

… kein Aktionismus! Voreilige Handlungen – wie eine Konfrontation mit dem Täter oder eine Anzeige bei der Polizei – helfen niemandem, sondern schaden häufig nur. Alle Aktionen sind sowohl mit der Fachkraft als auch mit dem Opfer abzustimmen.

… kein Alleingang! Sprich eine Vertrauensperson an und besorgt euch gemeinsam professionelle Hilfe!

… schreib es auf! Dokumentiere alle Beobachtungen sowie alle Informationen (egal, ob du sie direkt vom Opfer oder von Dritten erhalten hast) möglichst genau mit Datum und Uhrzeit. Diese Aufzeichnungen können später sehr hilfreich sein.

WENN DIR JEMAND VON SEXUELLER GEWALT BERICHTET…

… glaube dem Betroffenen, wenn er/sie dir von sexuellen Übergriffen erzählt. Signalisiere, dass er/sie über das Erlebte sprechen darf, aber dränge nicht und frage ihn/sie nicht aus.

… informiere deinen Gesprächspartner darüber, dass du die Unterstützung einer Vertrauensperson und Beratungsstelle in Anspruch nehmen wirst.

… mach keine Versprechen, die du nicht halten kannst (z.B.: „Alles wird gut! Niemand wird dir mehr etwas tun." oder „Ich werde nie jemandem davon erzählen.")

… besprich alles mit einer Vertrauensperson.

WENN DU VERMUTEST, EINE/N TÄTER/IN IM MITARBEITERTEAM ZU HABEN...

... auf keinen Fall den möglichen Täter/die mögliche Täterin über den Verdacht informieren.

... dokumentiere deine Beobachtungen.

... sprich mit der Vertrauensperson in deiner Gemeinde und nehmt gemeinsam die Unterstützung einer Fachstelle in Anspruch. Überlege gemeinsam mit der Vertrauensperson, welche Mitarbeiter/innen man eventuell nach ihren Beobachtungen fragen sollte.

RICHTLINIEN nach INNEN

1. Respekt: Meine Arbeit mit Kindern, Jugendlichen und Erwachsenen ist von Respekt, Wertschätzung und Vertrauen geprägt. Ich achte die Persönlichkeit und Würde von Kindern, Jugendlichen und Erwachsenen, weil jeder Mensch als Ebenbild Gottes geschaffen ist. Jeder ist ein von Gott geliebtes Individuum mit eigener Persönlichkeit.
2. Meine Rolle: Ich verpflichte mich, alles in meiner Macht Stehende zu tun, dass in unserer gemeindlichen Arbeit sexuelle Gewalt und andere Formen von Gewalt verhindert werden. Deshalb stärke und schütze ich die uns anvertrauten Menschen vor körperlichem und seelischem Schaden und Gewalt.
3. Grenzen: Ich nehme die individuellen Grenzen und den persönlichen Willen der Menschen wahr und respektiere diese. Dies betrifft vor allem die Intimsphäre, die persönliche Schamgrenze und andere Grenzempfindungen.
4. Transparenz: Alles, was ich als Mitarbeiter zusammen mit einer mir anvertrauten Person tue, gestalte ich offen und einsehbar.
5. Folgen: Ich lebe einen verantwortungsvollen Umgang von Nähe und Distanz. Insbesondere missbrauche ich meine Rolle als Mitarbeiter nicht für sexuelle Kontakte mit mir anvertrauten Menschen und/oder zur Befriedigung eigener sexueller Bedürfnisse. Jede sexuelle Handlung mit Schutzbefohlenen ist eine strafbare Handlung mit entsprechenden disziplinarischen und gegebenenfalls strafrechtlichen Folgen.
6. Diskriminierung: Ich verzichte auf verbal und nonverbal abwertendes Verhalten und beziehe gegen gewalttätiges, diskriminierendes, rassistisches und sexistisches Verhalten aktiv Stellung.
7. Achtsamkeit: Ich versuche, Grenzverletzungen durch Mitarbeiter oder Teilnehmer wahrzunehmen, egal, ob sie innerhalb oder außerhalb des gemeindlichen Rahmens stattfinden. Wenn ich eine solche Grenzverletzung bemerke, schaue ich nicht weg, sondern dokumentiere meine Beobachtung und wende mich an

eine Vertrauensperson meiner Gemeinde, um das weitere Vorgehen abzustimmen und Denunziationen zu vermeiden.

8. Handeln: Ich achte auf Anzeichen von Vernachlässigung und Gewalt bei Kindern, Jugendlichen und Erwachsenen. Wenn ich (sexuelle) Gewalt vermute oder direkt davon erfahre, wende ich mich an eine Vertrauensperson meiner Gemeinde, um für mich und die betroffene Person Hilfe zu finden.

RICHTLINIEN nach AUSSEN

In der Gemeindearbeit übernehmen wir in vielfacher Weise Verantwortung für das Wohl anderer Menschen. Ein Ziel muss dabei der weitestgehende Schutz vor sexuellen Übergriffen, sexualisierter Atmosphäre sowie geschlechtsspezifischer Diskriminierung sein. Die vorliegende Selbstverpflichtung ist im Einklang mit den gesetzlichen Bestimmungen. Ein Zugriff von Tätern und Täterinnen in den eigenen Reihen soll damit erschwert werden.

Mit der Selbstverpflichtung wollen wir eine offene Auseinandersetzung mit dem Thema anstoßen sowie für Transparenz und Sensibilisierung sorgen, die zur Qualität unserer Gemeindearbeit beitragen werden: Jeder soll sich bei uns wohl und sicher fühlen. Das gilt auch für unsere Mitarbeiter, die durch klare Leitlinien eine Hilfestellung bekommen, durch die Entscheidungen einfacher und schneller getroffen werden können.

Wir bitten jeden Mitarbeiter, diese Selbstverpflichtung zu unterschreiben – am besten im Rahmen einer Informationsveranstaltung zu diesem Thema.

Ich erkläre, dass ich diese Selbstverpflichtung bejahe und umsetzen werde. Eine zusätzliche Ausfertigung davon mit weiteren Hinweisen, wie die Verhaltensrichtlinie umgesetzt werden kann, habe ich erhalten.
Zusätzlich erkläre ich, dass gegen mich kein Strafverfahren anhängig war oder ist. Über eingestellte oder neu eingeleitete Verfahren werde ich eine Vertrauensperson der Gemeinde umgehend informieren.

Name:
Datum:
Unterschrift:

Das christliche Zeugnis in einer multireligiösen Welt

Empfehlungen für einen Verhaltenskodex[1]

vom Ökumenischen Rat der Kirchen, dem Päpstlichen Rat für den Interreligiösen Dialog und der Weltweiten Evangelischen Allianz

Präambel

Mission gehört zutiefst zum Wesen der Kirche. Darum ist es für jeden Christen und jede Christin unverzichtbar, Gottes Wort zu verkünden und seinen/ihren Glauben in der Welt zu bezeugen. Es ist jedoch wichtig, dass dies im Einklang mit den Prinzipien des Evangeliums geschieht, in uneingeschränktem Respekt vor und mit Liebe zu allen Menschen.

Im Bewusstsein der Spannungen zwischen Einzelnen und Gruppen mit unterschiedlichen religiösen Überzeugungen und der vielfältigen Interpretationen des christlichen Zeugnisses sind der Päpstliche Rat für den Interreligiösen Dialog, der Ökumenische Rat der Kirchen (ÖRK) und, auf Einladung des ÖRK, die Weltweite Evangelische Allianz (WEA) über einen Zeitraum von fünf Jahren zusammengekommen, um gemeinsam nachzudenken und das vorliegende Dokument zu erarbeiten. Dieses Dokument soll keine theologische Erklärung zur Mission darstellen, sondern verfolgt die Absicht, sich mit praktischen Fragen auseinanderzusetzen, die sich für das christliche Zeugnis in einer multireligiösen Welt ergeben.

Ziel dieses Dokuments ist es, Kirchen, Kirchenräte und Missionsgesellschaften dazu zu ermutigen, ihre gegenwärtige Praxis zu reflektieren und die Empfehlungen in diesem Dokument zu nutzen, um dort, wo es angemessen ist, eige-

---

1 Übersetzung: Institut für Religionsfreiheit (IIRF) der Weltweiten Evangelischen Allianz (WEA) durch Stefanie Seibel und Thomas Schirrmacher, überarbeitet vom Sprachendienst des ÖRK.

ne Richtlinien für Zeugnis und Mission unter Menschen zu erarbeiten, die einer anderen Religion oder keiner bestimmten Religion angehören. Wir hoffen, dass Christen und Christinnen in aller Welt dieses Dokument vor dem Hintergrund ihrer eigenen Praxis studieren, ihren Glauben an Christus in Wort und Tat zu bezeugen.

Grundlagen für das christliche Zeugnis

- Für ChristInnen ist es ein Vorrecht und eine Freude, Rechenschaft über die Hoffnung abzulegen, die in ihnen ist, und dies mit Sanftmut und Respekt zu tun (vgl. 1. Petrus 3,15).
- Jesus Christus ist der Zeuge schlechthin (vgl. Johannes 18,37). Christliches Zeugnis bedeutet immer, Anteil an seinem Zeugnis zu haben, das sich in der Verkündigung des Reiches Gottes, im Dienst am Nächsten und in völliger Selbsthingabe äußert, selbst wenn diese zum Kreuz führen. So wie der Vater den Sohn in der Kraft des Heiligen Geistes gesandt hat, so sind Gläubige mit der Sendung beauftragt, in Wort und Tat die Liebe des dreieinigen Gottes zu bezeugen.
- Das Vorbild und die Lehre Jesu und der frühen Kirche müssen das Leitbild für christliche Mission sein. Seit zwei Jahrtausenden streben ChristInnen danach, dem Weg Christi zu folgen, indem sie die Gute Nachricht vom Reich Gottes weitergeben (vgl. Lukas 4,16-20).
- Christliches Zeugnis in einer pluralistischen Welt umfasst auch den Dialog mit Menschen, die anderen Religionen und Kulturen angehören (vgl. Apostelgeschichte 17,22-28).
- In einigen Kontexten stößt das Anliegen, das Evangelium zu leben und zu verkündigen, auf Schwierigkeiten, Behinderungen oder sogar Verbote. Und doch sind ChristInnen von Christus beauftragt, weiterhin in Treue und gegenseitiger Solidarität von ihm Zeugnis abzulegen (vgl. Matthäus 28,19.20; Markus 16,14-18; Lukas 24,44-48; Johannes 20,21; Apostelgeschichte 1,8).
- Wenn ChristInnen bei der Ausübung ihrer Mission zu unangemessenen Methoden wie Täuschung und Zwangsmitteln greifen, verraten sie das Evangelium und können anderen Leid zufügen. Über solche Verirrungen muss Buße getan werden und sie erinnern uns daran, dass wir fortlaufend auf Gottes Gnade angewiesen sind (vgl. Römer 3,23).
- ChristInnen bekräftigen, dass es zwar ihre Verantwortung ist, von Christus Zeugnis abzulegen, dass die Bekehrung dabei jedoch letztendlich das Werk des Heiligen Geistes ist (vgl. Johannes 16,7-9; Apostelgeschichte 10,44-47). Sie wissen,

dass der Geist weht, wo er will, auf eine Art und Weise, über die kein Mensch verfügen kann (vgl. Johannes 3,8).

Prinzipien

In ihrem Bestreben, den Auftrag Christi in angemessener Weise zu erfüllen, sind ChristInnen dazu aufgerufen, an folgenden Prinzipien festzuhalten, vor allem in interreligiösen Begegnungen.

1. ***Handeln in Gottes Liebe:*** ChristInnen glauben, dass Gott der Ursprung aller Liebe ist. Dementsprechend sind sie in ihrem Zeugnis dazu berufen, ein Leben der Liebe zu führen und ihren Nächsten so zu lieben wie sich selbst (vgl. Matthäus 22,34-40; Johannes 14,15).

2. ***Jesus Christus nachahmen:*** In allen Lebensbereichen und besonders in ihrem Zeugnis sind ChristInnen dazu berufen, dem Vorbild und der Lehre Jesu Christi zu folgen, seine Liebe weiterzugeben und Gott, den Vater, in der Kraft des Heiligen Geistes zu verherrlichen (vgl. Johannes 20,21-23).

3. ***Christliche Tugenden:*** ChristInnen sind dazu berufen, ihr Verhalten von Integrität, Nächstenliebe, Mitgefühl und Demut bestimmen zu lassen und alle Arroganz, Herablassung und Herabsetzung anderer abzulegen (vgl. Galater 5,22).

4. ***Taten des Dienens und der Gerechtigkeit:*** ChristInnen sind dazu berufen, gerecht zu handeln und mitfühlend zu lieben (vgl. Micha 6,8). Sie sind darüber hinaus dazu berufen, anderen zu dienen und dabei Christus in den Geringsten ihrer Schwestern und Brüder zu erkennen (vgl. Matthäus 25,45). Soziale Dienste, wie die Bereitstellung von Bildungsmöglichkeiten, Gesundheitsfürsorge, Nothilfe sowie Eintreten für Gerechtigkeit und rechtliche Fürsprache sind integraler Bestandteil davon, das Evangelium zu bezeugen. Die Ausnutzung von Armut und Not hat im christlichen Dienst keinen Platz. ChristInnen sollten es in ihrem Dienst ablehnen und darauf verzichten, Menschen durch materielle Anreize und Belohnungen gewinnen zu wollen.

5. ***Verantwortungsvoller Umgang mit Heilungsdiensten:*** Als integralen Bestandteil der Bezeugung des Evangeliums üben ChristInnen Heilungsdienste aus. Sie

sind dazu berufen, diese Dienste verantwortungsbewusst auszuführen und dabei die menschliche Würde uneingeschränkt zu achten. Dabei müssen sie sicherstellen, dass die Verwundbarkeit der Menschen und ihr Bedürfnis nach Heilung nicht ausgenutzt werden.

6. ***Ablehnung von Gewalt:*** ChristInnen sind aufgerufen, in ihrem Zeugnis alle Formen von Gewalt und Machtmissbrauch abzulehnen, auch deren psychologische und soziale Formen. Sie lehnen auch Gewalt, ungerechte Diskriminierung oder Unterdrückung durch religiöse oder säkulare Autoritäten ab. Dazu gehören auch die Entweihung oder Zerstörung von Gottesdienstgebäuden und heiligen Symbolen oder Texten.

7. ***Religions- und Glaubensfreiheit:*** Religionsfreiheit beinhaltet das Recht, seine Religion öffentlich zu bekennen, auszuüben, zu verbreiten und zu wechseln. Diese Freiheit entspringt unmittelbar aus der Würde des Menschen, die ihre Grundlage in der Erschaffung aller Menschen als Ebenbild Gottes hat (vgl. Genesis 1,26). Deswegen haben alle Menschen gleiche Rechte und Pflichten. Überall dort, wo irgendeine Religion für politische Zwecke instrumentalisiert wird oder wo religiöse Verfolgung stattfindet, haben ChristInnen den Auftrag, als prophetische Zeugen und Zeuginnen solche Handlungsweisen anzuprangern.

8. ***Gegenseitiger Respekt und Solidarität:*** ChristInnen sind aufgerufen, sich zu verpflichten, mit allen Menschen in gegenseitigem Respekt zusammenzuarbeiten und mit ihnen gemeinsam Gerechtigkeit, Frieden und Gemeinwohl voranzutreiben. Interreligiöse Zusammenarbeit ist eine wesentliche Dimension einer solchen Verpflichtung.

9. ***Respekt für alle Menschen:*** ChristInnen sind sich bewusst, dass das Evangelium Kulturen sowohl hinterfragt als auch bereichert. Selbst wenn das Evangelium bestimmte Aspekte von Kulturen hinterfragt, sind ChristInnen dazu berufen, alle Menschen mit Respekt zu behandeln. Sie sind außerdem dazu berufen, Elemente in ihrer eigenen Kultur zu erkennen, die durch das Evangelium hinterfragt werden, und sich davor in Acht zu nehmen, anderen ihre eigenen spezifischen kulturellen Ausdrucksformen aufzuzwingen.

10. ***Kein falsches Zeugnis geben:*** ChristInnen müssen aufrichtig und respektvoll reden; sie müssen zuhören, um den Glauben und die Glaubenspraxis anderer

kennen zu lernen und zu verstehen, und sie werden dazu ermutigt, das anzuerkennen und wertzuschätzen, was darin gut und wahr ist. Alle Anmerkungen oder kritischen Anfragen sollten in einem Geist des gegenseitigen Respekts erfolgen. Dabei muss sichergestellt werden, dass kein falsches Zeugnis über andere Religionen abgelegt wird.

11. ***Persönliche Ernsthaftigkeit sicherstellen***: ChristInnen müssen der Tatsache Rechnung tragen, dass der Wechsel der Religion ein entscheidender Schritt ist, der von einem ausreichenden zeitlichen Freiraum begleitet sein muss, um angemessen darüber nachzudenken und sich darauf vorbereiten zu können. Dieser Prozess muss in völliger persönlicher Freiheit erfolgen.

12. ***Aufbau interreligiöser Beziehungen:*** ChristInnen sollten weiterhin von Respekt und Vertrauen geprägte Beziehungen mit Angehörigen anderer Religionen aufbauen, um gegenseitiges Verständnis, Versöhnung und Zusammenarbeit für das Allgemeinwohl zu fördern. Deswegen sind ChristInnen dazu aufgerufen, mit anderen auf eine gemeinsame Vision und Praxis interreligiöser Beziehungen hinzuarbeiten.

IM JAHR 2012 VERABSCHIEDET DURCH DEN ÖKUMENISCHEN RAT DER KIRCHEN, DEN PÄPSTLICHEN RAT FÜR DEN INTERRELIGIÖSEN DIALOG, DIE WELTWEITE EVANGELISCHE ALLIANZ

Ethische Entscheidungen treffen

Familienethik

Vater und Mutter ehren

Was bedeutet das konkret und wie weit geht das Gebot?

von Friedemann Pache

1. Einführung

Das Gebot „Ehre deinen Vater und deine Mutter" bekommt man schon früh im Kindergottesdienst oder in der eigenen Familie vermittelt. Und für das Kinder- und Jugendalter haben wir in der Regel eine klare Vorstellung davon, wie die Einhaltung dieses Gebots praktisch auszusehen hat. Aber wie sieht es als Erwachsener mit dem Gebot aus? Gilt es da immer noch? Und wenn ja, wie sieht die praktische Umsetzung aus, seine älter gewordenen Eltern zu ehren?

Im Blick auf dieses Gebot ist immer wieder eine gewisse Verunsicherung wahrzunehmen. Diese reicht von bloßer Irritation bis hin zu Schuldgefühlen und Gewissensbissen, z.B., wenn sich erwachsene „Kinder" von ihren Eltern abgrenzen, der Einflussnahme oder dem Einmischen der Eltern ins eigene (Familien-)Leben Grenzen setzen oder sich kritisch mit der Familiengeschichte und Vergangenheit auseinandersetzen. Schnell taucht bei sensiblen Gemütern die Frage und zugleich die Sorge auf: „Verstoße ich damit nicht gegen Gottes Gebot, meine Eltern zu ehren? Oder versündige ich mich damit nicht an meinen Eltern und somit auch an Gott?"

Wie geht man damit um, wenn die eigenen Eltern auf Grundlage dieses Gebotes Rechte einfordern oder manipulativen Druck ausüben? Wenn das Gebot für deren egoistische Wünsche und Erwartungen missbraucht wird?

Für das Zusammenleben und Gestalten von (Groß-)Familienbeziehungen ist es entsprechend wichtig, dieses Gebot richtig zu verstehen und einzuordnen, sonst kommt es immer wieder zu verletzenden, manipulativen und grenzüberschreitenden Konfliktsituationen sowie zu Schuldgefühlen. Somit steht die Frage im Raum: Was bedeutet es konkret, Vater und Mutter zu ehren? Wo liegen mögliche Grenzen? Wo darf sich ein erwachsenes Kind von den Eltern ohne Schuldgefühle und Gewissensbisse abgrenzen? Diesen und weiteren Fragen soll im Folgenden nachgegangen werden.

2. Das Gebot „Ehre deinen Vater und deine Mutter" im Kontext der Zehn Gebote

Das Gebot „Ehre deinen Vater und deine Mutter" wird je nach theologischer Einordnung als viertes oder fünftes der Zehn Gebote verstanden.[1] Die Haupttexte dieses Gebotes finden sich in 2. Mose 20,12 und 5. Mose 5,16 und lauten: „Du sollst deinen Vater und deine Mutter ehren, auf dass du lange lebest (und es dir gut geht) in dem Lande, das dir der HERR, dein Gott geben wird."

Aufgegriffen wird das Gebot im Neuen Testament vom Apostel Paulus in den so genannten Haustafeln in Epheser 6,1-3: „Ihr Kinder, gehorcht euren Eltern, wie es vor dem Herrn recht ist. Du sollst Vater und Mutter ehren, das ist das erste Gebot mit einer Verheißung... " und Kolosser 3,20: „Ihr Kinder, seid gehorsam euren Eltern in allem, denn das ist dem Herrn wohlgefällig!"

3. Begriffserklärung und Bedeutung für die Praxis

Es ist das Wort „ehren", das im Allgemeinen Schwierigkeiten bereitet. Was ist mit „ehren" gemeint? Was verbirgt sich dahinter? Was bedeutet es für den Umgang und die Beziehung zu den eigenen Eltern?

Unter Hinzuziehung von Epheser 6,1 und Kolosser 3,20 wird der Fokus sehr schnell auf das Wort „Gehorsam" gelegt und somit das „Eltern ehren" mit „Eltern gehorchen", „dem Wort der Eltern Folge leisten" gleichgesetzt. Doch das hebräische Wort für „ehren" (kabed) hat eigentlich eine etwas andere Grundbedeutung: nämlich „jemanden Gewicht verleihen" bzw. „jemanden als gewichtig anerkennen".[2] Von *Gehorsam* ist hier also erst einmal gar nicht die Rede. Am ehesten ist wohl an *Respekt* zu denken. Die Eltern zu ehren, sie respektvoll zu behandeln bedeutet dementsprechend eher „[sie] ernst zu nehmen, sie zu schätzen

---

1 Im Kleinen Katechismus zählt Luther das Gebot „Ehre deinen Vater und deine Mutter" als viertes Gebot. Im Folgenden wird es nach der jüdischen und reformierten Tradition jedoch als fünftes der Zehn Gebote gezählt.

2 Erst Jenni/Claus Westermann, Theologisches Handwörterbuch zum Alten Testament, München: 1984, Sp. 797.

und ihnen Vorrang zu geben“[3] als die direkte Aufforderung, ihnen gehorsam zu sein. Ehren wird damit zur „Anerkennung, wer sie sind“: von Gott in unser Leben gesetzte Personen. Diese Sicht wird durch 5. Mose 27,16 ergänzt, wo das fünfte Gebot in negativer Form formuliert ist: „Verflucht sei, wer Vater oder Mutter verunehrt.“ Das hebräische Wort für „verunehren“ (kalah) bedeutet „geringschätzen, verachten, beschimpfen“.[4]

Es wird also deutlich, dass es sich bei dem fünften Gebot um eine *innere Einstellung handelt, die nach außen hin, durch entsprechendes Verhalten, sichtbar (gemacht) wird.* Nach 3. Mose 19,32 und Sprüche 23,22 sollen die Eltern geehrt werden, egal in welchem Alter, in welcher körperlichen oder geistigen Verfassung sie sich befinden.

WER IST MIT „ELTERN“ GEMEINT?

Zunächst sind natürlich die eigenen Eltern gemeint. Doch man kann die „Eltern“ noch weiter fassen, wie es z.B. Martin Luther getan hat, und das Gebot auf „jegliche Autoritätsperson“ ausweiten. Auf die Frage „Wer wird unter dem Namen Vater und Mutter verstanden?“ antwortet Luther: „Vor allem die leiblichen Eltern; aber auch diejenigen, welche im Hause und in der Gemeinde, im kirchlichen und im bürgerlichen Leben von Gott Macht bekommen haben, zu gebieten und zu verbieten.“ Der Heidelberger Katechismus antwortet auf die Frage, was Gott im fünften Gebot will, ähnlich: „Dass ich meinen Vater und meine Mutter und alle meine Vorgesetzten ehre, liebe und mich ihnen treu erweisen und mich aller guten Unterweisung und berechtigten Strafe mit angemessenem Gehorsam unterwerfen und auch mit ihren Schwächen Geduld haben soll, da uns Gott durch ihre Hand regieren will.“[5]

Doch nicht nur Autoritätspersonen, sondern auch die ältere Generation ist hier im Blick. In der Bibel verdient das Alter nämlich generell besondere Ehre. In Sprüche 23,22 heißt es: „Verachte deine Mutter nicht, wenn sie alt wird“.

Darüber hinaus gilt der Respekt aber nicht nur in Bezug auf die eigenen Verwandten, sondern ganz allgemein: „Vor ergrautem Haar sollst du aufstehen und die Person eines Greises ehren, und du sollst dich fürchten vor deinem Gott.“ (3. Mose 19,32).

---

3 Klaus Bockmühl, Christliche Lebensführung: Eine Ethik der Zehn Gebote, Gießen: 1995, S. 102

4 Wilhelm Gesenius, Hebräisches und Aramäisches Handwörterbuch über das Alte Testament, Berlin: 1962, S. 714.

5 Vgl. Martin Luthers kleiner Katechismus, Frage 62, sowie Heidelberger Katechismus, Frage 104.

4. Eltern ehren in den verschiedenen Lebensphasen

Je nach Lebensphase und Lebenssituation kann das „Eltern ehren" in der Praxis unterschiedliche Bedeutungen und Ausdrucksweisen haben. Schaut man sich die Eltern-Kind-Beziehungen an, so lassen sich drei Lebensphasen festmachen.[6] In jeder dieser drei Lebensphasen kommt es zu unterschiedlichen *Rollenverteilungen* innerhalb der Eltern-Kind-Beziehung, die hinsichtlich der Frage nach der praktischen Umsetzung des fünften Gebotes entscheidend sind:

Die **erste Lebensphase** ist die klassische Eltern-Kind-Beziehung. Das minderjährige Kind lebt unter der Obhut seiner Eltern, die es im häuslichen Kontext versorgen und erziehen. In dieser Lebensphase bedeutet „ehren" in der Tat die „gehorsame Unterordnung" unter die Eltern und ihre Autorität. Für diese Phase gilt Epheser 6,1 „Ihr Kinder, gehorcht euren Eltern, wie es vor dem Herrn recht ist," (EÜ) oder Kolosser 3,20 „Ihr Kinder, seid gehorsam euren Eltern in allem, denn das ist dem Herrn wohlgefällig!"

Mit der Wortwahl „Kinder" (griech. „tekna") macht Paulus deutlich, dass er hier eindeutig das „unmündige Kind" im Blick hat, das seinen Eltern gehorchen soll.

Die **zweite Lebensphase** beginnt mit dem Heranwachsen des Kindes zu einem mündigen und eigenständigen jungen Erwachsenen. Nun verändert sich die Eltern-Kind-Beziehung und damit auch die Rollenverteilung. Eltern und „Kind" begegnen sich nun immer mehr auf Augenhöhe, auf einer eher gleichberechtigten, freundschaftlichen Beziehungsebene. Das „Kind" ehrt seine Eltern, indem es sie respektvoll behandelt, sie achtet und ihren Rat wohlwollend aufnimmt.

In dieser zweiten Lebensphase kommt es dann irgendwann auch zur Ablösung und Abnabelung von den Eltern. Nach 1. Mose 2,24 verlässt der erwachsene Sohn (das erwachsene Kind) in dieser Phase ganz bewusst Vater und Mutter und nimmt bzw. trägt nun selbst Verantwortung, „um seiner Frau anzuhangen". Ab sofort steht er seiner eigenen Familie vor. Das erwachsene Kind ist nun nicht mehr an die Anweisungen und die Direktive seiner Eltern gebunden, sondern selbständig und frei sich zu entscheiden. Sein Hauptaugenmerk gilt ab jetzt der Versorgung und dem friedfertigen Zusammenleben mit seiner Frau. Der Lebensmittelpunkt wird nicht mehr von seinen Eltern bzw. seiner Herkunftsfamilie bestimmt.

---

6 Vgl. Dirk und Christa Lüling, Ein neues Herz will ich euch geben, Lüdenscheid: 2011, S. 76.

In der **dritten Lebensphase** kann sich die Rollenverteilung dahingehend verändern, dass irgendwann das Kind die Rolle des Verantwortungstragenden in der Eltern-Kind-Beziehung übernimmt. Diese dritte Lebensphase tritt dann ein, wenn die eigenen Eltern nicht mehr in der Lage sind, für sich selbst zu sorgen. In diesem Fall fordert das fünfte Gebot eine Altersversorgung der Eltern (siehe auch Markus 7,11-13; Sprüche 19,26; 1. Timotheus 5,8). Dass das Elterngebot im Judentum eindeutig auch im Sinne einer Versorgung und Achtung der alt gewordenen Eltern durch ihre erwachsenen Kinder verstanden wurde, zeigt u.a. der apokryphe Text Jesus Sirach 3,1-16. In Vers 12 und 13 heißt es dort: „Mein Sohn, wenn dein Vater alt ist, nimm dich seiner an und betrübe ihn nicht, solange er lebt. Wenn sein Verstand abnimmt, sieh es ihm nach und beschäme ihn nicht in deiner Vollkraft!"

Die Rollenverteilung kann sich in dieser Lebensphase aber auch dahingehend entwickeln, dass die erwachsenen Kinder nicht mehr nur die Fürsorge, sondern auch die Vormundschaft übernehmen.

Eine Reihe von Bibelauslegern geht davon aus, dass sich das fünfte Gebot in erster Linie nicht an das „Kindergartenalter" richtet.[7] Nach dieser Ansicht bezieht sich dieses Gebot nicht primär auf die unmündigen Kinder zu Hause, sondern richtet sich an die erwachsenen Kinder in ihrer Beziehung zu den Eltern in der zweiten und dritten Lebensphase, wie sie oben beschrieben wurden.

Bei allen Überlegungen sollte berücksichtigt werden, dass das Ehren von Vater und Mutter – unabhängig davon, auf welche Altersstufe sich das Gebot bezieht – bereits im Kindesalter beginnen muss, u.a. weil das „Ehren" auf eine viel größere Aufgabe hinweist: nämlich letzten Endes die Ehre, das (Ver-)Ehren Gottes. So fasst Thomas Schirrmacher zusammen: „Wer nicht lernt, den irdischen Vater zu ehren, lernt nie oder später nur sehr schwer, den himmlischen Vater zu ehren."[8]

5. Das Elternhaus verlassen und zugleich die Eltern ehren?! Beides ist möglich und wichtig!

In der Beschäftigung mit dem fünften Gebot ist der Blick in die Schöpfungsordnung von großer Hilfe und Bedeutung. In 1. Mose 2,24 heißt es: „Ein Mann wird Vater und Mutter verlassen und seiner Frau anhangen und die beiden werden ein Fleisch sein."

---

7 Siehe Bockmühl, Christliche Lebensführung, S. 101

8 Thomas Schirrmacher, Ethik: Das Gesetz der Liebe, Bd. 2, Nürnberg: 2002 Ethik, S. 188.

Das Gebot des Verlassens der Eltern begegnet uns in der Bibel im Schöpfungsbericht gleich nach der Erschaffung von Mann und Frau. Insofern ist es bemerkenswert, dass es deutlich älter ist als das Gebot, seine Eltern zu ehren. So spricht 1. Mose 2,24 eindeutig von Eigenständigkeit und Eigenverantwortung, was im Verlassen und damit in der Loslösung vom eigenen Elternhaus seinen Ursprung hat. Der Sohn löst sich von seiner Familie ab und wird von nun an mit seiner Ehefrau zu einer neuen, eigenständigen Einheit.[9]

Um nach 1. Mose 2 in der richtigen Weise seiner Frau „anhangen" zu können (hebr. „zusammenkleben"), sich mit ihr zu verbinden und gemeinsam als eine Einheit zusammenzuwachsen („ein Fleisch" zu werden), war und ist es für die jungen Eheleute wichtig, sich von der Großfamilie und den eigenen Eltern emotional (und vielleicht auch räumlich) zu lösen. Sie entziehen sich damit bewusst dem Einflussbereich und der Einflussnahme der eigenen Eltern, um für sich eine eigenständige Einheit bilden zu können. Das tatsächliche Verlassen des Elternhauses könnte man also als einen gebotenen Schritt verstehen, der innerlich und äußerlich vollzogen werden sollte.

Dieses viel ältere Gebot aus der Schöpfungsordnung, Vater und Mutter zu verlassen, bedeutet also, dass ein junges Paar seine Beziehungsprioritäten im Blick auf die Elternbeziehung neu setzen muss: Mann und Frau sind von nun an einander stärker verpflichtet als ihren Eltern. Das begrenzt also schon in gewissem Maße das zu diesem Zeitpunkt noch nicht vorhandene Elterngebot aus 2. Mose 20, die Eltern zu ehren.

6. Was bedeutet es in der Praxis, seine Eltern zu ehren? – Aufgaben und Grenzen als „erwachsenes Kind" und im Kindes- und Jugendalter

SEINE ELTERN IM ERWACHSENENALTER IM SINNE GOTTES ZU EHREN BEDEUTET:

- eine Haltung den Eltern gegenüber einzunehmen, die von Respekt und Freundlichkeit gekennzeichnet ist[10]

---

9 Da es in der damaligen Kultur selbstverständlich war, dass die Frau ihre Eltern verließ und zur Familie des Mannes zog, wird sie in 1. Mose 2 nicht explizit genannt – ist aber auch nicht ausgeschlossen.

10 Dazu gehört die Anerkennung: „Das ist meine Mutter und das ist mein Vater" und nicht nur das Reden von den Eltern als „meine Erzeuger".

- eine Dankbarkeit zu entwickeln im Hinblick auf das, was die Eltern einem im eigenem Leben Gutes getan haben[11]
- ein Verständnis dafür zu entwickeln, was die eigenen Eltern zu dem gemacht hat, was sie heute sind (ohne damit etwas zu entschuldigen!) und mit Augen der Barmherzigkeit auf ihre Fehler und ihr Versagen zu schauen
- bereit zu sein, ihnen dort zu vergeben, wo sie versagt haben und entsprechend Böses mit Gutem zu vergelten (nach Römer 12,21)
- in einer gesunden Abgrenzung zu leben und eine ehrliche und aufrichtige Kommunikation zu pflegen[12]
- dem Ratschlag der Eltern offen zuzuhören und im Zuhören Respekt zu erweisen
- je nach Lebensphase und Möglichkeiten praktische Unterstützung im Alltag, emotionale und moralische Fürsorge sowie materielle Versorgung zu gewährleisten, Gemeinschaft (Besuche, Einladungen etc.)
- für entsprechende Pflege/Versorgung im Alter zu sorgen, wenn Eltern nicht mehr dazu in der Lage sind, sich selbst zu versorgen
- für sie zu beten[13].

Die Herausforderung besteht darin, die Eltern zu ehren, unabhängig von ihrem Verhalten in der Vergangenheit oder auch in der Gegenwart.

SEINE ELTERN IM KINDES- UND JUGENDALTER IM SINNE GOTTES ZU EHREN BEDEUTET (ergänzend zu den obigen Ausführungen):

- die Entscheidung, den Eltern gehorsam zu sein, was Familienregeln, Anweisungen und Absprachen etc. angeht, auch wenn diese als „doof" oder ungerecht etc. empfunden werden

---

11 Der dankbare Blick auf das Gute beginnt in der Dankbarkeit für das eigene Leben, das durch die Eltern entstanden ist. Vgl. Katechismus der katholischen Kirche, München: 1993, S. 565. Referenzstelle im katholischen Katechismus ist Jesus Sirach 7,27-28: „Ehre deinen Vater von ganzem Herzen, vergiss niemals die Schmerzen deiner Mutter! Denk daran, dass sie dir das Leben gaben. Wie kannst du ihnen vergelten, was sie für dich taten?" – (Erwachsene) Kinder, die an ihren Eltern nichts Ehrenwertes finden (können), die unter ihren Eltern stark zu leiden hatten (durch Missbrauch, Alkoholismus etc.) und daher mit dem fünften Gebot große Schwierigkeiten haben, können hier einen ersten Anhaltspunkt finden, ihre Eltern entsprechend zu ehren: in der Dankbarkeit für das kostbare Leben, dass ihnen von Gott durch ihre Eltern geschenkt wurde.

12 Eine junge Frau beschreibt das Folgendermaßen: „Meine Mutter ehre ich, wenn ich mit ihr ehrlich bin. Wenn ich ihr meine Wahrheit gönne, so wie sie mir die ihre - auch wenn das schwer ist." (Interview in „Chrismon", 09/2010).

13 Vgl. Martin Luthers kleiner Katechismus, Frage 64.

- anstelle zu rebellieren, das Gespräch mit den Eltern zu suchen (ggf. auch mit Jugendmitarbeitern, die eine Mittlerrolle zwischen beiden Parteien einnehmen können)
- eine respektvolle Haltung und entsprechende Umgangsform in Konfliktsituationen zu wahren

WAS BEDEUTET DAS GEBOT NICHT?

Das Gebot, die Eltern zu ehren, bedeutet nicht:

- als erwachsenes Kind in der Rolle des unselbstständigen, unterwürfigen und hörigen Kindes zu verharren[14]
- den Eltern nicht widersprechen zu dürfen
- keine persönlichen oder familiären Grenzen ziehen zu dürfen; sich nicht abzugrenzen
- die eigenen Bedürfnisse zu ignorieren und jederzeit auf Abruf stehen zu müssen, um jegliche Wünsche und Bedürfnisse der Eltern zu erfüllen
- alles tun zu müssen, was die Eltern einfordern (Besuche, praktische Hilfe, emotionale Zuwendung o. ä.)[15]
- die eigene Familiengeschichte/Elternbeziehung nicht auch kritisch zu hinterfragen bzw. aufarbeiten zu dürfen
- Eltern im Alter zu sich nach Hause holen zu „müssen"

WO WIRD DAS GEBOT DANN ABER ÜBERTRETEN? AB WANN MACHT MAN SICH SCHULDIG?

Das Übertreten des fünften Gebotes zeigt sich

- im verächtlichen und lieblosen Verhalten den Eltern gegenüber
- im Hassen und Verurteilen der eigenen Eltern
- im Lästern und Beschimpfen
- im Hintergehen und Ausnutzen

---

14 Es liegt nun an dem Erwachsenen, sich nicht mehr in die Rolle des Kindes drängen zu lassen, sondern seinen Standpunkt einzunehmen: Grenzen zu kommunizieren und Grenzen zu setzen.

15 Diesbezüglich schreibt Bräumer: „Eine natürliche Grenze ist dort, wo Eltern etwas einfordern, was im Widerspruch zum Wort Gottes geht. Eltern sind Autoritäten, die unter Gott stehen. Gott hat den Eltern ihre Autorität verliehen. Die damit gesetzte Grenze ist, dass sie unter Gottes Gehorsam sind." Hansjörg Bräumer, Das zweite Buch Mose, Wuppertal: 2005, S. 81. Wie mit schwierigen Situationen im Kontext von Großfamilie umgegangen werden soll, dazu geben Lülings praktische Hilfestellungen. Vgl. Lüling, Ein neues Herz will ich euch geben, S. 77-78.

- im Ignorieren der elterlichen Bedürfnisse
- in jeglicher Form des Missbrauchs und dem Verwehren von Hilfe und Fürsorge im Alter.

DIE ELTERN IM ALTER ZU SICH NACH HAUSE HOLEN?

Das fünfte Gebot fordert zunächst einmal die „Versorgung" der Eltern bzw. das „Sicherstellen von Versorgung". Damit ist jedoch nicht zwangsläufig die häusliche Pflege in den eigenen vier Wänden gemeint. Eine gute Versorgung kann auch im Rahmen betreuten Wohnens oder in der Unterbringung in einem Altenpflegeheim erfolgen. Vielfach machen die persönlichen Lebensumstände heutzutage eine Versorgung im häuslichen Kontext gar nicht mehr so einfach möglich. Insbesondere im Zeitalter der Doppelverdiener-Haushalte ist eine umfassende Versorgung im Hause des Kindes gar nicht möglich bzw. stellt eine zeitliche und kräftemäßige Überforderung dar. Hier gilt es, den betroffenen Kindern bei der Überwindung eines schlechten und anklagenden Gewissens zu helfen. Das Gebot „Ehre deinen Vater und deine Mutter" wird nicht per se verletzt oder übertreten, wenn Kinder sich aus bestimmten Gründen gegen die Versorgung der Eltern im häuslichen Kontext entscheiden. Entscheidend ist, dass sie die emotionale und körperliche Versorgung ihrer Eltern entsprechend sicherstellen.[16]

7. **Für die Gemeindepraxis könnte die Umsetzung des Gebotes, die Eltern bzw. die ältere Generation zu ehren, folgendes bedeuten** (als Anregung):

- bewusstes Einbeziehen, Einholen und Ernstnehmen von Meinungen (auch) der älteren Generation in Entscheidungsfragen
- Kompromisslösungen anstreben, was z.B. das Streitthema „Liedgut im Gottesdienst" angeht: z.B. im Lobpreis englische Lieder wie auch Choräle singen
- gezielte Angebote für Senioren schaffen
- generationsübergreifende Aktion/Begegnungen fördern
- im Zeitalter von E-Mails und Internet darauf achten, dass ältere Gemeindeglieder ohne Internetzugang mit allen Informationen anderweitig und zeitnah versorgt werden

16 Zur weiteren Auseinandersetzung mit dem Thema siehe das entsprechende Kapitel von Esther und Klaus-Günter Pache „Pflegebedürftige Senioren – was tun, wenn die Eltern älter werden" in diesem Ethikbuch.

- die ältere Generation für das Gebet gewinnen: regelmäßige Weitergabe von aktuellen Gebetsanliegen, Schaffung von Gebetspatenschaften etc.
- Besuchs- bzw. Hilfsdienste einrichten, um ältere Gemeindeglieder zu besuchen und zu unterstützen, die alleinstehend sind oder aus Altersgründen nicht mehr in den Gottesdienst kommen können
- Fahrdienste anbieten

8. „Auf dass du lange lebst und es dir wohl ergehe..." – vom Segen des fünften Gebots

Das fünfte Gebot ist das einzige der zehn Gebote, auf dem eine konkrete Verheißung liegt. Immer wieder nennt die Bibel Motive dafür, Gott zu gehorchen. Neben der Liebe zu Gott und der Dankbarkeit für das, was er für uns getan hat, nennt sie aber noch andere Motive, die direkt an unser Eigeninteresse appellieren: die Furcht vor Gott und die Hoffnung auf Segen und Belohnung.

Das gilt auch hier: Gott belohnt mit seinem Segen all diejenigen, die Vater und Mutter ehren. Und dieser Segen ist schon im Hier und Jetzt erfahrbar und darf nicht einfach nur „vergeistlicht" oder auf das Leben in der Ewigkeit bezogen verstanden werden. Stadelmann schreibt diesbezüglich: „Im Frühjudentum (...) wurde diese Verheißung sehr umfassend ausgelegt. Ein gutes Leben als Segensgeschenk Gottes, das heißt hier nach Sirach 3,1-16: ein hohes Alter erreichen, Bewahrung des Hauses, Freude an den Kindern, ehrbares Ansehen, Erfahrungen von Gebetserhörungen und Sündenvergebung sowie Rettung aus der Not."[17] Da Gott seinen Segen aber nicht nach einem bestimmten Schema ausgießt, fällt dieser Segen auch nicht für alle Menschen unbedingt gleich aus. Und natürlich darf die Verheißung nicht im Sinne eines Automatismus verstanden werden – nach dem Motto: Wenn ich meine Eltern ehre, werde ich selbst alt werden und lebenssatt sterben.

Ein konkreter Segen, den wir ganz bestimmt erwarten dürfen, ist der „Frieden mit Gott". In Unfrieden mit Gott und Menschen zu leben raubt Lebensfreude und den kostbaren inneren Frieden. Frieden mit Gott und Menschen zu haben verschafft hingegen Lebensfreude und seelisches Wohlergehen bis ins hohe Alter.

---

17 Helge Stadelmann, Epheserbrief, Holzgerlingen: 2000, S. 247.

Der Segen dieses Gebotes kommt einem letzten Endes aber auch selbst im Alter zu Gute. Denn dort, wo der Wert bzw. das Gebot, Vater und Mutter zu ehren, hochgehalten, vorgelebt und an die nächste Generation weitergegeben wurde, wird man davon profitieren können, wenn man selbst älter geworden ist.

Es zeigt sich: Dort, wo Gottes Gebote umgesetzt werden, haben sie immer einen segensreichen Einfluss auf eine ganze Gesellschaft und das Zusammenleben der Generationen.

GOTT IST DAS FÜNFTE GEBOT WICHTIG

Die Konsequenzen im Alten Testament für die Übertretung des fünften Gebotes offenbaren, wie wichtig Gott das Ehren der eigenen Eltern ist.

Das „Verunehren" der Eltern hatte Konsequenzen bis zur Todesstrafe:

2. Mose 21,15-17: *„Wer seinen Vater und Mutter schlägt, der soll unbedingt sterben."*

3. Mose 20,9 und Sprüche 20,20: *„Wer seinem Vater und seiner Mutter flucht, dessen Leuchte wird erlöschen in der dichtesten Finsternis."*

5. Mose 27,16: *„Verflucht sei, wer Vater oder Mutter verunehrt."*

Schließlich macht auch Jesus ganz deutlich, dass das fünfte Gebot unbedingt Vorrang vor irgendwelchen menschlichen Satzungen hat, auch wenn sie noch so einleuchtend klingen (vgl. Matthäus 15,1-9).

9. Abschließende Gedanken

Eltern und Kinder müssen begreifen: Wahre Liebe lässt los und macht frei. Schließlich gilt für die Eltern wie auch für die Kinder und ihre gemeinsame Beziehung das, was Paulus in 1. Korinther 13,4-7 über die Liebe schreibt: „Die Liebe ist langmütig und freundlich, die Liebe eifert nicht, die Liebe treibt nicht Mutwillen, sie bläht sich nicht auf, sie verhält sich nicht ungehörig, sie sucht nicht das Ihre, sie lässt sich nicht erbittern, sie rechnet das Böse nicht zu, sie freut sich nicht über die Ungerechtigkeit, sie freut sich aber an der Wahrheit; sie erträgt alles, sie glaubt alles, sie hofft alles, sie duldet alles."

Vater und Mutter zu ehren heißt, die eigenen Eltern entsprechend 1. Korinther 13 in Worten, Haltungen und Taten zu lieben. Im fünften Gebot geht es letztendlich also um eine *innere Einstellung den eigenen Eltern gegenüber, die nach außen hin, durch entsprechendes Verhalten, sichtbar (gemacht) wird* – unabhängig vom elterlichen Verhalten in der Vergangenheit wie auch in der Gegenwart.

PASTOR FRIEDEMANN PACHE
LÜNEBURG

Unerfüllter Kinderwunsch
Ist alles erlaubt, was medizinisch machbar ist?

von Hans-Peter Pache

Dichter Nebel

„Die letzen drei Tage war ich umgeben von Nacht und dichtem Nebel. Wie ein großes Dunkel kommt mir mein Leben vor. Das Einzige, was mich erfüllt, ist der Wunsch, das große Verlangen nach einem Baby. In mir ist es, als ob ich ohne die Erfüllung dieses Traumes nicht leben kann." Diese eindrücklichen Sätze, in großer Verzweiflung einem Tagebuch anvertraut[1], lassen ahnen, welche Herausforderungen mit der Tatsache verbunden sind, dass sich Ehepaare eigene Kinder wünschen, sie aber nicht bekommen können.

Da das Thema Kinderlosigkeit oft noch immer ein Tabuthema ist, leiden die Betroffenen meist still und über viele Jahre. Besonders, wenn der Wert von Familie betont oder das Glück der Mutterschaft thematisiert wird, kommen sich Mann und Frau „irgendwie defekt" vor, wie Versager. Sie können sich nicht als vollwertiger Mann oder Frau verstehen. Der Druck auf das Paar wird von der Umgebung durch unbedachte Kommentare erhöht: „Wann ist es denn bei euch soweit?" Oder dem Paar werden gar falsche Motive unterstellt, Selbstsucht oder Karriereabhängigkeit.

In der Hoffnung, dass es irgendwann doch noch klappt, wird Sex in der Paarbeziehung zu einem verkrampften Versuch, die fruchtbaren Tage unbedingt optimal auszunutzen. Die unbeschwerte Freude bleibt auf der Strecke. Der Wunsch nach einem eigenen Kind kann schließlich zur Manie werden und das ganze Denken beherrschen. Angst und Versagensgefühle nehmen die Luft zum Atmen. Viele kommen in Identitäts- und Glaubenskrisen.

---

1 Zitiert in: Wir haben es uns so sehr gewünscht, Birgit und Wolfgang Schilling, Wuppertal 2003, 5

Das Drama ungewollter Kinderlosigkeit ist dabei so alt wie die Geschichte der Familie selbst. Schon die Bibel nennt uns zahlreiche Beispiele für den empfundenen Makel bei ausbleibendem Nachwuchs (Sarah, Hanna, Elisabeth). Im antiken Griechenland war Kinderlosigkeit ein gesetzlicher Scheidungsgrund, im Mittelalter galt sie als Strafe Gottes und der Talmud sah Kinderlose als tot bei lebendigem Leib.

Nach Schätzungen des Berliner Instituts für Bevölkerung und Entwicklung sind in Deutschland rund 1,4 Millionen Paare von ungewollter Kinderlosigkeit betroffen, damit bleibt etwa jede zehnte Ehe kinderlos. Und die Tendenz ist steigend. „Das Phänomen Unfruchtbarkeit droht zur Volkskrankheit zu werden. Frauen besinnen sich immer später auf ihren Kinderwunsch, weil Beruf und Familie konkurrieren. Oft ist es dann zu spät, denn mit dem Alter nimmt die Fruchtbarkeit der Frau drastisch ab ... Schuld sind außerdem medizinische Gründe, etwa Umwelteinflüsse, die die Fruchtbarkeit reduzieren. Der Brite William Ledger, Gynäkologe an der Universität of Sheffield, spricht sogar von der ‚infertility time bomb', der Unfruchtbarkeitszeitbombe, die ohne weiteres in der Lage ist, die westlichen Industriestaaten mit ihren eh schon niedrigen Geburtenraten schwer zu schädigen. Bei den Männern hat sich innerhalb der vergangenen 50 Jahre die Spermiendichte halbiert".[2]

1. Die medizinischen Alternativen

Das weltweit erste Retortenbaby, Louise Brown aus England, wurde am 25. Juli 1978 geboren. Seitdem hat die Medizin unterschiedliche Behandlungsmethoden entwickelt, um den Kinderwunsch von Ehepaaren doch noch zu erfüllen. So wurden bisher allein in Deutschland mehr als 150.000 Kinder mit Hilfe von etwa 120 Fertilitätskliniken[3] geboren.

1.1 BETROFFENE MÄNNER LEIDEN MEISTENS AN EINER UNZUREICHENDEN SPERMAQUALITÄT

Hier kann z.B. eine medikamentöse Behandlung zu einer Verbesserung des Spermabefundes beitragen. Bei blockierten oder verklebten Samenleitern wird durch einen mikrochirurgischen Eingriff der Abfluss der Spermien gefördert.

---

2 Der Spiegel, 25.5.2008

3 Fertilität - vom lateinischen fertilis = fruchtbar, ergiebig, befruchtend

1.2 UNGLEICH ZAHLREICHER UND KOMPLEXER SIND DIE MÖGLICHKEITEN WEIBLICHER UNFRUCHTBARKEIT

Hormonelle Störungen können medikamentös und krankhafte Veränderungen der Eileiter chirurgisch behandelt werden. Die hormonelle Behandlung führt in 10 bis 20 Prozent dazu, dass mehrere Eier heranreifen und ein Mehrfacheisprung zu einer Mehrlingsschwangerschaft führt.

1.3 BEI DEN SO GENANNTEN „ASSISTIERTEN" BEFRUCHTUNGSVERFAHREN SIND BEIDE PARTNER GLEICHERMASSEN BETROFFEN

Hier sind zu unterscheiden:

Die Homologe Insemination[4]

Sie kommt bei männlicher Unfruchtbarkeit zum Tragen. Bei dieser Methode wird das durch Masturbation gewonnene Sperma zuerst aufbereitet, d. h. gewaschen, gefiltert, konzentriert und am Ende selektiert. Das so optimierte Sperma wird dann in den Gebärmutterhals oder Uterus der Ehefrau direkt eingespritzt.

Die In-vitro-Fertilisation (IVF)[5]

Diese Methode kommt z.B. bei irreparablen Eileiterverschlüssen zum Einsatz. Die Befruchtung der Eizelle findet hier im Laborglas statt. Dazu wurde zu Beginn der Behandlung durch eine Hormonkur die Heranreifung mehrerer Eizellen stimuliert. Die reifen Eizellen werden daraufhin durch die Vagina den Eierstöcken entnommen, mit dem Samen des Mannes in Kontakt gebracht und 40 bis 50 Stunden im Brutschrank aufbewahrt. Die nun befruchteten Eizellen (Zygoten) werden dann im Vier- bis Achtzellstadium in die Gebärmutter implantiert.

Um die Chancen einer Befruchtung zu erhöhen, werden mehr Eizellen entnommen als nötig und mehrere befruchtete Eizellen in die Gebärmutter eingepflanzt, um dem relativ hohen Prozentsatz von Frühaborten zu begegnen. Das wiederum kann zu Mehrlingsschwangerschaften führen. Die überzähligen befruchteten Eizellen werden im frühen Vorkernstadium in einem speziellen Kühlschrank eingefroren (Kryokonservierung). Damit ergibt sich die Chance, für einen neuen Versuch bzw. zweite Schwangerschaft auf eine weitere IVF verzichten zu

---

4 Insemination ist die Übertragung des männlichen Samens in den Genitaltrakt der Frau auf künstlichem Weg. Im Unterschied zur heterologischen Befruchtung geht es bei der homologen Befruchtung um den Samen des eigenen und nicht eines fremden Mannes.

5 In-vitro-Fertilisation ist die Befruchtung im Laborglas (in vitro, lat. im Glas)

können. Der Frau könnten die aufgetauten, restlichen Zygoten[6] eingepflanzt werden. Allerdings sterben während des Tiefkühlprozesses bis zu 30 Prozent der befruchteten Eizellen ab.

Die Intracytoplasmatische Spermieninjektion (ICSI)[7]

Diese Methode kommt zum Einsatz, wenn der Mann nicht über genügend starke Spermien verfügt, die eine Eizelle befruchten können. Darum wird ein einziges, sorgfältig ausgesuchtes Spermium mit einer feinen Hohlnadel direkt in die Eizelle gespritzt. Das dann befruchtete Ei wird in einen Brutschrank gelegt und nach zwei Tagen in den Eileiter eingepflanzt.

1.4 ÜBER DIE ERFOLGSQUOTEN DER ASSISTIERTEN BEFRUCHTUNGSVERFAHREN LIEGEN UNTERSCHIEDLICHE ZAHLEN VOR

Die Erfolgsquote einer In-vitro-Fertilisation liegt je nach Studie zwischen 10-20 Prozent. 60 Prozent aller Paare beenden die Therapie nach drei Behandlungszyklen ohne Kinder.

Auch bei der Bewertung der Folgen für die geborenen Kinder gibt es große Unterschiede. Unabhängige Studien kommen zu deutlich kritischeren Bewertungen als die von Reproduktionsmedizinern selbst vorgenommenen.[8] Diese kamen zum Schluss, dass IVF- und ICSI-gezeugte Kinder keinerlei Nachteile hätten.

Zu anderen Ergebnissen kommt das New England Journal of Medicine, das 2002 mehrere Artikel über die negativen Auswirkungen der künstlichen Befruchtung auf die so entstandenen Kinder veröffentlichte. Danach haben Kinder, die durch IVF oder ICSI gezeugt wurden, eine doppelt so hohe Gefährdung, mit einem schweren Geburtsfehler geboren zu werden. Auch massive Mehrfachbehinderungen treten nach diesen Studien signifikant häufiger auf als in der Gruppe der natürlich gezeugten Kinder: u. a. schwere Herzfehler, schwere urologische und genitale Schäden sowie Schädigungen der Muskeln und Knochen.

Eine US-Studie zeigte auf, dass die künstlich gezeugten Kinder doppelt so häufig mit einem Geburtsgewicht unter 2,7 Kilogramm zur Welt kommen – das wiederum erhöht das Risiko einer geistigen Entwicklungsverzögerung um das Dreifache.

---

6 befruchtete Eizelle

7 lat. intra – in, hinein, Cytoplasma – Zellinhalt

8 Babys aus dem Labor - Segen oder Fluch, de Jong, Weinheim 2002, 69; 175f.; für die folgend zitierten Studien

Eine Studie der Uniklinik Mainz an insgesamt 32.589 Geburten ergab eine Wahrscheinlichkeit von 23 Prozent für Fehlbildungen nach ICSI. Damit liegt die Fehlbildungsrate 4,4fach höher als bei Kindern, die auf natürliche Weise gezeugt wurden.

2. Der persönliche Preis

Die Behandlung mit Methoden der IVF und ICSI stellt in der Praxis eine große Herausforderung dar, die vom beteiligten Paar in mehrfacher Hinsicht einen hohen Preis fordert. An der Uni-Frauenklinik Kiel wurden nach einer IVF-Behandlung 102 Frauen und 98 Männer rückblickend schriftlich befragt. „Als besonders belastend empfanden die Frauen das Erleben des Behandlungsmisserfolges, wie das Einsetzen der Menstruation nach erfolgtem Embryonentransfer, und die Wartezeiten nach Follikelpunktion und nach dem Embryotransfer. Bei den Männern wurde die Samenabgabe in der Klinik (durch Masturbation) und die Aufforderung, im richtigen Moment ‚seine Leistung zu erbringen', als besonders negativ erlebt. Die psychischen Probleme der Paare (bei der Frau doppelt so häufig wie beim Mann) lagen vorwiegend in depressiven Verstimmungen oder Stimmungsschwankungen, der Angst vor einem potenziellen Misserfolg, Anspannung, Stress und Nervosität sowie Identitätskonflikten und Minderwertigkeitsgefühlen. Als Reaktion auf einen Behandlungsmisserfolg beschrieben die meisten Patienten das Gefühl der Hilflosigkeit, Depression, Enttäuschung und Schuldgefühle. Neun Patientinnen gingen im Anschluss an die IVF-Behandlung in psychotherapeutische Behandlung."[9]

Darüber hinaus ist die Behandlung mit einem hohen finanziellen Einsatz verbunden, der Paare finanziell ruinieren kann, wenn die künstliche Befruchtung nicht gleich gelingt und wiederholt durchgeführt werden muss. Mit der Verabschiedung des Gesundheitsmodernisierungsgesetzes 2004 wurde der Reproduktionsmedizin ein enges finanzielles Korsett verpasst. Die Kassen übernehmen seitdem nur die Hälfte der Kosten und nur für die ersten drei Versuche. So türmen sich für ein Paar schnell Summen von mehreren Tausend Euro auf.[10]

Weitere Herausforderungen ergeben sich, wenn es durch die IVF-Behandlung zu einer Mehrlingsgeburt kommt. Die Mehrlingsrate bei IVF beträgt immerhin knapp

---

9 de Jong, 56

10 Die damalige Bundesfamilienministerin Ursula von der Leyen (CDU) hat Anfang 2009 mehr staatliche Unterstützung für die künstliche Befruchtung gefordert. Einige Bundesländer haben bereits Fakten geschaffen und zahlen erhöhte Zuschüsse, andere wollen den Bund in Pflicht nehmen.

40 Prozent. 75 Prozent dieser Kinder kommen zudem zu früh zur Welt.[11] Auch wenn zu Beginn die Freude groß ist, stellen doch Zwillinge, Drillinge oder gar Vierlinge eine erhebliche Belastung für ein Ehepaar dar.

Mittlerweile berichten Eltern, die sehr dankbar sind für das Geschenk eines durch künstliche Befruchtung gezeugten Kindes, von der Verunsicherung angesichts der Fragen: Sagen wir es unserem Kind oder nicht? Wie wird es reagieren? Führt das Wissen um die Umstände der Zeugung zur Verunsicherung?[12]

Das größte Problem aber ergibt sich, wenn es trotz mehrfacher Versuche oder gar einer erfolgten Schwangerschaft nicht zur Geburt eines Kindes kommt - nur die Hälfte aller durch IVF erzielten Schwangerschaften enden tatsächlich mit der Geburt eines Kindes.

3. Die gesetzlichen Rahmenbedingungen in Deutschland

In Deutschland ist nicht alles erlaubt, was medizinisch möglich ist. Das Embryonenschutzgesetz von 1990 regelt die Praxis künstlicher Befruchtung. Es will dem menschlichen Leben schon in der frühesten Phase höchstmöglichen Schutz bieten.

In § 8 definiert es ein Embryo: „Als Embryo im Sinne dieses Gesetzes gilt bereits die befruchtete, entwicklungsfähige menschliche Eizelle vom Zeitpunkt der Kernverschmelzung an, ferner jede einem Embryo entnommene totipotente[13] Zelle, die sich bei Vorliegen der dafür erforderlichen weiteren Voraussetzungen zu teilen und zu einem Individuum zu entwickeln vermag.“ Damit ist jede befruchtete Eizelle als Mensch zu achten.

Im Vergleich zu anderen europäischen Ländern ist die Gesetzgebung in Deutschland gegenüber künstlicher Befruchtung sehr restriktiv. Sie verbietet z. B.

- das Einfrieren entwickelter Embryonen (befruchtete Eizellen dürfen in Deutschland nur bis zum Vorkernstadium eingefroren werden)
- die Eizellspende einer anderen Frau, wenn eine Frau Probleme mit ihrer eigenen Eizellproduktion hat
- die künstliche Befruchtung von alleinstehenden oder in lesbischer Gemeinschaft lebenden Frauen
- die Verwendung fremder, übrig gebliebener Embryonen

11 de Jong, 63.59

12 Schilling, 56

13 In der Zellbiologie werden Zellen als totipotent bezeichnet, wenn sie in geeigneter Umgebung (Gebärmutter) noch zu kompletten Individuen heranwachsen können.

- die Leihmutterschaft, d. h. eine andere Frau trägt nach künstlicher Befruchtung das Kind aus und überlässt es nach der Geburt den genetischen Eltern
- die Präimplantationsdiagnostik[14], um schwere Erbkrankheiten auszuschließen

Diese Einschränkungen sind nun großer Kritik ausgesetzt. Man argumentiert, sie seien medizinisch veraltet, menschenfeindlich und zwängen deutsche Paare, nach Spanien, Belgien, Tschechien, Polen oder England zu gehen, um dort unter liberaleren Rechtsbedingungen ihren Kinderwunsch zu erfüllen.

4. Die ethischen Probleme

Aus medizinischer Sicht könnte ein Kind heute bis zu sechs verschiedene Elternteile haben: die genetischen „Eltern", also den Samenspender und bis zu zwei Eispenderinnen (Eikern und Eihülle können von zwei verschiedenen Frauen stammen), eine biologische Leihmutter, die das Kind austrägt und die soziale Mutter bzw. den sozialen Vater.

Dieses Horrorszenarium ist aus rechtlichen Gründen in Deutschland nicht möglich, aber es lässt ahnen, dass sich mit der Fortpflanzungsmedizin erhebliche ethische und seelsorgerliche Probleme einstellen.

So fragen sich Christen:

- Wann beginnt das menschliche Leben?
- Wie werten wir die Einfrierung (Kryokonservierung) von befruchteten Eizellen im Vorkernstadium?
- Ist die immer wieder eingeforderte Embryonenselektion verantwortbar?
- Was macht ein Paar, wenn es mit dem Kinderwunsch nicht klappt?

4.1 WANN BEGINNT MENSCHLICHES LEBEN?

Machen wir uns noch einmal bewusst, was bei der IVF im Einzelnen geschieht. Eine Patienteninformation erklärt:[15] „Durch die notwendige Stimulationsbehandlung werden im Behandlungszyklus mehrere Eizellen reif. Aufgrund der gesetzlichen Bestimmungen dürfen jedoch nur drei Eizellen pro Zyklus befruchtet werden und während der In-vitro-Fertilisation zu Embryonen heranreifen. Wenn mehr als drei Eizellen bei der Follikelpunktion gewonnen werden, so können diese nach dem Eindringen eines Samenfadens, jedoch vor der Vereinigung der Erbinformati-

---

14 die genetische Untersuchung einer Embryozelle

15 zitiert nach Schilling, 121

onen von Samen und Eizelle durch Tiefgefrieren konserviert werden und stehen somit für weitere Retransferzyklen zur Verfügung. Zum besseren Verständnis sei darauf hingewiesen, dass sich die Menschwerdung in mehreren Schritten vollzieht. Wird der vorbereitete Samen des Mannes zu einer reifen Eizelle gegeben, so kommt es in einem hohen Prozentsatz zum Eindringen eines Samenfadens in die Eizelle. Nach dem Eindringen des Samenfadens werden zunächst die Erbinformationen der Eizelle und des Samenfadens jeweils getrennt in einem so genannten Vorkern gesammelt. Die eigentliche Entstehung eines Menschen als genetisches Individuum erfolgt einige Stunden später durch die Verschmelzung der Erbinformationen aus Eizelle und Samenfaden. Erst die Vereinigung der Erbinformationen wird nach allgemein akzeptierter Auffassung als Beginn des menschlichen Lebens angesehen. Dies wird auch im Embryonenschutzgesetz so festgelegt. Aus ethischen und juristischen sowie aus methodischen Gründen werden Eizellen in diesem Vorkernstadium eingefroren. Diese Eizellen tragen bereits die Potenz in sich, sich zu menschlichem Leben zu entwickeln, wenn sie in einem geeigneten Milieu aufbewahrt werden."

In dieser Patienteninformation wird also im Sinne des Gesetzgebers der Beginn menschlichen Lebens in der Verschmelzung der Erbinformationen von Ei- und Samenzelle zu einem Zellkern mit 46 Chromosomen (Erbinformationen) gesehen. Das ist ethisch angemessen, auch wenn die Eizelle im Vorkernstadium schon die Potenz neuen menschlichen Lebens in sich birgt.

Leider ist diese Definition menschlichen Lebens alles andere als gesichert. Für viele ist ein Embryo nur ein „Etwas", ein „Klumpen von Zellen", der beseitigt werden oder als Gegenstand verbrauchender Forschung benutzt werden kann.

Von menschlichem Leben könne man z.B. erst sprechen, wenn sich die befruchtete Eizelle in der Gebärmutter eingenistet habe (Nidation). Dabei gibt es in der Entwicklung eines Embryos keinen Einschnitt mehr, der von so großer Tragweite ist, dass erst nach diesem Einschnitt von einem Menschen und von menschlichem Leben die Rede sein kann.[16]

4.2 IST KÜNSTLICHE BEFRUCHTUNG ETHISCH VERANTWORTBAR?

Hier kommen Christen zu sehr unterschiedlichen Einstellungen. Einige Beispiele:

- In der Stellungnahme der **Evangelisch-Methodistischen Kirche** von 1987[17] werden die Methoden der künstlichen Befruchtung als hilfreich angesehen. Bei einer

---

16 Das Ende der Person? – Zur Spannung zwischen Ethik und Gentechnologie, Wolfgang Huber, Ulm 2001, www.ekd.de/vortraege/2001/5830.html

17 Stellungnahme der Evangelisch-methodistischen Kirche zu Fragen der künstlichen Befruchtung und der Gentechnologie, EmK heute, Heft 54, 1987

IVF sollen allerdings nicht mehr Eizellen befruchtet werden als für die vorgesehene Einleitung der Schwangerschaft vorgesehen sind.

- Die **Initiative Weißes Kreuz** dokumentiert in der Zeitschrift für Lebensfragen über 20 Jahre später die Methoden der modernen Fortpflanzungsmedizin durchweg positiv.[18]
- In ihrer Handreichung „Von der Würde menschlichen Lebens"[19] äußert sich die **Evangelische Kirche** 1985 sehr zurückhaltend zum Thema.
  Sie beschreibt zuerst Grundsätze: „Menschliches Leben ist eine Gabe Gottes und hat eine besondere Würde. Diese Gabe, die in Gottes Liebe ihren Ursprung hat, will in Liebe angenommen und weitergegeben werden; menschliches Leben ist durch die Liebe und zur Liebe bestimmt. Mann und Frau sind so geschaffen, dass aus ihrer Liebe in leib-seelischer Ganzheit neues Leben hervorgehen kann. Bei einer Befruchtung außerhalb des Mutterleibes wird die Entstehung menschlichen Lebens von Mann und Frau an einen medizinisch-technischen Vorgang gebunden. Dabei besteht die Gefahr, dass das Werden menschlichen Lebens in Spannung gerät zu seiner Bestimmung durch die Liebe und zur Liebe. (...) Im werdenden menschlichen Leben ist von dem Augenblick an, in dem sich Samen und Ei vereinen, eine künftige Person angelegt. Schon der Embryo ist zum unverwechselbaren Individuum bestimmt. Auch im Stadium der ersten Zellteilung besitzt er schon die gleiche ethische Qualität wie ein Fötus in der vorgerückten Schwangerschaft."
  Im weiteren Verlauf schließt die Stellungnahme die künstliche Befruchtung nicht aus, weist aber auf die Probleme hin: „Bevor eine extrakorporale[20] Befruchtung als therapeutische Maßnahme in Erwägung gezogen wird, müssen zuvor alle anderen Möglichkeiten, den Kinderwunsch eines Ehepaares zu erfüllen, geklärt worden sein. Die Eheleute sollten auch die Möglichkeit einer Adoption oder des Verzichts auf Kinder in Betracht ziehen. (...) Der medizinische Eingriff mutet eine größere Verantwortungslast zu als die natürliche Zeugung. Gewichtige Gründe lassen zu genereller Zurückhaltung raten: Bei einer extrakorporalen Befruchtung geht der Zusammenhang des Werdens menschlichen Lebens mit der leib-seelischen Ganzheit des Zeugungsvorgangs verloren. Nur begrenzt lässt sich sicherstellen, dass der Kinderwunsch dem vorrangigen Recht des Kindes in zureichendem Umfang Rechnung trägt. Überzählige Embryonen müssen sterben.

---

18 Unerfüllter Kinderwunsch, Weißes Kreuz, Zeitschrift für Lebensfragen, Nr. 33, Ahnatal, 2008

19 Von der Würde menschlichen Lebens, EKD Text 11, 1985

20 außerhalb des Körpers

Achtung vor der Würde und Individualität des Menschen müssen bei jeder Entscheidung den obersten Grundsatz bilden."

Im Abschlussbericht ihrer Synode 1987 in Berlin stehen dann noch deutlichere Sätze: „Gewichtige Gründe sprechen gegen die extrakorporale Befruchtung. Aber die Not der ungewollten Kinderlosigkeit darf nicht gering geschätzt werden. Der Wunsch nach einem Kind rechtfertigt jedoch nicht jede medizinische Maßnahme. Darum rät die Synode vom Verfahren der extrakorporalen Befruchtung ab."[21]

- Die **Katholische Kirche** lehnt wiederholt jegliche Form künstlicher Befruchtung rigoros ab. Für sie ist es „ethisch unannehmbar, die Fortpflanzung vom ganz personalen Kontext des ehelichen Aktes zu trennen: Die menschliche Fortpflanzung ist ein personaler Akt des Paares von Mann und Frau, der in keiner Weise delegiert oder ersetzt werden kann …

  Die Kirche hält den Wunsch nach einem Kind für berechtigt, und sie versteht die Leiden der Ehepaare, die mit Problemen der Unfruchtbarkeit konfrontiert sind. Dieser Wunsch kann jedoch nicht höher stehen als die Würde des menschlichen Lebens- bis zu dem Punkt, die Herrschaft darüber zu übernehmen. Der Wunsch nach einem Kind kann nicht seine Produktion rechtfertigen, so wie der Wunsch, ein schon empfangenes Kind nicht zu haben, nicht dessen Aufgabe oder Vernichtung rechtfertigen kann."[22]
- Auch die Verfasser der Stellungnahme der **Evangelischen Allianz** von 1992[23] lehnen die extrakorporale Befruchtung mit anschließendem Embryonentransfer grundsätzlich ab.

  „Weil Zeugung, Empfängnis, Schwangerschaft und Geburt nach dem biblischen Menschenbild in den Zusammenhang von Liebe, Ehe und Familie gehören, sprengt die extrakorporale Befruchtung diese Zusammengehörigkeit. Ein wichtiger Teil der Menschwerdung wird durch ein unpersonales, humanfernes technisches Verfahren ersetzt. Das fördert das Missverständnis, menschliches Leben sei Produkt des Menschen selbst. Organisatorische Planbarkeit wird gegen natürlich-organisches Geschehen ausgetauscht. Das Werden des Menschen gerät in seine Verfügbarkeit, seine Kreatürlichkeit pervertiert. Der Christ weiß, dass er sein Leben Gott verdankt. Im Gegensatz zu der weitverbreiteten

---

21 Zur Achtung vor dem Leben - Maßstäbe für Gentechnik und Fortpflanzungsmedizin, Synode der EKD, Berlin 1987

22 Instruktion DIGNITAS PERSONAE über einige Fragen der Bioethik, Verlautbarungen des Apostolischen Stuhls, Nr. 183, Bonn 2008, 22

23 Die Weitergabe des menschlichen Lebens und die Fortpflanzungsmedizin, Hrsg.: Deutsche Evangelische Allianz, IDEA Dokumentation 22, Wetzlar, 1992

´Selbstbestimmung` in der Gesellschaft nimmt er seine ´Fremdbestimmung` durch die Autorität Gottes über sich an."

Die Katholische Kirche lehnt die homologe Insemination und das Einfrieren von Eizellen (erst recht das von Embryonen) strikt ab. Die Verfasser der Stellungnahme der Evangelischen Allianz lehnen das Einfrieren von Eizellen ab, erachten aber die homologe Insemination als zulässig.

5. Ethische Entscheidungen

5.1 EIN RECHT AUF KINDER?

Die meisten der zitierten Stellungnahmen betonen im Gegensatz zu vielen Vertretern der künstlichen Befruchtung, dass Ehepaare kein Recht auf Kinder haben. Und das erscheint angesichts des biblischen Befundes angemessen zu sein: Gott ist Herr über Leben und Tod und er ist der Verursacher von Unfruchtbarkeit (1. Sam 1,5) und Fruchtbarkeit (Lk. 1,36f).

5.2 KÜNSTLICHE BEFRUCHTUNG

In den zitierten Stellungnahmen wird die über die homologe Insemination hinausgehende künstliche Befruchtung im Laborglas aus mehreren Gründen abgelehnt:

- aus Respekt vor Gott und seiner Schöpfungsordnung
- aus Respekt vor der Würde des menschlichen Lebens
- aus Sorge um das betroffene Ehepaar
- aus Sorge um die Gesundheit der künstlich gezeugten Kinder
- aus Sorge um die nicht zu kontrollierende Fortentwicklung der Reproduktionsmedizin und die damit verbundenen gesellschaftlichen Konsequenzen.

Diese kritischen Argumente müssen von jedem betroffenen Ehepaar sorgfältig in Verantwortung vor Gott bedacht werden.

Wenn wir nun betroffenen Ehepaaren eher raten, von einer künstlichen Befruchtung abzusehen, können wir uns doch nicht strikt gegen die künstliche Befruchtung aussprechen. Die ethische Reflexion fragt immer nach dem biblisch Gebotenen. Da nun die künstliche Befruchtung in der Bibel nicht ausdrücklich reflektiert wird, kann eine Ablehnung oder Befürwortung nicht mit letzter Klarheit begründet werden. Eine Verletzung des sechsten Gebotes, „du sollst nicht töten", läge vor, wenn Embryonen beseitigt werden. Da aber bei den in Deutschland erlaubten Verfahren der Embryo geschützt ist und lediglich Eizellen im Vorkernstadium eingefroren werden, ist das Gebot nicht betroffen. Da auch die eigentliche Verschmelzung aus Eizelle und Samenfaden mit der Vereinigung der Erbinformationen und die Einnistung in die Gebärmutter menschlich, medizinisch nicht machbar ist, wird auch Gottes souveränes Schöpfungswirken nicht infrage gestellt. Auch die Geburt eines durch künstliche Befruchtung gezeugten Kindes ist ein Wunderwerk und Gnadengeschenk Gottes.

Jedes Paar ist somit herausgefordert, eine persönliche Gewissensentscheidung zu treffen, um sich für oder gegen eine künstliche Befruchtung auszusprechen. Für die Zukunft gilt es allerdings wachsam zu fragen, inwieweit sich die Gesetzeslage verändert und damit die Reproduktionsmedizin bisher geltende ethische Grenzen sprengt.

5.3 ANSCHLUSSFRAGEN

Die deutsche Gesetzgebung ist mit ihrem Embryonenschutzgesetz im internationalen Vergleich sehr restriktiv. Das ist aus ethischer Sicht sehr zu begrüßen. Die Diskussion seit 1990 zeigt nun aber auf, dass diese zurückhaltende Position immer mehr hinterfragt wird. Der Druck auf den Gesetzgeber wächst und es ist nur eine Frage der Zeit, wann wir uns mit weiteren ethischen Problemen auseinandersetzen müssen:

Die Embryonenselektion

Embryonenselektion heißt, dass aus mehreren sich entwickelnden Embryonen nur die am besten entwickelten der Frau zurückgegeben werden, die übrigen aber verworfen werden. Der Vorteil dieses Verfahrens ist nachvollziehbar: Da sich die gut entwickelten Embryonen besser einnisten, kann die Anzahl der einzusetzenden Embryonen verringert werden und somit sinkt die Mehrlingsrate.

Dieses Verfahren ist in Deutschland nicht erlaubt. Für eine Embryonenselektion gehen deutsche Paare ins Ausland. Darum mehren sich die Stimmen derer, die sich an dieser Stelle eine Änderung der Gesetzeslage wünschen.[24] Aus ethischer Sicht ist dieses Verfahren unverantwortlich. Es tötet menschliches Leben und fördert die unverantwortliche Tendenz zwischen lebenswertem und lebensunwertem Leben zu unterscheiden.

Die Embryonenreduktion

Bei diesem Verfahren wird, um Mehrlingsschwangerschaften zu vermindern, durch einen Eingriff die Zahl der Embryonen oder Föten im Mutterleib durch ihre direkte Beseitigung vermindert. Solch ein Eingriff ist aus ethischer Sicht als eine vorsätzliche selektive Abtreibung zu bewerten und erscheint als grotesk: Der vorher sehnlichst gewünschte Mensch wird im Mutterleib vernichtet.

---

24 vgl. Interview mit Dr. I.W. Göbel, in: Weißes Kreuz, 8

Die Präimplantationsdiagnostik

Bei dieser Diagnosetechnik geht es um die genetische Untersuchung der künstlich erzeugten Embryonen vor ihrer Übertragung in den Mutterleib. Mit der Diagnose soll erreicht werden, dass der Mutter nur die Embryonen übertragen werden, die keine Defekte aufweisen oder mit einem bestimmten Geschlecht oder besonderen Merkmalen ausgestattet sind. Das heißt aber, dass die Embryos vernichtet werden, die einen Gen- oder Chromosomendefekt aufweisen oder nicht den gewünschten Resultaten entsprechen. Die Präimplantationsdiagnostik ist in diesem Zusammenhang Ausdruck jener eugenischen Mentalität, die „die selektive Abtreibung in Kauf nimmt, um die Geburt von Kindern zu verhindern, die von Missbildungen und Krankheiten verschiedener Art betroffen sind. Eine solche Denkart ist niederträchtig und höchst verwerflich, weil sie sich anmaßt, den Wert eines menschlichen Lebens einzig und allein nach Maßstäben wie Normalität und physisches Wohlbefinden zu beurteilen, und auf diese Weise auch der Legitimation der Kindestötung und der Euthanasie den Weg bahnt".[25]

Die Erfahrungen im Ausland zeigen überdies, dass immer häufiger auch nicht von Kinderlosigkeit betroffene Paare auf künstliche Befruchtungstechniken zurückgreifen und damit die genetische Selektion ihrer Kinder verwirklichen wollen.

5.4 ETHISCHE MITVERANTWORTUNG

Jedes Paar, das sich für eine Form der künstlichen Befruchtung entscheidet, muss sich darum im Klaren sein, dass es bei allem verständlichen Wunsch nach eigenen Kindern mit seiner Entscheidung eine Wissenschaft fördert, die – aus ethischer Sicht – zu höchst problematischen Praktiken anleitet. Mit dem vordergründigen Ziel, Leben durch künstliche Eingriffe zu schaffen, wird am Ende eine „Kultur des Todes" gefördert.[26]

So formulierte Johannes Pauls II. zu Recht: „Die verschiedenen Techniken künstlicher Fortpflanzung, die sich scheinbar in den Dienst des Lebens stellen und die auch nicht selten mit dieser Absicht gehandhabt werden, öffnen in Wirklichkeit neuen Anschlägen gegen das Leben Tür und Tor".[27]

Damit gilt auch im Blick auf die Reproduktionsmedizin: Nicht alles Machbare sollte auch gemacht werden. Bertrand Russell trifft den Punkt, wenn er sagte: „Wissen ist Macht, aber es kann Macht sowohl für das Böse als auch für das Gute sein.

---

25 Johannes Paul II., Enzyklika EVANGELIUM VITAE, Rom, 1995, zitiert in: DIGNITAS PERSONAE, 30, s.o.

26 vgl. Responging the culture of death, John R Lind, 2001

27 Johannes Paul II., Enzyklika EVANGELIUM VITAE, Rom, 1995

Das bedeutet, solange Menschen nicht an Weisheit in gleichem Maße zunehmen wie an Wissen, bedeutet die Erweiterung von Wissen eine Zunahme an Leid." Wie aber kann Weisheit wachsen, wenn sich eine Gesellschaft immer mehr von Gott und seinen Lebensordnungen entfernt?

Wolfgang Huber äußert sich darum zu Recht sehr nachdenklich, wenn er in einem Vortrag 2001 formulierte: Die Evangelische Kirche in Deutschland „war und ist der Auffassung, dass auf den Wunsch nach eigenen Kindern bei anhaltender Unfruchtbarkeit der Eltern andere Antworten möglich sind und Vorrang haben sollten. Die Adoption und die bleibende Kinderlosigkeit sollten nicht als mögliche Wege ausgeschlossen werden dadurch, dass man die Kinderlosigkeit pathologisiert und deswegen in jedem Fall für therapiebedürftig erklärt. Die Tatsache, dass inzwischen die In-vitro-Fertilisation in aller Regel als ‚Mittel der Wahl' gilt, hat diese Warnungen zusätzlich bestätigt. Das muss zu der Frage veranlassen, ob diese Entscheidung als unumkehrbar gelten soll. Auch in der Nutzung technischer Möglichkeiten sind Revisionen nicht ausgeschlossen, wie aktuelle Entscheidungen zur Kernenergie zeigen."[28]

6. Mit unerfülltem Kinderwunsch leben

Wenn die ethischen Bedenken gegenüber der künstlichen Befruchtung so groß sind und betroffene Paare diesen Weg nicht gehen wollen, stellt sich die Frage nach der Bewältigung des damit verbundenen Leides. Das gilt natürlich auch für Paare, die eine andere Entscheidung getroffen haben, aber trotz künstlicher Befruchtung keine Kinder bekommen haben.

Jedes dieser betroffenen Paare steht vor einem langen, schmerzlichen Weg, seine Kinderlosigkeit mit der Hilfe Gottes zu bewältigen. Auf diesem Weg gibt es die Zeit des Betens und Hoffens, dass Gott ein Wunder tut und der ärztlichen Untersuchungen mit dem Abwägen der medizinischen Möglichkeiten vor Gott. Wenn die Gebete nicht erhört wurden und sich das Paar gegen eine künstliche Befruchtung entschieden hat bzw. bei anderen Paaren die künstliche Befruchtung nicht zum gewünschten Erfolg geführt hat, folgt die Phase des Trauerns. In dieser Zeit müssen die Betroffenen lernen, ihren Kinderwunsch an Gott zurückzugeben und seinen Trost zu ergreifen. Dabei gilt es neu zu verinnerlichen, dass Mann und Frau auch ohne eigene Kinder geliebte, begabte und berufene Kinder Gottes sind und Ehe unter der

28 Huber, 12

Verheißung Gottes steht. Unter Umständen muss das Paar jetzt auch problematische Kommentare anderer Leute aus der Zeit des Wartens aufarbeiten und ihnen Vergebung gewähren. Darüber hinaus wollen vor Gott die Alternativen geprüft werden: die Pflegschaft oder Adoption von Kindern oder die „geistliche Elternschaft" im Rahmen der Gemeinde. Ja mehr: Fruchtbarkeit wird nicht allein durch eigene Kinder konkret. Gott hat seinen Menschen viele andere Möglichkeiten eröffnet, schöpferisch, fruchtbar zu sein. Darum: Welche Alternativen hat Gott jetzt vorbereitet in Beruf, Gemeinde oder in der Gesellschaft?

Zu den seelsorgerlichen Konsequenzen gehört aber auch die Bewährung der christlichen Gemeinschaft. Wir müssen wahrnehmen, dass unser entschiedenes Einstehen für das biblische Familienmodell in einer Zeit, in der dieses Modell mehr und mehr ins Hintertreffen gerät, nicht nur Singles, sondern auch kinderlose Paare unter Druck bringen kann.

Darum braucht es auch für sie einen Raum des Trostes, der Geborgenheit und der Ermutigung. Predigt und Seelsorge müssen darum auch die verschiedenen anderen Modelle erfüllten Ehelebens thematisieren und fördern.

In der persönlichen Begleitung betroffener Paare ist es wichtig, Freundschaft mit langem Atem zu leben. Dabei müssen Freunde nicht auf alle Fragen Antworten parat haben und können sich mit Ratschlägen und frommen Sprüchen zurückhalten. Sie bleiben einfach an der Seite derer, die betroffen sind, signalisieren Mitgefühl, ermutigen und unterstützen im Gebet. Wer selbst eigene Kinder hat, wird zurückhaltend über die Abenteuer und Erfolge der eigenen Kinder berichten und die Kinderlosen ehrlich fragen, wie viel Familie sie aushalten können und wollen.

In dem allem gilt, dass Gott Mittel und Wege hat, betroffene Ehepaare in ihren Begrenzungen zu trösten und zu einem sinnerfüllten Leben zu führen.

PASTOR I.R. HANS-PETER PACHE
BERLIN

Empfängnisverhütung

Ein Weg zur verantwortlichen Familienplanung

von Manfred Vetter

1. Einführung

Ehepaare stehen irgendwann vor Fragen der Familienplanung: Wollen wir Kinder? Wenn ja, wie viele und zu welchem Zeitpunkt? Für die meisten stellt sich damit die Frage nach der Empfängnisverhütung. Christen fragen zudem nach dem Willen Gottes. Ist Empfängnisverhütung erlaubt? Welche Methode sollen wir wählen? Nach welchen Kriterien ist das zu entscheiden?

EINIGE TYPISCHE LEBENSSITUATIONEN:

Gunnar und Gisela sind Anfang 20 und mitten im Studium. Sie kennen sich seit Jahren, haben sich verlobt und wollen in Kürze heiraten. Ein Kind käme vor Studienabschluss sehr ungelegen. Sie fragen, wie sie in den nächsten vier bis fünf Jahren eine Empfängnis verhüten können.

Ursel und Uwe sind Anfang 30 und mit vier munteren Kindern gesegnet. Beide meinen, dass sie eine weitere Schwangerschaft überfordern würde. Vor ihnen liegen noch zehn bis 15 Jahre fruchtbare Zeit. Wie sollen sie diese Zeit überstehen?

Line und Lars haben geheiratet, neun Monate später prompt Nachwuchs erhalten und damit alle Hände voll zu tun. Sie wünschen sich mehr Kinder, aber nicht gleich im nächsten Jahr. Wie können sie das regeln?

Anke ist 16 und lebt in einer festen Freundschaft. Noch haben sie und ihr Freund keinen Sex. Aber sie überlegt, sicherheitshalber vorbereitet zu sein. Soll sie sich um Verhütungsmittel kümmern und, wenn ja, um welches?

Das Thema Empfängnisverhütung wirft komplexe medizinische und theologische Fragen auf. Als Grundlage für ethische Entscheidungen kann hier nicht die breite und zum Teil kontroverse Diskussion dargestellt werden. Es können nur die wichtigsten Positionen referiert und vor allem biblisch verantwortbare und praktische Empfehlungen zur persönlichen Orientierung gegeben werden.

2. Was sagt die Bibel dazu?

Zur Empfängnisverhütung sagt die Bibel nichts ausdrücklich. Wohl heißt es in der Schöpfungsgeschichte: „Seid fruchtbar und mehret euch", aber das ist im Zusammenhang eher eine Aufforderung an Adam als den „Menschen im Allgemeinen" als an „jede einzelne Eva".

> Jesus und Paulus haben diese Weisung an den Menschen jedenfalls nicht als konkrete persönliche Aufforderung verstanden, eine Familie zu gründen und Kinder zu zeugen.
>
> In 1. Mose 38 wird zwar ein Akt der Empfängnisverhütung beschrieben: Onan wird aber nicht etwa bestraft, weil er den Coitus interruptus als Empfängnisverhütung an sich praktiziert, sondern weil er sich weigert, dem Gebot der Schwagerehe zu folgen und mit der Frau seines verstorbenen Bruders Kinder zu zeugen, um deren Existenz zu sichern.

Die Bibel bezeichnet Kinder als eine Gabe des Herrn (Psalm 127,3) und beschreibt poetisch, wie Gott bei Zeugung und Schwangerschaft geheimnisvoll und liebevoll dabei ist (Psalm 139,13 f). Wohl hat Gott den Menschen so geschaffen, dass menschliches Leben in einem (von Liebe und Hingabe bestimmten) Geschlechtsakt gezeugt wird. Der Sinn von Ehe und Geschlechtsverkehr besteht aber nicht in erster Linie in der Zeugung von Kindern, sondern ist vor allem Ausdruck ganzheitlicher Liebe und Hingabe. Schon biologisch gesehen besteht das sexuelle Verlangen zwischen Frau und Mann nicht nur in den fruchtbaren Zeiten, hat also einen ganz eigenen Wert. Das Hohelied Salomos beschreibt in anrührenden Bildern die Freude an der körperlichen Liebe. Der Prediger Salomo ermutigt, das Leben mit seinem Partner in vollen Zügen zu genießen (9,9). Der Apostel Paulus ermutigt zur Ehe und regelmäßigem Geschlechtsverkehr (1. Kor. 7,2-5). Petrus ermahnt in seinem ersten Brief insbesondere Männer zu einem rücksichtsvollen (geschlechtlichen) Umgang mit ihren Frauen (3,7). Dabei spielt für alle die Zeugung von Kindern beim Geschlechtsverkehr keine ausdrückliche Rolle.

Da es keine biblischen Aussagen gibt, die zum Thema Empfängnisverhütung ausdrücklich Stellung beziehen, ist vom Doppelgebot der Liebe, das Jesus ins Zentrum des Willens Gottes stellt, eine Stellungnahme abzuleiten: „Du sollst den Herrn, deinen Gott, lieben von ganzem Herzen, von ganzer Seele, von allen Kräften und von ganzem Gemüt, und deinen Nächsten wie dich selbst." (Lukas 10,27)

Damit lautet die entscheidende Frage: Inwiefern entspricht Empfängnisverhütung diesem Liebesgebot – und welche der Methoden dient dieser Liebe am besten?

3. Methoden der Empfängnisverhütung und ihre ethische Wertung

Es würde den Rahmen dieses Artikels sprengen, alle Methoden der Empfängnisverhütung medizinisch sachgerecht darzustellen. Der Artikel „Empfängnisverhütung" im Online-Lexikon Wikipedia nennt allein 28 unterschiedliche Methoden (Stand September 2014). Im Wesentlichen wird unterschieden zwischen folgenden Möglichkeiten:

NATÜRLICHE EMPFÄNGNISREGELUNG

Mit Hilfe von Körpertemperaturmessungen bei der Frau werden ihre fruchtbaren Tage bestimmt. Möchte man verhüten, ist Geschlechtsverkehr dann nur während der unfruchtbaren Tage möglich.

Die Anwendung dieser Methode setzt ein sehr geregeltes Leben voraus (Schlafenszeiten, körperliche Gesundheit), Sorgfalt in der Dokumentation und die Bereitschaft, sein Liebesleben nicht zuerst danach zu richten „wenn Mann/Frau Lust hat", sondern nach den unfruchtbaren Tagen. In einer Gesellschaft, die beruflich – auch von Frauen – immer mehr fordert, Nachtschichten und Dienstreisen an der Tagesordnung sind, sind diese Voraussetzungen immer seltener gegeben und die Anwendungssicherheit entsprechend gering. Andererseits kann natürliche Empfängnisregelung helfen, sehr bewusst und liebevoll mit dem Zyklus zu leben und gut auf sich selbst und aufeinander zu achten. Diese Methode kann im Übrigen auch angewendet werden, um ein Wunschkind zu zeugen.

> Für die katholische Moraltheologie ist die natürliche Empfängnisregelung die einzige erlaubte Methode. Sie gestattet „Empfängnisregelung" durch zeitweise Enthaltsamkeit bzw. Beschränkung des Geschlechtsverkehrs auf die errechneten unfruchtbaren Tage, da hier von einer naturgegebenen Möglichkeit

Gebrauch gemacht wird. Sie verbietet alle anderen Methoden der Empfängnisverhütung, da diese den Zeugungsvorgang in seinem natürlichen Ablauf hinderten (zur Argumentation siehe die päpstliche Enzyklika Humanae vitae). So falsch es ist klare biblische Gebote zu ignorieren, so problematisch ist es, menschliche Regeln aufzustellen und sie als den Willen Gottes auszugeben (vgl. Lukas 11,46).

Der sogenannte Coitus interruptus wird als Methode der Empfängnisregelung hier nicht kommentiert, weil er zu unsicher ist. Auch vor dem eigentlichen Samenerguss können männliche Spermien ausgeschieden werden und eine weibliche Eizelle befruchten.

Auch angesichts allen medizinischen Fortschritts sind Kinder nicht „machbar", sind Empfängnis und Geburtstermin nur begrenzt planbar. Wer bis Mitte 30 Empfängnis verhütet, um ohne Rücksicht auf Kinder z.B. Karriere machen zu können, für den könnte der Kinderwunsch vielleicht unerfüllt bleiben. Wer andererseits Kinder kriegen will „wie sie kommen", muss sich statistisch gesehen auf eine große Kinderschar einstellen. Bei regelmäßigem Sex eines zeugungsfähigen Paares während eines Jahres werden im statistischen Mittel 20-jährige Frauen zu 85% schwanger, 35-jährige zu 50% und 40-jährige zu 30%.

HORMONELLE METHODEN

Die in Deutschland am häufigsten angewandte Methode ist die Einnahme der üblicherweise vom Arzt verschriebenen „Antibabypille" („Mikropille"); ermöglicht sie doch dem Liebespaar unbeschwerten Geschlechtsverkehr. Die Antibabypille verhindert in erster Linie den Eisprung und verändert zudem den Schleimpfropf am Muttermund, sodass die Spermien nicht in die Gebärmutter gelangen können. Daneben wird bei bestimmten Präparaten aber auch angegeben, dass sie zusätzlich die Einnistung (Nidation) einer (gegebenenfalls schon befruchteten) Eizelle in der Gebärmutter verhinderten (z.B. „Minipille").

Inzwischen wird wieder diskutiert, ob die gängige Antibabypille neben der Wirkung auf den Eisprung nicht auch Wirkungen auf das möglicherweise befruchtete Ei haben könnte. J. Bartley, Oberärztin an der Berliner Charité, gibt zu bedenken, dass der Wirkmechanismus der Pille zwar sehr gut untersucht sei und man wisse, dass sie den Eisprung hemme, „aber ausschließen können wir eine postkonzeptionelle (also nach einer Befruchtung auftretende) Wirkung letztendlich nicht". Der Zeitraum zwischen Befruchtung und Einnistung des Eis sei weiterhin eine Art Blackbox, an die nicht gut „ranzukommen" sei

(Badische Zeitung vom 26.08.2014). Deshalb ist es zu respektieren, wenn Paare aus Gewissensgründen die Pille als Mittel der Empfängnisverhütung ablehnen. An dieser Stelle wird deutlich, wie sehr ethisch-theologische Stellungnahmen angewiesen sind auf weltanschaulich neutrale biologische Forschungsarbeit, um zu angemessen Urteilen zu kommen.

Eine ausführliche Darstellung der Wirkmechanismen der Pille findet sich in der vom Weißen Kreuz herausgegebenen Orientierungshilfe: Empfängnisregelung (zu lesen z.B. unter http://www.weisses-kreuz.de/media/filer_public/9e/07/9e07a34d-6b37-4be7-aef0-4edda5dcb604/2_auflage_handout_ verhuetungsmittel_ 03_2010.pdf)

Biologisch eindeutig geklärt ist, dass mit der Verschmelzung von Ei- und Samenzelle menschliches Leben beginnt. Ethisch abzulehnen ist jede Form von Abtreibung auch in der Frühform der Verhinderung der Einnistung einer befruchteten Eizelle in die Gebärmutter.

Die „Pille danach" (z.B. PiDaNa), die nach ungeschütztem Geschlechtsverkehr genommen wird, verhindert ebenso den Eisprung, hat aber keinen Einfluss auf die Einnistung einer befruchteten Eizelle. Da sie aber in einem ganz kurzen Zeitfenster des Zyklus eine Empfängnis nicht verhindert, kann sie nicht der Weg einer regelmäßigen Empfängnisverhütung sein. Sie wird z.B. Vergewaltigungsopfern angeboten.

Wer mit der Antibabypille verhütet, sollte sich deshalb nur ein Präparat verschreiben lassen, das ausschließlich den Eisprung verhindert. In jedem Fall ist die Antibabypille ein deutlicher Eingriff in den Hormonhaushalt, den nicht jede Frau nebenwirkungslos verträgt (das galt nach ihrer Erfindung vor 50 Jahren jedoch noch stärker als heute). Um der Liebe willen möchte nicht jede/r diesen Eingriff seiner Partnerin bzw. ihrem eigenen Körper über viele Jahre zumuten. Deshalb greifen laut Bundeszentrale für gesundheitliche Aufklärung über ein Drittel aller zeugungsfähigen Paare in Deutschland zu mechanischen Mitteln.

MECHANISCHE METHODEN

Hier sind in erste Linie Kondome zu nennen. Sie verhindern, dass männliche Spermien in die Gebärmutter gelangen. Somit kann es zu keiner Befruchtung kommen. Natürlich braucht es Einverständnis und ein wenig Kreativität, sie als Teil des Vorspiels zum Geschlechtsverkehr in das Liebesleben einzubeziehen. Von einigen wird ihr Gebrauch als lustmindernd erlebt. Hier wird die Verantwortung für die Verhütung nicht der Frau überlassen, sondern insbesondere vom Mann getragen – ein guter Ausdruck seiner Verantwortung und Liebe zu seiner Partnerin. Neben der empfängnisverhütenden Wirkung sind Kondome der sicherste Schutz vor der Übertragung von Geschlechtskrankheiten und Aids.

Frauen können ein Scheidenpessar (Diaphragma, Portiokappe) anwenden, dessen Gebrauch aber Sorgfalt und Erfahrung erfordern. Für mehr Sicherheit sollte es in Kombination mit chemischen Mitteln zur Anwendung kommen. Dabei werden Spermizide in Form von Salben vor dem Geschlechtsverkehr in die Vagina eingeführt.

Abzulehnen sind (Kupfer-)Spiralen, die nicht den Eisprung und die Befruchtung der Eizelle verhindern, sondern deren Einnistung (Nidation) in die Gebärmutter, weil sie das schon begonnene menschliche Leben zerstören.

CHIRURGISCHE METHODE

Viele Paare erfüllen sich ihren Kinderwunsch bis Ende 20. Vor ihnen liegen dann noch zehn bis 15 fruchtbare Jahre, in denen sie keine Kinder mehr bekommen wollen. So ziehen sie eine Sterilisation in Betracht, um ihr Geschlechtsleben weiter möglichst unbeschwert genießen zu können. Sowohl Frauen als auch Männer können sich sterilisieren lassen. Der Eingriff ist beim Mann einfacher und wird oft ambulant gemacht. Bei der Frau werden operativ die Eileiter durchtrennt. Sterilisationen sind praktisch nicht mehr rückgängig zu machen. Deshalb sollten vor einem solchen Schritt um der Liebe willen sorgfältige Überlegungen angestellt werden.

Keiner weiß, was morgen sein wird und schon gar nicht, was in zehn Jahren sein wird. Werden die vorhandenen Kinder überleben? Würden wir auch keine Kinder mehr wollen, wenn eines sterben würde? Wird die Ehe halten? Werden beide Partner gemeinsam alt werden? Eine Frau, die bis Anfang 30 vier oder fünf Kinder geboren hat und ihren Partner verliert, wird möglicherweise mit einem neuen Partner mit Mitte 30 nicht weitere Kinder bekommen wollen. Ein Mann in derselben Situation könnte mit einer (ggf. jüngeren) neuen Partnerin noch über Jahrzehnte weitere Kinder zeugen. Einerseits könnte der Mann um der Liebe zu seiner Partnerin willen seine Bereitschaft erklären, die Mühen der Sterilisation auf sich zu nehmen. Anderseits könnte die Frau angesichts der oben beschriebenen Situation für ihre eigene Sterilisation votieren – auch um der Liebe zu ihrem Mann willen. Im Zweifelsfall ist es das Vorrecht des Mannes, den Interessen seiner Frau zu dienen (Epheser 5,23). Insgesamt gilt: Je jünger das Paar, desto weniger kommt eine Sterilisation als Mittel der Empfängnisverhütung in Frage. In Österreich z.B. ist die Sterilisation von unter 25-Jährigen ohne medizinische Notwendigkeit gesetzlich verboten.

4. Was heißt das nun konkret für die eingangs beschriebenen Lebenssituationen?

Es gibt nicht die für alle beste Methode der Empfängnisverhütung. Auch wird sich für viele die Wahl der Methode im Laufe ihres Ehelebens ändern. In schwierigen Situationen sollte jedes Paar bereit sein, sich seelsorgerlichen Rat erfahrener Mitchristen zu suchen und sich medizinisch beraten zu lassen.

Gunnar und Gisela wollen in den nächsten Jahren noch keine Kinder bekommen. Erst soll das Nest gebaut werden. Ich würde ihnen zu Kondomen raten. Bei regelmäßigem Zyklus können sie einige wenige Tage im Monat (kurz nach der Regel und kurz vor der nächsten Regel) auch ohne Verhütungsmittel miteinander schlafen – jedenfalls wenn die Zeugung eines Kindes nicht zu riesigen Problemen führen würde. Aber auch die Antibabypille mit ovulationshemmender Wirkung könnte für einige Jahre in Betracht gezogen werden.

Line und Lars wollen zwischen ihren Wunschkindern eine angemessene Pause einlegen. Sie wissen, dass auch das Stillen des Babys nicht verlässlich vor einer neuen Empfängnis schützt. Sie sind unsicher, ob die Antibabypille nicht doch postkonzeptionelle Wirkungen auf ein befruchtetes Ei haben könnte, was sie in jedem Fall ausschließen möchten. Lars würde ich ermutigen, die „Hauptlast" der Verantwortung zu tragen und Kondome zu benutzen. Das stört den Zyklus seiner Frau nicht, und gemeinsam können sie sich auf die Monate freuen, in denen sie das nächste Kind zeugen wollen. Vielleicht möchte Line auch lieber das Diaphragma verwenden, um beim Liebesakt nicht mit empfängnisverhütenden Mitteln hantieren zu müssen.

Für Ursel und Uwe soll die Kinderphase abgeschlossen sein. Ursel hat die Antibabypille in den zurückliegenden Jahren ab und an genommen, aber nicht so gut vertragen. Uwe hat deswegen für Verhütung durch Kondome plädiert. Beide finden, dass durch die mechanische Verhütung ihr Liebesleben ein wenig komplizierter geworden ist. In ihrer Lebenssituation könnte die wohl bedachte Sterilisation der liebesfreundlichste Weg werden.

Und die 16-jährige Anke, die sich nach Verhütungsmitteln erkundigt, weil sie jetzt einen festen Freund hat? Ihr würde ich sagen: „Für Christen, die nach Gottes Willen fragen, hat Geschlechtsgemeinschaft ihren legitimen Platz nur in der Ehe (siehe dazu meinen Artikel in diesem Buch: Sex ohne Trauschein – was dient der Liebe?). Aber wenn ihr nicht sicher seid, ob ihr solange warten werdet, zeugt es von mehr Verantwortungsgefühl für euch selbst (und für ein künftiges Kind), ein Kondom parat zu haben, als „ungeschützt" miteinander zu schlafen in der Hoffnung, dass schon nichts passieren wird. Das heißt auch ganz praktisch: Schlaf nur mit einem, den du dir als Vater für deine Kinder vorstellen kannst und erst dann, wenn eure Liebesbeziehung so gewachsen ist, dass ihr einander treu sein wollt, bis der Tod euch scheidet. Und das kann ganz sicher nicht vor deiner Volljährigkeit der Fall sein." Von der Pille würde ich ihr ohnehin abraten, da für junge Mädchen, die sich noch in der körperlichen Entwicklung befinden, die jahrelange Einnahme der Pille ein Risiko darstellt.

5. Fazit

Empfängnisverhütung wird aus biblisch-ethischer Sicht nicht verboten, obwohl der Mensch dabei in „natürliche" Abläufe eingreift. Das jedoch muss er ständig tun, weil er die Schöpfung „bebauen und bewahren" soll (1. Mose 2,15). Christen, die nach Gottes Willen leben wollen, dürfen grundsätzlich nur Sex miteinander haben, wenn sie im Prinzip zur Elternschaft bereit sind und in einer lebenslangen Treuebeziehung leben. Ausgeschlossen ist jede Methode der Empfängnisverhütung, die abtreibende Wirkung hat. Die menschliche Würde ist unantastbar – von Anfang an. Erlaubt ist, was dem ehelichen und familiären Miteinander am besten dient. In der Verantwortung vor Gott und Menschen dürfen wir Familienplanung gestalten und uns dabei von der Liebe zu Gott, zu unserem Ehepartner und unseren Kindern leiten lassen.

PASTOR I.R. MANFRED VETTER
FLENSBURG

Adoption – Ein Ausweg aus der Kinderlosigkeit?

von Ulrich Pauli

Einleitung

Gernot und Sarah sind seit acht Jahren verheiratet. Gernot ist Ingenieur im Fahrzeugbau, seine Frau Konditormeisterin. Beide sind beruflich sehr engagiert. Die verbleibende freie Zeit nutzen sie für intensive Gemeinschaftserlebnisse, sie reisen viel und gehen ihrem gemeinsamen Hobby, dem Tauchen, nach. Ein Kinderwunsch besteht in diesen Ehejahren nicht, obwohl beide des Öfteren miteinander über das Thema sprechen. Als Sarah ihren 28. Geburtstag feiert, wird sie von ihrer Mutter angesprochen, die jetzt gern auch Enkelkinder hätte. Sarah ist verlegen und wehrt diese Anspielung mit einem Scherz ab. Aber für sie ist diese Frage das Ende einer Kette von eigenen Gefühlen sowie Bemerkungen ihrer Freundinnen, die bereits Kinder bekommen haben. Sarah und ihr Mann sind nun doch überzeugt, dass es an der Zeit ist, Familie zu „gründen".

Zwei Jahre vergehen, ohne dass Sarah schwanger wird. Leise Zweifel stellen sich ein. Im dritten Jahr geht sie zu einem Arzt, um sich Rat zu holen. Aber medizinische Gründe sind bei ihr nicht auszumachen. Zwei weitere Jahre gehen ins Land. In Gernots und Sarahs Gefühlen geht es auf und ab. Als auch er sich vom Arzt untersuchen lässt, stellt sich eine stark eingeschränkte Zeugungsfähigkeit heraus. Und nun stürmen Fragen auf Sarah ein. Werden wir jetzt nie Kinder haben? Was sollen wir nur tun?

Etwa 15% aller Paare warten in den Industrieländern vergeblich auf ein Baby, allein in Deutschland sind es etwa zwei Millionen, damit bleibt jede sechste Ehe kinderlos. Dennoch sollte man die Hoffnung nicht so schnell aufgeben. Moderne medizinische Diagnostik, Eingriffsoptionen und Therapien können mittlerweile vielen Paaren zu ihrem „Wunschkind" verhelfen. Aber der Weg zum Ziel führt durch Höhen und Tiefen. Viele Betroffene geben nach einiger Zeit psychischer und körperlicher Beanspruchung auf.[1] Ist dann die Adoption ein Ausweg aus der ungewollten Kinderlosigkeit?

Gernot und Sarah prüfen für sich die Möglichkeit dieses Weges. Was gilt es zu wissen und zu bedenken? An welchen Punkten sind sie als Christen besonders herausgefordert? Wie können sie für ihren Lebensweg ethisch vertretbare Entscheidungen treffen? Welche Aufgabe könnte die Gemeinde in dieser Hinsicht übernehmen?

1. Worum geht es bei Adoption?

Unter Adoption (lat. adoptio) versteht man in Deutschland „Annahme als Kind" (früher „Annahme an Kindes statt"). Adoption beschreibt somit die rechtliche Begründung eines Eltern-Kind-Verhältnisses zwischen den Annehmenden und dem Kind ohne Rücksicht auf dessen biologische Abstammung.

Adoption unterscheidet sich von der Pflegekindschaft. „Adoptivkinder sind formal und gesetzlich alleinige Kinder ihrer sozialen Eltern. (...) Pflegeeltern hingegen sind Vertragspartner des Jugendamtes und erbringen als Privatfamilie eine Dienstleistung für die Herkunftseltern des Kindes."[2]

Das deutsche Recht schreibt eine Inkognito-Adoption vor, bei der die Daten der aufnehmenden Familie (Namen und Adresse) vor dem Zugriff von Dritten geschützt sind. Auf so genannte halboffene oder offene Adoption besteht kein Rechtsanspruch. Dennoch werden Letztgenannte zunehmend praktiziert. Bei der offenen Adoption lernen sich leibliche und Adoptiv- Eltern kennen, beide Seiten bekommen Einblick in die Verhältnisse und können so das Kind, seine eventuelle Prägung, seine charakterlichen Eigenschaften usw. besser einschätzen. Bislang fehlen aber ausreichende Untersuchungen darüber, was diese Form beim Kind auslöst.

Aber auch bei der Inkognito-Adoption sind Kontakte zwischen den Eltern möglich. Briefe können über das Jugendamt ausgetauscht werden, eventuelle Treffen finden an neutralen Orten wie dem Jugendamt, öffentlichen Einrichtungen usw. statt.

Adoptieren können sowohl Paare als auch Alleinerziehende und Alleinstehende. Paare müssen dabei nicht verheiratet sein. Einzelpersonen ist nach Entscheid des Europäischen Gerichtshofes für Menschenrechte im Januar 2008 die Adoption unabhängig von ihrer sexuellen Orientierung zu gewähren. Mitgliedsstaaten des

1 Hilfreiche Informationen findet man auf zahlreichen Internetseiten, z.B. www.adoption.de/information.htm

2 Irmela Wiemann, „Ein Kind adoptieren oder in Pflege nehmen?", www.adoption.de/info_grund.htm

Europarates, die diese Öffnung ablehnen, verstoßen gegen Artikel 14 der Europäischen Menschenrechtskonvention.

Dem jeweiligen Jugendamt ist vom Gesetzgeber die Aufgabe der Adoptionsvermittlung übertragen. Es sucht in einem vorbereitenden Verfahren geeignete Eltern aus. Diese sollten sich beim Jugendamt um eine Adoption bewerben. Es gelten Altersbeschränkungen und die Jugendämter prüfen die individuellen Verhältnisse, wie körperliche und geistige Gesundheit, ein festes Einkommen, genügend Wohnraum usw.[3] Ein Prozess beginnt, der hohe Anforderungen an die Bewerber stellt. Das Vormundschaftsgericht als Teil des Amtsgerichts kann die elterliche Einwilligung bei grober Verletzung der elterlichen Pflichten der biologischen Eltern frühestens acht Wochen nach der Geburt durch Beschluss ersetzen. Das Jugendamt begleitet das vermittelte Kind, bei Kleinkindern im Adoptionspflegestatus in der Regel ein Jahr, und begutachtet das Einleben des Kindes gegenüber dem Vormundschaftsgericht.

2. Biblisch-theologische Perspektiven

Obwohl in der Umwelt des Alten Testamentes, also in den Nachbarländern Israels, die Adoption bei Kinderlosigkeit zum Erhalt der Nachkommenschaft üblich war[4], finden sich in Israel nur wenige Belege für diese Praxis. Selbst in den Gesetzestexten der mosaischen Bücher wird sie nicht erwähnt. Hier und da mag es Andeutungen für Adoptionen geben, aber das einzige fast sichere Beispiel stellt die Adoption Esters durch ihren Onkel Mordechai im Exil dar.[5]

Im Neuen Testament fällt die Annahme Jesu an Kindes statt durch Joseph eher unter die Stiefkindadoption. Vielmehr tritt nun Gott als der den Menschen geistlich Adoptierende auf. Im Johannesevangelium zielt die Wiedergeburt durch den Heiligen Geist als Adoption von Gottes Seite her ab.[6] Paulus führt den gleichen Gedanken mit anderen Bildern im Römer- und Galaterbrief aus.[7] Der Glaubende wird als „Kind Gottes", „Sohn" und „Erbe" bezeichnet. Ein Zustand, der ihm ohne

3 Ausführlicher in www.adoption.de/info_atipps.htm

4 Quellenangaben in H.M. Wahl, „Ester, das adoptierte Waisenkind. Zur Adoption im Alten Testament", Biblica 80 (1999), 78.

5 Ester 2,7.15. Nach dem Tode ihrer Eltern hatte Mordechai sie sich „zur Tochter genommen".

6 Siehe Joh. 3 im „Nikodemusdialog"

7 Röm. 8,14 und Gal. 4,7

Glauben nicht zusteht. Gott eröffnet selbst die Praxis der Annahme des Menschen als sein Kind. Wer aus diesem Glauben lebt und so in diesem „Stand" steht, hat die rechte Freiheit, nun auch im Ebenbild Gottes Kinder zu adoptieren. Ein Christ besitzt die Liebe des Heiligen Geistes, der diesen Schritt trägt und führt.[8] Diese Liebe hofft alles und hält allem stand.[9] Ein Christ darf im Gebet die Kraftquelle finden, die ihn mit Mut und Zuversicht ausrüstet.

3. Adoption in Geschichte und Gegenwart

3.1 KURZE GESCHICHTLICHE EINORDNUNG

Die Adoption war bereits im Altertum bekannt. Im römischen Reich war sie an der Tagesordnung. Durch sie sicherten sich vor allem die einflussreichen Familien der Oberschicht ihre Zukunft, wenn keine eigenen Söhne geboren wurden oder im Gegenteil zu viele Söhne vorhanden waren, deren Karriereweg eine finanzielle Belastung darstellte. Im letzteren Fall wurden diese zur Adoption frei gegeben. Dabei war der Adoptierte in der privilegierten Situation, auch weiterhin die Beziehungen zu seiner Ursprungsfamilie zu nutzen. Adoption hatte nichts Anrüchiges an sich. Der berühmteste Adoptivsohn der römischen Geschichte ist Kaiser Augustus. Er wurde von seinem Großonkel Gaius Julius Caesar adoptiert. Auch Nero zählt zu den Adoptivkaisern.[10] Das römische Recht breitete sich in der Folge im deutschen Sprachraum aus.

In neuerer Zeit diente die Adoption nach Inkrafttreten des Bürgerlichen Gesetzbuches am 1.1.1900 der Beschaffung eines Erben zur Daseinssicherung im Alter. Mindestalter war 50 Jahre bei dem Annehmenden und Volljährigkeit beim Angenommenen. Die Eltern mussten kinderlos sein und die Verwandtschaftsverhältnisse zur Herkunftsfamilie des jungen Erwachsenen blieben bestehen. Ein Erbrecht gab es in dieser neuen Beziehung nicht. Die Adoption war unvollständig, d. h. „schwach". 1976 wurde das Adoptionsrecht reformiert. Jetzt konnten auch minderjährige Kinder angenommen werden und der Begriff „Kindeswohl" hielt Einzug.

Die neue Minderjährigen-Adoption ist eine Volladoption, d. h. mit dem Ausspruch durch das Vormundschaftsgericht erlangt das adoptierte Kind die volle

---

8 Röm. 5,5 und Röm. 8,14

9 1. Kor. 13,7

10 Näheres im Artikel „Adoption" (Römisches Reich) in www.wikipedia.org

Stellung eines ehelichen Kindes auf allen Rechtsgebieten. So erlöschen die verwandtschaftlichen Beziehungen zur Ursprungsfamilie (eingeschränkt bei der Stiefkindadoption, s. u.) und etwaige Ansprüche (mit Ausnahme von Waisenrenten), die Integration in die neue Familie ist vollständig; das angenommene Kind ist also jetzt nicht nur mit den Adoptiveltern, sondern mit deren gesamter Verwandtschaft verwandt, was auch Auswirkungen auf die Erbansprüche hat, die ebenfalls keinen Unterschied zwischen blutsverwandten und adoptierten Kindern machen. Ein ausländisches minderjähriges Kind erhält aufgrund der Adoption durch deutsche Eltern seither auch die deutsche Staatsangehörigkeit. 2004 wurde auch die Adoption durch gleichgeschlechtliche Lebenspartner (im Rahmen der Stiefkindadoption) eingeführt.[11]

3.2 STATISTISCHE ANGABEN

In Deutschland wurden im Jahr 2007 insgesamt 4.509 Kinder und Jugendliche adoptiert; das waren 5% weniger als im Vorjahr (4.748). Damit setzte sich die rückläufige Entwicklung der letzten Jahre fort. Gegenüber 1993 hat sich die Zahl der Adoptionen fast halbiert (- 48%). Rund 55% der im Jahr 2007 adoptierten Minderjährigen wurden von einem Stiefelternteil oder von Verwandten als Kind angenommen. Dies bedeutet gegenüber 2006 einen Rückgang um vier Prozentpunkte. Entsprechend stieg von 2006 zu 2007 der Anteil der Adoptionen, bei denen Adoptiveltern und Kind einander „fremd" waren, von 41% auf 45%. 45% aller 2007 adoptierten Kinder und Jugendlichen waren unter sechs Jahre alt, 30% zwischen sechs und elf Jahren und 25% zwölf Jahre oder älter.[11]

432 oder 32% der adoptierten Kinder und Jugendlichen besaßen nicht die deutsche Staatsangehörigkeit. 2006 waren es 29%. Da nicht alle Adoptionen ausländischer Kinder deutschen Adoptionsvermittlungsstellen bekannt werden, können nicht alle Auslandsadoptionen in der Statistik nachgewiesen werden.

Die Zahl der zur Adoption vorgemerkten Kinder und Jugendlichen blieb im Jahr 2007 mit 886 gegenüber 2006 nahezu unverändert. Demgegenüber lagen den Adoptionsvermittlungsstellen insgesamt 8.914 Adoptionsbewerbungen vor (3% weniger als 2006). Rein rechnerisch standen damit einem zur Adoption vorgemerkten Minderjährigen zehn mögliche Adoptiveltern gegenüber.[12]

11 www.wikipedia.org/wiki/Adoption

12 Mitteilungen des Statistischen Bundesamtes, www.famrz.de/Info/statistik.htm

„Als Gründe für den Rückgang von Adoptionen können vermutet werden: eine effektivere Schwangerschaftsverhütung, höhere Akzeptanz nicht-ehelicher Kinder, bessere Hilfen für Mütter in Problemlagen“.[13]

4. Der besondere Weg der Auslandsadoption

Wenn in Deutschland aus den genannten Gründen der Adoptionswunsch nur in wenigen Fällen erfolgreich verläuft, dann wird schnell über eine mögliche Auslandsadoption nachgedacht. Die Frage, ob eine Auslandsadoption vertretbar scheint, ist zunächst nicht pauschal zu beantworten. Plakative Berichte aus den Medien sind nur allzu bekannt: Es werden Adoptionsbewerber gezeigt, die wochenlange teure Aufenthalte in fernen Ländern auf sich nehmen. Nicht immer wird deutlich, ob es sich bei den vermittelten Kindern in der Tat um Waisenkinder handelt. Bei einigen Paaren kommt es trotz ermüdender Bittstellerei bei Behörden zu keiner Vermittlung. Es werden zum Teil hohe Summen gezahlt, wobei nicht erkennbar wird, wer diese bekommt. Aber trifft dieses Bild in vielen Fällen zu?

Folgend zunächst die positiv-hilfreichen Argumente, die für eine Auslandsadoption sprechen.

4.1 RECHTLICHE GRUNDLAGEN SCHAFFEN SICHERHEIT

Seit dem 1. März 2002 ist die Bundesrepublik Vertragsstaat des „Haager Übereinkommen über den Schutz von Kindern und die Zusammenarbeit auf dem Gebiet der internationalen Adoption“ („Haager Übereinkommen“),[14] das den Kinderhandel unterbinden soll. Zudem ist, wenn ausländische Organisationen und Vereine sowie private Vermittlungsstellen die Auslandsadoption übernehmen, nach dem Haager Minderjährigenschutzabkommen von 1961 dringend die Beteiligung einer in Deutschland zugelassenen Vermittlungsstelle vorgeschrieben. Damit sind die Voraussetzungen geschaffen, die eine ethisch vertretbare und rechtlich abgesicherte Vermittlung aus dem Ausland ermöglichen.

---

13 Franz Ruppert, „Adoption – was trägt zum Gelingen, was zum Misslingen bei?“, www.franz-ruppert.de/html/hauptteil_adoption.htm

14 Das Haager Übereinkommen soll die Grundrechte der Kinder wahren sowie den Kinderhandel verhindern. Dazu sollen die Vertragsstaaten über zentrale Behörden und standardisierte Verfahren zusammenarbeiten. Leider gibt es trotz Ratifizierung Staaten, die das Abkommen unterlaufen, wie zur Zeit (2009), Guatemala; so hat es jedenfalls stark den Anschein.

4.2 DIE VORAUSSETZUNGEN IN DER DEUTSCHEN GESELLSCHAFT HABEN SICH VERBESSERT

Unser Land erlebt seit Jahrzehnten Zuwanderung vor allem durch Gastarbeiter und Asylanten. Obwohl auf der einen Seite an mehreren Stellen deutlich wird, dass eine Integration der ausländischen Mitbürgerinnen und Mitbürger nicht in erforderlichem Maß gelungen ist, hat sich andererseits ihre Akzeptanz merklich erhöht. Fremdländische Kulturen werden zunehmend als Bereicherung empfunden. Kommt dann noch ein unmittelbarer Nutzen etwa durch indische Computerspezialisten hinzu, spielt deren Nationalität scheinbar keine Rolle mehr.

Unter diesen Voraussetzungen scheint die Zeit für ausländische Kinder, die zudem durch Adoption zu Deutschen werden, günstig zu sein. Die Globalisierung hat dem Gelingen eines solchen Schrittes sicherlich voran geholfen. Zu bedenken ist allerdings, dass eine deutlich andere Hautfarbe durchaus zum Anlass für Fremdenfeindlichkeit werden kann.[15] Diese wird von den Kindern zumeist sehr intensiv und negativ erlebt.

4.3 DIE SITUATION FÜR VERWAISTE KINDER IN LÄNDERN DER ZWEITEN UND DRITTEN WELT IST ZU BEACHTEN

Es gibt weltweit viele verwaiste Kinder ohne Zukunftsaussichten in ihrem Land. Verschiedene Werke und Organisationen, die zum Kindeswohl im Ausland arbeiten, sind der aus ihrer Sicht begründeten Meinung, verwaisten Kindern in ihrem Heimatland am besten helfen zu können.[16] Wer aber beispielsweise die Bevölkerungsexplosion in Äthiopien sieht (1950 gab es 18,4 Millionen Einwohner und im Jahr 2010 werden es 89,5 Millionen sein), wird wahrnehmen müssen, dass alleinige Hilfe im Land nicht ausreicht. Vielmehr versuchen immer mehr erwachsene Äthiopier ins westliche Ausland zu gelangen, um von dort aus ihrer Familie und ihrem Volk zu helfen. Adoption von Kindern aus Äthiopien mit der Sensibilisierung der Kinder für ihr Heimatland kann einen Beitrag zur Hilfe lei-

15 In einer deutschen Kleinstadt an der polnischen Grenze wurde ein Inder mit deutscher Staatsbürgerschaft, der in einer benachbarten Kleinstadt Bürgermeister war und dies persönlich beteuerte, in keinem Taxi mitgenommen. Die Szene wurde versteckt gefilmt und im öffentlich-rechtlichen Fernsehen gesendet.

16 So zum Beispiel „terre des hommes“ in Deutschland. Auf der Schweizer Internetseite von „tdh“ klingt das alles ganz anders. In Deutschland vermittelt „tdh“ nicht mehr, in der Schweiz garantiert sie ein legale und ethisch einwandfreie Auslandsadoption, wobei sie sich von A bis Z um den Ablauf kümmert (www.tdh.ch/website/tdhch.nsf/pages/adoptiondD). Vielleicht zeigt diese Diskrepanz auch die Schwierigkeiten bei dem Thema auf.

sten. Gefüllte Kinderheime, verursacht durch den plötzlichen Tod der Eltern oder durch das Verlassen der Kinder, sprechen hier eine eigene Sprache. Ohne den Rückhalt ihrer Ursprungsfamilie sind Kinder nicht nur in Äthiopien einem ungewissen Schicksal ausgeliefert, selbst wenn sie bis zur Volljährigkeit im Heim bleiben könnten.

4.4 AUF EINE BEWÄHRTE PARTNERORGANISATION KOMMT ES AN

Bei einer Auslandsadoption kommt es auf eine anerkannte und bewährte Partnerorganisation an, die mit dem örtlichen Jugendamt zusammenarbeitet. Bewerber können sich selbst ein Bild über die Organisation anhand der richtigen Fragen machen, die sie stellen.[17]

Folgende Faktoren wirken dagegen erschwerend in der Entscheidung:

4.5 DIE UMGEHUNG DER GESETZE

Trotz des Haager Minderjährigen Schutzabkommens von 1961 gehen über 50% der Eltern, die im Ausland adoptieren, den Weg der „Selbstbeschaffung“[18]. Sie adoptieren ein Kind im Ausland nach dortigem Recht und lassen es in Deutschland vom Jugendamt anerkennen und ggf. vom Amtsgericht, wenn die Adoption im Ausland „schwach“ ist, in eine „starke“ überführen.[19] Da bei einer Auslandsadoption Geld im Spiel ist (ca. 10.000-15.000 Euro), kann nicht immer davon ausgegangen werden, dass bei einer unbegleiteten Adoption das Wohl des Kindes im Mittelpunkt steht.

4.6 KINDERHANDEL KANN NACH WIE VOR NICHT AUSGESCHLOSSEN WERDEN

Alle neuen Sicherungssysteme können nicht garantieren, dass Kinder nicht an zahlungskräftige Kunden verkauft werden. Es liegt mit in der Verantwortung der Eltern, an dieser Stelle, soweit es möglich ist, die Umstände zu prüfen.

---

17 Fragen an die Qualität der Auslandsvermittlungsstelle bei „terre des hommes" unter www.tdh.de/content/themen/weitere/adoption/checkliste.htm

18 So titelt „terre des hommes". Behörden sprechen auch von „unbegleiteten" Adoptionen.

19 www.bundesjustizamt.de/cln_101/nn_257850/DE/Themen/Zi. Bei einer starken Adoption wird das Kind vollständig aus seinem bisherigen Familienverband herausgelöst. Bei einer schwachen oder unvollständigen Adoption bleiben restliche Rechtsbeziehungen, wie etwa Erbrecht, erhalten. Eltern entscheiden selbst, ob sie beim Vormundschaftsgericht einen Antrag auf Umwandlung stellen. Allerdings vermittelt meist nur die „starke" oder „Volladoption" die deutsche Staatsangehörigkeit.

4.7 BELASTUNGEN FÜR DIE KINDER

Die Adoption aus dem Ausland stellt in jedem Fall eine besonders traumatische Belastung für ein Kind dar. Wenn es aus einem Heim kommt, erfuhr es zwei entscheidende verlustreiche Lebenseinschnitte: die Abgabe durch die Mutter und das Verlassen des Heimes. Bei älteren Kindern kommt je nach Herkunftsland der kulturelle Wechsel hinzu. Letzterer wird nach meinen Erfahrungen in der Regel aber schnell überwunden. Kinder aus der dritten Welt können Mangelerscheinungen oder sonstige körperliche Einschränkungen aufweisen, die zwecks fehlender Untersuchung durch Fachpersonal vor Ort unerkannt bleiben und in Deutschland längere Therapien nötig machen.

4.8 FAZIT

Eine Auslandsadoption ist unter gewissen und oben genannten Voraussetzungen für Waisenkinder eine reale Möglichkeit, ein Leben in Freiheit und Sicherheit zu erfahren. Wenn annehmende Eltern eine herzliche Offenheit für das Heimatland des Kindes und ihre Menschen entwickeln, kann diese Form der Adoption gelingen. Da im Inland zur Zeit immer weniger Eltern für Kinder gesucht werden und die Not vor allem in der dritten Welt nach wie vor groß ist, sollte man diesen Schritt in Erwägung ziehen.

Dagegen stellt die „Beschaffung" eines Kindes mit allen Mitteln, um die eigene Kinderlosigkeit zu beenden, kein ausreichendes Motiv dar - auch aus dem Grund, dass dann die Herkunft des Kindes eher unwichtig, ja unter Umständen verschleiert wird und damit kein Kontakt zur Ursprungskultur erfolgt. Damit wird nicht nur die Spurensuche nach der eigenen Vergangenheit und Identität erschwert, sondern das Kind einem Zweck dienlich gemacht. Auf dieser letztgenannten Grundlage ist ein Gelingen der Adoption von vornherein in Frage gestellt.

5. Voraussetzungen zur Adoption

5.1 FRAGEN

Paare oder Einzelpersonen, die sich um eine Adoption bewerben, müssen für sich im Vorfeld Fragen beantworten wie etwa:

- Sind genügend Wohnraum und Einkommen vorhanden?
- Ist die Bereitschaft gegeben, dem Jugendamt die persönlichen Verhältnisse wie Vermögen, Wohnung, Umgang der Partner miteinander und vieles mehr, offenzulegen?

- Ist der unerfüllte Kinderwunsch verarbeitet oder ist der seelische Schmerz über den bisherigen Zustand fast alleiniger Antrieb?[20]
- Ist die Geduld vorhanden, unter Umständen jahrelang auf eine Vermittlung zu warten?
- Bei einer möglichen Auslandsadoption: Welche Nationalität und Hautfarbe des Kindes ist persönlich vorstellbar und gesellschaftlich akzeptiert?[21]
- Sind Angehörige und Freunde bereit, ein Adoptivkind ebenfalls „anzunehmen" und zu lieben?
- Können all die anstehenden Prozesse wie Beratungsgespräche usw. mit den Anforderungen des Berufes vereinbart werden?

Die genannten Fragen sind nicht vollständig. Diese und weitere aufkommende Fragen können jedoch zur Orientierung sehr nützlich sein. Bewerber sollten sich bemühen, Antworten darauf zu finden, um über die persönlichen Motive Klarheit zu erzielen.

5.2 MOTIVATION

Meiner Meinung und Erfahrung nach kommt es in jedem Fall auf die entschlossene Bereitschaft der Bewerber an, den Weg der Adoption uneingeschränkt gehen zu wollen. Diese Motivation scheint einer der wichtigsten Punkte zum Gelingen einer Adoption zu sein. Man denke dabei nicht nur an den Prozess der Bewerbung, sondern an den gemeinsamen Weg mit einem Kind, das, woher es auch kommen mag, wie alt es sein wird und welche Voraussetzungen es mitbringt, Teil des Lebens wird und unbedingte Liebe und Annahme in jeder Situation benötigt.

Es sollte keinen Zweifel an dem eingeschlagenen Weg geben. Die Antwort auf die Frage der Qualität der Motivation zur Adoption sollte unbedingt im Vorfeld besprochen und deutlich werden.[22] Es geht nicht darum, dem Jugendamt ein möglichst positives Bild abzugeben, um als Bewerber angenommen zu werden. Das Amt übernimmt wohl die Vermittlung und das nötige Drumherum, nicht aber die Verantwortung für die Familiengründung. Ein Adoptivkind hat in jedem Fall,

---

20 Allerdings wird in den Gesprächen mit dem Jugendamt vieles an Motiven deutlicher und eventuell sogar reifer und durchdachter.

21 Die mögliche Akzeptanz hat für das Kind weitreichende Folgen in fast allen Lebensbereichen, wie Schule usw.

22 Meiner Frau und mir ist diese „unbedingte Bereitschaft" in einer Familie mit vier adoptierten Kindern begegnet. Sie wurde uns persönlich die entscheidende Motivation für den eigenen Lebensweg. Und wir würden an dieser Stelle niemandem raten, Kompromisse einzugehen. Die Motivation kann nur lauten: ein uneingeschränktes Ja zum Kind oder Jugendlichen. Für die ganze Zukunft.

gleich in welchem Alter es vermittelt wird, ein Recht darauf, verlässliche Motive vorzufinden.

5.3 KLÄRUNG

Die Bewerber durchlaufen eine erste Zeit der Information, der Klärung von Fragen und Motiven. Sie suchen und finden Antworten. Im Laufe des Prozesses entsteht ein Bild davon, was persönlich erwünscht und leistbar ist. Als Beispiel sei das Alter eines Adoptivkindes erwähnt sowie seine Herkunft, Anomalien bei den abgebenden Eltern wie schwere psychische Erkrankungen oder Alkoholismus. Bei Kindern ausländischer Herkunft gilt es, eventuelle Länder auszuschließen, zu denen begründet kein Bezug vorhanden ist. Je ehrlicher man sich mit Grenzen auseinandersetzt, die unweigerlich zu ziehen sind, desto besser. Es gilt, auf „Sichtweite" zu fahren und Wege abzustecken, die man sich auch zutraut.

5.4 HÖREN AUF DAS EIGENE HERZ

Der Kinderwunsch von Seiten der Eltern und das Wohl des Kindes stellen keinen Automatismus dar, nach dem eine Zusammenführung, gerade bei älteren Kindern, von Erfolg gekrönt sein muss. Bahnt sich eine Vermittlung eines älteren Kindes an, das beispielsweise fünf oder sechs Jahre alt ist, wird man bei einem Kontakt sehr auf seine Gefühle achten müssen. Sie sind an dieser Stelle ein untrüglicher Wegweiser. Wenn man mit dem Kind beispielsweise einige Stunden im Zoo verbringt und einen ersten Kontakt schließt, lautet die Frage: Kann ich mir dieses Kind als mein Kind vorstellen? Fällt die Antwort nach mehreren Kontakten dennoch nicht positiv aus, dann ist die Angst davor, in Zukunft kein weiteres Kind angeboten zu bekommen, kein guter Ratgeber. Hier gilt es, unbedingt auf sein „Herz" zu hören und unter Umständen auch nein zu sagen.

5.5 DER CHRIST UND SEINE WELTVERANTWORTUNG

Neben dem unerfüllten Kinderwunsch stehen bei Christen oft noch weitere Motive für eine Adoption im Hintergrund. Zwei sollen hervorgehoben werden, die unmittelbar zusammenhängen. Ein Christ stellt sich der sozialen Verantwortung. Er sieht Kinder in Not und möchte ihnen helfen.[23] Er fragt sich, ob die Adoption dafür ein guter Weg wäre. Dabei übernimmt er die Rolle des Wohltäters und Retters. Gleichzeitig sieht er am Kind die Aufgabe der „inneren" Mission. Die Jugendämter

---

23 Auch „Altruismus" genannt, eine durch Rücksicht auf andere gekennzeichnete Denk- und Handlungsweise. Uneigennützig, aufopfernd.

lehnen diese Motive häufig als wenig hilfreich ab, auch wenn sie nur unterschwellig erkennbar sind. In der Tat erweisen sich nämlich Helfermotive als „Rollen“, die letztlich keine Tragfähigkeit besitzen. Die Motive liegen außerhalb der eigenen Bedürfnisse und können sich deshalb ändern.

Christen sollten gegenüber der Adoptionsberatung nun nicht den Fehler machen und sich als unverstandene „Märtyrer“ sehen. An dieser Stelle stellt das Jugendamt für Christen eine Autorität dar, auf die es zu hören gilt. Ein Christ ist der Obrigkeit, d.h. dem Staat und seinen Organen gegenüber zum Gehorsam aufgerufen.[24] Er steht als „Kind Gottes“ und „Bürger des Himmels“ nicht über den Dingen dieser Welt. Er ist gleichzeitig beiden „Reichen“ verpflichtet. Konkret kann das bedeuten, dass er sich auch für ihn kritischen Stellungnahmen der beteiligten Ämter und Behörden gegenüber öffnet. Diese kritischen Anfragen an die Motive stellen in der Regel nicht den Glauben des Bewerbers in Frage.[25] Christen unterscheiden sich in den Voraussetzungen und Bedingungen nicht von anderen Adoptionsbewerbern, auch wenn sie die christliche Nächstenliebe im Blick haben. Dies besitzt einen durchaus befreienden Charakter.

5.6 VORLÄUFIGES FAZIT

Adoption ist ein komplexer Vorgang. Bewerber müssen für eine Adoptionseignung Fragen beantworten, deren Tragweite sie oft nicht ermessen können. Sie wissen nicht, durch welche Umstände sie adoptionsgeeignet sind. Sie können sich nicht vorstellen, ob sie statt eines Säuglings auch ein sechsjähriges Kind annehmen könnten. Es stellt sie vor schier unlösbare Fragen, wenn es um mögliche Behinderung des Kindes oder soziale Einschränkungen der abgebenden Eltern geht, die es zu „bewältigen“ gilt. Würden sie sich auf eine offene Adoption einlassen, wenn sich dies die abgebende Mutter wünscht? Was sind dann mögliche Folgen für ihre Adoptivfamilie, die sie gründen möchten? Schließlich müssen sie die weit komplexere Frage einer möglichen Auslandsadoption abwägen, weil im Inland immer weniger Kinder zur Adoption freigegeben werden. Sie wissen um den Vorrang des Kindeswohls, denken aber aus ihrer Sicht auch an ihr persönliches Glück. Sie würden die Umstände einer Vermittlung gern beeinflussen, müssen aber den Fähigkeiten der Mitarbeiter des für sie zuständigen Jugendamtes vertrauen. Kommt es zu einer Vermittlung, worauf sie sich nicht verlassen können, dann treten noch weiter viele

24 Röm. 13,1ff.

25 Obwohl es an dieser Stelle sehr unterschiedliche Sichtweisen der Sozialarbeiter und Psychologen der Jugendämter gibt.

Fragen in ihr Gesichtsfeld. Deshalb an dieser Stelle einige Tipps, die in diesem Dickicht der Lebensphase vor und während einer Adoption helfen können:

- Adoptivfamilien sind anders und dürfen anders sein als herkömmliche Familien. Dies gilt in vielfältiger Hinsicht und beginnt bereits beim „Entstehen" der Familie, also in der Bewerbungsphase.
- Adoptionsberatung hat geeignete Bewerber vor allen anderen Dingen zu ermutigen und zu motivieren.
- Bewerber sollten unbedingt praxisnahe Angebote der Jugendämter und anderer Vermittlungsstellen besuchen, in denen Vertreter aus Adoptivfamilien über ihre Erfahrungen berichten.
- Adoptivbewerbern hilft ein gesundes Vertrauen in die Lebenskräfte, die unser Leben trotz Widrigkeiten gelingen lassen.
- Christen dürfen sich in ihren Fragen und Zweifeln Gott anvertrauen, der das Leben segnen will.

6. Adoptivfamilien leben in komplexen Beziehungen

Wenn es zu einer Vermittlung eines Kindes kommt, dann hat sich für die Adoptiveltern ein Wunsch erfüllt. Alle Herausforderungen im Vorfeld sind schnell vergessen. Das Leben gewinnt eine ganz neue Dimension. Ihr Leben verändert sich. Je nach Alter des Kindes gestalten sie ihren Alltag und Freizeitaktivitäten neu. Ihre persönliche Beziehung als Paar zueinander gewinnt an Festigkeit und Tiefe. Man hat eine Herausforderung von zunächst ungeahnter Größe gemeinsam bewältigt. Gefühle der tiefen Dankbarkeit stellen sich ein. Das persönliche Glück wird aber sogleich auch neu herausgefordert. Fragen tauchen am Horizont auf, denen sich herkömmliche Familien nicht zu stellen brauchen. Eltern erleben sich nämlich in ihrer weiteren Geschichte in vier Beziehungsfeldern: zu ihrem Kind, zu den abgebenden Eltern oder der Mutter, zu ihrer Umgebung und zum Jugendamt. Auch aus diesem Grunde wird eine Adoptivfamilie sich immer von einer herkömmlichen Familie unterscheiden.

6.1 DIE BEZIEHUNG DER ADOPTIVELTERN ZU IHREM KIND

6.1.1 Eine besondere Beziehung

Die Beziehungen der Eltern zu ihrem Kind und die des Kindes zu seinen sozialen Eltern (Adoptiveltern) stellen sich als sehr komplex dar. An dieser Stelle sollen nur

Stichpunkte genannt werden, um Adoptivbewerbern einen ersten Einblick zu verschaffen.[26]

- Die Ankunft des Kindes stellt die Echtheit des Adoptionswunsches auf den Prüfstand.
- Das wirkliche Kind kann ganz anders aussehen als das Wunschkind, das bisher in der Phantasie existierte.
- Die eigene Unfruchtbarkeit wird öffentlich. Das kann die Tendenz verstärken, das Adoptivkind wie ein eigenes an sich zu binden und die Adoption zu verheimlichen.
- Aus Angst um die Stabilität der Beziehung des Kindes zu den Adoptiveltern binden Eltern ihre Kinder zu stark an sich, behüten sie zu sehr und können zur Strenge neigen.
- Wenn Kinder Erwartungen nicht erfüllen (das gilt für ihr Handeln als auch ihr Äußeres), kann es Identifikationsprobleme bei den Eltern auslösen, sie lassen spüren, dass es nicht ihr Kind ist.

6.1.2 Ein besonderer Weg

Adoptivkinder geraten mit zunehmendem Alter und dem Wissen um ihre Adoption in Identifikationsprobleme. Sie fragen sich zum Beispiel, warum sie abgegeben wurden, wer ihre leiblichen Eltern sind und wie sicher sie sich der Liebe ihrer Adoptiveltern sein können. Die Begleitung der Kinder in diesem Prozess stellt für die Adoptiveltern eine doppelte Herausforderung und Belastung dar, sind sie doch Teil des „Konflikts". An dieser Stelle wird sich zeigen, aus welchen Motiven die Adoptiveltern schöpfen. Eltern, deren Ziel darin besteht, ein möglichst normales und heiles Familienleben vorzuweisen, werden schnell an ihre Grenzen kommen. Es wird ihnen im Gegenteil abverlangt, ihre besondere Familiensituation und /-konstellation anzunehmen und bei Konflikten immer wieder nach Lösungswegen zu suchen. In gewisser Weise müssen sie lernen, auf einem schwankenden Boden zu leben.

Eltern sollten schon sehr früh alle möglichen Hilfen und Weiterbildungsangebote in Anspruch nehmen (wie z.B. Adoptivelterntreffen, Fachvorträge, etc.). Je normaler dies für sie wird, desto weniger werden sie das Gefühl bekommen, als Erzieher versagt zu haben oder die Kontrolle zu verlieren. Adoptivfamilien stellen zwar eine besondere Familienkonstellation dar, diese darf sich aber eingereiht wissen in die Suche aller Familien nach einem gangbaren Erziehungsweg in heutiger Zeit. Das Schöne an der Familiengründung durch Adoption darf nicht durch Misserfolge in der Erziehung

26 Näheres in dem ausführlichen Artikel von Prof. Dr. Franz Ruppert „Adoption – was trägt zum Gelingen, was zum Misslingen bei?, www.franz-ruppert.de/html/hauptteil_adoption.htm

zunichte gemacht werden. Der Ausgang der Erziehung ist nicht abhängig vom Umstand der Adoption. Dieser besondere Weg ist begehbar und gibt Erfüllung, auch wenn es manchmal ein holpriger, von Herausforderungen gekennzeichneter Weg ist.

6.2 DIE BEZIEHUNG DER SOZIALEN ELTERN ZU DEN BIOLOGISCHEN ELTERN ODER MUTTER/VATER

Mit der Vermittlung eines Kindes treten die Herkunftseltern in den Gesichtskreis, sofern es sich nicht um eine Stiefkindadoption handelt. Auch wenn die Motive für die Abgabe des Kindes den aufnehmenden Eltern vom Jugendamt so weit wie möglich offen gelegt werden, ahnen Adoptiveltern, dass ihr neues Glück eine breite Kehrseite hat.

Abgrenzend sei gesagt, dass aufnehmende Eltern nicht die Aufgabe haben, die abgebende Seite und ihre Entscheidung zu verstehen. Für Hilfen, vor allem auch seelischer Unterstützung, steht abgebenden Eltern das Jugendamt zur Verfügung. Dennoch stellen sich Adoptiveltern die Frage, was hinter der Abgabe des Kindes steht. Sie fragen nach den Charakterzügen der biologischen Eltern, um ihr Kind besser zu verstehen. Wenn es um eine Vermittlung eines neugeborenen Kindes geht, vergehen acht Wochen in der Ungewissheit, ob die leibliche Mutter ihre Entscheidung widerruft. Hier kommen sich soziale und biologische Eltern greifbar nahe, ohne sich zu begegnen.

„Der Adoptionsprozess greift jedoch in eine elementare Bedingung menschlichen Daseins ein, der Eltern-Kind-Beziehung, die wie kaum eine andere weit reichende seelische wie soziale Folgewirkungen zeigt. Bei einer näheren Betrachtung ... wird daher deutlich, dass in diesem System seelische Spannungen und psychische Konflikte zwischen allen Beteiligten an vielen Stellen mehr oder minder deutlich zutage treten können. Die Weggabe eines Kindes geschieht meist in einer Notsituation der leiblichen Mutter, die sich unter großem sozialem Druck fühlt. Es treffen meist mehrere ungünstige Faktoren zusammen:

- weil eine Frau schwanger wird, ohne einen festen Partner zu haben
- weil die Eltern der Mutter und/oder der Erzeuger des Kindes Druck machen, das Kind abzutreiben
- weil die allein stehende Mutter möchte, dass das Kind in einer „vollständigen" Familie aufwächst
- weil eine Frau den Vater des Kindes ablehnt und diese Ablehnung auf das Kind überträgt
- weil die Mutter mitten in einer Berufsausbildung steht
- weil sie das Kind zwar nicht haben, aus religiösen oder ethischen Gründen auch nicht abtreiben will

- weil sich die Mutter durch die Erziehung eines behinderten Kindes überfordert fühlt
- weil die Mutter Prostituierte und/oder drogenabhängig ist
- weil das Kind das Ergebnis einer außerehelichen Beziehung ist.[27]

Der Seite der abgebenden Mütter wurde meines Erachtens in der Vergangenheit zu wenig Aufmerksamkeit zugewandt. Sie in den Fokus zu nehmen bedeutet, die Adoption als einen ganzheitlichen Prozess zu begreifen.[28] Ob und wie aufnehmende Eltern diese „vergessene“ Seite ihrer Adoption für ihre Familie fruchtbar machen können, bleibt sorgfältig abzuwägen. Spätestens bei der Suche der pubertierenden Jugendlichen oder jungen Erwachsenen nach ihren Wurzeln wird die Seite der biologischen Mutter wieder in den Vordergrund treten, wenn wohl auch meist nur für eine kurze Zeit. Die Angst der Adoptiveltern davor, ihre Kinder durch deren Suche an die biologischen Mütter zu verlieren, ist fast immer unbegründet.[29]

6.3 DIE BEZIEHUNG DER ADOPTIVFAMILIE ZUM GESELLSCHAFTLICHEN UMFELD

Wer adoptiert und plötzlich seiner Umwelt mit einem Säugling auf dem Arm begegnet, ohne vorher schwanger gewesen zu sein oder ein älteres Kind den Nachbarn vorstellt, muss mit unvorhergesehenen Reaktionen rechnen. Auf der einen Seite steht das gesellschaftlich anerkannte soziale Engagement. Fragen und Zweifel werden in diesem Rahmen trotzdem geäußert: „Ob das gut gehen kann?“ Oder bei dunkelhäutigen Kindern: „Wieviel habt ihr für eure Kinder bezahlt?“ Oft wird in Gegenwart der heranwachsenden Kinder ungeniert gefragt, ob man denn gar nichts über die abgebende Mutter und ihre Beweggründe wisse.

Auf der anderen Seite begegnen Adoptivkindern offene Vorurteile. „Ob die Nachbarn ihr Kind nicht mit einem Adoptivkind spielen lassen, ob Lehrer schlechte Noten damit begründen, dass aus einem Adoptivkind ohnehin nichts Richtiges werden kann, ob der Großvater noch am Sterbebett dem ‚Bastard‘ die Hand verweigert – solcherlei kommt vor und weist darauf hin, welche Belastungen für Ad-

---

27 Franz Ruppert „Adoption – was trägt zum Gelingen, was zum Misslingen bei? www.franz-ruppert.de/html/hauptteil_adoption.htm

28 Mehr dazu bei Martin R. Textor, „Vergessene Mütter, die nicht vergessen können. Leibliche Eltern von Adoptivkindern“, Neue Praxis,19 (1989), S.323-336. Im Internet: SGB VIII – Online Handbuch, www.sgbviii.de/S15.html

29 So Martin R. Textor, „Die unbekannten Eltern, Adoptierte auf der Suche nach ihren Wurzeln“, Zentralblatt für Jugendrecht, 77 (1990). Im Internet: www.freenet-homepage.de/Textor/Unbekannt.html

optivkinder wie ihre Eltern durch Vorurteile im sozialen Umfeld entstehen können. Für Eltern wie Kinder ist es dann besser, solche Diskriminierungen nicht schweigend hinzunehmen, sich dagegen zur Wehr zu setzen oder sich zumindest im Kreise Gleichbetroffener über solche Vorfälle auszutauschen."[30] Eine besondere Herausforderung stellen für Kinder anderer Hautfarbe Bemerkungen wie „Schokolade", „Nigger", „Schlitzauge" und dergleichen dar. Auch dagegen gilt es sich zu wehren, wenn Eltern überhaupt davon erfahren und die Kinder es nicht für sich behalten.[31]

7. Mögliche Aufgaben der christlichen Gemeinde gegenüber der Adoptivfamilie und umgekehrt

An dieser Stelle sollen einige Anregungen genannt werden, die Christen in ihren Gemeinden sowie Adoptiveltern beherzigen können, damit der mögliche Weg einer Adoption gelingt.

- Die Leiter der Gemeinde können kinderlosen Ehepaaren, die dies wünschen, anbieten, für eine Überwindung der Kinderlosigkeit zu beten.[32]
- Eltern, die zu adoptieren gedenken, können die Gemeinde darüber informieren und ihre Wünsche nennen. Sie sollten Nachsicht üben, wenn nicht alle Mitchristinnen und Mitchristen die Tragweite dieses Schrittes ermessen können. Die Gemeinde kann Gebetsunterstützung zusichern und einhalten.
- Einzelne Gemeindeglieder sollten sich sachdienlich informieren, wenn sie Adoptiveltern unterstützen wollen. Sie sollten keine Anspielungen auf die Familiensituation machen, vor allem nicht vor den Kindern („Wisst ihr wirklich nichts über die Eltern?", „Er ist ja so süß, er passt zu euch, obwohl er ja gar nicht von euch kommt", usw.)
- Leiter und Mitarbeiter von Jungschar- und Jugendgruppen tragen viel zur Integration der Kinder bei. Als Regel könnte gelten: Ein Adoptivkind wie jedes andere Kind annehmen und herausfordern, alles so normal wie möglich, dennoch mit wachsamem Blick.

---

30 Franz Ruppert „Adoption – was trägt zum Gelingen, was zum Misslingen bei? www.franz-ruppert.de/html/hauptteil_adoption.htm

31 Hilfreich zum gegenseitigen Austausch können die Treffen der Adoptiv- und Pflegeeltern sein, die bundesweit angeboten werden, z.B. vom Bundesverband der Pflege- und Adoptivfamilien „Pfad", www.pfad-bv.de

32 Jak. 5,14

Die christliche Gemeinde kann sich an dieser Stelle, d.h. im Umgang mit Adoptivfamilien, von ihrer besten Seite zeigen: Sie hat sich informiert, unterstützt, ohne bohrende Fragen zu stellen, bettet niemanden in Watte, sondern hat Eltern wie Kinder in ihrer Situation lieb und ist bei Bedarf zur Hilfe bereit.

8. Nachwort

Gernot und Sarah haben sich ausführlich über die Chancen und Risiken einer Adoption informiert. Sie haben sich in ihrem Jugendamt als Adoptionsbewerber vorgestellt und an Vorbereitungskursen teilgenommen. Ob sie geeignet sind, wird sich noch herausstellen. Ihnen sind durch die Beschäftigung mit dem Thema ihre Motive deutlicher geworden. Sie könnten sich auch ehrlichen Herzens vorstellen, ein Leben zu zweit ohne Kinder zu führen. Sie werden zufällig auf eine Familie in ihrem Ort aufmerksam, die zwei dunkelhäutige Kinder im Alter von vier und sechs Jahren aus Sri Lanka adoptiert hat. Sie laden die Familie zum Essen ein und erfahren Näheres über den besonderen Weg der Auslandsadoption sowie die anerkannte Partnerorganisation, die Eltern für Waisenkinder aus diesem Teil Asiens sucht. In ihnen bricht der Wunsch auf, sich auch auf diesen Weg zu machen. Wenn sie es wirklich wollen, wird es ihnen auch gelingen.

ULRICH PAULI
SCHWAIKHEIM

Pflegebedürftige Senioren

Was tun, wenn die Eltern älter werden?

von Klaus-Günter Pache

Es geht um den Umgang mit Senioren und pflegebedürftigen Menschen in Familie und Gemeinde unter besonderer Berücksichtigung der Frage: „Was tun, wenn unsere Eltern älter werden?"

In den Zehn Geboten ist die soziale Fürsorge für die ältere Generation klar geregelt. Sie steht unter den Geboten, die das Verhältnis der Menschen untereinander ansprechen. Das fünfte Gebot lautet: „Du sollst deinen Vater und deine Mutter ehren, auf dass du lange lebest in dem Lande, das dir der HERR, dein Gott, geben wird" (2. Mose 20,12 LU). Daraus folgt: Der Respekt und die Verantwortung für die Senioren war schon vor 3.000 Jahren Grundlage menschlichen Zusammenlebens.

Heute müssen wir neu fragen, wie sich das Verhältnis der mittleren Generation zu ihren Eltern entwickelt hat. Wie kann das biblische Gebot gelebt werden? Sicherlich ist das zunächst eine wesentliche Frage für die Menschen, die sich um ihre alt gewordenen Eltern und Verwandten kümmern müssen. Es betrifft aber auch grundsätzlich den Umgang mit älteren Menschen in der Gemeinde und Nachbarschaft.

1. Chancen und Gefahren

Die Rahmenbedingungen für ein gutes, partnerschaftliches Verhältnis der erwachsenen Kinder zu ihren alten Eltern waren wohl selten in der Geschichte so gut wie heute. Wir stellen fest:

- Noch gründen wir in unserer Gesellschaft eine auf Dauer angelegte Familienstruktur, die Geborgenheit und Konstanz bietet. Die Familie ist grundsätzlich ein Ort, der einen hohen Grad an emotionaler Verlässlichkeit bietet.

- Die gesetzliche Regelung der Altersversorgung durch die Renten- und Krankenversicherung hat die nachrückende Generation in ihrer Fürsorgepflicht sehr entlastet. Die gesellschaftliche Akzeptanz außerfamiliärer Pflege hilft zu einem freieren Verhältnis der Generationen ohne äußere Zwänge.
- Die deutlich gestiegene Lebenserwartung ermöglicht der mittleren wie der älteren Generation eine sehr lange gemeinsame Zeit. Allerdings birgt diese lange Zeit nicht nur positive Aspekte. Erwachsene Kinder und ihre Eltern sind heute in einem deutlich höheren Alter, wenn eine mögliche Pflegesituation ansteht. Das hat seine gute Seite, weil die Kinder sich bereits mit ihrem eigenen Alter auseinandersetzen müssen und daher die alten Menschen besser verstehen.

Jede Chance auf ein gutes Miteinander der Generationen ist zugleich aber auch eine nicht zu übersehende Herausforderung. Aus den gegenwärtigen Rahmenbedingungen ergeben sich für das Verhältnis von erwachsenen Kindern und ihren alt gewordenen Eltern besondere Schwierigkeiten und Aufgaben:

- Die mittlere Generation ist zwischen den eigenen heranwachsenden Kindern und den alt gewordenen Eltern einer nicht zu unterschätzenden Mehrbelastung ausgesetzt. Durch die höhere Lebenserwartung kommen für die „Scharniergeneration" verschiedene Fürsorgepflichten zusammen. Da viele Kinder heute erst sehr spät mit der Ausbildung fertig werden, kollidiert die Fürsorge für sie nicht selten mit der Pflege der alten Eltern. Haben dagegen die Kinder sehr früh geheiratet, bleibt in der Sorge um die eigenen Eltern zu wenig Zeit für die Versorgung der Enkel.
- Viele gesellschaftliche Veränderungen haben das Miteinander der Generationen deutlich erschwert. Die berufliche Bindung verlangt nach schnellem Wechsel der Wohnstätte. Die hohe Scheidungsrate hinterlässt „Alterswaisen". Pflege, die Fürsorge, der regelmäßige Besuch werden durch große räumliche Distanzen fast unmöglich.
- Die demographische Entwicklung bedeutet, dass immer weniger junge Menschen für immer mehr Groß- und Urgroßeltern zuständig sind. Der Anspruch der alten Eltern an ihre Kinder kann das Verhältnis zu der noch jungen Generation erheblich belasten.

2. Der alte Mensch in der Bibel

Abgesehen von der Frühzeit der Bibel, mit Lebenserwartungen, die mehrere hundert Jahre umfassten, scheint das Lebensalter ab der Besiedlung Kanaans in den uns vertrauten Längen zu verlaufen. König David starb mit 70 Jahren, und Psalm 90 macht deutlich, dass dieses Alter die zu erwartende Lebenslänge ist, 80 Jahre sind hingegen schon eine Ausnahme. In dieser Alterserwartung sind es in der Regel drei, höchstens aber vier Generationen, die gleichzeitig leben: Urgroßeltern, Großeltern, Eltern und Kinder. Allerdings lag die durchschnittliche Lebenserwartung in der alten Zeit erheblich niedriger als heute. Verursacht durch eine hohe Säuglingssterblichkeit und die noch nicht vorhandenen Möglichkeiten der modernen Medizin, starben Menschen viel früher. Erst in den letzten 100 Jahren hat sich in Europa die Lebenserwartung von 40 auf 80 Jahre praktisch verdoppelt.

Die biblischen Berichte machen deutlich, dass Gott in seiner Fürsorge und Liebe keinen Unterschied zwischen jüngeren und älteren Menschen kennt. Jede Generation ist in seinen Augen gleichermaßen wertvoll und wichtig. Der Wert eines Menschen wird an keiner Stelle an seiner Leistungsfähigkeit gemessen. „Auch bis in euer Alter bin ich derselbe, und ich will euch tragen, bis ihr grau werdet. Ich habe es getan; ich will heben und tragen und erretten" (Jesaja 46,4 LU).

Eine hohe Verantwortung der älteren Menschen bestand in ihrem Vorbild für eine nachrückende Generation. Es lag zu einem großen Teil an den Großeltern, den Enkeln die lebenswichtigen Überlieferungen des Glaubens nahe zu bringen. In einer Zeit, in der die meisten Menschen nicht auf schriftliche Überlieferung zurückgreifen konnten, war es die Aufgabe der Alten, von Gottes großen Taten und seinem Anspruch an uns Menschen zu berichten. „Denn du bist meine Zuversicht, HERR, mein Gott, meine Hoffnung von meiner Jugend an. Auf dich habe ich mich verlassen vom Mutterleib an; du hast mich aus meiner Mutter Leibe gezogen. Dich rühme ich immerdar. Ich bin für viele wie ein Zeichen; aber du bist meine starke Zuversicht. ... Gott, du hast mich von Jugend auf gelehrt, und noch jetzt verkündige ich deine Wunder. Auch im Alter, Gott, verlass mich nicht, und wenn ich grau werde, bis ich deine Macht verkündige Kindeskindern und deine Kraft allen, die noch kommen sollen" (Psalm 71,5.17.18 LU).

Der alte Mensch wird in den biblischen Berichten auch in seinen körperlichen Grenzen sehr realistisch dargestellt. Da ist vom schwindenden Seh- und Hörvermögen die Rede (Prediger 12,1-7), von Jahren, die in der Summe negativ bewertet werden: „Denk an deinen Schöpfer in deiner Jugend, ehe die bösen Tage kommen und die Jahre sich nahen, da du wirst sagen: Sie gefallen mir nicht" (Prediger 12,1 LU). Eine rechtzeitige Pensionierung war schon in biblischer Zeit für einige Berufe üblich: Die Leviten wurden mit 50 Jahren aus dem Dienst entlassen und auch die Priester beendeten ihren Dienst in diesem Alter (vgl. 4. Mose 4,23). Von David wird berichtet, wie er dem alt gewordenen Barsillai seine Hilfe vergilt, indem er ihn im Alter zu sich an den Königshof nimmt. „Und Barsillai war sehr alt, wohl achtzig Jahre. Er hatte den König versorgt, als er in Mahanajim war; denn er war ein Mann von großem Vermögen.

Und der König sprach zu Barsillai: Du sollst mit mir ziehen, ich will dich versorgen bei mir in Jerusalem“ (2. Samuel 19,33 LU). Hier haben wir ein Beispiel für die Verantwortung der Generationen füreinander, auch unabhängig von familiären Bindungen.

An mehreren Stellen im Alten Testament wird deutlich, dass der alte Mensch in der Bibel die letzte Lebensspanne dazu nutzt, um seine Lebensverhältnisse zu ordnen. Versöhnt zu sterben, mit Gott und Menschen, war ein unverzichtbarer Wert. Das Alter ist auch eine Zeit, in der der Mensch seinen Nachlass ordnet. Abraham sorgte noch im hohen Alter dafür, dass sein Sohn die richtige Frau bekommt (vgl. 1. Mose 24). Er ordnete das Erbe und verhinderte so rechtzeitig mögliche Erbstreitigkeiten. Er gab den Segen Gottes an seine Söhne weiter und sorgte dafür, dass sie auf eigenen Füßen stehen konnten (1. Mose 25,5-6). Für ein erfülltes Lebens spricht die biblische Bilanz: „Das ist aber Abrahams Alter, das er erreicht hat: hundertundfünfundsiebzig Jahre. Und Abraham verschied und starb in einem guten Alter, als er alt und lebenssatt war, und wurde zu seinen Vätern versammelt“ (1. Mose 25,7-8 LU). Ähnliche Aussagen finden wir auch über viele andere Persönlichkeiten im Alten Bund. Im Neuen Testament werden die Berichte über den alten Menschen seltener. Hier liegt die Betonung deutlich mehr auf der Tatsache, dass vor Gott alle Menschen gleich sind und das Alter keine Rolle in seiner Wertschätzung spielt (vgl. Römer 3,9ff.; Jakobus 2).

Eine Reihe von Anweisungen in der Bibel spricht den Umgang mit den alten Menschen an. Jüngere Leute sind aufgefordert, sich um die älteren zu kümmern und sie zu ehren. „Ehrt und respektiert ältere Menschen. Habt Ehrfurcht vor eurem Gott. Ich bin der Herr“ (3. Mose 19,32 NL)! Die Geschichte von Noomi und ihrer Schwiegertochter Rut macht das deutlich (vgl. Rut 1-4). Hier wird besonders klar, wie die ältere Frau Verantwortung für die jüngere übernimmt und ihr hilft. „Noomi nahm das Kind und legte es auf ihren Schoß und übernahm die Pflege des Jungen“ (Rut 4,16 NL). Die Schwiegermutter übernimmt Verantwortung für ihr Enkelkind und ist so nicht nur die Nehmende, sondern auch die Gebende. Jesus macht im Neuen Testament deutlich, dass das fünfte Gebot – „du sollst Vater und Mutter ehren“ – unbedingten Vorrang vor irgendwelchen menschlichen Satzungen hat, auch wenn sie noch so einleuchtend klingen (vgl. Matthäus 15,1-9).

3. Müde Beine, schlechte Augen – wir werden alle älter

Jeder neue Tag, jedes Weckerklingeln am Morgen, jeder Sonnenuntergang zeigt uns: Wir werden älter! Der Prediger Salomo ist unerbittlich und mahnt: „Denk schon als junger Mensch an deinen Schöpfer, bevor die beschwerlichen Tage kommen und die Jahre näher rücken, in denen du keine Freude mehr am Leben hast" (Prediger 12,1 Hfa). Dabei begegnen wir dem postmodernen Phänomen, dass das Alter so gar nicht in eine Zeit passt, in der Jugend, Frische und Fitness fast heilige Werte sind. Wenn wir heute zum Seniorenkreis einladen, fühlen sich die Siebzigjährigen gar nicht angesprochen. Deswegen gibt es in vielen Gemeinden Angebote für die so genannten „Jungsenioren". „60 plus" ist eine oft gehörte Bezeichnung. In alter Zeit hat Großmutter die Enkel gehütet. Heute überlegt sie, welchen Kurs sie bei der Volkshochschule absolvieren kann. Einst pflegten die Menschen im Alter ihren Ruhestand im Haus der Großfamilie zu verbringen. Heute überlegen Senioren, ob man sich ein Häuschen auf Gran Canaria kauft. Zeiten ändern sich – aber jede Generation muss die schmerzhafte Erfahrung machen, dass auch sie älter wird. Wir werden, wie schon angedeutet, heute im Durchschnitt wesentlich älter als die Menschen vor hundert Jahren. Die durchschnittliche Lebenserwartung der Bergleute in England, Anfang des 19. Jahrhunderts, lag bei 40 Jahren. Heute werden in unserem Land die Männer durchschnittlich 74 Jahre alt, die Frauen 81. Um 1900 waren ca. 4% der Bevölkerung in Deutschland über 65 Jahre alt. Heute sind es 12% – dreimal soviel. Allein in den USA leben über 11.000 Leute, die älter als 100 Jahre alt sind.

Viele empfinden das Älterwerden aber als Last. Eine Reihe von Gefühlen, schwierigen Gefühlen, ist oft damit verbunden:

DAS GEFÜHL VON NUTZLOSIGKEIT

Ältere Menschen denken oft: Wozu bin ich noch da? Besonders wenn sie alleine leben, haben sie mit diesem Empfinden zu kämpfen. Die Kinder sind aus dem Haus, das Leben ist so still geworden. Oft betrifft es Leute, die in ihrer aktiven Zeit viel Verantwortung trugen. Welche Würde bekommt das Alter, wenn ältere Menschen, die Gott kennen, genau das als Chance betrachten! Nun stehen sie nicht mehr in der ersten Reihe, aber sie falten ihre Hände und beten für die, die jetzt Verantwortung tragen und unterstützen sie und ihre Familien nach Kräften.

DAS GEFÜHL VON SCHULD

Im Rückblick erscheint so viel falsch, was man gemacht hat: „Hätte ich nur meine Kinder anders erzogen!" – „Hätte ich nur damals mein Abitur gemacht!" – „Hätte ich nur mehr Verantwortung bekommen!" Wie hat jemand einmal gesagt: „Ich bin nicht der Mann, der ich hätte sein können."

Es wird die Aufgabe der Gemeinde und hier besonders die Aufgabe der jüngeren Generation sein, die älteren Menschen bewusst in das Gemeindeleben mit einzubinden und sie zu ermutigen. In der Bibel steht ein herrlicher Satz, ein Zuspruch, den Gott seinem entmutigten Volk sagt, das so viel kostbare Zeit verplempert hat: „Ich will euch die Jahre erstatten, deren Ertrag die Heuschrecken … gefressen haben" (Joel 2,25 LU).

DAS GEFÜHL VON BITTERKEIT UND SELBSTVORWÜRFEN

Ältere Menschen haben nicht selten mit Verletzungen aus der Vergangenheit zu kämpfen. „Wenn ich nur einen anderen Mann geheiratet hätte, wie anders wäre mein Leben verlaufen!" – „Meine Kinder könnten sich wirklich mehr um mich kümmern. Ist das der Dank dafür, dass man ihnen die besten Jahre geopfert hat?" – „Warum habe ich es in meinem Leben so schwer gehabt? Nichts ist mir geschenkt worden." Viele ältere Menschen werden in ihren Gefühlen von Bitterkeit und Ärger bestimmt. Und so werden sie immer einsamer. Gottes seelsorgerliche Arbeit am alten Menschen geht weiter. Er mahnt, darauf zu achten, dass nicht Bitterkeit und Vorwürfe ihre Gedanken bestimmen.

DIE GEFÜHLE VON ANGST

Angst und Verunsicherung nehmen im Alter zu. Die postmoderne Welt mit ihren rasanten Veränderungen macht dem älteren Menschen Angst. Die Vorstellung, mit einem Computer arbeiten zu müssen, treibt ihnen den Angstschweiß auf die Stirn. Geld bekommt man fast nur noch mit Karte und einer Nummer, die man behalten muss, bedient von einem seelenlosen Automaten. Selbst der Reisewecker hat inzwischen eine vierseitige Bedienungsanleitung. Die Müllentsorgung bedarf mittlerweile einer einführenden Schulungswoche. Und was bitteschön ist Megapixel, Full HD, DSL, WWW, SMS, PDF oder Download? Das macht Angst! Angst, weil man den Anschluss verpasst hat.

Es ehrt eine Gemeinde, wenn sie Generationen übergreifend arbeitet und die Menschen nicht in altersbezogene Gruppen aufteilt. So sehr eine nachrückende Generation von der Erfahrung und Weisheit der Älteren profitieren kann, so sehr braucht die ältere Generation die Unterstützung und Ermutigung durch die jüngeren Menschen. Schon vor 3.000 Jahren macht Salomo die Feststellung: „Deine Hände, mit denen du dich schützen könntest, zittern; deine starken Beine werden schwach und krumm. Die Zähne fallen dir aus, du kannst kaum noch kauen, und deine Augen werden trübe. Deine Ohren können den Lärm auf der Straße nicht mehr wahrnehmen, und deine Stimme wird immer leiser … Du fürchtest dich vor jeder Steigung und hast Angst, wenn du unterwegs bist. Dein Haar wird weiß …" (Prediger 12,3-5 Hfa).

In einem Gebet aus dem 17. Jahrhundert heißt es:

- „Herr, du weißt besser, als ich selbst es weiß, dass ich älter werde, und eines Tages werde ich alt sein.
- Bewahre mich vor der schlimmen Gewohnheit, zu jedem Thema und bei jedem Anlass etwas sagen zu müssen.
- Befreie mich von dem Verlangen, für jeden alles regeln zu wollen.
- Mach mich nachdenklich, aber nicht trübsinnig, hilfsbereit, aber nicht herrschsüchtig.
- Bei meiner großen Sammlung an Weisheit scheint es schade, sie nicht anzuwenden, aber du weißt, dass ich noch Freunde haben möchte, wenn mein Ende kommt.
- Bewahre mich vor der endlosen Wiederholung unwichtiger Einzelheiten; gib mir Flügel, zur Sache zu kommen.
- Versiegle meine Lippen, so dass sie schweigen von Beschwerden und Schmerzen. Sie werden mehr, und täglich wird es schöner, von ihnen zu erzählen. Ich wage es nicht, um so viel Gnade zu bitten, dass ich glücklich bin, wenn andere von ihren Schmerzen erzählen, aber hilf mir, das mit Geduld zu ertragen.
- Ich bitte nicht um ein besseres Gedächtnis, aber um wachsende Demut und um abnehmende Selbstsicherheit, wenn mein Gedächtnis – und das anderer – sich unterschiedlich erinnern.
- Lehre mich die herrliche Lektion, dass auch ich mich gelegentlich irren kann.
- Lass mich nett bleiben.
- Ich will kein Heiliger sein – mit denen ist oft so schwer leben – aber als grimmiger alter Mann wäre ich eine Krönung der Werke des Bösen.
- Lass es mir gelingen, das Gute zu sehen, wo ich es nicht erwarte, und lass mich die Fähigkeiten bei Menschen erkennen, denen ich keine zutraue.
- Und gib mir, o Herr, auch die Gnade, ihnen zu sagen, was ich entdeckt habe. Amen."

4. Worauf es wirklich ankommt

Die Zeit vergeht, Generationen kommen und gehen. Worauf kommt es wirklich an? Was sind in einem letzten Sinn die Werte, die im Alter tragen? Wofür hat es sich gelohnt zu leben und worauf kann man sterben?

- Es ist kein Verhängnis älter zu werden, aber es ist ein Verhängnis ohne Christus älter zu werden.
- Es ist nicht schlimm, wenn die Hände zittern und die Beine schwächer werden, aber es ist schlimm, wenn wir im Alter ohne Jesus leben müssen.

- Es ist nicht schlimm, wenn wir nicht mehr so gut hören und sehen, aber es ist schlimm, wenn wir Gottes Reden nicht mehr sehen, ihn nicht mehr hören.
- Es ist nicht schlimm, manches im Leben verpasst zu haben. Wir machen so viele Fehler, so viel Schuld bestimmt unser Leben. Aber wie hoffnungslos wird das Alter, wenn wir den verpassen, der gesagt hat: „Ich bin gekommen, damit sie das Leben und volle Genüge haben sollen" (Johannes 10,10b LU).

Im Alter wird die Frage nach den letzten Dingen unausweichlich. So sehr dieses Thema jede Generation betrifft, Gemeinde muss auch ihre ältere Generation auf das Sterben vorbereiten. Zu oft wird hier peinlich vermieden, sich mit dem Unausweichlichen zu beschäftigen. Was kommt nach dem Tod? Wie müssen wir uns den Himmel vorstellen? Auf die Ewigkeit ist diese Zeit Vorbereitungszeit. Älter werden ist kein Verhängnis, sondern ein Privileg. Mit jedem Tag kommen wir dem Himmel ein Stück näher. Machen wir das Beste daraus!

5. Ein Erfahrungsbericht

ESTHER PACHE SCHREIBT:

Als meine Mutter etwa 80 Jahre alt war, habe ich einmal zu ihr gesagt: „Mama, wenn Papa einmal vor dir sterben sollte, nehme ich dich zu mir." Da meine Schwester in der Schweiz lebt und ich meinen drei Schwägerinnen die Pflege nicht zumuten wollte, hielt ich es für selbstverständlich, mich um meine Mutter zu kümmern, wenn das einmal nötig sein würde. Allerdings war mein Vater sechs Jahre jünger als meine Mutter und zum damaligen Zeitpunkt noch relativ fit. Er fuhr noch Auto, erledigte Einkäufe und war viel unterwegs.

Meine Eltern waren in die Nähe meines Bruders gezogen, der sie häufig besuchte, ihnen zuhörte und einiges für sie regelte. Wir hatten eine Frau gefunden, die einmal in der Woche zum Putzen kam, und ich fuhr hin und wieder die 300 km zu ihnen, um sie zu besuchen und nach Kräften zu unterstützen. Wir redeten mit meinen Geschwistern immer öfter darüber, was wir machen würden, wenn die Hilfsbedürftigkeit der Eltern zunähme, fanden aber keine Lösung. Unsere Eltern wollten trotz unübersehbarer Probleme in ihrer Umgebung bleiben. Mama konnte kaum noch kochen und wurde zusehends schwächer und war einige Male gefallen. Der finanzielle Rahmen meiner Eltern war sehr eng gesteckt. Mein Vater war durch eine mentale Erkrankung nicht immer in der Lage, ihre finanziellen Möglichkeiten richtig einzuschätzen. Ein zu spät erkannter und behandelter Diabetes schränkte ihn zunehmend ein.

Ende 2005 musste mein Vater deswegen ins Krankenhaus, eigentlich zu einer Routineuntersuchung. Man stellte aber Aszites und wenig später eine Krebserkrankung fest. Die Prognose war nicht gut und der Verlauf sehr dramatisch. Während wir unseren Vater bis zu seinem Tod nach nur fünfwöchigem Krankenhausaufenthalt begleiteten, umsorgten Verwandte meine Mutter.

Nun standen wir vor der Situation, dass Mama alleine war, und ich wurde wieder an mein Versprechen erinnert. Ich redete mit meinem Mann und unseren Kindern und kündigte meine Teilzeitarbeitsstelle als Arzthelferin. Wir renovierten ein Zimmer in unserer Wohnung und richteten es für sie ein. Kurz bevor meine Mutter zu uns kommen sollte, bekam sie Anfang März eine Lungenembolie und musste in das gleiche Krankenhaus, in dem mein Vater sieben Wochen vorher gestorben war. Ich fuhr hin und blieb ein paar Tage und Nächte in ihrem Zimmer. Das Gefühl, eventuell nach so kurzer Zeit auch die Mutter zu verlieren, wo ich mich doch nun auf eine Zeit mit ihr bei uns eingestellt hatte, war unbeschreiblich. Aber sie erholte sich noch einmal und wurde Ende März mit dem Krankentransport zu uns nach Bremen gebracht. Am gleichen Tag kam unser drittes Enkelkind Malene zur Welt!

Damit begann eine intensive Zeit mit meiner Mutter, die eineinviertel Jahr dauern sollte. Zuerst versuchte ich, die Pflege selbst durchzuführen, später kamen dreimal wöchentlich Schwestern vom Pflegedienst morgens zum Waschen, um mich zu entlasten und meiner Mutter die Möglichkeit zu geben, sich auch an fremde Hilfe zu gewöhnen. Darüber war sie nicht gerade begeistert und nicht nur einmal musste ich später schlichtend eingreifen! Mutter hatte die Pflegestufe „drei" bekommen, und so konnte ich einige Hilfsmittel in Anspruch nehmen. Bei ihrer Krankenkasse hatte ich eine Ansprechpartnerin, mit der ich alles Nötige regeln konnte, wodurch die Abwicklungen ziemlich reibungslos waren. Nachdrücklich empfehle ich hier, sich umfassend zu informieren über pflegerische Unterstützung, Hilfsmittel, Pflegeeinrichtungen und die Praxis der Krankenkasse.

Nach ein paar Wochen gelang es uns, meine Mutter in den Rollstuhl zu setzen. So konnte sie täglich einige Stunden in ihrem Stuhl sitzen und am Tisch essen. Wir trugen sie auch die Treppen hinunter, damit sie besser am Familienleben teilnehmen oder mit zum Gottesdienst genommen werden konnte. Später bekamen wir sogar einen Treppenlift ausgeliehen.

Die Pflege war körperlich anstrengend, für mich aber kein großes Problem. Schwieriger waren die zunehmende Demenz und die depressiven Verstimmungen bei meiner Mutter. Es fiel ihr schwer, auf Hilfe angewiesen zu sein. Sie war ängstlich, ärgerte sich über den Pflegedienst, wollte keine „fremden Leute", hatte Angst beim Aufstehen. Sie machte die Nacht zum Tage oder wollte tagsüber nur in Ruhe gelassen werden und schlafen. Es gab auch Zeiten, in denen sie mich nicht als ihre Tochter erkannte und böse auf mich war, weil ich die Rolle von Esther übernahm. Dann wieder konnte sie den Gottesdienst oder den Besuch ihrer Kinder genießen und war dabei ganz klar, oftmals fast lustig und nahm auch geistlich viel auf. Diese täglichen, ja oft stündlichen Veränderungen waren für mich sehr anstrengend und brauchten viel Einfühlungsvermögen.

Der Sommer 2006 war ungewöhnlich heiß und ich habe viele Stunden bei meiner Mutter im Zimmer verbracht. Sie konnte nicht mehr lesen oder fernsehen und war ganz auf unsere Ansprache angewiesen. Ich war immer hin- und hergerissen zwischen meinen eigenen Bedürfnissen und dem Gefühl, dass Mama ja ganz alleine dort oben im Zimmer ist. Hinzu kamen die Erwartungen meiner Familie, Gemeindetermine und viel Besuch, der nicht selten über Nacht blieb. Mehrmals wurde ich von lieben Menschen angesprochen, dass ich auf meine Gesundheit achten solle. Je länger die Pflege dauerte, desto schwerer fiel sie mir.

Sicherlich besteht eine große Herausforderung darin, den einem so vertrauten Menschen leiden zu sehen und letztlich nichts tun zu können. Das kostet viel seelische Kraft. Die Betreuung rund um die Uhr schränkt einen zusätzlich erheblich in seinen Lebensgewohnheiten ein. Oft sind Aufgaben zu erledigen, die einige Überwindung kosten. Es ist ein großer Unterschied, ob man ein Baby sauber macht und ihm Windeln anlegt oder der eigenen Mutter. Je nach Situation muss man damit umgehen lernen, dass man von den eigenen Eltern nicht mehr erkannt wird. „Nicht selten verändert sich die Persönlichkeit des zu Pflegenden derart, dass man den einst so lieben Menschen nicht mehr wiedererkennt." (Heinrich Kaufmann in „Wenn meine Eltern älter werden", Stuttgart 2008)

Geholfen hat mir und uns, dass mich immer mal wieder jemand von meinen Geschwistern ablöste und ich einige Tage mit meinem Mann verreisen konnte. Der Pflegedienst kam dann zweimal am Tag, so dass mein Bruder oder meine Schwägerin den Rest übernehmen konnten.

Außerdem fühlte ich mich sehr durch meinen Hauskreis und meine Zweierschaft mit meiner Freundin unterstützt; ich habe beides zur Reflexion und zu „gesunden" Gesprächen gebraucht. Manchmal tat es einfach nur gut, in der Familie zu lachen über allerhand Situationskomik.

Während unseres Sommerurlaubes war meine Mutter in der Kurzzeitpflege in einem Pflegeheim der Caritas. Man muss als Angehöriger sehr viel mitdenken, planen und organisieren und sich das Haus genau ansehen. Im Mai 2007 – Mutter war zu diesem Zeitpunkt vierzehn Monate bei uns – kam sie zum zweiten Mal in die Kurzzeitpflege, und ich fuhr zur Kur. Dort wollte ich mich auch mit dem

Gedanken auseinander setzen, Mama eventuell doch in ein Heim oder eine Wohngemeinschaft für Demenzkranke zu geben. Während dieser Zeit brach sich meine Mutter in dem Heim den Oberarm und musste ins Krankenhaus. Mein Mann hat sie dann betreut und ich kam einige Tage später zurück. Mutter hatte sichtlich gelitten, war ganz dünn geworden und sehr müde. Nach einigen Tagen in der geriatrischen Rehabilitation des Krankenhauses kam sie ein wenig erholt zu uns zurück. Ich konnte sie noch einige Tage zu Hause pflegen, aber am Samstag, drei Tage nachdem sie entlassen worden war, sprach sie klar davon, dass sie sterben würde. Das hatte sie wohl früher öfter getan, aber jetzt hatte ich den Eindruck, dass es ernst würde. Meine Schwester kam am Abend aus der Schweiz zu uns und verbrachte noch einen guten Abend bei ihr, las ihr vor und redete mit ihr. Am Sonntagmorgen, während im Gemeindezentrum nebenan die Gottesdienstvorbereitungen anliefen, starb sie dann doch für uns plötzlich, ganz schnell und leise. Wir haben sie im Zimmer schön hergerichtet und die Familie und meine Brüder, die abends kamen, konnten sich in Ruhe verabschieden. Sie wurde erst am nächsten Tag abgeholt und auf dem Friedhof in Schalksmühle, in der Nähe des Grabes meines Vaters beigesetzt.

Das Ganze liegt nun einige Jahre zurück und ich habe noch lange gebraucht, um die Zeit mit meiner Mutter zu verarbeiten. Ich möchte die Zeit nicht missen und wir haben viele schöne Momente miteinander gehabt, aber da war auch mancher Kampf, Schuld und das Gefühl, dass meine Kraft und Liebe nicht immer ausgereicht haben. Seit diesen Erfahrungen setzte ich mich viel mehr mit dem eigenen Älterwerden auseinander, denke öfter an den Himmel und überlege mir, was im Umgang mit meinen Kindern wichtig und von bleibendem Wert ist.

6. Praktische Empfehlungen für pflegende Angehörige

Sehr schnell sind die nächsten Verwandten mit der Versorgung pflegebedürftiger Angehöriger überfordert. Die Länge des Weges trägt die Last, und so manche Kinder haben in der Pflegesituation so viel Kraft gelassen, dass sie darüber depressiv oder krank wurden. Es ist sehr schwer, die richtige Balance zwischen Hingabe und Abgrenzung zu finden.

Ob es sich Kinder zumuten, ihre pflegebedürftigen Eltern zu versorgen, sollte unbedingt mit der ganzen Familie abgesprochen sein. Alle, die davon betroffen sind, müssen gehört werden. Nicht jedem Kind liegt die Pflege der alt gewordenen Eltern am Herzen. Wer bereit ist die Pflege zu übernehmen, sollte das ohne Erwartung an Verwandte und Geschwister tun. Klärende Gespräche über eine mögliche Aufteilung der Verantwortung können wesentlich dazu beitragen, dass es später keinen Streit gibt.

Grundsätzlich ist zu klären, aus welchen Motiven heraus man bereit ist, die Pflege der alt gewordenen Eltern oder Verwandten zu übernehmen. Die Aussicht auf ein mögliches Erbe ist ein denkbar schlechtes und unsicheres Motiv. Auch das schlechte Gewissen, das sich meldet, weil man Vater oder Mutter ins Pflegeheim „abschiebt", gibt nicht immer den richtigen Entscheid vor. In vielen Situationen ist die Pflege im Heim mit einer ständigen Begleitung des alten Menschen durch die nächsten Verwandten besser, als eine nur mit letzter Kraft geleistete Pflege im eigenen Haus.

FOLGENDE FRAGEN SOLLTEN IM FAMILIENKREIS MITEINANDER BESPROCHEN WERDEN:

- Kann der Pflegebedürftige in seiner gewohnten Umgebung bleiben? Wenn ja, wer könnte dort die Pflege übernehmen?
- Wer von den Kindern wäre bereit, die Eltern/Vater/Mutter bei sich aufzunehmen?
- Wie können die Geschwister mithelfen, dass eine solche Pflege über eine längere Zeit möglich ist?
- Geklärt werden muss das Verhältnis zu den pflegebedürftigen Eltern. Ist man in der Lage sich klar abzugrenzen, nein zu sagen, wenn es die Situation erfordert?
- Geklärt werden muss auch, inwieweit die Gemeinde die Pflegenden unterstützen kann. Hier kann die gegenseitige Fürsorge sehr praktisch werden.
- Wie soll der Pflegeaufwand finanziell honoriert werden?
- Welchen Einfluss hat die Übernahme der Pflegeverantwortung auf das zu erwartende Erbe?

7. Hilfen in der Pflege alt gewordener Menschen

Da ist zunächst der ambulante Pflegedienst. Ansprechpartner sind hier das Diakonische Werk, das Rote Kreuz und viele weitere Einrichtungen. Zunehmend gibt es Pflegestationen, die mit einem umfassenden Netzwerk an Dienstleistungen die Pflege in den eigenen vier Wänden möglich machen.

- Solange der alte Mensch noch alleine für sich sorgen kann, ist die Einrichtung eines Notrufs ein erster Schritt. Hier gibt es inzwischen eine Vielzahl von Anbietern.
- Wer die Pflege seiner alt gewordenen Eltern übernimmt, ist auf die Hilfe technischer Mittel angewiesen. Hier helfen die Informationsdienste der Krankenkassen und ambulanten Pflegedienste.

- Ganz wichtig ist der Antrag auf die richtige Pflegeeinstufung. Oft neigen die zu Pflegenden dazu, sich vitaler darzustellen, als sie es in Wirklichkeit sind. Hier sollte eine realistische Einstufung in Absprache mit dem behandelnden Hausarzt durch den medizinischen Dienst der Krankenkasse (MDK) stattfinden.
- Eine weitere Entlastung bieten die Kurzzeitpflegeplätze, die in vielen Pflegeheimen angeboten werden. Sie ermöglichen den Pflegenden, mehrere Wochen im Jahr eine Auszeit von ihrer Verantwortung zu nehmen.
- Schließlich gibt es noch das Angebot der Tagespflege. Dort werden die Betroffenen den Tag über gut versorgt und kehren erst gegen Abend in ihr eigenes Heim zurück.

Greifen all diese Hilfen nicht ausreichend, überfordert die tägliche Pflege die Angehörigen, dann steht der Umzug in ein Pflegeheim ihres Vertrauens an. Hier hat es in der Vergangenheit viele negative Schlagzeilen gegeben, aber längst gibt es bundesweit eine zunehmende engmaschige Kontrolle, die gewährleisten soll, dass einheitliche Standards eingehalten werden. Inzwischen werden die Alten- und Pflegeheime benotet, was die Suche nach dem richtigen Pflegeplatz erleichtern kann. In jedem Falle aber wäre es unerlässlich, sich selbst die Einrichtung sorgfältig anzuschauen und ggf. Referenzen einzuholen. Darüber hinaus sollte auch bei einer Entscheidung für eine bestimmte Einrichtung der Angehörige sehr oft und regelmäßig besucht und begleitet werden. Dies ist nicht nur wichtig für den Angehörigen und seine Verbundenheit mit der Familie. Hier sollten Christen vorbildlich sein. Der pflegebedürftige Angehörige darf niemals ein begründetes Gefühl haben, von den gläubigen Kindern „abgeschoben" zu sein. Zugleich gewinnt man ganz nebenbei einen nachhaltigen Eindruck von der Qualität der Pflege.

ESTHER PACHE UND PASTOR I.R. KLAUS-GÜNTHER PACHE
BREMEN

Ethische Entscheidungen treffen

Sexualethik

Sex ohne Trauschein
Was dient der Liebe?

von Manfred Vetter

1. Sexualität und Partnerbeziehung in unserer Gesellschaft

Aufgrund unserer gesellschaftlichen Entwicklung leben immer mehr Menschen in einer Partnerschaft ohne Trauschein zusammen. Die missionarisch ausgerichteten Gemeinden des Mülheimer Verbandes sind deshalb immer häufiger damit konfrontiert, dass Menschen zum Glauben kommen, die von Haus aus nicht kirchlich-religiös gebunden sind und in einer nichtehelichen Partnerschaft ihre Sexualität ausleben.

In kaum einem anderen Bereich klaffen jedoch gemeindliche und gesellschaftliche Moralvorstellungen so weit auseinander wie im Bereich Sex ohne Trauschein. Kein Wunder, dass die Frage nach ehelichem Zusammenleben ohne Trauschein inzwischen überall in unseren Gemeinden neu diskutiert wird, besonders auch in Gemeindeleitungen und Seelsorgeteams. Darf ein Christ, der in „wilder" Ehe lebt, getauft werden? Darf er Mitglied der Gemeinde werden? Darf er Mitarbeiter sein?

Ein Dutzend Fälle schießen mir durch den Kopf. Jeder ist anders und immer geht es um von Gott geliebte Menschen.

Einige Beispiele

Ulrike – schläft sie mit ihrem Freund?

Ulrike hat sich vor einem Jahr taufen lassen. Ihre ganze Familie gehört zur Gemeinde. Seit einem halben Jahr hat sie einen festen Freund. Seit sie 18 Jahre alt ist, bleibt sie am Wochenende auch über Nacht bei ihm. Die Eltern vermuten, dass sie mit ihrem Freund schläft. Sie wenden sich an den Gemeindepastor. Wie soll die Gemeinde mit dieser Situation umgehen?

Axel – will sich taufen lassen, lebt aber noch in „wilder Ehe"

Axel lebt seit Jahren mit seiner Freundin zusammen. Sie haben ein gemeinsames Kind. Durch den letzten Glaubenskurs ist er Christ geworden. Seine Freundin kann die Sache mit dem Glauben nicht nachvollziehen und heiraten möchte sie auch nicht. Axel hingegen möchte sich taufen lassen und Mitglied der Gemeinde werden. Er sucht die feste Einbindung in die Familie Gottes, gerade weil er in seiner Familie kein Verständnis für den Glauben findet. Wie soll die Gemeindeleitung entscheiden?

Georg und Else – gemeinsam leben im Alter ohne Trauschein?

Else ist in jungen Jahren Witwe geworden. Sie gehört schon lange zur Gemeinde. Mit hohem Einsatz hat sie drei Kinder allein großgezogen. Glücklicherweise bekommt sie eine gute Witwenrente. Dann lernt sie Georg kennen. Er ist Frührentner. Sie werden ein Paar und wollen einander treu sein, „bis dass der Tod sie scheide". Auch der gemeinsame Glaube wächst. Sie freuen sich über das späte Liebesglück – und viele mit ihnen. Und die Gemeinde? Eine Heirat wäre für sie der wirtschaftliche Ruin, sagen sie. Sie fühlen sich zu Hause in der Gemeinde und wollen sich gern einbringen – als unverheiratetes Paar?

Kerstin und Holger – „müssen" sie heiraten, nachdem sie Sex hatten?

Kerstin und Holger sind beide 19 Jahre alt, haben sich in der Gemeinde kennen gelernt und sind seit drei Monaten befreundet. Sie haben einmal miteinander geschlafen, obwohl sie das eigentlich noch nicht wollten. Jetzt sind sie unsicher, ob sie ihre Beziehung überhaupt fortsetzen sollen. „Müssen wir zusammenbleiben und heiraten, bloß weil wir einmal miteinander geschlafen haben?", fragen sie ihren Hauskreisleiter.

Heinz – wenn der Partner nicht bis zur Ehe warten will

Heinz hat nach langem Single-Dasein endlich eine Freundin gefunden. Für sie gehört Sex zu einer Liebesbeziehung dazu. Er will bis zur Ehe warten und begründet dies ihr gegenüber mit der Erwartungshaltung seiner Gemeinde. Sie findet das ziemlich unverständlich und weltfremd und ist drauf und dran, die Beziehung zu beenden. Heinz will sie nicht verlieren und sucht das Gespräch mit einem Gemeindeältesten.

Problemlos ließen sich weitere Situationen konstruieren. Alle könnten uns morgen in der Realität begegnen. Statistisch gesehen hat jeder zweite Heranwachsende schon vor dem 18. Lebensjahr Geschlechtsverkehr mit einem Partner, den er später nicht heiratet. Statistisch gesehen haben über 95 Prozent der Ehepaare vor ihrer Hochzeit schon miteinander geschlafen. Deshalb beinhaltet für die meisten Menschen Bekehrung zu Christus auch Umkehr von sexuellen Fehlhaltungen.

2. Sexuelle Fehltritte

Sexuelle Fehltritte spielen in der Bibel eine besondere Rolle. Warum? Nicht etwa weil die Bibel sexfeindlich eingestellt wäre, sondern weil gesagt wird:

> *1. Kor. 6,18:*
> *Alle Sünden, die der Mensch tut, betreffen nicht seinen Leib; wer aber Hurerei treibt, der sündigt am eigenen Leib.*

Im Bereich der Sexualität bin ich immer als ganze Person engagiert. Sünde in diesem Bereich ruiniert mich als Persönlichkeit. Ich verliere die Fähigkeit zu lieben, sowie den anderen und mich selbst zu achten. Übrigens erfährt die Habsucht in der Bibel eine ähnliche Gewichtung. Unzucht und Habsucht nehmen uns Menschen mit Haut und Haaren in Beschlag. Da bleibt auf Dauer wenig Platz für Jesus Christus. Sie schließen deshalb vom Reich Gottes aus (Eph. 5,5; 1. Kor. 6,9). Was aber ist laut Bibel ein sexueller Fehltritt?

DIFFERENZIERUNGEN SIND NÖTIG

Wie ist das Zusammenleben ohne Trauschein von der Bibel her zu bewerten und wie wird dem in der Gemeinde begegnet? Die Reaktionen reichen von einer undifferenzierten Verurteilung als Unzucht, die zur Gemeindezucht führt, bis hin zur stillschweigenden Akzeptanz.

Eine ganz einfache Antwort, die allen gerecht wird, ist von der Bibel her nicht möglich. Wir brauchen den Mut, zu differenzieren. Selbst Paulus unterscheidet zwischen einem Wort des Herrn und seiner eigenen wohlbegründeten Ansicht in Ehefragen (1. Kor. 7,10.25).

Differenzieren müssen wir auch im Blick auf verschiedene Formen außerehelicher Partnerschaft. Unterschiedlich zu bewerten sind:

- Ein Zusammenleben ohne Treueverpflichtung, „solange es gut geht".
- Ein eheähnliches Zusammenleben in Verbindlichkeit und Treue aber ohne Trauschein.

- Ein Zusammenleben mit dem festen Ziel, „so bald wie möglich“ standesamtlich zu heiraten.
- Sexuelle Gemeinschaft außerhalb einer (noch) gültigen Ehe.

Schon das Alte Testament bewertet und ahndet Ehebruch ganz anders (5. Mose 22,22-24) als vorehelichen Geschlechtsverkehr (Verse 28-29) oder unverbindlichen Sex (Verse 13-21).

3. Die Bibel zur Ehe

SCHÖPFUNGSGESCHICHTE

Wenn wir die Bibel danach fragen, wie und wann die Ehe beginnt und was sie begründet, tun wir gut daran, auf den Ursprung der Ehe in der Schöpfungsgeschichte zu verweisen. So haben es auch Jesus und Paulus getan (vgl. Matth. 19,5 u. 6 und 1. Kor. 6).

> *1. Mose 2,24:*
> *Darum wird ein Mann seinen Vater und seine Mutter verlassen und seinem Weibe anhangen und sie werden ein Fleisch sein.*

Dieser Satz beschreibt die drei notwendigen Seiten einer ehelichen Partnerschaft nach Gottes Willen:

- **Verlassen** meint in der alttestamentlichen Kultur einen öffentlichen Akt vor den Augen der Gemeinschaft. Ein Brautpreis wurde gezahlt und die Braut unter Anteilnahme der Gesellschaft in das Haus des Bräutigams „heimgeholt“.
- **Anhangen** bedeutet, das ganze Leben miteinander zu teilen.
- **Ein Fleisch werden** bezeichnet den Geschlechtsverkehr.

Es wird deutlich: Geschlechtsverkehr gehörte in eine umfassende, öffentlich geordnete, lebenslange Treuebeziehung. Vorehelicher Geschlechtsverkehr musste durch Eheschließung legalisiert werden. (Siehe dazu auch die grundsätzlichen Aussagen über die Ehe in dem Aufsatz innerhalb dieses Buches: „Die Institution Ehe zerfällt – wie sollen wir reagieren?“ von Johannes Euhus.)

NEUES TESTAMENT

Im Neuen Testament finden sich keine gesetzlichen Bestimmungen über die Eheschließung. Zwar wird sehr viel über Liebe, Treue oder Reinheit gelehrt und sehr ernst vor Ehebruch und Unzucht gewarnt (1. Kor. 6,18; Gal. 5,19-21), aber nirgends wird ausdrücklich geboten, wie eine Ehe zu schließen sei. Für Maria und Joseph war es offensichtlich selbstverständlich, dass sie, obwohl schon verlobt, was damals schon als rechtsgültiger Ehevertrag galt, doch nicht vor der offiziellen „Heimholung" der Braut miteinander schlafen durften (Matth. 1,18 ff).

Im jüdischen Umfeld der neutestamentlichen Gemeinde wurde also zweifellos die Gültigkeit des alttestamentlichen Gesetzes vorausgesetzt.

GESCHLECHTSVERKEHR IN DER BIBEL

Geschlechtsverkehr hat in der Bibel einen überaus hohen Stellenwert und lässt sich weder auf das Zeugen von Kindern, auf Lustgewinn oder gar auf bloße Triebbefriedigung reduzieren. Geschlechtsverkehr wird in der Bibel zum ersten Mal mit den Worten erwähnt:

> ***1. Mose 4,1:***
> *Und Adam erkannte (!) seine Frau Eva und sie wurde schwanger …*

Frau und Mann erkennen dabei einander zutiefst, öffnen sich füreinander und haben umfassende Gemeinschaft miteinander. Es gibt somit keinen unverbindlichen Geschlechtsakt. Selbst der Geschlechtsverkehr mit einer Prostituierten macht die Beteiligten zu „einem Leib". Geschlechtsverkehr berührt Menschen immer im Kern ihrer Persönlichkeit. Wer ihn auf eine Stufe mit einem gemeinsamen festlichen Essen stellt, entwürdigt ihn zutiefst (1. Kor. 6,16-16). Die gegenseitige Hingabe von Frau und Mann (auch im Geschlechtsakt) findet zudem in der Hingabe Jesu Christi an seine Gemeinde ihren angemessenen Vergleichspunkt (Eph. 5,25).

In dieser besonderen Würde der Sexualität liegt die biblische Begründung für die These, dass Geschlechtsverkehr seinen legitimen Platz nur in einer Beziehung hat, die von Dauer und Treue geprägt ist.

Viele, auch nichtchristlich motivierte Untersuchungen, haben inzwischen bestätigt, dass eine lebenslange Treuebeziehung nicht nur beste Voraussetzung für eine gesunde Entwicklung der Kinder ist, sondern auch Bedingung für das langfristige beglückende Erleben der Sexualität. Geschlechtsverkehr ohne Treue zerstört auf Dauer nicht nur die Liebesfähigkeit, sondern auch das genussvolle Erleben der Sexualität. Die Bibel hat es schon immer gewusst: Gott will uns durch seine Gebote nicht das Lebensglück einschränken, sondern ermöglichen.

GEMEINDE IN HEIDNISCHER GESELLSCHAFT

Wie ging nun die neutestamentliche Gemeinde mit den Fragestellungen zu Ehe und Eheschließung in einer heidnisch geprägten Gesellschaft um?

In der Antike war die Eheschließung eine privatrechtliche Angelegenheit mit öffentlich-rechtlichen Konsequenzen. Ein Eheschluss fand zwischen den beteiligten Partnern vor Zeugen, aber nicht vor staatlichen oder kultisch-religiösen Institutionen statt.

Das römische Recht kannte zu neutestamentlicher Zeit nur noch die formlose Ehe, die durch den Willensentschluss der Beteiligten zu Stande kam und durch das Zusammenleben vollzogen wurde. Es gab keine staatliche Registrierung der Eheschließungen, wohl aber eine Rechtsaufsicht. Eheähnliche Partnerschaften, die keiner Rechtsaufsicht unterstanden, waren ebenfalls üblich. Hier spielten jedoch nicht die Ängste vor lebenslanger Verbindlichkeit, sondern vielmehr Standesunterschiede eine Rolle, die eine offizielle Ehe verboten.

Im Übrigen war außerehelicher Geschlechtsverkehr (bei Männern!) mit Haussklavinnen und im Zusammenhang mit Prostitution in Tempeln heidnischer Fruchtbarkeitskulte gang und gäbe, für Frauen jedoch verpönt.

WILLE ZUR LEBENSGEMEINSCHAFT

Paulus setzte für die heidenchristlichen Gemeinden die Ehe als eindeutig definierte Institution voraus. Neu für den heidnischen Kontext war seine Betonung der Unauflöslichkeit der Ehe. Es sollte immer klar sein, wer mit wem verheiratet war und dass Geschlechtsgemeinschaft ihren legitimen Platz nur in der Ehe hatte (1. Kor. 7,2+9). Was aber bedeutete es damals konkret, wenn Paulus schreibt:

1. Kor. 7,9:

Wenn sie sich aber nicht enthalten können, sollen sie heiraten.

Damals gab es kein „Standesamt" und Ehen unter Sklaven hatten ohnehin keinen Rechtsstatus. Außerdem wird auch nirgends ein notwendiger religiöser Ritus der Eheschließung angedeutet.

Heiraten bedeutete also damals, sich gegenseitig und öffentlich den Willen zu lebenslanger Gemeinschaft und Treue zu bekunden.

4. Praktische Konsequenzen heute:

Welche Konsequenzen hat das alles nun für die eingangs dargestellten Situationen und für unsere Gemeindepraxis?

KEIN GESCHLECHTSVERKEHR OHNE LEBENSLANGE TREUEABSICHT

Die christliche Ehe ist nicht an bestimmte, unabänderliche Formen der Eheschließung gebunden. Wer ausschließlich mit Bibelversen argumentiert, wird die Bedeutung einer standesamtlichen oder gar einer kirchlichen Trauung kaum begründen können.

Christen haben allerdings offensichtlich die Ehe in den institutionellen Formen ihrer Zeit geschlossen. Deshalb sollen Christen in unserer Kultur und Gesellschaft ihre Ehen mit allen Rechten und Pflichten auf dem Standesamt schließen. Das ist eindeutig immer noch die beste Umsetzung der biblischen Weisung:

1. Kor. 7,2:

Jeder soll seine eigene Frau haben und jede Frau ihren eigenen Mann.

Auch wenn die Achtung vor der Ehe eines anderen in unserer Gesellschaft zunehmend abnimmt, ist der Trauschein nach wie vor ein Schutz für das Ehepaar. Wo Christen den in unserer Gesellschaft bisher (noch) üblichen Weg der rechtsverbindlichen Beurkundung ihres Ehewillens verweigern, ist deshalb nicht nur der Hinweis auf die Notwendigkeit eines Trauscheins von Nöten, sondern vielmehr die Frage nach der persönlichen Klarheit in der Beziehung zum Partner und nach der Verantwortung dieses Verhältnisses gegenüber denen, unter denen wir leben.

Eindeutig ist, dass eine Ehe nach Gottes Willen durch den gegenseitigen und öffentlich bekundeten Willen zu lebenslanger Gemeinschaft begründet wird und dass Geschlechtsgemeinschaft ihren Platz nur in solch einem Treuebund hat.

Sehr viele Argumente sprechen dafür, dass junge Paare mit dem Geschlechtsverkehr bis zur öffentlichen Trauung warten sollen, wie z.B. die Frage nach einer möglichen Schwangerschaft, nach den Wachstumsbedingungen der Liebe, nach psychischen Reifeprozessen usw.

Damit ist klar, dass Geschlechtsverkehr von Minderjährigen, die sich weder auf einen Lebenspartner festlegen wollen noch in absehbarer Zeit heiraten können, Sünde ist. Ebenso Geschlechtsverkehr zwischen Partnern, die sich erst kurze Zeit kennen und eine Heirat bzw. lebenslange Treue zueinander noch nicht wirklich in Betracht ziehen können. Wer Geschlechtsverkehr mit einem Partner aufnimmt, ohne den Willen ihm treu zu bleiben, sündigt gegen Gottes Willen und gegen die Liebe – ob mit oder ohne Trauschein.

Mittlerweile bleiben in unserer Gesellschaft manche Paare ohne Trauschein einander über viele Jahre treu, während andere in dritter oder vierter Ehe verheiratet sind. Zugespitzt formuliert müssen wir also sagen:

Nicht der Trauschein legitimiert den Geschlechtsverkehr, sondern nur der erklärte Wille zu lebenslanger Treue. Wo der allerdings vorhanden ist, spricht in der Regel nichts gegen eine offizielle Heirat.

KEIN GESCHLECHTSVERKEHR AUSSERHALB EINER BESTEHENDEN EHE

An einer Stelle ist Gottes Wort eindeutig: „Du sollst nicht ehebrechen." Wer verheiratet ist und mit einem anderen Partner schläft, sündigt. Ebenso, wer als Single Sex mit einem anderen hat, der (noch) verheiratet ist.

Unüberlegter Geschlechtsverkehr Pubertierender, sogenannte „one-night-stands“ oder Ehebruch sind mit Sicherheit jeweils anders zu bewerten als Geschlechtsverkehr im Rahmen einer auf Dauer gewollten Liebesbeziehung.

NICHT DAS GESETZ AUFRICHTEN, SONDERN DIE LIEBE SCHÜTZEN

Andere Fragen lassen sich vom Wortlaut der Bibel her nicht so eindeutig beantworten. Auch, wo die Bibel keine eindeutigen Aussagen macht, können wir Position beziehen, sollten uns aber dessen bewusst bleiben, dass es sich dann nur um menschliche Regelungen handelt (vgl. z.B. 1. Kor. 7,25).

Ein permanent gelebter Ehebruch muss andere Konsequenzen nach sich ziehen als ein einmaliger Seitensprung. Mit einer Ehe ohne Trauschein, die in Treue gelebt wird, muss seelsorgerlich anders umgegangen werden als mit Menschen, die Geschlechtsverkehr mit wechselnden Partnern praktizieren.

Es geht nicht zuerst darum, in der Gemeinde ein Regelwerk durchzusetzen, sondern Menschen zu helfen, im Bereich ihrer Partnerschaft und Sexualität nach Gottes Willen zu leben.

Wir werden unter anderem in der seelsorgerlichen Begleitung viele Fragen stellen müssen, bevor wir angemessene Antwort und Weisung geben können. Zum Beispiel:

- Wie lange ist die Person, um deren Partnerschaft es geht, schon Christ? Wie entwickelt sich ihr Christsein?
- Welche Position hat sie im Blick? Geht es um das Zusammenleben ohne Trauschein oder um Sex ohne Ehe? Welche Lebensgeschichte steht hinter ihrem Verhalten? Was würde ihr zur Zeit am besten helfen, im Glauben zu wachsen?

Gott verlangt nicht von allen dasselbe, ebenso wenig wie ein Vater von allen Kindern unabhängig von Alter und Einsicht dasselbe fordert. Wem viel gegeben ist, von dem wird auch viel gefordert werden. Wer z.B. die Chance hatte, in einem heilen Elternhaus aufzuwachsen, sollte nicht zu schnell und unbarmherzig über dem den Stab brechen, der als Scheidungswaise von Haus aus eine Heidenangst vor der Institution Ehe hat und deshalb nicht wie selbstverständlich heiraten will. Lebensprägungen entschuldigen nicht die Sünde. Sie zu berücksichtigen lehrt aber, angemessen und hilfreich zu reagieren.

Letztlich geht es immer darum, der betreffenden Person zu helfen, bei Christus zu bleiben. Von einem Pastor oder Gemeindeältesten wird mehr Vorbildfunktion zu erwarten sein als von einem Neubekehrten. Nach 20 Jahren Christsein darf ein anderes Maß an Glaubensgehorsam erwartet werden als nach zwei Monaten.

Andere Fragen beziehen sich auf die Situation im Kontext des Gemeindelebens:

- Welche Vorbildfunktion hat die Person im Rahmen der Gemeindearbeit? Welche anderen Personen in ihrem Umfeld (Kinder, Partner …) sind mitbetroffen? In welchem Zeitraum kann eine Verhaltensänderung erwartet werden? Wer betet für sie?
- Welche Motivation bestimmt uns, gegen die Sünde anzugehen? Nicht das Ideal einer „reinen Gemeinde“, sondern das Aufrichten des andern, das „Auf-sich-Nehmen seiner Last“ muss uns bestimmen (Gal. 6,1-2).

FÜR DEN SEELSORGERLICHEN UMGANG MITEINANDER GILT:

1. In unseren Gemeinden muss durch Lehre und Leben deutlich werden,
   - was im sexuellen Bereich ein Fehltritt ist, den Gott verbietet (z.B. Ehebruch)
   - was ein problematischer Schritt ist, vor dem das Wort Gottes warnt (z.B. die Ehe mit einem Nichtchristen anzustreben)
   - welche Verhaltensweisen in unser Belieben gestellt sind (solange sie nicht das Liebesgebot verletzen).
2. Wer einen Fehltritt beobachtet, suche das Gespräch unter vier Augen, wenn er fähig und in der Lage ist, dem anderen auf den richtigen Weg zurück zu helfen. Ansonsten wende er sich an den Gemeindeleiter.
3. In einem ersten Gespräch sind viele Fragen zu klären (siehe oben). Hörbereitschaft ist gefragt.
4. Bei schwierigen, weit reichenden Entscheidungen soll ein erfahrener Christ zu Rate gezogen werden.
5. Geduld haben. Wer viele Jahre in die falsche Richtung gegangen ist, wird oft nicht an einem Tag zurückkehren können.
6. Für den anderen beten.
7. Wenn die Person aus ihren Fehltritten einen permanenten Weg macht, sollte nach Konsequenzen gesucht werden, die dem anderen zur Umkehr helfen, z.B. von Mitarbeit in der Gemeinde entbinden, um die Möglichkeit zu geben, konzentriert am eigenen Problem zu arbeiten. Unsere Aufgabe ist es, Menschen in Kontakt mit Jesus zu bringen, damit sie aus seinem Mund hören: „Ich verdamme dich nicht. Gehe hin und sündige nicht mehr“ (Joh. 8,11).

ZURÜCK ZU DEN BEISPIELHAFTEN LEBENSSITUATIONEN

Was heißt das für Ulrike und ihr Eltern?

Je glaubwürdiger Ulrikes Eltern ihr in den vergangenen 18 Jahren den Wert einer guten Ehe vorgelebt haben, desto weniger Vorschriften werden sie ihrer

Tochter jetzt machen müssen, um sie auf einen guten Weg zu leiten. Sie sollten sie ermutigen, sich viel Zeit zu lassen, ihren Partner kennen zu lernen, die kleinen Zärtlichkeiten zu genießen und zu pflegen und (auch gegen den Trend) dann zu heiraten, wenn ihre Beziehung bis dahin gereift ist und der Wille da ist, sich dem anderen lebenslang und mit Haut und Haaren hingeben zu wollen.

Was heißt das für Axel?

Axel darf sich taufen lassen und Mitglied der Gemeinde werden. Seine Gemeinde signalisiert ihm, dass er mit seiner ganzen Familie herzlich willkommen ist und dass die Gemeinde für sie hofft und betet, dass sie alle Vorbehalte gegen eine offizielle Ehe überwinden können. Solange das noch nicht geschehen ist, wird Axel keine leitende Verantwortung in der Gemeinde übernehmen können.

Was heißt das für Georg und Else?

Georg und Else leben ihre Partnerschaft ohne Trauschein und sind an diesem Punkt nicht im Willen Gottes. Zu viele Sachzwänge sprechen für sie gegen eine standesamtliche Trauung. Noch fehlen Mut und Wille, um der Ehe willen herbe finanzielle Verluste hinzunehmen. Aber muss sie das von vornherein von Mitgliedschaft oder Mitarbeit ausschließen? Andere Gemeindemitglieder verstoßen in anderen Bereichen mehr oder weniger offensichtlich gegen Gottes Willen und werden bzw. bleiben dennoch aktive Gemeindeglieder. Georg und Else sollen für sich prüfen, ob für ihre Entscheidung gegen den Trauschein Habsucht oder die Angst vor einer letztgültigen Festlegung eine Rolle spielt. Else bleibt Leiterin ihres Hauskreises und arbeitet weiter mit im Seelsorgeteam. Georg wird Mitglied der Gemeinde. Mit wachsender Liebe und stärker werdendem gegenseitigem Vertrauen werden ihre Ängste weniger und ihre Gewissen geschärft. Die Gemeinde ermutigt sie zu einem hohen Maß an gegenseitiger Verantwortlichkeit und Treue. Das letzte Wort ist vor Gott noch nicht gesprochen.

Was heißt das für Kerstin und Holger?

Kerstin und Holger müssen nicht heiraten, weil sie einmal miteinander geschlafen haben. Geschlechtsverkehr – und dazu noch in unverantwortlicher Weise praktiziert – kann keine Basis für eine lebenslange Ehe sein. Ihr Hauskreisleiter hilft ihnen, den voreiligen Geschlechtsverkehr als Sünde gegen Gott und gegeneinander zu erkennen. Sie sollen nicht mehr miteinander schlafen und in Ruhe prüfen, ob sie an der Partnerschaft festhalten wollen.

Was heißt das für Heinz?

Heinz begreift im Gespräch, dass es für ihn ein Schutz ist, nicht in voreiligen Geschlechtsverkehr einzuwilligen. Jetzt wird sich zeigen, ob er um seiner Person willen geliebt wird oder nur, wenn er sich so verhält, wie man es von einem Mann gemeinhin erwartet. Vielleicht werden ihm durch eine Trennung zur rechten Zeit noch schmerzlichere Scheidungserfahrungen erspart.

PRINZIPIELL GILT VOM GESAMTZEUGNIS DER BIBEL HER:

Wer mit einem Partner Geschlechtsverkehr hat, mit dem er nicht verheiratet ist, verstößt gegen den Willen Gottes. Die Konsequenzen, die daraus gezogen werden, können jedoch unterschiedlich sein und sind menschliche Festlegungen.

Gemeinden und Gemeindeleitungen legen sich manchmal z.B. auf folgende Regelungen fest: „Wer in einer Ehe ohne Trauschein lebt, darf in unserer Gemeinde nicht getauft werden" oder: „Wer ... darf nicht Mitglied werden" oder: „Wer ... darf nicht Mitarbeiter werden". Dabei sollte man sich allerdings immer dessen bewusst sein, dass damit Festlegungen vertreten werden, die sich so eindeutig nicht im Wort Gottes finden. Das anzuerkennen, kann mancher kontroversen Diskussion die Schärfe nehmen. Ich meine: Was für den einen Menschen hilfreich ist, kann für den anderen gerade verkehrt sein. Meines Erachtens muss von Fall zu Fall abgewogen werden, was der geistlichen Entwicklung des Einzelnen am besten weiter hilft. Was dient dem Wachstum von Glaube, Liebe und Hoffnung? Gerade für im Glauben junge Christen darf nicht eine christlich geprägte Partnerschaft vorausgesetzt werden, sondern sie sollte als Ziel vor Augen stehen. Letztlich geht es nicht um Sinn oder Unsinn des Trauscheins, sondern vor allem darum, Paare um der Liebe willen davon zu überzeugen, dass Geschlechtsverkehr nach Gottes weiser Schöpferabsicht nur im Rahmen einer lebenslangen Treuebeziehung heilvoll erlebt werden kann.

Gemeinde Jesu Christi ist nicht Hüterin bürgerlicher Moralvorstellungen. Sie ist in der Nachfolge Jesu berufen, einen Gegenentwurf zur Gesellschaft zu repräsentieren. Jesus wollte seinen Jüngern nicht Regeln für ein moralisches Zusammenleben einschärfen. Ihm ging es zuerst um die Verwandlung der Herzen (Matth. 5,27-32). Auf uns allein gestellt sind wir mit der Berufung zu lebenslanger Hingabe und Treue überfordert (Matth. 19,10). In der Kraft des Heiligen Geistes (Epheser 5,18) und in der Nachfolge des gekreuzigten und auferstandenen Christus können wir sie (er-)leben (Epheser 5,22-33). Das allerdings ist ein viel radikalerer Anspruch als vor allem dazu zu drängen, keinen Geschlechtsverkehr ohne Trauschein zu vollziehen.

Nicht der Trauschein macht den Unterschied, sondern Hingabe, Treue, Achtung und gegenseitige Unterordnung. Partnerschaft, die in der Liebe so gelingt, wie es unser Schöpfer und Erlöser will, wird in unserer Zeit mehr denn je Licht der Welt und „Stadt auf dem Berge sein, die nicht verborgen bleibt" (Matth. 5,14-16).

PASTOR I.R. MANFRED VETTER
FLENSBURG

Die Institution Ehe zerfällt
Wie sollen wir reagieren?

von Johannes Euhus

Einleitung

Ulrikes Ehe bestand nur noch auf dem Papier. Sie lebte getrennt von ihrem Mann und ihrer pubertierenden Tochter; letztere hatte sich entschieden, bei ihrem Vater zu bleiben. Ulrike und ihr Mann hatten zwar zu einem schiedlich-friedlichen Umgang miteinander gefunden, aber ihre Tochter litt unter der Trennung und machte sich Hoffnungen auf eine Versöhnung ihrer Eltern. Überdies wurde Ulrikes Einkommenssituation prekär. Sie war inzwischen ernsthaft mit einem anderen Mann liiert. Sie stand also zwischen zwei Männern und fühlte sich unfähig, eine Entscheidung zu treffen. Sie selbst und alle Betroffenen litten, die Situation drängte auf eine Veränderung.

Nach einigen Anläufen hatte es endlich mit einem Termin geklappt. Ulrike hatte um ein Treffen mit dem Pastor gebeten und saß nun vor ihm. Der Pastor kannte sie vom Sehen. Er wusste, dass sie seit einigen Monaten sporadisch die Gottesdienste seiner Gemeinde besuchte. Das Gespräch nahm einen ungewohnten Verlauf. Schon nach wenigen Sätzen kam es auf die Frage, wie Ulrike zum Glauben stehe. Nach etwa einer halben Stunde vertraute sie im Gebet und unter starker innerer Bewegung ihr Leben Jesus Christus an. Es lag auf der Hand, dass Ulrike auf diesen Schritt vorbereitet war. Später, im sortierenden Nachdenken des Pastors über Ulrikes Situation, kristallisierten sich zwei besondere Faktoren ihrer Situation heraus. Zwei Kräfte, die an ihrer Person gewirkt und schließlich zu einer persönlichen Öffnung für Christus geführt hatten: Zum einen der skizzierte Leidensdruck und zum anderen ein bestimmter Gottesdienst.

Zunächst war da ein permanent belastender, quälender Faktor, der Ulrike suchend in die Nähe Gottes und in einen Gottesdienst der Gemeinde trieb, dann eine dynamische Kraft, die in diesem Gottesdienst an ihr wirkte, die verfahrene Situation in Bewegung brachte und ihr Hoffnung auf einen Ausweg vermittelte.

Ulrikes *besonderer Leidensdruck* war Teil und Ergebnis der verhängnisvollen Entwicklung, dass die Institution Ehe in unserem Land seit einigen Jahrzehnten von starken Verfallserscheinungen gezeichnet ist. Der *besondere Gottesdienst* ist ein hoffnungsvolles Beispiel dafür, wie Christus seine Gemeinde angesichts des Zerfalls vieler Ehen gebrauchen kann.

Die beiden genannten Faktoren in Ulrikes spezieller Lebenssituation lassen sich den beiden Seiten der allgemein formulierten Überschrift dieses Artikels zuordnen: „Die Institution Ehe zerfällt – wie sollen wir reagieren?"

Als erstes wenden wir uns in Kapitel 1 dem Zerfall der Institution Ehe zu. In Kapitel 2 folgt die biblisch-theologische Standortbestimmung zum Thema Ehe, Ehescheidung und Wiederheirat. Der Frage nach der geforderten Reaktion geht Kapitel 3 nach. Im Nachwort wird abschließend berichtet, welche Erfahrungen Ulrike in einem Gottesdienst machte.

1. Die Institution Ehe zerfällt

1.1 DIE SITUATION ERWECKLICHER GEMEINDEN

Ulrike ist kein Einzelfall. Nach dem Schiffbruch einer Ehe aufgrund einer starken Krise oder sogar einer Trennung bzw. Scheidung stranden betroffene Menschen immer häufiger am rettenden Ufer des Glaubens. Menschen, geschüttelt durch die Krise einer Ehescheidung, finden zum Glauben und schließen sich als bereits Geschiedene unseren Gemeinden an. Eheseelsorger vermuten, dass aus diesem Grund in den nächsten Jahren jeder zweite Erwachsene, der zu einer missionarischen Gemeinde gehört, geschieden sein könnte.

Aber auch unter Gläubigen scheitern vermehrt Ehen. Eine Studie der „barna research group" ergab, dass die Scheidungsrate der Gruppe der US-amerikanischen „born agains" (Wiedergeborene, Evangelikale) sogar leicht über dem nationalen Durchschnitt lag.[1]

1.2 DIE SITUATION IN DEUTSCHLAND UND MITTELEUROPA

Das Scheitern von Ehen macht also nicht vor den Toren der Gemeinden Halt. Die Krise wurzelt allerdings in einem größeren, verhängnisvollen Prozess in unserer

1 Family 2/2003, S. 60

Gesellschaft. Dieser kann als Zerfall der Institution Ehe beschrieben werden. Die meisten anderen europäischen Länder zeigen hier ähnliche Verfallserscheinungen wie die Bundesrepublik Deutschland:

- Im Jahr 2016 zählte das statistische Bundesamt 162.397 Scheidungen gegenüber 410.493 Eheschließungen. Damit liegt die Scheidungsrate gegenwärtig bei etwa 40 Prozent.
- Im Jahr 1971 entfielen von 1.013.396 Neugeborenen insgesamt 80.769 auf nichteheliche Geburten, also etwa 8 Prozent.
- 2016 waren von 737.575 Neugeborenen 257.903 nichtehelich: Etwa 35 Prozent.
- Seit Ende des zweiten Weltkrieges steigt die Zahl der Ehescheidungen fast ununterbrochen. Scheinbare Rückgänge sind auf Änderungen in der Rechtsprechung bzw. auf statistische Effekte zurückzuführen. Seit 2005 scheint die Zahl der Ehescheidungen auf hohem Niveau leicht rückläufig.

1.3 URSACHEN FÜR DEN ZERFALL DER EHE

Die Ursachen dieser Entwicklung können hier nur angedeutet werden. Vorbereitet wurde dieser Zerfallsprozess im 19. Jahrhundert, einerseits durch die Überhöhung und Überfrachtung der Ehe mit dem romantischen Ideal der Liebesheirat und andererseits durch die Auflösung der Großfamilie als Lebens- und Wirtschaftsgemeinschaft. Der Mensch trat mehr und mehr als Einzelperson aus den größeren sozialen Verbänden heraus und konzentrierte sein Beziehungspotenzial stärker auf den Ehepartner, projizierte mithin auch größere Erwartungen auf ihn.

Die sexuelle Revolution, vorbereitet durch die Studien Sigmund Freuds und ausgelöst durch Veröffentlichungen Alfred Kinseys, stellte die Ehe als Ordnung der Sexualität fundamental in Frage und öffnete Tür und Tor für die Pornografisierung der visuellen Medien.[2]

Die deutliche Verlängerung der Ausbildungsdauer im Leben des Einzelnen während der letzten 100 Jahre hatte eine ebenso deutliche Verzögerung des durchschnitt-

---

2 Jede Kanalisierung der Sexualität wurde von den Vordenkern der sexuellen Revolution in Frage gestellt, Sexualdelikte wurden meist auf eine unterdrückte Sexualität zurückgeführt. Das Ausleben des Triebes um jeden Preis wurde zu einer Frage nach der seelischen Gesundheit. Das bloße biologische Faktum und die jeweilige Ausprägung des Sexualtriebes, die individuelle Neigung, gewannen - gestützt durch statistische Messwerte - normative Kraft.
„Die Ehe wird mehr und mehr grundsätzlich in Frage gestellt, sie gilt als ‚Zwangsmonogamie', ‚Leibeigenschaft', ‚mittelalterliche Ordnung' und ‚vordemokratische Feudalstruktur'." Pöhlmann, *Ehe und Sexualität*, S. 33

lichen Eintritts in die Ehe zur Folge. Dem steht gegenüber, dass die Geschlechtsreife in etwa demselben Zeitraum statistisch gesehen immer früher eingetreten ist („Akzeleration"). Die Konsequenz: Das Zeitfenster des rein hormonell/biologisch stärksten sexuellen Dranges verleben junge Erwachsene vornehmlich ehelos. In einer prägenden Phase wird also kein monogam-sexuelles Verhalten erlernt, sondern andere Ausdrucksformen gesucht – nicht selten promiskuitive.

Darin, dass gegenwärtig etwa 55 Prozent der Scheidungen durch Frauen initiiert werden, ist wohl auch eine Frucht der Emanzipationsbewegung zu erkennen.

1.4 FOLGEN DES ZERFALLS DER EHE

Der Zerfall von Ehe und Familie hat dramatische und zerstörerische Folgen – für den Einzelnen wie für unser ganzes Land.

Zunahme psychiatrischer Diagnosen

Die Zunahme psychiatrischer Diagnosen[3] ist sicherlich nicht nur mit erhöhtem Stress und der schwierigen Arbeitsmarktsituation in Verbindung zu bringen, sondern viel grundsätzlicher mit fehlender Stabilität und Belastbarkeit des Einzelnen. Auch wenn das sicher nicht in jedem Einzelfall nachgewiesen werden kann, resultiert diese Zunahme von psychiatrischen Diagnosen offensichtlich auch aus der Destabilisierung der elementaren familiären Bindungen.

> *„Zahlreiche Studien zeigen, dass erwachsene Scheidungskinder mehr psychische Probleme haben als erwachsene Kinder aus intakten Ehen."*[4]
>
> *„Im Gegensatz zu dem, was wir lange Zeit glaubten, macht sich das eigentliche Gewicht der elterlichen Scheidung für die Kinder nicht in den Jahren der Kindheit oder des Heranwachsens bemerkbar. Vielmehr kulminieren die Dinge im Erwachsenenleben …"*[5]

Demografischer Wandel

Der zur Zeit viel beschworene demografische Wandel wurzelt nicht zuletzt in der fehlenden Stabilität der Partnerschaften. In einer Umfrage der Zeitschrift „Eltern" in Zusammenarbeit mit dem Bundesfamilienministerium unter dem Titel

---

3 In den letzten 10 Jahren stieg die Zahl der Krankschreibungen aufgrund psychischer Störungen um etwa 20 Prozent. Etwa jeder achte Fehltag scheint psychisch bedingt.

4 Wallerstein/Lewis/Blakeslee, *Scheidungsfolgen – Die Kinder tragen die Last: Eine Langzeitstudie über 25 Jahre*, S. 26

5 Wallerstein/Lewis/Blakeslee, a. a. O., S. 31

„Mehr Kinder. Mehr Leben" wurde jungen Paaren die Frage gestellt: „Warum können Sie sich im Moment nicht vorstellen, ein Kind zu bekommen?" 44 Prozent der Befragten gaben als Antwort: „Weil ich keinen geeigneten Partner habe". Diese Äußerung verrät: Die (verheirateten oder unverheiratet zusammen lebenden) Partner hinterfragen schneller und fundamentaler ihre Partnerschaft. Dass man eine „Schicksalsgemeinschaft" bildet, gemeinsam durch dick und dünn geht – diese Auffassung von Partnerschaft ist bei jungen Paaren selten geworden.

Schneeballeffekte

Hinzu kommt inzwischen der Schneeballeffekt, den Ehescheidungen in der Folgegeneration auslösen. Erwachsene, Männer wie Frauen, die selbst Scheidungskinder sind, gehen mit der Hypothek eines drastisch erhöhten Scheidungsrisikos in ihre eigene Ehe. Das bedeutet, dass – sicher nicht in jedem Einzelfall, aber statistisch betrachtet – *eine* Scheidung mit Blick auf die folgenden Generationen *eine Vielzahl* von Scheidungen nach sich zieht.

Aber auch innerhalb einer Generation zieht eine Scheidung statistisch gesehen mehrere Scheidungen nach sich. Bestimmte Lebens- und Beziehungsentwürfe pflanzen sich gerade durch ihre gesellschaftliche Akzeptanz fort. Wenn also ein ehemals in der Gesellschaft unbekannter oder sogar ghettoisierter Lebensentwurf (etwa: „Heirat – Familiengründung – Scheidung – Wiederheirat" oder: „Homosexuelle Lebensweise") durch neue Vorbilder, die Rechtsprechung und gesellschaftliche Institutionen allmählich akzeptiert und festgeschrieben wird, wird er auch vermehrt gewählt. Dadurch, dass sich die öffentliche Wahrnehmung bzw. die Rechtsprechung auf eine unmoralische Wirklichkeit einstellt, sie regulieren lernt und auf eine Bewertung zusehends verzichtet, wird die unmoralische Wirklichkeit ungewollt gefördert. Sie wird schließlich zur Normalität.

2. Ehe, Ehescheidung und Wiederheirat

Der evangelische Theologe Horst Georg Pöhlmann stellt angesichts der oben skizzierten Entwicklungen fest:

> *„In diesem Zwang zur Freizügigkeit und in der Normativität des Faktischen kommt eine tiefer greifende Krise des modernen Säkularismus zum Ausdruck: das Auseinanderfallen des christlichen und gesellschaftlichen Wertekanons."*[6]

6 Pöhlmann, *Ehe und Sexualität*, in: Ehe, hg. von Bayer, S. 33

Sprich: Unsere Gesellschaft kann kaum noch als christlich bezeichnet werden. Sie ist dabei, sich vom Wertekanon der Kirchen zu verabschieden.

Wie soll nun die Gemeinde auf den Zerfall der Institution Ehe reagieren? Wie kann sie im drängenden Einzelfall auf das Scheitern einer Ehe in ihrer Mitte reagieren? Vor die Erörterung dieser Fragestellungen gehört die Besinnung auf die biblische Sicht von Ehe, Ehescheidung und Wiederheirat. Auf diese Bewertung müssen sich die in christlichen Kirchen erwogenen Maßnahmen gründen.

2.1 DIE INSTITUTION EHE IM ALTEN UND NEUEN TESTAMENT

Ehe im Paradies

Bei der Lektüre des erstens Kapitels der Bibel stellt man fest, dass der Mensch von vornherein als geschlechtliches Wesen erschaffen wurde.

> *1. Mose 1,27f.:*[7]
> *Und Gott schuf den Menschen zu seinem Bilde, zum Bilde Gottes schuf er ihn,* ***und schuf sie als Mann und Frau.*** *Und Gott segnete sie und sprach zu ihnen: Seid fruchtbar und mehret euch …*

Dass Gott den Menschen zwiefältig, in geschlechtlichem Gegenüber erschuf, wird von den meisten Auslegern als Entfaltung der Gottesebenbildlichkeit verstanden. Die Bindung zwischen Mann und Frau, wie sie in der intimen Begegnung gipfelt, beteiligt sie an der Erschaffung eines neuen Menschen. In dieser Beziehung und in diesem Handeln bilden sie den Schöpfer unverkennbar ab.[8] Auch später, in ihrer Sorge für den neuen Erdenbürger, sind Mann und Frau ihrem Schöpfer besonders ähnlich, der die Versorgung der Geschöpfe zu seiner Sache erklärt (Ps. 104,10-21; 145,15f.).[9]

Die Bindung eines Mannes an eine Frau wird von den Autoren der Bibel als Verschmelzung zweier vorher eigenständiger Personen verstanden, die grundsätzlich nicht ungeschehen zu machen ist: Sie werden *ein Fleisch* (1. Mose 2,24). Diese neue Einheit ist die stärkste Bindung, die es zwischen zwei Menschen geben kann, sie

---

7 Wo nicht anders gekennzeichnet, wird bei Bibeltexten immer die Lutherbibel von 2017 zitiert.

8 Nach dem Schöpfungsbericht „… besteht die Gottebenbildlichkeit des Menschen in nichts weniger als in der Liebe zwischen Mann und Frau." Pöhlmann, a. a. O., S. 36. Ebenso Hempelmann, *Ehe, Ehescheidung und Wiederheirat,* S. 36

9 So ist es kaum verwunderlich, dass es im Frühjudentum für einen männlichen Juden geradezu eine heilige Pflicht war, zu heiraten und Kinder zu zeugen. Der Neutestamentler Instone-Brewer hält es gar für wahrscheinlich, dass Paulus vor seiner Bekehrung verheiratet war. Instone-Brewer, *Divorce and Remarriage in the Church. Biblical Solutions for Pastoral Realities,* S. 60

überbietet in ihrer Intensität sogar die Blutsverwandtschaft: Um sich an seine Frau zu binden, verlässt ein Mann Vater und Mutter.

Ehe unter der Sünde und unter dem Gesetz

Der Einbruch der Sünde führte zu einer Verdrehung des Verhältnisses zwischen Mann und Frau.[10] Nach dem Ungehorsam gegenüber Gottes Gebot fühlten die Menschen zum ersten Mal Scham in Bezug auf ihre Geschlechtlichkeit. Intuitiv empfanden sie Schutzbedürftigkeit. Die fürsorgliche Tat des Schöpfers, als er ihnen Kleider aus Fellen machte, bestätigt dieses Empfinden: Mann und Frau brauchen jetzt Schutz voreinander. Die Verhandlung der Schuldfrage im Angesicht Gottes führte die Partner in ihren ersten Streit. Die unüberbietbare Nähe der Ein-Fleisch-Bindung wurde nun zu einer Bedrohung. 1. Mose 3,16 deutet die Herrschaft des Mannes und die Abhängigkeit der Frau von ihm als unmittelbare Folge der Sünde und als einen Fluch. Die Zuordnung von Mann und Frau als Herr und Beherrschte (1. Mose 20,3c wörtlich übersetzt: „denn sie ist Beherrschte eines Herren"; ebenso in 5. Mose 22,22) ist folglich weniger Schöpfungsordnung, sondern Notordnung vor dem Hintergrund einer gefallenen, durch die Sünde infizierten Schöpfung.

Drei Schritte sind in der Bibel erkennbar, welche die eheliche Ein-Fleisch-Bindung konstituieren (a, b, c).

Zunächst war die Eheschließung weniger eine Angelegenheit der Brautleute selbst. Sie begann vielmehr mit der privatrechtlichen Vereinbarung ihrer Herkunftsfamilien (a), die den Beginn der Verlobungszeit markierte.[11] Als Voraussetzung für die Gründung einer Ehe galt dabei weniger die Zuneigung der Brautleute, wie die Geschichte von der Brautwerbung um Rebekka verdeutlicht (1. Mose 24). Schönheit und erotische Anziehungskraft galten deswegen trotzdem nicht als bedeutungslos. Im hebräischen Wort *„dabaq"* (Luther: „anhangen") aus 1. Mose 2,24 schwingt dieser Aspekt der Ehebeziehung mit.[12] Vor allem aber das Hohelied, manche Psalmen (Ps 45) oder die Schilderung der Brautwerbung um Rahel (1. Mose 29) erlauben hier keinen Zweifel.

---

10 „Da die Ehe einen Teil der ursprünglichen Gottesordnung für die Menschen darstellte, wurde auch sie durch den Sündenfall in ihrem tiefsten Wesen getroffen." Eisenlöffel, *Wenn Christen in der Ehe scheitern. Ein Plädoyer für Barmherzigkeit*, S. 25

11 Vgl. Mt. 1,18; Lk 1,27. Dabei konnte auch ein Brautpreis festgelegt werden: 1. Mose 34,11ff.; Jos. 15,16; 1. Sam. 17,25

12 Vgl. Jenni, Art. *qbd dbq anhangen*, in: Theologisches Handwörterbuch I, hg. v. E. Jenni und C. Westermann, Spalte 432

Fixiert wurde die Eheschließung mit der Heimholung der Braut in das Haus des Bräutigams **(b)**. Dieser Schritt wurde unter Anteilnahme der Angehörigen und der Dorfgemeinschaft gefeiert – mitunter eine ganze Woche lang (1. Mose 29,27f.; Richter 14,17). Ein gegenseitiges Versprechen der Brautleute ist vorauszusetzen, auch wenn darüber kein ausformuliertes biblisches Zeugnis vorliegt.[13]

Mit der geschlechtlichen Vereinigung **(c)** war die eheliche Ein-Fleisch-Bindung zwischen Mann und Frau vollends hergestellt. Die Schutzbestimmungen für verlobte Mädchen aus 5. Mose 22,13ff. sowie einige Randbemerkungen aus der Weihnachtsgeschichte der Evangelien (Mt. 1,18ff.; Lk. 1,26ff.) lassen deutlich erkennen, dass auch für Verlobte der Intimverkehr erst nach der Hochzeitsfeier statthaft war. Sexueller Kontakt und gemeinsames Wohnen von Mann und Frau waren ausnahmslos der Ehe vorbehalten.

So wie die Sünde den Tod des Menschen als unweigerliche Folge nach sich zieht (1. Mose 2,17), ist auch die ursprünglich Leben spendende Ehe seither von der Zerstörung durch die Sünde bedroht. In 5. Mose 24,1 wurde dem Mann die Möglichkeit eingeräumt, seine Frau im Falle von Unzucht[14] mit einem Scheidebrief zu entlassen. Auch einer Frau wurde die Möglichkeit zugestanden, sich von ihrem Mann zu trennen, wenn er bestimmte Pflichten ihr gegenüber nicht versah (2. Mose 21,10f)[15]. Diese Bestimmungen sind also weniger Privilegien des Mannes, sondern Schutzbestimmungen für die Ehe und im Besonderen für die ver-/entlassenen Frauen. Wegen der Endgültigkeit dieses Schritts war der Ehemann genötigt, eine Scheidung gründlich zu überdenken. Die verlassene oder entlassene Frau, die selbst keine juristische Person war, hatte Klarheit über ihren Stand und konnte den rechtlichen Schutz eines anderen Mannes suchen,[16] ohne

13 Eine Andeutung liegt in 2. Mose 21,10f. und in Hos. 2,21f. vor, auch das Verständnis der Ehe als Bund setzt eine feierliche Selbstverpflichtung der Beteiligten voraus.

14 An der urtextlichen Wendung für „Schändliches" (Luther) entzündete sich die schriftgelehrte Debatte zwischen den Rabbinen Hillel und Schammai, ob hier lediglich Unzucht als legitimer Scheidungsgrund genannt sei oder ein weiterer, nicht näher spezifizierter. Der Auslegung Schammais, der hier nur Unzucht als Scheidungsgrund erkennt und der auch Jesus folgt (Mt 6,32; 19,9), ist der Vorzug zu geben.

15 Was der zweiten Frau zustand, war mit hoher Wahrscheinlichkeit auch ein Recht der ersten bzw. der einzigen Frau. Instone-Brewer, a. a. O., S. 24f.

16 Das Recht auf Wiederheirat der geschiedenen Männer ist bereits in der Legitimität der Polygynie („Vielweiberei") gegeben. Es ist wahrscheinlich, dass der Scheidebrief gleichermaßen das Recht der Frau zur Wiederheirat implizierte. Auch Mt. 5,32; Mk. 10,11f.; Lk. 16,18 belegen, dass Scheidung und Wiederheirat im Frühjudentum zusammengedacht wurden: „Die Hauptsache im Scheidungsbrief waren die Worte: ‚Siehe, du bist jedermann erlaubt.'" Eisenlöffel, *Plädoyer*, 96, ebenso Instone-Brewer,

dass dieser eine Rückforderung der Frau und der Kinder durch den ersten Mann zu fürchten hatte (Jer. 3,1).

Ehe und Ehescheidung als Bild des scheiternden Sinaibundes

Das Motiv der treulosen Frau begegnet uns an verschiedenen Stellen in den Beschuldigungen der Propheten an die Adresse Israels und Judas.[17] So, wie die eheliche Liebe ein Bild der Liebe Gottes sein kann und sie Gott als den Schöpfer und den Versorger seiner Geschöpfe abbildet, illustriert eine durch Unzucht zerstörte Ehe den Bundesbruch des Volkes Israel seinem Gott gegenüber. Bemerkenswert ist, dass Gott in einem Prophetenspruch als zorniger Ehemann spricht und seiner verbliebenen Frau Juda droht:

> *Jer. 3,8:*
>
> *... wie ich Israel, die Abtrünnige, wegen ihres Ehebruchs gestraft und sie entlassen und ihr einen Scheidebrief gegeben habe, scheut sich dennoch ihre Schwester, das treulose Juda, nicht, sondern geht hin und trieb auch Hurerei.*

Wenn also der Gott Israels in Maleachi 2,16 bekennt, dass er Scheidung hasst (so der hebräische Wortlaut), dann gleichsam als Betroffener.[18]

Ehe im Horizont des Reiches Gottes: Jesus und Paulus

Das in 5. Mose 24,1 formulierte *Zugeständnis* der Scheidung wurde im Frühjudentum, zur Zeit Jesu, offenkundig als ein *Gebot* missverstanden und ausgiebig genutzt.

> *Mt. 19,7f.; Mk. 10,8f.:*
>
> *Warum hat dann Mose geboten, ihr einen Scheidebrief zu geben und* ***sich von ihr zu scheiden?*** *Er sprach zu ihnen: Mose hat euch* ***erlaubt*** *...*

Eine vergleichbar laxe Praxis von Scheidung und Wiederheirat ist auch für das Römische Reich vorauszusetzen.[19]

Divorce and Remariage, 96-98, zurückhaltender Hempelmann, *Ehe, Ehescheidung und Wiederheirat*, 60/61 (Fußnote 73). Denkbar war neben der Wiederheirat sicher auch eine Rückkehr der Frau zu einem männlichen Vertreter ihrer Herkunftsfamilie (Vater oder Bruder).

17 Siehe Jes. 1,21; Jer. 3,1-20; Ez. 16; 23; Hos., v.a. Kap 1. Auch mächtige Städte wie Tyrus und Ninive werden von Propheten personifiziert und im Bild einer Hure angesprochen (Jes. 23, Nah. 3).

18 „So God is a divorcee – and he hates it as much as any victim of divorce." Instone-Brewer, a. a. O., S. 8: „Gott ist also ein Geschiedener – und er hasst dies, so wie jedes andere Opfer einer Scheidung."

19 Die Scheidung war ohne Angabe eines Grundes durch bloßes Verlassen des Partners rechtskräftig. Aus Sorge um den Verlust der Familieneinheit führte Augustus um 18

Angesichts solcher Verfallserscheinungen der Institution Ehe in der Antike ruft Jesus zum ursprünglichen Gotteswillen zurück und erinnert mit aufrüttelnden Worten an die Intensität der ehelichen Bindung:

Mt. 19,6.9:

So sind sie nun nicht mehr zwei, sondern ein Fleisch. Was nun Gott zusammengefügt hat, das soll der Mensch nicht scheiden! [...] Ich aber sage euch: Wer sich von seiner Frau scheidet, es sei denn wegen Unzucht, und heiratet eine andere, der bricht die Ehe.

Paulus bekräftigt dieses Eheverständnis unter ausdrücklicher Berufung auf Christus in seinen Anweisungen für die verschiedenen Stände und Berufungen in 1. Korinther 7. Gleichermaßen setzt das Bild des mit dem Gesetz verheirateten Fleisches in Römer 7,1-6 die Unauflöslichkeit der Ehe voraus.

Erinnerungen an den Urzustand vor dem Sündenfall ebenso wie die zeichenhafte Wiederherstellung der alten Schöpfung durch Heilungswunder sind *nicht* das Zentrum des Dienstes Jesu und der Apostel. Sie sind vielmehr in die vollmächtige Verkündigung des anbrechenden Reiches Gottes ein- und dieser untergeordnet. Durch das Aufkeimen der neuen Schöpfung (des Reiches Gottes) ist die erste Schöpfung mit all ihrem segensreichen und auch mit ihrem durch die Sünde tragisch beschädigten Inventar überboten.[20] Die Sorge um das Reich Gottes ist aussichtsreicher als die Sorge um die Güter dieser Welt (Mt. 6,19-34). Die Zugehörigkeit zu Jesus und zur Gemeinde überbietet in ihrer Bedeutung alle Beziehungen, die in der ersten Schöpfung verankert sind, und ordnet diese neu.

Diese Relativierung der alten Schöpfung durch das anbrechende Reich Gottes betrifft sehr wohl auch die Ehe:

1. Kor. 7,29ff.:

Die Zeit ist kurz. Fortan sollen auch die, die Frauen haben, sein, als hätten sie keine; und die weinen, als weinten sie nicht; und die sich freuen, als freuten sie sich nicht; und die kaufen, als behielten sie es nicht; und die diese Welt gebrauchen, als brauchten sie sie nicht. Denn das Wesen dieser Welt vergeht

---

v. Chr. die obligatorische(!) Heirat ein und, bei einer Scheidung, eine obligatorische Wiederheirat der Männer nach 18 Monaten. Instone-Brewer, a. a. O., S. 61/99

20 Wenn Jesus beispielsweise in der Bergpredigt auffordern kann, sich ein Auge auszureißen oder eine Hand abzuhacken (Mt. 5,29f), dann kommt darin nicht etwa eine Verachtung der ersten Schöpfung zur Sprache. Andernfalls würden seine Blindenheilungen oder die Heilung der verkrüppelten Hand (Lk. 6,6-11) keinen Sinn ergeben. Es handelt sich bei diesen drastischen Worten allerdings um eine Abgrenzung, um die Setzung einer Priorität: Ewiges ist höher zu achten als Zeitgebundenes. Im Zweifelsfall lieber körperlich versehrt, als auf ewig von Gott getrennt.

[...]. Wer aber verheiratet ist, der sorgt sich um die Dinge der Welt, wie er der Frau gefalle, und so ist er geteilten Herzens.

Auch wenn die Ehe damit keinesfalls ihre Verbindlichkeit verliert, wie Paulus zu Beginn dieses Kapitels klarstellt, ist die Einheit, mit der Gottes Geist die Gläubigen verbindet, bedeutsamer als die Ein-Fleisch-Bindung. Sie hat im Gegensatz zur Geschlechterdifferenz und zu familiären Bindungen ewige Bedeutung.[21]

Die Ergebnisse der Erarbeitung der biblischen Aussagen zur Ehe werden nun folgend in paradox formulierten Thesen dargestellt:

1a) Die Ehe ist ursprünglich als eine unauflösbare Bindung geschaffen

Die durch öffentliches Versprechen und intime Begegnung konstituierte Ein-Fleisch-Bindung von Mann und Frau übertrifft sogar die Zugehörigkeit, die durch eine Blutsverwandtschaft besteht (1. Mose 2,24). Dies stellt zunächst einmal keine Norm, sondern ein Faktum dar. Vor dem Hintergrund einer laxen Scheidungspraxis weist Jesus eindringlich auf diese Wirklichkeit hin und identifiziert Scheidung und Wiederheirat mit Ehebruch (Mt. 19,6-9).

1b) Die Ehe ist nach dem Sündenfall auflösbar[22]

Was im Urzustand schlichtes Faktum war, ist nach Adams Fall bedroht und bedarf einer schützenden Norm. In der gefallenen Welt kann eine Ehebeziehung durch den Tod und durch Sünde, namentlich Unzucht (hebräisch: *z^e^nûnîm*, griechisch: *porneia*), vernichtet werden. Das mosaische Gesetz hat in den Zehn Geboten ein solches Handeln verboten (2. Mose 20,14) und dieses einerseits durch Einzelbestimmungen mit schweren Strafen belegt[23] und andererseits dem vom Partner vernachlässigten oder betrogenen Ehegatten die Möglichkeit einer Scheidung zugestanden (2. Mose 21,10f..; 5. Mose 24,1ff.).

---

21 Siehe Gal. 3, 28. Die dortige Wendung „weder Mann noch Frau" ist im Urtext ein Zitat von 1. Mose 1,27. Vgl. ferner Mt. 19,29; 22,30, Mk. 3,31; 12,25; Lk. 17,34

22 In der Wortwahl ist eine Abgrenzung gegenüber einem sakramental-überhöhten Eheverständnis zum Ausdruck gebracht. Auch mit bester Intention, um die Ehe zu schützen, sollten Norm und Faktum nicht vertauscht werden: Faktum ist: Sie *kann* aufgelöst werden – aber sie *soll* es nicht, nach dem Wort Jesu in Mt. 5,32 und 19,6-9

23 Da Ehebruch in vielen Fällen durch Steinigung der Beteiligten geahndet wurde, kam die Scheidung ohnehin durch den Tod zustande.

2a) Die Ehe verweist auf die Ewigkeit

Das Gegenüber von Mann und Frau, aus dem jede weitere Möglichkeit zur Beziehung resultiert, ist ein Abbild der Liebe des dreieinigen Gottes, der in Ewigkeit in sich selbst als Vater, Sohn und Geist ein Gegenüber der Liebe hat. Auch in der Möglichkeit, Nachkommenschaft zu zeugen, diese zu versorgen, zu bilden und zu erziehen, weist die Ehe über sich hinaus. Sie bildet Gott als den Schöpfer und Versorger ab. Die christliche Ehe beerbt dieses alttestamentliche Motiv und verweist auf Christus und die Gemeinde (Eph. 5,32).

2b) Die Ehe gehört zum Inventar der alten Schöpfung

Ehe ist Schöpfungsordnung, genauer: eine Ordnung der ersten Schöpfung. Sie ist zwar ein Bild der Liebe Gottes, aber nicht die Liebe Gottes selbst. Dieses Attribut trifft nur auf Christus zu. Die Geschlechterdifferenz und die Ehe werden in der Ewigkeit keine Bedeutung mehr haben.[24]

3a) Die neue Schöpfung garantiert nicht das Gelingen einer Ehe

Die Schriften des Neuen Testaments kennen die Möglichkeit und Wirklichkeit der Sünde nach der Taufe und das Auftreten von Streit auch unter Christen. Solange Christen „nach dem Fleisch“ leben, können sie auch als Ehepartner einander zur Sünde Anlass geben und einander so verletzen, dass der Weg der Versöhnung trotz gebotener Vergebung kaum noch möglich ist.

3b) Die neue Schöpfung begünstigt das Führen einer Ehe

Die Macht der Sünde wird in einem Menschen durch seine Wiedergeburt gebrochen. Wenn ein Christ dieser neuen Schöpfung entsprechend lebt (paulinisch: „nach dem Geist“), wird auch die Ehe zersetzende Unzucht ihn nicht mehr bestimmen können (1. Kor. 6,9-11; Gal. 5,16). Wenn anders herum ein Christ durch die Sünde seines Partners verletzt wird, ist er durch das Evangelium gebunden, zu vergeben, wie auch Christus ihm vergeben hat (Mt. 6,12; 18, 21-35). Die Aussichten, die Norm einer lebenslangen Ehe zu erfüllen, sind unter diesen Bedingungen günstiger.

---

24 „Man sollte auch hier die Welt Welt sein lassen und die Ehe nicht hochsakralisieren zu einer ‚Unio mystica‘ […] Man brächte sie dann um ihr Wesen und ihren Sinn. Sie ist exemplum, nicht sacramentum. Sie ist nicht Gnade, sie lebt von der Gnade.“ Pöhlmann, a. a. O., S. 44f

3c) Die neue Schöpfung steht in Konkurrenz zur Ehe

Die Beziehung des Gläubigen zu Christus und zur Gemeinde überbietet in ihrer Intensität und Bedeutung den Bereich der irdischen Beziehungen, die Ein-Fleisch-Beziehung eingeschlossen. Die erste Loyalität gehört Christus, nicht mehr dem Partner. Im Besonderen zwischen einem gläubigen und einem ungläubigen Ehepartner wird dies zu Spannungen führen. Weil aber ein- und derselbe Gott hinter der Alten und der Neuen Schöpfung steht, verliert die Ehe nicht ihre Verbindlichkeit. Sie wird, was das Diesseits betrifft, grundsätzlich in ihrem Wert bestätigt.

2.2 EHESCHLIESSUNG IN UNSEREM KULTURELLEN HORIZONT

In der jüngeren deutschen Geschichte wird seit 1875 ununterbrochen die Praxis der obligatorischen Zivilehe geübt. Seither dürfen die Kirchen und ihre Geistlichen nur dann ein Paar trauen, wenn es zuvor standesamtlich als Ehepaar registriert wurde. Waren zuvor die Personenstandsregister in den Kirchen geführt worden, entzog das Deutsche Reich im Kulturkampf den Kirchen diese Kompetenz.

Deshalb wird seitdem in unserem kulturellen Kontext in der bekannten zweigliedrigen Form geheiratet. Zunächst erfolgt der Gang zum Standesamt, dann der Gang zum Altar. Diese Praxis ist mehr oder minder zufällig und geschichtlich bedingt. Sie wird möglicherweise in absehbarer Zeit geändert werden und hat in dieser speziellen Ausprägung keine normative Bedeutung. Eine gültige Ehe muss nicht auf diese Weise geschlossen werden. Allerdings *enthält* diese Praxis das Element des verbindlichen und öffentlichen Treueversprechens als kultur- und geschichtsübergreifende Konstante innerhalb unserer spezifischen Ausprägung der Eheschließung, nämlich die vor Zeugen ausgesprochene wechselseitige Erklärung der Partner, dass ihre Beziehung exklusiv ist und sie eine Fürsorgepflicht füreinander übernehmen.

Seit der Einführung der obligatorischen Zivilehe gibt es eine wachsende Anzahl von Ehen, die nur standesamtlich geschlossen werden – dann nämlich, wenn die Partner keine prägenden kirchlichen Bindungen mehr haben. Aus christlicher, namentlich protestantischer Perspektive sind diese Ehen als gültige Ehen ernst zu nehmen und anzuerkennen. Der Zerbruch einer im Standesamt geschlossenen Ehe ist für die Betroffenen nicht minder tragisch als der einer standesamtlich *und* kirchlich geschlossenen Ehe.

Dennoch vertieft und erweitert die segnende Handlung vor dem Traualtar den staatlich geschützten Bund zwischen Mann und Frau. Das gilt vor allem dann, wenn die Trauung im Glauben vollzogen, empfangen und bezeugt wird. Über dem Bund zwischen Mann und Frau wird ausgesprochen, dass Gott die beiden

Partner zusammengefügt hat, dass diese Verbindung deshalb nicht geschieden werden soll und dass sie folglich auf Lebenszeit gilt. Die vor dem Standesbeamten geschlossene Verbindung kann auch wieder vor dem Scheidungsrichter geschieden werden. Vor Gott wird die Bindung zwischen Mann und Frau etwas Irreversibles. Das Ja zueinander, das Treueversprechen der Partner, wird unter der Berufung auf die Treue Gottes und auf seine Hilfe zu einem gemeinsamen Lebensfundament, das auch von den Partnern selbst auf Lebenszeit nicht mehr hinterfragt werden soll. Der Dank für die entstandene Verbindung und die Fürbitte der Gemeinde für diese Ehe rahmen und flankieren den Bundesschluss.

Wegen der skizzierten Bedeutung und Wichtigkeit der kirchlichen Trauung sollten Christen nicht zu viel Zeit zwischen standesamtlicher und kirchlicher Trauung verstreichen lassen. In dem einen oder anderen Fall kann es ratsam erscheinen, aus praktischen oder auch aus seelsorgerlichen Erwägungen eine standesamtliche Trauung vorzuziehen. Grundsätzlich aber sollten die Gänge zum Standesamt und vor den Traualtar möglichst zeitnah absolviert werden. Ehepaare, die zum Zeitpunkt ihrer Eheschließung noch nicht gläubig waren, sollten nicht zögern, ihre Ehe nachträglich unter den Segen Gottes zu stellen.

2.3 EHESCHEIDUNG

Der Ausgangspunkt jeder biblisch-theologischen Überlegung zur Ehescheidung ist das Wort Jesu aus Matthäus 19,6 und Markus 10,9:

> *„Was nun Gott zusammengefügt hat, (das) soll der Mensch nicht scheiden."*

In einer christlichen Gemeinde wird die Scheidung eines Ehepaares niemals als positiver (Aus-)Weg oder gar als probates Mittel der Lebensgestaltung angesehen werden können. Eine Scheidung, weil man sich auseinandergelebt habe oder weil zwei Charaktere sich als unvereinbar erwiesen hätten, ist biblisch nicht zu rechtfertigen.

Allerdings werden im Neuen Testament zwei Situationen skizziert, in denen eine Scheidung offensichtlich zugestanden werden kann. Im ersten Fall geht es um das Zugeständnis, eine Scheidung vom Partner zu betreiben, im zweiten Fall darum, eine vom Partner angestrebte Scheidung in Kauf zu nehmen.

a) Wenn der Partner die Ehe gebrochen hat

> *Mt. 5,32:*
> *„Ich aber sage euch: Wer sich von seiner Frau scheidet,* ***es sei denn wegen Unzucht****, der macht, dass sie die Ehe bricht; und wer eine Geschiedene heiratet, der bricht die Ehe."*

Nochmals sei darauf hingewiesen, dass auch in diesem Fall nicht von einer *Empfehlung* zur Scheidung gesprochen werden kann. Wenn, dann wird hier lediglich einem betrogenen Partner *zugestanden*, sich scheiden zu lassen. Genau genommen gibt Jesus einen Fall an, in dem eine Scheidung nicht als Sünde (Ehebruch) anzusehen ist. Dem gegenüber hat das Gebot Christi Vorrang, einander zu vergeben. Es gibt zahlreiche ermutigende Beispiele von Ehepaaren, die – nach gründlicher Umkehr und einem Prozess der Vergebung – gemeinsam durch die Krise eines Ehebruchs gegangen sind und auch als Paar wieder erstarkt sind.

Besondere Aufmerksamkeit verdient in dem Zugeständnis Jesu das Wort, welches mit Unzucht wiedergegeben wird (in älteren Bibelübersetzungen übrigens mit „Ehebruch"). Im Griechischen steht hier das Wort *porneia.*

Unzucht ist in der Bibel der allgemeine Begriff für illegitime Sexualität.[25] Ehebruch ist so gesehen eine bestimmte Ausprägung von Unzucht. Da *porneia* nach der Lehre Jesu offensichtlich einen (den einzigen) legitimen Scheidungsgrund darstellt, soll dieser Begriff genauer untersucht werden.

Zunächst bedeutet *porneia* im Gegensatz zu Ehebruch (griechisch: *moicheia*) ein fortgesetztes, gewohnheitsmäßiges und exzessives Verhalten. Ehebruch ist zunächst der Einzelfall, der in unserem heutigen Sprachgebrauch verharmlosend „Seitensprung“ genannt wird. *Porneia* meint jedoch den wiederholten, hartnäckigen, geradezu gewohnheitsmäßigen Seitensprung. Oder auch das Festhalten an einer ehebrecherischen Beziehung. *Porneia* ist ein zügelloses, nach unserem Verständnis suchthaftes Verhalten.[26]

Porneia, hebräisch *z^enûnîm* (Luther: „Hurerei"), wird im Alten Testament zudem mit Gewalt in Verbindung gebracht.[27]

Wer *porneia* auslebt, neigt dazu, „seinen Mutwillen“ mit einem anderen Menschen zu treiben und behandelt ihn mehr als Sache denn als Mensch. Er entwürdigt ihn. Illegitime Sexualität kann also durchaus auch in einer Ehe praktiziert werden, wenn ein Partner den anderen ohne dessen Einverständnis zum Gegenstand seiner Lust macht, ihn entwürdigt, indem er seine Sexualität nicht als Gabe, sondern als Suchtmittel für sich selbst gebraucht.

---

25 Vgl. Kühlewein, Art. *hnz znh huren*, in: Theologisches Handwörterbuch zum Alten Testament I, hg. v. E. Jenni und C. Westermann, Spalte 519

26 Gewohnheitsmäßig, zügellos, hartnäckig, exzessiv – folgende Schriftstellen illustrieren dieses Merkmal der Unzucht: Jer. 3,2.7.13; Hes. 16,15f.24f.28; Hes. 23,11.19.43; Hos. 2,9; Hos. 4,11.18; 1. Kor. 5; 1. Kor. 6,12-20

27 Zwei drastische Beispiele: 1. Mose 19,4-9; Ri. 19,22-30

Schließlich ist *porneia/z^enûnîm* im Alten Testament Inbegriff des Götzendienstes. Wie oben erwähnt, werfen die Propheten dem Volk Israel Unzucht vor und meinen damit die fehlende Bundestreue Israels zu seinem Gott: So wie Hoseas Frau Gomer wiederholt mit anderen Männern die Ehe bricht und uneheliche Kinder zur Welt bringt, so wendet sich Israel immer wieder anderen Völkern und anderen Göttern zu. Die Unzucht der Frau ist in der Sprache der Propheten zwar das Bild und der Götzendienst Israels das reale Vergehen, jedoch verschmelzen zum Beispiel in der Praxis der Kultprostitution Bild- und Sachhälfte (Hosea 4,12-19).

Unter Berücksichtigung der Bedeutungsvielfalt dieses Wortes, das in einigen anderen Übersetzungen mit „Ehebruch" wiedergegeben wird, kann das Anstreben einer Scheidung in folgenden Situationen zugestanden werden:[28]

- Wenn der Partner fortgesetzt (gewohnheitsmäßig, suchthaft) seine Sexualtät außerhalb der Ehe lebt, bzw. an einer illegitimen erotischen Verbindung außerhalb der Ehe festhält
- Wenn der Partner gegenüber seinem Partner oder in seiner Familie fortgesetzt Gewalt und Missbrauch ausübt
- Wenn sich der Partner auf okkulte und spiritistische Praktiken einlässt und nicht davon lassen will

Besonders dann, wenn die körperliche und seelische Gesundheit eines Partners und vor allem die der betroffenen Kinder bedroht ist, sollte zur Trennung bzw. zur Auflösung der faktischen Lebensgemeinschaft geraten werden. Aber auch in solch schwerwiegenden Fällen sollte der missbrauchte und verletzte Partner vor dem Anstreben der endgültigen Scheidung in Erwägung ziehen, ob nicht durch Buße und Vergebung ein Neuanfang möglich ist, wenn eine angemessene Zeit der Trennung – und damit hoffentlich der Neuorientierung und der Besinnung – verstrichen ist.

Allerdings ist es gerade charakteristisch für die Sünde der *porneia*, dass sie ein hartnäckiges Verhalten meint, das sich folglich besonders widerständig gegenüber einer Umkehr erweist. Nicht von ungefähr warnt Paulus:

> ***1. Kor 6,18:***
> *Flieht die Hurerei [porneia]! Alle Sünden, die der Mensch tut, sind außerhalb seines Leibes; wer aber Hurerei [porneia] treibt, der sündigt am eigenen Leibe.*

---

28 Ähnlich bei Hempelmann, *Ehe, Ehescheidung und Wiederheirat*, S. 54/55: „Gewalt in der Ehe, Zerstörung der Ehe, Untreue, Perversion von Liebe und Sexualität, kurz: ‚Unzucht'. ‚Unzucht kann am ehesten wiedergegeben werden mit dem Begriff seelischer und körperlicher Grausamkeit.' […] In diesen Fällen ist die Ehe faktisch zerbrochen …". Hempelmann zitiert seinerseits Bräumer, R. u. H., *Scheidung und Wiederheirat*, S. 57.

Und auch wenn Christus seinen Nachfolgern gebietet, zu vergeben, gilt, was ein Buchtitel treffend formuliert: „Vergeben kann man nicht müssen“.[29] Eine gründliche Vergebung kann niemals eingefordert werden, erst recht nicht vom Täter, sie braucht Freiheit und Ehrlichkeit. Und neues Vertrauen, das zur Versöhnung und Heilung wachsen muss, braucht Zeit und Vertrauensbeweise.

b) Wenn der ungläubige Partner auf die Scheidung drängt

> *1. Kor. 7,15:*
> *Wenn aber der Ungläubige sich scheiden will, so lass ihn sich scheiden. Der Bruder oder die Schwester ist nicht gebunden in solchen Fällen. Zum Frieden hat euch Gott berufen.*

Diese Anweisung bedarf kaum einer Erläuterung: Wenn der ungläubige Partner eines Christen auf die Scheidung drängt, dann darf der Gläubige in die Scheidung einwilligen, er muss sich nicht schuldig fühlen, das Scheidungsverbot Jesu verletzt zu haben.

Eine Rückfrage sollte allerdings in diesem vordergründig recht eindeutigen Fall erlaubt sein. Diese Frage ist zwar unbequem, aber der gläubige Teil der Ehe sollte sich ihr stellen und sie möglicherweise auch seinem scheidungswilligen Partner vorlegen, nämlich die Frage nach dem wahren Grund für das Bestreben des scheidungswilligen Partners. Ist es tatsächlich der Glaube des christlichen Partners, der zwischen den Partnern steht? Oder ist möglicherweise auch der Gläubige an dem Ungläubigen schuldig geworden, beispielsweise durch Vernachlässigung seines Partners?

2.4 WIEDERHEIRAT

Hier soll die Frage erörtert werden: Ist es nun – nach eingehender Betrachtung des biblischen Verständnisses von Ehe und Ehescheidung – für einen Nachfolger Jesu Christi denkbar, nach dem Scheitern seiner Ehe erneut und mit einem anderen Partner eine Ehe einzugehen?[30] Wie schon weiter oben erwähnt, schloss der rechtliche Schritt der Scheidung in der Antike und auch im Judentum grundsätzlich das Recht auf Wiederheirat ein:

---

29 A. Malessa, *Vergeben kann man nicht müssen. Weiterleben, wenn Unverzeihliches passiert …*, Brunnen-Verlag, 2005

30 Wiederheirat könnte auch die erneute Heirat nach dem Ableben des ersten Partners meinen oder die erneute Heirat des ersten Ehepartners im Falle einer Versöhnung.

„Die Hauptsache im Scheidungsbrief waren die Worte: ‚Siehe, du bist jedermann erlaubt'."[31]

Da eine Frau in der Antike nicht als rechtlich selbstständige Person galt, bestand für viele Frauen ein nicht unerheblicher Existenzdruck, sich erneut zu verheiraten.

Von diesem Zugeständnis weicht die Anweisung des Paulus im 1. Korintherbrief drastisch ab:

1. Kor. 7,10f.:

Den Verheirateten aber gebiete ich – nein, nicht ich, sondern der Herr –, dass die Frau sich nicht von ihrem Manne scheiden lassen soll – ***hat sie sich aber scheiden lassen, soll sie ohne Ehe bleiben oder sich mit ihrem Mann versöhnen – und dass der Mann seine Frau nicht fortschicken soll.***

Paulus bezieht sich hier offensichtlich auf das Jesuswort in Matthäus 5, 32.

Mt 5,32:

Ich aber sage euch: Wer sich von seiner Frau scheidet, es sei denn wegen Unzucht, der macht, dass sie die Ehe bricht; und wer eine Geschiedene heiratet, der bricht die Ehe.

Wir stehen hier vor dem auf den ersten Blick anstößigen Befund, dass eine ethische Bestimmung aus dem Gesetz des Mose im Evangelium Jesu Christi nicht gelockert, sondern deutlich verschärft wird. Nicht von ungefähr kommentieren die Jünger diese Äußerung Jesu wie folgt:

Mt 19,10:

Steht die Sache eines Mannes mit seiner Frau so, dann ist's nicht gut zu heiraten.

Zunächst scheint in dieser Frage das Joch Jesu sogar enger und härter zu sein als das Joch des Mose bzw. der Pharisäer und Schriftgelehrten.

Dabei darf jedoch nicht außer Acht gelassen werden, dass das Evangelium nicht in erster Linie auf eine Änderung des Verhaltens, sondern auf eine Erneuerung des Herzens zielt. Die Antithesen der Bergpredigt lesen exemplarische Gebote aus dem jüdischen Gesetz auf die denkbar schärfste und radikalste Weise, indem sie die Übertretung zurückverfolgen wird auf den bösen Affekt und das böse Herz als Ursache dahinter.

---

31 Eisenlöffel, *Plädoyer*, S. 96, ebenso Instone-Brewer, Divorce and Remarriage, S. 18: „'You are now free to marry any man you wish.' The same words as these are found in all of the jewish divorce certificates that have survived from the earliest times ...", ferner S. 96-98, zurückhaltender Hempelmann, *Ehe, Ehescheidung und Wiederheirat,* S. 60/61 (Fußnote 73). Zur Zeit des Kaisers Augustus ist sogar eine Pflicht zur Wiederheirat formuliert worden.

Analog dazu bestimmt Jesus in Matthäus 19 „Härte des Herzens" als Ursache für die traurige Wirklichkeit des Scheiterns von Ehen:

Mt 19,8:

Mose hat euch erlaubt, euch zu scheiden von euren Frauen, eures Herzens Härte wegen; ...

Wenn Paulus in Römer 2,29 offenkundig davon ausgeht, dass ein an Christus gläubiger Mensch an seinem Herzen beschnitten ist – d.h. dass er im Sinne von Hesekiel 36,26f ein neues, fleischernes Herz und einen neuen Geist empfangen hat –, dann muss eine Ehe zwischen christusgläubigen Partnern nicht mehr an „Härte des Herzens" scheitern.

Vor diesem Hintergrund des erneuerten Herzens ist die gegenüber dem alten Bund höhere Verbindlichkeit der Ehe im neuen Bund folgerichtig.

Während also eine zweite Ehe nach dem Tod des ersten Ehepartners zweifelsfrei möglich ist (1. Kor 7, 39), wird eine Wiedertrauung von Jesus (Mt 5,32; Mt 19,9; Lk 16,8) und Paulus (1. Kor 7, 10f) abgewiesen.

Mit Sicherheit lässt sich zunächst festhalten: Der Ausbruch aus einer Ehe in eine neue Partnerschaft oder eine Scheidung mit der Perspektive, für eine neue Partnerschaft frei zu sein, sind für Christusnachfolger keine legitimen Wege. Das Scheitern ihrer Ehe stellt gläubige Partner jeweils vor die radikale Frage nach der Verfassung ihres Herzens und nach dem Prozess ihrer Erneuerung durch Christus. Wenn sich ein Christ scheiden lässt, dann sollte er zumindest ein Leben in Ehelosigkeit nach bestem Gewissen für sich bejahen können.

Andererseits sind der Geltungsbereich und die Adressaten dieser Weisungen aus Mt 5,32 und 1. Kor 7,10f zu beachten: Sowohl Jesus als auch Paulus sprechen Verheiratete an, die im Begriff sind, ihren Ehepartner für einen anderen Partner zu verlassen. Weiterhin lehnt Jesus das Eingehen einer zweiten intimen Beziehung ab, weil und insofern damit die Intimität der ersten intimen Beziehung zerstört wird.

Nicht mit Gewissheit ist zu sagen, ob Geschiedene diese beiden deutlich abschlägigen Anweisungen auch dann auf sich anzuwenden haben, wenn die Intimität der Ehe aus inneren Gründen erstorben und die Scheidung aus dieser Ursache (evtl. schon lange) vollzogen ist, oder wenn sie das Scheitern ihrer Ehe durch grob fahrlässiges Verhalten ihres Partners eher erlitten als aktiv herbeigeführt haben. Auch wenn es sicherlich keine gescheiterte Ehe gibt, bei der ein Teil gänzlich unschuldig am Zerbruch der Partnerschaft ist, so gibt Jesus andererseits den Ehebruch als eine Übertretung an, mit der sich ein Partner in hervorgehobenem Maße schuldig macht.

Mit großem Respekt vor Kirchen, welche die Geltung dieser beiden gewichtigen Äußerungen von Jesus (Mt 5,32 und Mt 19,9) und Paulus (1. Kor 7,39) enger bestim-

men, schließen die Gemeinden des Mülheimer Verbandes eine Wiedertrauung nicht kategorisch aus. Sie kann für Christen ein gangbarer Weg sein. Dafür spricht, nach allen exegetischen Einzelüberlegungen, dass es Gott nach dem Zeugnis der Bibel immer wieder gefällt, Menschen nach schwerem Versagen erneut mit großer Verantwortung zu betrauen, und dass Gott sagt, dass er selbst nicht mehr an die Sünde denken will, die er vergeben hat (Jes. 43,25).[32]

Wenn man weiterhin berücksichtigt, dass ein ungläubiger Mensch im Neuen Testament als tot (in seinen Sünden) angesehen wird und ein Gläubiger als ein von neuem Geborener, kann die zurückliegende Scheidung eines Christen, aus der Zeit vor Bekehrung und Taufe, kein letzter Einwand gegen eine Wiedertrauung mit einem gläubigen Partner sein.

Wichtigste Voraussetzung für eine Wiederheirat ist die Einsicht in die eigene Schuld am Scheitern der ersten Ehe. Auch dann, wenn der frühere Ehepartner durch Ehebruch oder Gewalt besonders fahrlässig mit der Partnerschaft umgegangen und damit zum „Täter“ geworden ist, sollte auch das „Opfer“ – der oder die Betrogene – vor Gott über die eigene Verantwortung am Scheitern der Ehe nachdenken. Die Terminologie im alten Scheidungsrecht vor 1976 kannte die Formulierung „schuldlos geschieden“. Diese juristische Formulierung erfasst nur in einem sehr oberflächlichen Sinne das, was die Bibel mit Schuld und Sünde meint und kann den „schuldlosen“ Partner dazu verführen, jegliche Verantwortung für das Scheitern der Ehe auf den „schuldigen“ Partner abzuwälzen. Vor dem Heiligen Gott sind wir alle schuldig.

Dem Faktum des Scheiterns einer ersten Ehe sollte in der Gestaltung der kirchlichen Wiedertrauung Rechnung getragen werden. Der Gottesdienst sollte in seinem Aufbau eine Möglichkeit zur Gewissensprüfung mit einem Bekenntnisteil für gebrochene Versprechen enthalten. So, wie die stille Gewissensprüfung mit Sündenbekenntnis dem feierlichen und dankbaren Charakter des Abendmahls keinen Abbruch tut, muss auch das Bekenntnis eines Scheiterns nicht die Ernsthaftigkeit und den feierlichen Charakter eines Traugottesdienstes beeinträchtigen. Solch ein Bekenntnis wird ihn eher noch vertiefen. Wer zum zweiten Mal einem anderen Partner lebenslange Treue verspricht, sollte seine Schuld am Scheitern des ersten Bundes bekennen und den entlastenden Zuspruch der Vergebung hören. Zudem

32 Rick Warren formuliert zwar für einen ganz anderen Zusammenhang, aber dennoch für unsere Fragestellung bedenkenswert: "Er [Gott] hat einen Mörder namens Mose in einen vorbildlichen Leiter verwandelt und einen Feigling namens Gideon in einen kühnen Helden. Und er kann auch ganz erstaunliche Dinge mit dem Rest Ihres Lebens machen. Gott ist ein Fachmann darin, Menschen einen Neuanfang zu schenken". Warren, *Leben mit Vision*, S.28

geht es bei solch einem Bekenntnisteil nicht nur um die persönliche Schuld eines oder auch beider Partner. Es sollte gegebenenfalls auch das Versagen und die Hilflosigkeit der ganzen Gemeinde angesichts des Scheiterns einer Ehe in ihrer Mitte ans Kreuz gebracht werden. Vor einem Gott, der gerne vergibt, und in einer Gemeinde, die von der Vergebung Gottes lebt, sollte es nicht schwer fallen, Schuld beim Namen zu nennen.[33]

Die neu geschlossene Ehe sollte nicht als Ehe zweiter Klasse gelten, sondern von den Eheleuten mit derselben, eher noch mit größerer Sorgfalt geführt werden. Und die Gemeinde sollte diese Ehe wie eine erste Trauung respektieren und selbstverständlich ihre Mitverantwortung für sie wahrnehmen.

In einem Fall sollten eine Gemeinde und ihre Leiter allerdings besonders zurückhaltend mit einer Bitte um Wiedertrauung umgehen: Wenn die Liebesbeziehung des heiratswilligen Paares in einem ursächlichen Zusammenhang mit dem Scheitern einer bestehenden Ehe steht, wenn also einer der Partner aus einer bestehenden Ehe ausgebrochen ist, um für die neue Liebesbeziehung frei zu sein. Oder anders herum formuliert: Wenn einer der beiden heiratswilligen Partner in eine bestehende Ehe eingebrochen ist und zu ihrem Zerbruch beigetragen hat.

3. Wie sollen wir reagieren?

Im vorausgehenden Abschnitt wurden bereits mit Blick auf den Einzelfall einige Leitlinien für den Umgang mit Scheidungen und mit der Bitte um Wiedertrauung formuliert. Bevor diese Überlegungen vertieft und in weitere Maßnahmen überführt werden, soll eine grundlegende Empfehlung vorausgeschickt werden:

Eine Gemeinde sollte mehr Ressourcen in den Erhalt und in die Pflege von Ehen investieren als in die Begleitung von Ehescheidungen.

An dieser Gabelung sollten wir nicht den Weg unserer Gesellschaft gehen, die die Ehe in ihrer Werteskala immer weiter nach unten stuft und deshalb kaum um den Erhalt dieser Institutionen kämpft. Der Staat hat sich in den vergangenen Jahrzehnten darauf konzentriert, das Scheitern von Ehen und den Zerbruch von Familien zu regeln, anstatt in ihren Erhalt und Fortbestand zu investieren.

Dem gegenüber sollten Gemeinden um so mehr in die Prävention, in die Pflege und den Erhalt von Ehen investieren und sich nicht durch die – oftmals sehr mühsame – Begleitung von Scheidungen aufzehren lassen.

---

33 Denkbar ist auch ein gesonderter Bußgottesdienst für gebrochene Versprechen.

3.1 LEITFADEN FÜR EIN KRISENMANAGEMENT

Notfallpläne sollte man in ruhigen Zeiten entwickeln, sich in Ruhe mit ihnen vertraut machen und sie sich für unruhige Zeiten bereit legen. Wenn unerwartet das Scheitern einer Ehe innerhalb einer Gemeinde von sich reden macht und sich menschliche Abgründe auftun, sollte so etwas wie ein Leitfaden, eben ein Notfallplan schon vorliegen. Anregungen dazu vermittelt die folgende Sequenz von Fragen und entsprechenden Maßnahmen.

Wo ist der Brandherd?

Bricht die Krise am Rand oder außerhalb der Gemeinde aus? Bei einem Mitglied, bei einem Mitarbeiter oder einem Leiter? Je näher der Brandherd am Zentrum der Gemeinde liegt, je mehr Verantwortung ein Betroffener für die Gemeinde trägt, desto schneller und deutlicher muss aus Rücksicht der Gemeinde gegenüber reagiert werden.

Mit den Betroffenen reden

Der Weg des größten Widerstandes ist der direkte Weg zu den Betroffenen. Es fällt leichter und schafft Entlastung, mit Dritten über eine notvolle Situation zu sprechen, ist aber wenig hilfreich. Der schnelle Gang zu den Betroffenen ist die erste heilsame Maßnahme.

Die besondere Herausforderung in diesen Gesprächen – eines reicht meist nicht, in manchen Situationen wird es nötig sein, mit den zerstrittenen Partnern Einzelgespräche zu führen – besteht darin, die Betroffenen zunächst als Verletzte reden und sich Luft machen zu lassen, sie aber nach und nach dazu zu führen, dass sie ihre eigene Verantwortung und ihre persönliche Schuld am Scheitern der Ehe eingestehen.

Ist auf beiden Seiten die je eigene Schuld grundsätzlich anerkannt, ist die Grundlage für eine fruchtbare seelsorgerliche Arbeit gelegt.

Vereinbarungen treffen

a) Vereinbarungen mit den Betroffenen

In den Pastoralbriefen werden geordnete und gesunde Familienverhältnisse von den Anwärtern auf eine gemeindeleitende Aufgabe gefordert.[34] Leitungsbefähigung wird nach diesem Verständnis grundsätzlich in der Familie erworben bzw. verwirkt. Deshalb sollten vor allem leitende Mitarbeiter oder Mitarbeiter in pastoraler Verantwortung (z.B. Hauskreisleiter) im Falle einer massiven Ehekrise ihre Aufgabe ruhen

34 1. Tim. 3,1-7 und 8-13; Tit. 1,5-9

lassen. Dies sollte von den Betroffenen nicht als Vorstufe des Gemeindeausschlusses, sondern wirklich als Freistellung, als Entlastung aufgefasst werden. Auch wenn die erste Loyalität eines Gläubigen Christus und seinem Reich gehört, beginnt die Hingabe an diesen Herrn und dieses Reich nicht im Gemeindegebäude, sondern im eigenen Haus. Sie bewahrheitet sich als erstes in der eigenen Familie. Wenn die Ehe oder die Familie eines leitenden Mitarbeiters bedroht ist, sollten in den meisten Fällen die Ressourcen des Mitarbeiters nicht länger in die Institution Gemeinde fließen, sondern in den Teil der Gemeinde, der ihm am nächsten steht: seine Familie.

Eine Entbindung von Leitungsaufgaben kann bei den betroffenen Mitarbeitern Ängste auslösen, in der Gemeinde isoliert zu werden. Das ist vor allem darauf zurückzuführen, dass die beziehungsmäßige Einbindung in vielen Gemeinden ursächlich mit der Präsenz als Mitarbeiter verknüpft ist: Je intensiver und je vielfältiger die Mitarbeit eines Mitglieds ist, desto mehr Beziehungen hat es innerhalb der Gemeinde. Die von ihren Aufgaben entbundenen Mitarbeiter sollten deshalb vergewissert werden, dass sie nicht nur als Mitarbeiter, sondern auch als Menschen geliebt und angenommen sind und dass sie gerade in dieser massiven Krise nicht von der Gemeinde allein gelassen werden.

Ist eine Scheidung nicht mehr aufzuhalten, sollte vor allem in einer kleineren Gemeinde erwogen werden, einem der beiden Partner zu einem Gemeindewechsel zu raten. Auch dies darf nicht per se als Maßnahme der Gemeindezucht oder als Feststellung der Schuld verstanden werden, sondern als eine Maßnahme der Schadensbegrenzung: Der Riss zwischen den beiden Partnern einer zerbrechenden Ehe kann sich in Hauskreise, Arbeitsgruppen oder in die ganze Gemeinde hinein verlängern und schließlich die Einheit eines Kreises, der Gemeindeleitung oder sogar der Gemeinde gefährden.

Wenn (unmündige) Kinder in der Obhut der scheidenden Eheleute stehen, sollte mit Rücksicht auf die Einwurzelung der Kinder in die Gemeinde entschieden werden, wer von den scheidenden Partnern die Gemeinde verlässt.

b) Vereinbarungen mit der Gemeinde

Wenn die akute Ehekrise nicht schon für Gesprächsstoff in der Gemeinde gesorgt hat, wird mit Sicherheit der plötzliche Rücktritt eines leitenden Mitarbeiters Spekulationen schüren. In Absprache mit den Betroffenen muss darum auch die Gemeinde über das Notwendige informiert werden.

Die Gemeinde sollte aufgefordert werden,

- die Betroffenen in ihrer Situation nicht zu isolieren und für sie zu beten. Die Betroffenen sollten in der Wahrnehmung auch nicht auf einen Problemfall reduziert werden. Ablenkung kann eine große Hilfe sein.
- die Betroffenen nicht taktlos auf ihre Ehekrise anzusprechen. Der Besuch des Gottesdienstes sollte nicht zum Spießrutenlaufen für sie werden.
- sich im Gespräch mit einem der Betroffenen nicht gegen den abwesenden Partner mit ihm zu solidarisieren.
- von Beratung Abstand zu nehmen. Die seelsorgerliche Begleitung einer Ehekrise gehört in feste Hände und nicht in das Forum der Gemeinde.

Der Umgang der Gemeindeleitung mit einer solchen Situationen wird, beabsichtigt oder unbeabsichtigt, einen starken Lerneffekt für die Gemeinde haben. Sie wird

- erkennen, wie (un-)sensibel mit Menschen in einer Krise in der Gemeinde umgegangen wird.
- Paare mit Ehekrisen ermutigen oder entmutigen, sich mit ihrer Problematik der Gemeinde anzuvertrauen.
- erkennen, welchen Wert Ehe und Familie für die Gemeinde hat.
- erkennen, wie konsequent die Gemeinde ihre Werte verteidigt.

Gemeindezucht

Gemeindezucht ist nach Matthäus 18,15-17 dann angemessen bzw. durch das Mitglied selbst schon eingeleitet, wenn offensichtliches Fehlverhalten – Festhalten an einer ehebrecherischen Beziehung, Gewalt – gerechtfertigt oder verteidigt, und es der Gemeinde durch dieses Mitglied nicht mehr zugestanden wird, korrigierend in seine Lebenssituation hineinzusprechen.

Der Ausschluss aus der Gemeinde kann somit in einem klar definierten Fall als letztes Mittel angewandt werden. Allerdings muss der Gemeindeleitung, den Betroffenen und der Gemeinde klar sein, dass es sich dabei nicht um einen Akt der Vergeltung handelt. Das macht diesen Schritt in kleinen Gemeinden so schwierig, wo es häufiger bis in das Leitungsgremium hinein unmittelbar Betroffene gibt. Gemeindezucht kann in solchen Situationen als Racheakt missbraucht werden oder zumindest in diesen Verdacht geraten.

3.2 PRÄVENTION

In den Kapiteln 2.2 – 3.1 wurden bereits eine Reihe von Empfehlungen für den Umgang mit dem individuellen Scheitern von Ehen formuliert. Im folgenden Abschnitt soll es noch grundsätzlicher um die Frage gehen, was die Gemeinde dieser verhängnisvollen Entwicklung entgegenzusetzen hat und wie sie, abgesehen vom Einzelfall, auf den allgemeinen Zerbruch der Institution Ehe reagieren sollte.

Lehre

Kirchen haben zu allen Zeiten Bekenntnisse formuliert und dabei bestimmte Glaubensinhalte besonders nah an das Zentrum des einen Glaubens an den einen Herrn gerückt.

- In der Alten Kirche wurde mit Hilfe der Bekenntnisse die Gottheit Christi und die Gottheit des Heiligen Geistes verteidigt.
- Im Zeitalter der Reformation wurde gegen das irrige, missverständliche und auch missbrauchte katholische System der sakramentalen Heilsvermittlung das „vierfache solus (allein)" ins Feld geführt: Allein durch den Glauben, allein durch das Wort, allein durch Christus, allein durch die Schrift wird der Mensch gerettet.
- Die Väter der bekennenden Kirche wehrten in der „Barmer theologischen Erklärung" den Anspruch des Dritten Reiches ab, dass sich in ihm ein Handeln Gottes, ein Offenbarungsgeschehen manifestiere.

Angesichts der Entwertung von Ehe und Familie in der Gegenwart wird es höchste Zeit, die biblische Lehre über Ehe und Ehescheidung näher in das Zentrum des Glaubens zu rücken. Dies kann durch folgende Maßnahmen umgesetzt werden:

- In regelmäßigen Abständen wird über Ehe gepredigt.
- Neue Mitglieder werden ausführlich darüber informiert, wie sich die Gemeinde in Fragen der Liebe und Sexualität, zu Ehe, Ehescheidung und Wiederheirat positioniert. Neue Gemeindeglieder werden verpflichtet, die Gemeinde darin zu unterstützen.
- Paare, die sich in der Gemeinde trauen lassen wollen, werden zu einem Ehe-Vorbereitungskurs verpflichtet.
- Brautleuten wird für ihre ersten Ehejahre ein erfahrenes Ehepaar als Ehe-Mentoren an die Seite gestellt.
- Die Gemeinde veranstaltet regelmäßig Eheseminare.
- Die Gemeinde investiert in die Ausbildung von Eheseelsorgern.

Diese Maßnahmen haben natürlich das Ziel, zahlreiche lebendige und unschlagbare Argumente gegen eine Scheidung hervorzubringen: intakte, vitale Ehen, also Ehepartner, die sich auch nach Jahrzehnten noch aneinander freuen.

Geistlicher Kampf

Nach biblischem Zeugnis gibt es eine spezifische Sünde, die in besonderer Weise eine Bedrohung für Ehen darstellt: die Sünde der Unzucht *(porneia* bzw. *z^e^nûnîm/ taznût)*. Gemeinden sollten ihre Ressourcen darauf konzentrieren, gegen die Ausbreitung dieser Sünde in ihrer Mitte und für den Erhalt vitaler Ehen zu kämpfen. Dann besteht die Aussicht, dass Ehescheidungen ein marginales Problem für Gemeinden bleiben werden. Eine starke Waffe im Kampf gegen die Sünde ist die uralte Praxis der Beichte. Die Beichte ersetzt keine Therapie, hat aber starke therapeutische Wirkung. Wo eine Sensibilität für Unzucht im „Embryonalstadium" besteht, wo früh, regelmäßig und geduldig ihre Ansätze in der Beichte ans Licht gebracht werden, wird ihre zerstörerische Wirkung überwunden.

Nachwort

Kommen wir am Ende dieser Erörterung wieder auf das konkrete Beispiel, mit dem im Vorwort begonnen wurde: Ulrike. Der Zerbruch ihrer Ehe und ihrer Familie erzeugte einen Leidensdruck, der sie in die Nähe einer Gemeinde drängte.

Die zweite Kraft, die an ihr wirkte, entfaltete sich in einem Gottesdienst, wie eingangs angedeutet. Ulrike berichtete in dem Gespräch mit dem Pastor, dass sie eigentlich vorhatte, sich in diesem Gottesdienst mit jenem Mann zu treffen, mit dem sie trotz bestehender Ehe liiert war. Dieser Mann kam jedoch nicht: Er war losgefahren und spürte an diesem Sonntag einmalig und erstmalig eine unerklärliche Blockade, zum Gottesdienst zu fahren und kehrte wieder um.

So besuchte Ulrike die Gemeinde ohne Begleitung. In dem Gottesdienst berichtete ein Ehepaar auf eigene Initiative von der Überwindung ihrer Ehekrise. Mit schonungsloser Ehrlichkeit berichteten beide von ihrem Versagen bis hin zum Ehebruch. Sie berichteten aber auch von der Entscheidung, ihrer Ehe eine neue Chance zu geben. Sie teilten mit, welche Schritte der Ursachenforschung und der Vergebung sie in vielen Seelsorgegesprächen gegangen waren. Und zum Schluss baten sie darum, dass ihre Ehe neu unter den Segen Gottes gestellt werden möge.

Währenddessen saß Ulrike tief betroffen in einer der letzten Reihen. Ihre Krise, das unerklärliche Fernbleiben ihres Freundes, der schonungslos ehrliche Bericht des Ehepaares: Sie fühlte sich darin unmittelbar von Gott angesprochen.

PASTOR JOHANNES EUHUS
OSNABRÜCK

Bis dass der Tod uns scheide

Kirchlicher Segen ohne Trauschein?

von Johannes Euhus

Was ist eine „Kirchenehe"?

Die Kirchenehe bezeichnet ein Eheverhältnis, das nicht vor einem Standesbeamten geschlossen wurde, sondern lediglich vor dem Traualtar.

Das ethische Problem, das sich in der Kirchenehe stellt, ist untrennbar verbunden mit der Eherechtsprechung in Deutschland: Die hiesige zweigliedrige Form der Eheschließung vor dem Standesbeamten und vor dem Geistlichen – genannt obligatorische Zivilehe – ist in Deutschland seit der Durchsetzung der Bismarckschen Personenstandsgesetze vom 6.2.1875 ununterbrochen im Gebrauch. Hintergrund ihrer Einführung war das Kräftemessen zwischen dem preußisch (und damit protestantisch) geführten Deutschen Reich und der Katholischen Kirche mit ihrem sakramentalen Eheverständnis: Die Einführung der obligatorischen Zivilehe bedeutete eine empfindliche Beschneidung der kirchlichen Kompetenzen, da mit diesem Schritt die Führung des Personenstandsregisters der kirchlichen Verwaltung entzogen wurde.

Die evangelischen Kirchen widersetzten sich damals weniger als die römisch-katholische Kirche, obwohl natürlich auch ihre Kompetenz vom Staat beschnitten wurde. Diese duldsame Haltung der Protestanten ist im Wesentlichen auf Luthers Eheverständnis zurückzuführen, der die Ehe in deutlicher Abgrenzung vom katholischen Sakramentalismus als „weltlich Ding" bezeichnete (so in seinem „Traubüchlein für die einfältigen Pfarrherrn" von 1529).

Die obligatorische Zivilehe sieht vor, dass ein Geistlicher nur dann eine Trauung vornimmt, wenn die Ehe bereits standesamtlich geschlossen und der Trauschein vorgelegt wurde.

Warum wird eine „Kirchenehe“ angestrebt?

Aktuell wird diese Frage in der Regel bei Rentenempfängern. Die Zeitspanne des Ruhestandes ist im verstrichenen Jahrhundert durch den Fortschritt der medizinische Versorgung kontinuierlich gewachsen. Hinzu kommt, dass wir in Deutschland eine demografische Umkehrung erleben, d.h. eine schleichende Überalterung der Gesellschaft.

Dies führt dazu, dass es eine immer größer werdende Gruppe von (Jung-)Senioren gibt, die eine ansehnliche Lebensphase, die gestaltet werden will, noch vor sich haben. Diese Gruppe wird neuerdings von Marktforschern immer stärker als Konsumentengruppe in Augenschein genommen und sie wächst auch in Gemeinden.

Aufgrund des Zerfalls der Institution Ehe nähern sich immer mehr Menschen als Geschiedene dieser letzten Lebensphase. So wird Einsamkeit zu einem Problem – auch für Ruheständler und auch in Gemeinden.

Jeder weiß um die sozialen und wirtschaftlichen Folgen, die die demografische Entwicklung für unser Land hat: Eine schrumpfende Gruppe von Erwerbstätigen muss eine wachsende Gruppe von Senioren wirtschaftlich mittragen; der Generationenvertrag ist gefährdet, mithin die Systeme der sozialen Sicherung. Seriöse Prognosen sehen auf Jahre hin kaum Steigung der Renten, während andererseits die Lebenshaltungskosten stetig zunehmen. Es wird demzufolge in Zukunft – rein statistisch gesehen – mit einer größeren Gruppe von verarmten Senioren zu rechnen sein.

Wirklich drängend wird die Frage nach der Kirchenehe im Rentenalter, da von Seiten des Staats bei der Wiederheirat von dem Eingehen einer neuen Versorgungsgemeinschaft ausgegangen wird. Daher entfällt im Falle von verwitweten Brautleuten eine Hinterbliebenenrente. Der Gang zum Standesamt bedeutet im Rentenalter in einigen Fällen also eine empfindliche finanzielle Einbuße. Manche Seniorenpaare fühlen sich um ihre Lebensleistung betrogen und drohen im Einzelfall zum Sozialfall abzusinken. Aufgrund des demografischen Trends ist abzusehen, dass solche Sozialfälle keine Einzelfälle bleiben werden.

Diese Perspektive der Brautleute im Rentenalter stellt den **einen Aspekt** *dar, der bei Betroffenen zum Begehren einer Kirchenehe führt.*

Hinzu kommt eine **zweite Perspektive**, *welche die Schließung einer Kirchenehe zumindest vom natürlichen Rechtsempfinden her als legitim erscheinen lässt: Unser Staat hat etwa in den letzten 50 Jahren einen schrittweisen Zerfall der Institution Ehe mit zu verantworten.*

Musste in den 50er Jahren ein Beamter im Falle einer Scheidung noch mit einem Disziplinarverfahren rechnen, sanktionierte der Staat in den folgenden Jahrzehnten schrittweise die ethischen Dammbrüche, die mit der sexuellen Revolution einhergingen. Meilensteine sind die Entkriminalisierung von Abtreibung und Homosexualität, die Aufgabe des Schuldprinzips im Scheidungsrecht zu Gunsten des Zerrüttungsprinzips, die Liberalisierung des Porno-Paragraphen und schließlich die Einführung des Lebenspartnerschaftsgesetzes im Februar 2001.

Faktisch ist der Staat dabei, die Ehe und die Eheschließung aus seiner Zuständigkeit zu entlassen. Folgerichtig wurde die Ordnungswidrigkeit einer kirchlichen Trauung ohne Trauschein schon lange nicht mehr geahndet.

Im Dezember 2004 votierte die ev.-freikirchliche Gesamtgemeinde Hannovers in einem Positionspapier dafür, Rentnerpaaren die Kirchenehe zu ermöglichen, die aus wirtschaftlichen Gründen ihre Ehe nicht vor dem Standesbeamten schließen möchten. Seither wird in den Leitungen verschiedener Freikirchen vermehrt über diese Fragestellung diskutiert.

Zum 1. Januar 2009 trat die jüngste Reform des Personenstandsgesetzes (PStG) in Kraft, in der die gesetzliche Pflicht, die zivilrechtliche Trauung vor der kirchlichen Heirat zu vollziehen, abgeschafft wurde.

Seitdem stellt die Stiftung einer Kirchenehe also nicht mehr einen Verstoß gegen geltendes Recht dar. Dennoch bleibt an einer lediglich vor dem Altar geschlossenen Ehe der Makel der Illegitimität haften, weil die kirchliche Trauung nach aktueller Gesetzeslage keinerlei juristische Konsequenzen zur Folge hat. Gegenüber dem Staat, seinen Behörden und Instanzen, gegenüber Versicherungen etc. gelten die nur kirchlich Getrauten nicht als verheiratet. Eine Unsicherheit in der Deklarierung ihrer Beziehung bleibt für die Partner einer Kirchenehe also bestehen – ähnlich, wie sie für Sarah und Abram gegenüber dem Pharao und Abimelech bestand (1. Mose 12 und 20).

Zur Praxis in der Gemeinde

Die Leitung des Mülheimer Verbandes empfiehlt ihren Gemeinden aus den genannten Gründen, die Praxis der Kirchenehe nicht zu fördern, sprich: eine kirchliche Trauung nur dann durchzuführen, wenn die standesamtliche voraus gegangen ist.

Ohnehin ist es bei den leeren Rentenkassen abzusehen, dass die stillschweigende Duldung des Zusammenlebens unverheirateter Bezieher einer Hinterbliebenenrente seitens der Behörden ein Ende haben wird. Bei den Beziehern von Arbeitslosengeld II ist dies längst der Fall.

Als Ermutigung und Starthilfe für eine Wiederheirat erhalten Witwen/Witwer übrigens auf Antrag eine Abfindung für die weggefallene Hinterbliebenenrente, die in der Regel aus 24 Monatsrenten besteht.

PASTOR JOHANNES EUHUS
OSNABRÜCK

Ehescheidung bei Pastoren und Ältesten

Wie gehen Gemeinden damit um?

Stellungnahme der Leitung des MV

Der folgende Beitrag beinhaltet die im Jahr 2009 verabschiedete Stellungnahme der Leitung des Mülheimer Verbandes mit dem Originaltitel „Leitlinie zum Umgang mit Ehescheidung bei Ältesten, Pastoren und hauptamtlich pastoral tätigen Mitarbeiterinnen und Mitarbeitern“.

1. Einführung

Christen leben in einer gefallenen Welt und müssen sich mit den gesellschaftlichen Herausforderungen auseinandersetzen, nicht zuletzt mit dem durch die Säkularisierung bedingten Wandel in vielen ethischen Fragen. Darüber hinaus: Auch Christen sind, aller erfahrenen Erneuerung zum Trotz, noch Teil dieser gefallenen Welt und bleiben anfällig für Irrtümer und Versagen; deshalb bedürfen sie Tag für Tag der Gnade Gottes.

Gegenwärtig kommt es zu besonderen Belastungen für Ehe und Familie. Auch Pastoren und verantwortliche Mitarbeiter sind nicht grundsätzlich vor dem Scheitern ihrer Ehe geschützt. Hauptamtliche sind gleichermaßen Versuchungen ausgesetzt und nicht minder darauf angewiesen, die Gnade Christi in Anspruch zu nehmen. Zudem sind gerade die Familien von Pastoren und Ältesten Gefährdungen ausgesetzt, die mit den hohen Erwartungen mancher Gemeinden an das Ehe- und Familienleben ihrer Vorbilder einhergehen.

So sehr betroffene Menschen darunter leiden, so sehr ist in diesem besonderen Fall des Scheiterns einer Leiter-Ehe die Gemeinde als Ganze in Mitleidenschaft gezogen. Auch Leitungskreise haben es schwer, nüchtern und sachlich mit der Situation umzugehen, wenn jemand aus den eigenen Reihen betroffen ist. Wie geht man dann mit dem Scheitern der Ehe eines leitenden Mitarbeiters, eines Ältesten oder des Pastors um?

Als MV-Leitung nehmen wir zu dieser Frage Stellung. Die folgenden Überlegungen sollen Orientierung geben.

2. Allgemeiner biblischer Befund über Ehe und Ehescheidung[1]

In wenigen Sätzen soll den spezifischen Überlegungen – zum Scheitern der Ehen von Verantwortungsträgern in einer Gemeinde – der allgemeine biblische Befund über Ehe, Ehescheidung und Wiederheirat vorausgeschickt werden.

2.1 DIE EHE IST VOM URSPRUNG HER ALS EINE UNAUFLÖSBARE BINDUNG GESCHAFFEN

Die durch öffentliches Versprechen und intime Begegnung konstituierte enge Bindung von Mann und Frau übertrifft selbst die Zugehörigkeit, die durch eine Blutsverwandtschaft besteht (1. Mose 2,24). Vor dem Hintergrund einer laxen Scheidungspraxis weist Jesus eindringlich auf diese Wirklichkeit hin und identifiziert Scheidung mit Ehebruch (Matthäus 19,6-9).

2.2 DURCH DEN EINBRUCH DER SÜNDE IST AUCH DIE EHEBEZIEHUNG MASSIV BEDROHT

In der gefallenen Welt kann eine Ehebeziehung durch Sünde, namentlich Unzucht (hebräisch: s^e^nunīm, griechisch: porneia) vernichtet werden. Das mosaische Gesetz hat in den Zehn Geboten ein solches Handeln verboten (2. Mose 20,14), zudem einerseits durch Einzelbestimmungen mit schweren Strafen sanktioniert, andererseits dem Opfer die Möglichkeit einer Scheidung zugestanden (2. Mose 21,1f.; 5. Mose 24,1ff.).

---

1 Zu den Einzelheiten der exegetischen Diskussion vgl. „Ethische Entscheidungen treffen – Orientierung für Christen", S. 74ff.

2.3 BEKEHRUNG UND WIEDERGEBURT BEGÜNSTIGEN DAS FÜHREN EINER EHE

Die Macht der Sünde wird in einem Menschen durch seine Wiedergeburt gebrochen. Wenn ein Christ in Entsprechung zu dieser neuen Schöpfung lebt, paulinisch: „nach dem Geist“, dann wird auch die Ehe zersetzende Unzucht ihn nicht mehr bestimmen können (1. Korinther 6,9-11; Galater 5,16). Wenn andererseits ein Christ durch die Sünde seines (gläubigen) Partners verletzt wird, dann ist er durch das Evangelium gebunden zu vergeben, wie auch Christus ihm vergeben hat (Matthäus 6,12; 18,21-35).

2.4 EHESCHEIDUNG IN DER GEMEINDE

In einer christlichen Gemeinde wird die Scheidung eines Ehepaares niemals als positiver (Aus-)Weg oder gar als probates Mittel der Lebensgestaltung angesehen werden können. Eine Scheidung, weil man sich auseinandergelebt habe, oder weil zwei Charaktere sich als unvereinbar erwiesen hätten, ist biblisch nicht zu rechtfertigen. Das primäre Bemühen einer Gemeinde hat sich immer auf den Erhalt der Ehen und die Wiederherstellung bedrohter Ehen durch Buße, Vergebung und Versöhnung zu richten.

Allerdings finden im Neuen Testament zwei Ausnahmezustände Erwähnung, in denen auch den Nachfolgern Jesu der Ausweg einer Ehescheidung zugestanden wird: Wenn ein Partner durch Unzucht (Luther übersetzt hier: „Ehebruch“) dem Ehebund und dem Ehepartner vernichtende Verletzungen zufügt (Matthäus 5,32; 19,6) und dann, wenn ein ungläubiger Partner die Scheidung anstrebt (1. Korinther 7,15). Der Begriff Unzucht ist auslegungsbedürftig: Man kann ihn beschreiben als zügelloses, hartnäckig-suchthaftes sexuelles Verhalten, das im Alten Testament auch mit Gewalt und Götzendienst in Verbindung gebracht wird.

2.5 WIEDERHEIRAT GESCHIEDENER IN DER GEMEINDE

In dem Scheidungsverbot (Matthäus 5,32; Matthäus 19,6; Markus 10,11f.; Lukas 16,18) untersagt Jesus auch die Wiederheirat, gerade weil diese neue Verbindung das endgültige Ende der ersten Ehe bedeutet. Das Verbot der Wiederheirat ist also kein eigenständiges, sondern ein dem Ehescheidungsverbot beigeordnetes. Paulus bezieht sich in 1. Korinther 7,10f. ausdrücklich auf dieses Jesuswort.

Dieser zwar schmale, aber doch deutlich negative biblische Befund zur Frage der Wiederheirat sollte uns zumindest zurückhaltend stimmen, was eine Wiedertrauung angeht. Dennoch hält es die Leitung des Mülheimer Verbandes für vertretbar, unter bestimmten Voraussetzungen eine Wiedertrauung zu gewähren.

3. Ehescheidung bei Ältesten, Pastoren und hauptamtlichen pastoral tätigen Mitarbeiterinnen und Mitarbeitern

3.1 MASSNAHMEN ZUM GEISTLICHEN SCHUTZ DER GEMEINDE

Die Lebensführung der Pastoren und leitenden Mitarbeiterinnen und Mitarbeiter soll nach den Aussagen des Neuen Testaments vorbildlich sein.[2] Deshalb ist eine Ehescheidung bei ihnen nicht nur eine private Angelegenheit, sondern schadet auch der Glaubwürdigkeit des Dienstes und der Gemeinde. Das hat Konsequenzen im Blick auf die Weiterführung des bisherigen Dienstes im Falle einer Scheidung.

Wir halten es in Hinsicht auf die Gemeindeöffentlichkeit für notwendig, dass durch ein (zumindest) befristetes Ruhen des Leitungs- und Verkündigungsmandats des betroffenen Mitarbeiters ein Zeichen dafür gesetzt wird, dass das Zerbrechen der Ehe nicht dem Willen Gottes entspricht.[3] Diese Maßnahme halten wir auch dann für ratsam, wenn dem Hauptamtlichen keine nennenswerte Schuld am Scheitern der Ehe vorzuwerfen ist. Gegebenenfalls ist der Gemeinde deutlich mitzuteilen, dass die Zurücknahme des Leitungsmandats keinem Schuldspruch gleichzusetzen ist.

Mindestens bis die Aufarbeitung der Vergangenheit und ein Neuanfang unter der Vergebung Jesu glaubhaft vermittelt werden können, ist ein Verbleiben in verantwortlicher Stellung problematisch. In den allermeisten Fällen wird dies für die Zeit einer längeren Trennung und eines schwebenden Scheidungsverfahrens gelten.

Über die Deutlichkeit und die Modalitäten einer solchen Maßnahme sollten die Verantwortlichen vor Ort in Rücksprache mit einem Mediator (s. u. Ziffer 3.3) und innerhalb des Mülheimer Verbandes auch mit der MV-Leitung entscheiden.

3.2 SCHRITTE ZUR SEELSORGERLICHEN KLÄRUNG FÜR DIE BETROFFENEN EHELEUTE

Spätestens dann, wenn Älteste und leitungsverantwortliche Mitarbeiterinnen und Mitarbeiter in eine Ehekrise geraten, sollten sie dringend Seelsorge und Beratung, etwa durch (Mit-)Älteste oder professionelle Seelsorger, in Anspruch neh-

---

2 Vgl. 1. Tim. 3,1-13; Tit. 1,5-9.

3 Inwieweit diese Maßnahme auch das Angestelltenverhältnis – und damit die Existenzgrundlage eines Hauptamtlichen – berührt, wird unter Ziffer 3 angesprochen.

men.[4] Es ist Aufgabe der jeweiligen Bundesleitung, die Betroffenen zu beraten. Im Falle eines betroffenen Pastors wird die Verbandsleitung informiert.

Für den seelsorgerlichen Ansatz ist uns Folgendes wichtig:

- Die betroffenen Eheleute müssen der Gnade Gottes versichert werden. Wie groß auch das persönliche Versagen sein mag, wie eklatant das schuldhafte Verhalten: Wenn Sünde erkannt und als solche vor Gott bekannt wird, wird sie immer und ausnahmslos vergeben: „Wo aber die Sünde mächtig geworden ist, da ist doch die Gnade noch viel mächtiger geworden, ..." (Römer 5,20). Die Gnade, die ein Pastor predigt, gilt auch ihm selbst und seinem Partner.[5]
- Es ist mit beiden Ehepartnern über die Gründe zu sprechen, die zur Ehekrise führten.
- Es sind größte Anstrengungen zu unternehmen, beiden Ehepartnern zur Heilung ihrer Beziehung und zum Fortbestand ihrer Ehe zu helfen.
- Selbst wenn eine Scheidung nicht vermieden werden kann, entspricht das Bemühen um Versöhnung dem Weg verantwortlicher Seelsorge.
- Es ist bewusst zu machen und im Gespräch zu klären, dass Zeiträume für die innere Heilung von Verletzungen eingeräumt und genutzt werden müssen. In diesem Sinne hat die oben genannte „disziplinarische Maßnahme" der (befristeten) Zurücknahme des Leitungsmandats einen positiven Sinn für die Betroffenen und ihre Familien.

3.3 VEREINBARUNGEN ZUR KLÄRUNG DES ANSTELLUNGSVERHÄLTNISSES

Es ist uns bewusst, dass jeder Ehekonflikt sorgfältig für sich gesehen und beurteilt werden muss. Folgend aufgeführte Hilfen und Vorschläge sollten bedacht werden.

- Wir schlagen zur Klärung der Konsequenzen für das Anstellungsverhältnis eines betroffenen Hauptamtlichen die Berufung eines Mediators vor. Der Mediator sollte eine a) vom betroffenen Hauptamtlichen, b) der betroffenen Gemeindeleitung und – in Gemeinden des Mülheimer Verbandes auch ein von der Leitung des MV – anerkannte Person sein und mit dem Einverständnis dieser Parteien

---

4 Im Rahmen dieser Leitlinie kann nur allgemein, aber mit Nachruck darauf hingewiesen werden, dass Vorsorge besser ist als Krisenmanagement: Wie viel besser, wenn es durch permanente Wachsamkeit und regelmäßige Sorge um den Partner und die Familie gar nicht erst zu einer Existenzbedrohung der Ehe kommt.

5 Der langjährige Pastor Jerry Cook spricht hilfreich von drei Garantien, die Menschen brauchen, um sich vertrauensvoll zu öffnen. Vgl. Cook, Jerry, Liebe, Annahme und Vergebung, S. 11. Ebenda beschreibt er lehrreich den Umgang mit einer gescheiterten Pastorenehe (S. 8-11).

benannt werden. Ferner sollte sie in einer ausreichenden persönlichen Distanz zur Gemeindesituation und zur persönlichen Situation des Hauptamtlichen stehen. Dem Mediator sollte von den Beteiligten ein weitreichendes Mandat zur Klärung der Situation zugesprochen werden. Sein Votum hinsichtlich des Anstellungsverhältnisses sollte den Ausschlag geben im Falle einer Uneinigkeit zwischen Hauptamtlichem und Anstellungsträger. Der Mediator wird sich in seinem Vorgehen an dem umseitig abgedruckten Diagramm orientieren.

- Im äußersten Fall kann es zur Kündigung wegen eines Verstoßes gegen sittliche biblische Lebensregeln trotz Abmahnung kommen. Wir empfehlen jedoch grundsätzlich die Fortsetzung der Bezüge für eine Frist von sechs Monaten, wenn das Scheitern der Ehe nicht offensichtlich und einseitig das Verschulden des Angestellten ist.
- Die Beteiligten bemühen sich darum, für den betroffenen Hauptamtlichen eine berufliche Perspektive zu finden, falls es zu einer Beendigung des Anstellungsverhältnisses kommt.
- Wir erwarten von den Gemeinden und von der Pastorenschaft, dass sie auch den MV-Gremien im Blick auf dienstliche Konsequenzen für einen betroffenen Pastor einen Entscheidungsspielraum zubilligen.

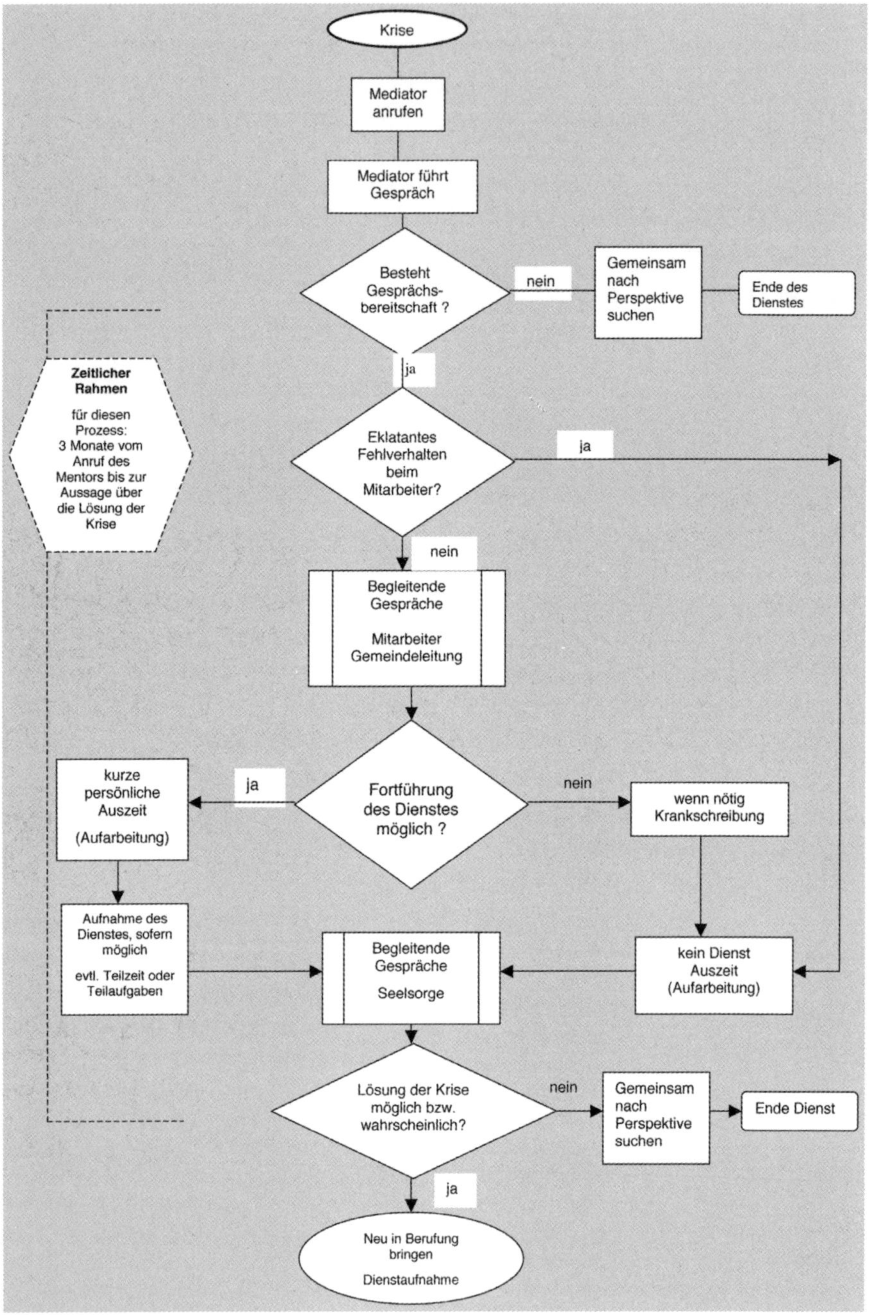
Krise
Mediator anrufen
Mediator führt Gespräch
Besteht Gesprächs-bereitschaft ?
nein
Gemeinsam nach Perspektive suchen
Ende des Dienstes
ja
Zeitlicher Rahmen
für diesen Prozess: 3 Monate vom Anruf des Mentors bis zur Aussage über die Lösung der Krise
Eklatantes Fehlverhalten beim Mitarbeiter?
ja
nein
Begleitende Gespräche
Mitarbeiter Gemeindeleitung
Fortführung des Dienstes möglich ?
ja
nein
kurze persönliche Auszeit
(Aufarbeitung)
wenn nötig Krankschreibung
Aufnahme des Dienstes, sofern möglich
evtl. Teilzeit oder Teilaufgaben
Begleitende Gespräche
Seelsorge
kein Dienst Auszeit (Aufarbeitung)
Lösung der Krise möglich bzw. wahrscheinlich?
nein
Gemeinsam nach Perspektive suchen
Ende Dienst
ja
Neu in Berufung bringen
Dienstaufnahme

3.4 VORAUSSETZUNGEN FÜR DIE WIEDERAUFNAHME VON LEITUNGSVERANTWORTUNG BZW. DES HAUPTAMTLICH PASTORALEN DIENSTES IN DER GEMEINDE

Wir empfehlen, bis zu einer Wiederaufnahme des Ältestendienstes oder anderer Leitungsaufgaben in der Gemeinde eine angemessene Zeit abzuwarten. Dies gilt in besonderem Maße für Pastoren, deren Anstellungsverhältnis in Vereinbarung mit dem Mediator aufgelöst wurde. In Gemeinden des Mülheimer Verbandes entscheidet die MV-Leitung in Absprache mit dem Mediator, ob für diese Zeit der Status „Pastor im Mülheimer Verband" aberkannt wird.

Diese Wartezeit soll dazu dienen, dass

- die Scheidung vom Ehepartner geistlich-seelsorglich aufgearbeitet wird.
- sich der Betroffene in seinem persönlichen Bereich festigt (Glauben, Inanspruchnahme von Vergebung, Klärung der Partnerschaftsfrage u. a.) und in der Gemeinde bewährt.
- die betroffene Gemeinde die bedrückende Situation, die durch die Scheidung ihres leitenden Mitarbeiters oder Pastors entsteht, geistlich deuten und seelsorgerlich verarbeiten kann. Die Gemeinde sollte an dieser Stelle auch grundsätzlich über ihre Verantwortung gegenüber den Familien ihrer Ältesten oder Pastoren nachdenken.
- im Gespräch des Mediators mit dem Betroffenen und den Verantwortungsträgern in der Gemeinde – bei Gemeinden des Mülheimer Verbandes auch mit der Verbandsleitung – Klarheit gewonnen wird über den Fortbestand oder über die Erneuerung der Anstellung.

Sind diese Voraussetzungen erfüllt, kann in vorsichtigen Schritten eine Wiederaufnahme des Dienstes in der Gemeinde ins Auge gefasst werden.

Für Gemeinden des Mülheimer Verbandes gilt: Im Falle eines Pastors bemüht sich die MV-Leitung um die Dienstvermittlung in eine andere Gemeinde des Mülheimer Verbandes. Ist eine Gemeinde als Anstellungsträger gefunden, kann der betreffende Mitarbeiter wieder als Pastor im Mülheimer Verband angestellt werden.

VON DER MV-LEITUNG VERABSCHIEDET
IM APRIL 2009

Homosexuell empfindende Menschen in der Gemeinde

Wie gestalten wir das Miteinander?

von der Leitung des Mülheimer Verbandes

Homosexueller Lebensstil wird heute in den meisten Gesellschaften der westlichen Welt mehrheitlich akzeptiert und als ein Lebensstil neben anderen anerkannt.[1] Das war nicht immer so. Homosexualität galt in Deutschland und vielen anderen Ländern als Krankheit und praktizierte Homosexualität war lange Zeit strafbar.[2] Vor diesem Hintergrund kam es in der Vergangenheit zu fragwürdigen und zum

1 Myers, D. Sexual Orientation and Science. Auszüge aus: Myers, D: Psychology. Worth Publishers: New York, 2004. Siehe dazu auch die Umfragen zum Thema Homosexualität des Pew Research Center Religion & Public Life in vielen Ländern der Erde, die im Juni 2013 in der Studie „The Global Divide on Homosexuality" veröffentlicht wurden. Danach gaben auf die Frage: „Homosexualität sollte von der Gesellschaft anerkannt werden (homosexuality should be accepted by society) folgende Prozentsätze eine positive Antwort: Am höchsten: Spanien 88%, Deutschland 87%, Kanada 80%, Australien 79%, Frankreich 77%, Großbritannien 76% [in den USA waren es 60%]. Am niedrigsten: Nigeria 1%, Tunesien 2%, Ghana, Senegal, Ägypten, Jordanien, Indonesien: alle je 3%, Uganda 4%.
Quelle: www.pewglobal.org/2013/06/04/the-global-divide-on-homosexuality, vom 4.2.2021.

2 Bis 1994 waren homosexuelle Handlungen von Männern – unter wechselnden Tatbestandsvoraussetzungen – nach dem § 175 des Strafgesetzbuchs (StGB) in Deutschland strafbar. So wurden zwischen 1949 und 1969 in der Bundesrepublik etwa 50.000 Männer verurteilt. Die Verurteilungen waren nicht nur strafrechtlich relevant. Bereits Ermittlungsverfahren haben von Involvierten in vielen Fällen Partnerschaften, Familien und berufliche Karrieren zerstört. Im Jahr 2002 hob der Bundestag die während der Zeit des Nationalsozialismus ergangenen Urteile gegen Homosexuelle auf. Die Urteile, die in der Bundesrepublik nach demselben – durch die Nationalsozialisten verschärften – Paragrafen gefällt wurden, sind zunächst nicht aufgehoben worden. Erst 2016 kündigte die Bundesregierung ein Gesetz zur Rehabilitierung aller Opfer der Strafverfolgung an.
Quelle: www.antidiskriminierungsstelle.de/DE/ThemenUndForschung/Sexuelle_Identitaet/fragen_antworten_sexuelle_

Teil entwürdigenden therapeutischen Versuchen, homosexuelle Orientierungen zu verändern. Menschen wurden gefoltert, teilweise mit Elektroschocks therapiert. Immer wieder wurden vollkommen inakzeptable Methoden angewandt, um Menschen in ihrer sexuellen Empfindung zu verändern. Einen besonderen Tiefpunkt bildete die Ermordung von mindestens 5.000 homosexuellen Männern durch das nationalsozialistisch regierte deutsche Reich.[3] Im Jahr 1992 wurde Homosexualität aus dem Verzeichnis psychischer Störungen der Weltgesundheitsorganisation (WHO) gestrichen. Seit dieser Zeit gilt Homosexualität nicht mehr als Krankheit. Trotzdem gab und gibt es im gesellschaftlichen Leben immer wieder Benachteiligungen für homosexuell empfindende Menschen, beispielsweise in Bewerbungsverfahren, bei Wohnungsvergaben oder durch diskriminierendes Verhalten am Arbeitsplatz. Als einen wichtigen Meilenstein wider jegliches diskriminierende Verhalten kann das Allgemeine Gleichbehandlungsgesetz (AGG) aus dem Jahr 2006 betrachtet werden, umgangssprachlich auch Antidiskriminierungsgesetz genannt. Die rechtliche Gleichstellung von heterosexuellen und homosexuellen Ehen wurde später, in den USA im Jahr 2015 und in Deutschland im Jahr 2017, durch die sogenannte Ehe für Alle vollzogen.

Christliche Kirchen und Gemeinden sind heute, neben der Aufarbeitung und Vermeidung von Diskriminierung homosexuell empfindender/lebender Menschen in besonderer Weise herausgefordert, aus biblisch-theologischer und auch aus praktisch-ethischer das Thema Homosexualität[4] zu bewerten. Dabei steht hauptsächlich das jeweilige Bibelverständnis (Hermeneutik), aufgrund dessen eigene theologische und ethische Überzeugungen gewonnen werden, im Fokus. Die Antworten der verschiedenen Kirchen weltweit, beispielsweise auch zur Frage nach einer Anerkennung homosexueller Partnerschaften (Ehe für Alle), fallen unterschiedlich aus.

Identitaet/faq_sexuelle_Identitaet_node.html;jsessionid=61721F5998342181F46949ABB15A3D91.2_cid360, vom 26.2.2021

3 Die Schätzungen hinsichtlich der Zahl der schwulen Männer, die während der Zeit des Nationalsozialismus in Konzentrationslagern ihr Leben lassen mussten, variieren erheblich. Der Grund dafür liegt u. a. darin, dass nicht ermittelbar ist, wie viele aus anderen Gründen ermordete Menschen homosexuell waren: Juden, Sinti u. Roma usw. Quelle: https://de.wikipedia.org/wiki/Homosexualität_in_der_Zeit_des_Nationalsozialismus, vom 26.2.2021

4 Wir sind uns darüber klar, dass LGBTIQ-Menschen nicht mit dem zumeist eher als kalt und technisch empfundenen Wort Homosexuelle identifiziert, sondern gerne als schwul, lesbisch, trans usw. bezeichnet werden wollen. Vgl. dazu z.B. das Video von Nadia Bolz-Weber: www.huffpost.com/entry/pastor-nadia-bolz-weber-video-lgbt_n_6004420, vom 22.10.2021. Wir verwenden um der Begriffseinheitlichkeit des gesamten Artikels willen trotzdem die Begriffe „Homosexualität" und „homosexuell".

1. Zur Diskussion in den Kirchen und unter den Evangelikalen

Unter den christlichen Kirchen weltweit findet sich keine einheitliche Meinung zum Thema Homosexualität. In Wikipedia wird dazu gesagt:

> Praktizierte Homosexualität wird aufgrund biblischer Aussagen im Alten und im Neuen Testament von vielen Kirchen abgelehnt.
>
> Die römisch-katholische Kirche, die orthodoxen Kirchen, einige konservativere Kirchen der anglikanischen Gemeinschaft und die meisten evangelikalen und pfingstlerischen Freikirchen und Gemeinschaften sind der Meinung, gleichgeschlechtliche Sexualbeziehungen widersprächen dem Willen Gottes … Eine Reihe protestantischer Kirchen, vorwiegend in westlichen Ländern, haben sich akzeptierend gegenüber Homosexualität positioniert. Sie wird dort nicht als Sünde gesehen.[5]

EVANGELISCHE LANDESKIRCHEN IN DEUTSCHLAND (EKD):

In der Denkschrift der EKD „Mit Spannungen leben" aus dem Jahr 1996 heißt es:

> Homosexuelle Praxis ist Sünde und entspricht nicht dem Willen Gottes, aber aufgrund des höheren Liebesgebotes Jesu muss eine in Liebe, Verantwortung und Treue gelebte homosexuelle Partnerschaft für diejenigen, die unveränderlich homosexuell empfinden und nicht die Gabe der Keuschheit haben, möglich sein.[6]

---

5 Quelle: https://de.wikipedia.org/wiki/Homosexualität_und_Christentum, vom 18.3.2021. ZDF.de berichtete am 15.3.2021 über die Entscheidung des Vatikans, homosexuelle Paare nicht zu segnen. Zitat: Der Vatikan hat die in Deutschland geforderte Einführung von Segnungsfeiern für homosexuelle Paare untersagt. … Segnungen menschlicher Beziehungen seien nur möglich, wenn damit den Plänen Gottes gedient werde, heißt es in dem Schreiben. Aus diesem Grund ist es nicht erlaubt, Beziehungen oder selbst stabilen Partnerschaften einen Segen zu erteilen, die eine sexuelle Praxis außerhalb der Ehe (..) einschließen, wie dies bei Verbindungen von Personen gleichen Geschlechts der Fall ist (Glaubenskongregation des Vatikan). … Da aber die Verbindungen von homosexuellen Paaren nicht dem göttlichen Willen entsprächen, könnten sie nicht gesegnet werden. Gott segne zwar den „sündigen Menschen, damit er erkennt, dass er Teil seines Liebesplans ist, und sich von ihm verändern lässt". Aber er „segnet nicht die Sünde".
Quelle: www.zdf.de/nachrichten/panorama/vatikan-homosexuelle-segen-100.html, vom 17.3.2021

6 Rat der EKD (Hrsg.): Mit Spannungen leben. 1996. Bezug über die EKD, Herrenhäuser Str. 12, 30419 Hannover. Downloadbar unter www.ekd.de/spannungen_1996_homo.html, vom 18.2.2021.

Stand 2021 sind Segnungen gleichgeschlechtlicher Paare in 19 von 20 Landeskirchen der Evangelischen Kirche in Deutschland möglich.[7]

EVANGELISCHE FREIKIRCHEN IN DEUTSCHLAND:

Auch in den evangelischen Freikirchen in Deutschland finden sich Unterschiede im Blick auf die Beurteilung von Homosexualität:

- Der Bund Freikirchlich-Evangelischer Gemeinden (Baptisten) veröffentlichte im Jahr 2013 eine Stellungnahme, in der die Segnung homosexueller Paare und auch eine Ordination homosexueller Pastorinnen und Pastoren abgelehnt wurde.[8]
- Die Freien Evangelischen Gemeinden in Deutschland positionierten sich 2019 wie folgt:

  > Die lebenslange Ehe zwischen einem Mann und einer Frau sowie das Zusammenleben als Familie, stellen das Leitbild aus biblischer Perspektive dar. Es wird im Alten und Neuen Testament vorausgesetzt und begründet (1. Mose 1-2; Matthäus 19).
  >
  > Im Ergebnis aller Bibelauslegung ist homosexuelles Verhalten nicht vereinbar mit diesem Leitbild.[9]

  Im Jahr 2022 befasste sich der Bundestag der Freikirche dann intensiv mit der Fragestellung, weil 250 Unterzeichner eines offenen Briefes die Sorge hatten, dass der Bund Gemeinden ausschließen könnte, die in der Frage der Homosexu-

---

7 Quelle: https://de.wikipedia.org/wiki/Segnung_und_Trauung_gleichgeschlechtlicher_Paare#Europa, vom 18.3.2021

8 Zum Umgang mit dem Thema Homosexualität in Gemeinde und Bund Elstal 2013, downloadbar unter www.befg.de/medien-service/online-lesen/stellungnahmen/#c3274 vom 15.2.202. Darin heißt es: „Das Thema Homosexualität gehört nicht zum Kernbereich des christlichen Glaubens. Zurzeit werden Gemeinden und Kirchen aber anhand ihrer Stellung zum Thema beurteilt. Das erschwert den Weg zu einem differenzierten Umgang. Außerdem ist dieses Thema eingeordnet in ganz viele ethische Themen, die uns herausfordern. Natürlich geht es immer auch um die Frage nach dem angemessenen Schriftverständnis, und es werden wichtige Bereiche des christlichen Glaubens (z. B. Schöpfungslehre) tangiert. Aber ist es das Thema, an dem sich Christsein und die Existenz der Kirche entscheiden? Wir sehen eine Überbetonung dieses Themas, die zur Abwertung von zentralen Fragen führt. Es ist ein Irrweg, die Haltung zum Thema Homosexualität zum Maßstab des Christseins zu machen bzw. ihr heilsentscheidenden Charakter zu geben."

9 Zitat aus: Mit Spannungen umgehen. Zur Homosexualität in Freien Evangelischen Gemeinden. Orientierungshilfe der Erweiterten Bundesleitung im Bund Freier evangelischer Gemeinden, S. 3. downloadbar unter https://downloads.feg.de/2019_Mit_Spannungen_umgehen_Homosexualitaet.pdf, vom 19.3.2021

alität eine andere Haltung haben. Daraufhin wurde ein Prozess gestartet, an dessen Ende ein „prägendes Leitbild“ stehen soll.[10]

- Die weltweite methodistische Kirche (EmK) steht hingegen vor einer inneren Spaltung, die sich tatsächlich am Thema Homosexualität entzündet. Hinsichtlich der Segnung gleichgeschlechtlicher Paare und der Ordination homosexueller Pastorinnen und Pastoren will sich die weltweite Kirche öffnen. Zugleich ist die Bildung einer neuen, traditionell orientierten, methodistischen Kirche (new traditionalist Methodist denomination) vorgesehen. Im November 2020 beschloss daraufhin die EmK in Deutschland, dass den Gemeinden vorerst freigestellt ist, ob sie gleichgeschlechtliche Paare segnen. Gleichzeitig ist die Neuformierung eines Gemeinschaftsbundes innerhalb der deutschen Methodisten geplant, der besonders in Fragen von Sexualität und Ehe eine ausdrücklich konservative Profilierung haben soll. Der Gemeinschaftsbund soll aber Teil der EmK bleiben.[11]

  Während der alle vier Jahre tagenden Zentralkonferenz der EmK im November 2022 in Chemnitz wurden Beschlüsse gefasst, die die drei Jahre andauernde Diskussion der Lager innerhalb der Kirche lösen sollen. Das PRO-Medienmagazin berichtet:

  > Die Evangelisch-methodistische Kirche (EmK)in Deutschland will in Zukunft die Segnung gleichgeschlechtlicher Paare und die Ordination von Homosexuellen ermöglichen. … Jedoch können Pastoren oder Pastorinnen laut dem Beschluss nicht verpflichtet werden, „gegen das eigene Gewissen anlässlich einer kirchlichen Trauung gleichgeschlechtliche Ehepaare zu segnen“. Eine Verpflichtung, dass Gemeinden sich für Segnungen gleichgeschlechtlicher Paare öffnen müssen, bestehe nicht. Ebenso könnten Gemeinden signalisieren, dass

---

10 Das PRO-Medienmagazin berichtete im September 2022 über den innerkirchlichen Prozess im Bund Freier evangelischer Gemeinden in Deutschland (FeG). Im Bericht heißt es betreffs des „prägenden Leitbildes“: „Darin soll es um Fragen wie das Bibelverständnis gehen, aber auch um eine Bewertung von „gelebter Homosexualität (und ggf. auch andere Formen sexueller Identität)“. Wenn es nach der Erweiterten Bundesleitung geht, wird darin ein Konsens formuliert, der für alle Gemeinden im Bund gilt. Aber: „Bei Abweichungen, mit denen wir im Einzelfall leben müssen, wünschen wir uns eine möglichst große Kongruenz“. Das würde bedeuten: Der Bund gibt eine klare Empfehlung für eine bestimmte Haltung – und Gemeinden, die sich anders verhalten, werden zwar nicht ausgeschlossen, wissen aber, dass sie sich außerhalb des Konsenses befinden."
Quelle: https://www.pro-medienmagazin.de/feg-und-homosexualitaet-gespraechsprozess-gestartet/, vom 24.9.2022

11 Quelle: www.pro-medienmagazin.de/gesellschaft/kirche/2020/11/25/deutsche-methodisten-legen-streit-um-homosexualitaet-bei/, vom 25.11.2020

sie keine Dienstzuweisung eines homosexuellen Pastors wünschten, teilte die Kirche mit.[12]

EVANGELIKAL GEPRÄGTE CHRISTEN IN DEUTSCHLAND:

Unter den sich als evangelikal verstehenden Christen in Deutschland findet man, über Gemeinde- und Denominationsgrenzen hinweg, ebenfalls eine gewisse Bandbreite im Verständnis und in der Beurteilung von Homosexualität.

- Ein intensiver Diskussionsprozess wurde ausgelöst durch eine Positionierung des damaligen Vorsitzenden der Deutschen Evangelischen Allianz (DEA), Dr. Michael Diener. Dieser hatte sich schon im Jahr 2014 in seinem Bericht als Präses des Gnadauer Verbandes für mehr Verständnis von und Toleranz gegenüber Homosexuellen ausgesprochen.[13] Besonders hohe Wellen schlug dann ein Interview mit Diener in der Tageszeitung „Die Welt", veröffentlicht am 14.12.2015 unter dem Titel „Chef der Evangelikalen will Homo-Verdammung stoppen".[14] Darin sprach er sich weiterhin gegen eine Segnung homosexueller Paare aus, forderte aber gleichzeitig die Anerkennung von homosexuell lebenden Pastoren der EKD.
- Ein Gesprächsprozess innerhalb des Gnadauer Verbandes endete im Februar 2016 mit einer Erklärung der Mitgliederversammlung „Gottes Wort vertrauen – Barmherzigkeit leben (Umgang mit Homosexualität)". Darin heißt es u.a.:

  > Wir nehmen jedoch eine Spannung wahr zwischen dem biblischen Befund und dem Leben in einer homosexuellen Beziehung. Aus unserer Sicht lassen sich biblische Aussagen über den Willen Gottes und eine homosexuelle Lebensweise nicht in Einklang bringen. Gleichwohl gibt es einige unter uns, die an dieser Stelle eine andere exegetische Einsicht haben oder, die aus dem gleichen exegetischen Befund andere Schlussfolgerungen ziehen. …
  > Weil die Lebensform eines Menschen immer mit-spricht und mit-verkündigt, berufen wir Menschen, die in einer gleichgeschlechtlichen Partnerschaft leben, weder in den Verkündigungsdienst noch in Leitungsaufgaben. Denn Leben und Lehre gehören zusammen. …

---

12 Quelle: https://www.pro-medienmagazin.de/deutsche-methodisten-fuer-segnung-homosexueller-paare/, vom 29.11.2022

13 Diener, Michael: Hermeneutik und Homosexualität als bleibende Herausforderungen für die Gemeinschaftsbewegung - Grundsätzliche und seelsorgerische Überlegungen, Mitgliederversammlung des Evangelischen Gnadauer Gemeinschaftsverbandes, Bad Blankenburg, 13. bis 15. Februar 2014. Downloadbar unter www.gnadauer.de/uploads/_gnadauer/2016/09/Präsesbericht_2014.pdf, vom 19.3.2021

14 Quelle: www.welt.de/politik/deutschland/article149946122/Chef-der-Evangelikalen-will-Homo-Verdammung-stoppen.html, vom 19.3.2021

In unserem Miteinander wollen wir aufeinander hören und Spannungen bewusst aushalten. Dabei leitet uns die Liebe Jesu Christi, die sich Menschen vorbehaltlos zuwendet. Wir brauchen den klaren Standpunkt der Gebote Gottes und das weite Herz seiner Liebe. So wollen wir für die biblische Wahrheit eintreten und eine Kultur der Barmherzigkeit leben.[15]

- Wikipedia beschreibt die weitere Entwicklung der Diskussion unter den evangelikalen Christen in Deutschland:

  Daraufhin machte der Evangelist, Pro-Christ-Redner und ehemalige CVJM-Generalsekretär Ulrich Parzany gegen die Positionen Dieners mobil und regte das Netzwerk Bibel und Bekenntnis an. Dieser Zusammenschluss von konservativen evangelikalen Gemeinschaften in Deutschland sollte einen Gegenpol zu den Positionen Dieners darstellen. Am 28. Januar 2016 entschuldigte sich Diener. Er bedauerte, dass seine Worte zum Bibelverständnis und zu ethischen Fragen „in der pietistisch-evangelikalen Welt tief gehende Verwerfungen und Irritationen" ausgelöst hätten. Gleichzeitig stellten sich mehr als 40 evangelikale und weitere kirchliche Vertreter hinter Diener und seine ursprünglichen Aussagen. Sie verfassten ein Schreiben und riefen darin die Vorstände der evangelikalen Verbände auf, „sich mit aller Kraft hinter Michael Diener zu stellen". Zu den Unterzeichnern gehörten auch der Greifswalder Bischof Abromeit, der Theologieprofessor Michael Herbst und Hans-Hermann Pompe (EKD-Zentrum für Mission in der Region).
- Die DEA veröffentlichte im Jahr 2017 eine Erklärung zu Ehe und Homosexualität.[16] Die Beurteilung des vorhergehenden, seit 2015 intensiv geführten, Diskussionsprozesses innerhalb der DEA, über das Verständnis von Homosexualität, ist unterschiedlich. Seitens der DEA wird er als hilfreicher Klärungsprozess beschrieben. Beteiligte Kritiker äußern sich etwas anders, wie z.B. Martin Grabe[17] oder Thorsten Dietz[18].

---

15 Quelle: www.gnadauer.de/uploads/_gnadauer/2016/09/2016-02-19_Verlautbarung_Gnadauer_Verband__MV_-1.pdf, vom 19.3.2021

16 Die „Leitgedanken zu Ehe und Homosexualität" der Evangelischen Allianz in Deutschland sind downloadbar unter: www.ead.de/fileadmin/Arbeitskreise/Politik/Ehe_als_gute_Stiftung_Gottes.pdf, vom 12.3.2021

17 Grabe, Martin: Homosexualität und christlicher Glaube: ein Beziehungsdrama. Francke, Marburg 2020. S. 17-18

18 Vgl. den Podcast mit Thorsten Dietz: https://wort-und-fleisch.de/der-postevangelikalismus/, vom 19.3.2021

- Evangelisch.de berichtete am 21.9.2020 nach einem Gespräch mit Dr. Michael Diener darüber, dass dessen Haltung zur Homosexualität sich von 2011 an bis heute von einer völlig konservativen bis hin zu einer völlig offenen entwickelt habe.[19]
- Die Auseinandersetzung über das Thema Homosexualität wird aktuell u.a. durch die Bücher und Blogartikel von Markus Till[20] (zugehörig zum Netzwerk Bibel und Bekenntnis[21]) und Thorsten Dietz[22] geführt. Mittlerweile geht die Diskussion allerdings darüber hinaus und setzt sich vermehrt mit der Strömung des Postevangelikalismus auseinander.[23]
- Die Organisation Zwischenraum bietet seit 2012 Veranstaltungen für Menschen an, die in christlichen Gemeinden haupt- oder ehrenamtlich aktiv sind und sich für einen neuen, offenen Umgang mit LSBT (lesbische, schwule, bisexuelle und

---

19 Quelle: www.evangelisch.de/inhalte/175948/21-09-2020/pietist-diener-meine-haltung-zu-homosexuellen-hat-sich-geaendert, vom 26.2.2021

20 Vgl. das Buch: Till, Markus: Zeit des Umbruchs. Wenn Christen ihre evangelikale Heimat verlassen. SCM R. Brockhaus, Holzgerlingen, 2019. Außerdem den Blog von Markus Till „Aufatmen in Gottes Gegenwart", z.B. „6 Gründe für die Flucht aus Evangelikalien – Erfahrungen und Einsichten aus dem „Hossa-Land", www.blog.aigg.de/?p=3661, vom 19.3.2021 oder „Quo Vadis Worthaus? Quo vadis evangelikale Bewegung?", www.blog.aigg.de/?tag=thorsten-dietz, vom 21.3.2021

21 Vgl. z.B. die Stellungnahme zum Buch von Martin Grabe durch Ulrich Parzany auf der Website des Netzwerks Bibel und Bekenntnis: www.bibelundbekenntnis.de/stellungnahmen/das-versteckspiel-ist-zu-ende-was-kommt-nun/, vom 10.3.2021

22 Vgl. die Mediathek mit Vorträgen von Thorsten Dienst bei „Worthaus": www.worthaus.org/referent/thorsten-dietz/, vom 19.3.2021 und auch den Podcast, den „Worthaus" betreibt: www.wort-und-fleisch.de, vom 19.3.2021

23 Hossa-Talk, betrieben von Jakob Jay Friedrichs und Gofi Müller, beschäftigt sich mit der Frage, wie sich Christsein in einer komplexen, widersprüchlichen und manchmal chaotischen Welt leben lässt. Vgl. www.hossa-talk.de
Christoph Schmieding erklärt aus seiner Sicht: Was ist eigentlich post-evangelikal? www.eulemagazin.de/was-ist-eigentlich-post-evangelikal/, vom 19.3.2021
Thorsten Dietz geht im RefLab-Blog auf den Post-Evangelikalismus ein. www.reflab.ch/postevangelikalismus-eine-hinfuehrung/, vom 19.3.2021
Die Worthaus-Mediathek ist eine sich ständig erweiternde Online-Mediathek mit Vorträgen. www.worthaus.org. Speziell zum Thema: www.wort-und-fleisch.de/der-postevangelikalismus/, vom 19.3.2021
Bücher aus unterschiedlicher Warte zum Thema Postevangelikalismus sind beispielsweise:
- Till, Markus: Zeit des Umbruchs. Wenn Christen ihre evangelikale Heimat verlassen. SCM R. Brockhaus, Holzgerlingen, 2019
- Müller, Gofi: Flucht aus Evangelikalien. Über Gott, das Leiden und die heilende Kraft der Künste, 2017

transidente) Menschen auch in konservativen bzw. evangelikalen Gemeinden einsetzen wollen. 2019 wurde zur Erreichung dieser Ziele die Website www.coming-in.de frei geschaltet. Nach eigenen Angaben auf der Website gehören zu den Unterstützern beispielsweise Hossa-Talk, Michael Diener, verschiedene christliche Leiter und auch Gemeindepastoren, die zum Beispiel in freien evangelischen Gemeinden oder in landeskirchlichen Gemeinschaften aktiv sind.[24]

- Im Herbst 2021 veröffentlichte Dr. Michael Diener sein Buch „Raus aus der Sackgasse! Wie die pietistische und evangelikale Bewegung neu an Glaubwürdigkeit gewinnt".[25] Darin vertritt er andere Positionen als noch 2014 in seinem Präsesbericht „Hermeneutik und Homosexualität als bleibende Herausforderungen für die Gemeinschaftsbewegung". Die größten Kontroversen und Diskussionen wird vermutlich das elfte Kapitel seines Buches über „umkämpfte ethische Themenfelder" (S. 167 - 213) hervorrufen. Diener kommt darin zu dem Schluss, dass gelebte Sexualität, egal ob homo- oder heterosexuell, nicht nur im Rahmen einer Ehe stattfinden kann. Er begründet seine Meinung unter anderem mit den veränderten kulturellen und gesellschaftlichen Entwicklungen und deren Einfluss auf ethische Entscheidungen heute. Volker Gäckle, Rektor der Internationalen Hochschule Liebenzell, veröffentlichte im Oktober 2021 eine Rezension zum Buch, in der er deutliche Kritik an diesem hermeneutischen Ansatz übt:

  > Die Gemeinde kann ihre Theologie und Ethik nie allein deshalb ändern, weil sich das Wahrheitsbewusstsein der jeweiligen Gegenwart verändert hat und ihre Außendarstellung deshalb unattraktiv ist. Sie kann die „Gestalt ihrer Botschaft und ihrer Ordnung" nicht „dem Wechsel der jeweils herrschenden weltanschaulichen und politischen Überzeugungen überlassen" (2. These der Barmer Theologischen Erklärung von 1934).[26]

  Mit hoher Wahrscheinlichkeit wird durch Dieners Buch die schon längst geführte und weiterhin notwendige Grundsatzdiskussion unter den Evangelikalen über das Thema „Hermeneutik und Bibelverständnis" nochmals an Fahrt aufnehmen.

Letztlich bleibt zusammenfassend festzustellen, dass die Positionen im evangelikalen Kontext in Deutschland nicht einheitlich sind und dass die Polarisierung der unterschiedlichen Ansichten leider eher zu- als abnimmt.

---

24 Quelle: www.evangelisch.de/blogs/kreuz-queer/181754/27-01-2021, vom 19.3.2021

25 Diener, Michael: Raus aus der Sackgasse! Wie die pietistische und evangelikale Bewegung neu an Glaubwürdigkeit gewinnt. adeo-Verlag, 2021

26 Quelle: www.liebenzell.org/fragen-aus-der-sackgasse/, vom 22.10.2021, Seite 3

2. Biblisch-theologische Überzeugungen bezüglich Homosexualität im MV

Im heutigen gesellschaftlichen aber auch kirchlichen Kontext versuchen wir uns als Mülheimer Verband (MV)[27] zu positionieren. Dabei nehmen wir wahr, dass es unter Freunden und Mitgliedern der Gemeinden des MV in Themenfeldern wie beispielsweise der Politik, Theologie oder Ethik unterschiedliche Ansichten gibt, von politisch rechts bis links und auch von theologisch konservativ bis hin zu post-evangelikal. Die Grenzen verlaufen jedoch zumeist unscharf und sind je nach Themenbereich unterschiedlich. Deshalb wollen wir uns dafür einsetzen miteinander im Gespräch zu bleiben, uns nicht wechselseitig zu verurteilen oder abzugrenzen, nicht polarisierend zu kommunizieren und insbesondere Andersdenkenden oder Betroffenen mit Respekt zu begegnen. Das geschieht ehrlicherweise in Demut und im aufrichtigen Ringen um richtiges Verstehen und Beurteilen[28] und im Wissen darum, dass unsere Erkenntnis auch weiterhin Stückwerk (1. Kor. 13,9) bleibt.

In der Gestaltung des Miteinanders in den Gemeinden sind jedoch seitens der verantwortlichen Leitungsgremien immer wieder praktisch-ethische Situationen zu beurteilen oder Entscheidungen zu treffen. Manchmal entsteht dabei auch ein sogenannter ethischer Konflikt, weil zwei oder mehr biblische Werte nicht gleichzeitig erfüllbar sind (Beispiel: Lebensschutz der Mutter entgegen Lebensrecht des Kindes). Wir verweisen an dieser Stelle auf die Artikel von Thomas Schirrmacher „Die drei Seiten jeder ethischen Entscheidung". Dort wird ausführlich dargelegt, dass jede christlich-ethische Urteilsfindung mehreren Quellen entspringt. Zunächst geht es

---

27 Der Mülheimer Verband ordnet sich mit der Selbstcharakterisierung als Kirche mit „evangelikal-charismatischer" Frömmigkeit den Christen in Deutschland zu, die sich u.a. zur Evangelischen Allianz in Deutschland zählen. Weltweit ist die evangelikale Bewegung relativ heterogen. Es gibt z.B. rechtskonservative Christen (z.B. in den USA), deren Ansichten wir nicht teilen, die sich jedoch ebenfalls als evangelikal bezeichnen.

28 Dieses geschieht im Bewusstsein darüber, dass die Bibel nie voraussetzungslos verstanden und umgesetzt werden kann, so wie Bernard Adeney es beschreibt: „Nothing that we think, say or do is exempt from the influence of our culture. Nothing we believe is exempt from the influence of our race, class, age, und gender. Faith does not free us from culture, because culture is the environment in which what we believe takes shape. … A first step in overcoming ethnocentrism is the recognition that my own values are not necessarily the same as God's. All Christians hold many values derived from their culture. A second step is to understand that our own interpretation of Scripture comes from a particular cultural context. A third step is to see that God's values may be 'enfleshed' differently in another culture from how they are in my own." Adeney, Bernard T.: Strange Virtues. Ethics in a Multicultural World. Intervarsity Press, Downers Grove Illinois, 1995. S. 21 u. 23

um die Gewinnung einer biblisch-theologischen Überzeugung (Gebot). Diese gewonnene Überzeugung kann jedoch nie ohne die Beachtung des Kontexts, in dem ein zu bewertendes Geschehen stattfindet, umgesetzt und gelebt werden. Thomas Schirrmacher spricht an dieser Stelle vom situativen Aspekt (Situation) und dem von Gottes Geist geführten und geleiteten Aspekt (Herz) jeder ethischen Entscheidung.

Deshalb geht es bezüglich Homosexualität darum, zunächst das biblisch-theologische Verständnis im MV zu klären. Im zweiten Schritt geht es dann um die Umsetzung dieses Verständnisses im Kontext des heutigen gemeindlichen Lebens. Wir können also unterscheiden zwischen biblisch-theologischer Überzeugung (Gebot) und daraus folgender, die Situation beachtender, ethischer Konsequenz.

Zuerst zur Methodik, mit der wir unsere biblisch-theologischen Überzeugungen gewinnen:

1. Christen bzw. Kirchen gewinnen ihre biblisch-theologischen Überzeugungen in einem ersten Schritt jeweils durch die Auslegung (Exegese) von Texten des Alten und Neuen Testaments. Das geschieht unter Beachtung der Ursprachen der Texte (Textkritik), der Einordnung in den jeweiligen historischen und kulturellen Kontext und ihrer zeitgeschichtlichen Bedeutung.
2. Darauf aufbauend kann in einem zweiten Schritt erarbeitet werden, ob aus dem gewonnenen biblischen Gesamtzeugnis systematisch-theologische Grundeinsichten zum jeweiligen Themenbereich definiert werden können. Zur Einzelexegese tritt also die Frage nach einem innerbiblischen roten Faden hinzu. Folgende biblische Zeiträume werden dazu entsprechend untersucht: Schöpfung, nach dem Fall (Sünde), Bund und Erwählung, Jesus Christus und das Evangelium, Kirche und Reich Gottes, Vollendung.[29]
3. Basis des gesamten Vorgehens sind die jeweils zugrunde liegenden Auslegungsprinzipien (Hermeneutik[30]) – ob bewusst oder unbewusst angewendet. Diese hängen wiederum vom jeweiligen Schriftverständnis ab. Grundlegende Unterschiede an dieser Stelle führen zu jeweils anderen Ergebnissen in der Exegese und bei den systematisch-theologischen Überzeugungen.

29 Quelle: www.afet.de/download/2013/Raedel_BibelEthik.pdf, vom 22.10.2021. Christoph Raedel: „Die Bibel in der ethischen Urteilsbildung. Konzeption und exemplarische Konkretion“, JETh 27, 2013. S. 69-122

30 Unter Hermeneutik versteht man landläufig die Kunst des sinngemäßen Verstehens und Auslegens, also die Deutung, Interpretation, Exegese eines Textes. Die Hermeneutik legt somit Grundsätze und Methoden des Bibelverständnisses fest; sie bildet die Voraussetzungen für das Verstehen und die Interpretation von Texten. Je nach dem kommt man zu unterschiedlichen Erkenntnissen und Sichtweisen biblischer Texte.

Folgend stellen wir die Überzeugungen des Mülheimer Verbandes dar.[31] Weitere ausführliche Erarbeitungen der biblischen Texte zum Thema Homosexualität finden sich u.a. bei Thomas Schirrmacher in „Ethik Band 2 – Das Gesetz der Freiheit“[32] und bei Joel White in „Was sich Gott dabei gedacht hat“[33].

2.1 SCHLUSSFOLGERUNGEN AUS DER BIBLISCHEN URGESCHICHTE

Grundlegend für eine biblische Sexualethik sind die Berichte über die Schöpfung in 1. Mose 1 und 2, aus denen Schöpfungsordnungen abgeleitet werden. Je nachdem, wie wörtlich diese Texte verstanden werden, wird ihre Aussagekraft zum Thema Sexualethik und Homosexualität beurteilt.

EXKURS zum Verständnis der biblischen Schöpfungsberichte und der daraus abgeleiteten Schlussfolgerungen

Wir erkennen an, dass die biblischen Schöpfungsberichte von evangelikalen Christen unterschiedlich ausgelegt werden.

Wer die Berichte als wissenschaftlich richtig versteht, vertritt zumeist den sogenannten kreationistischen Ansatz. Dieser geht davon aus, dass die Weltentstehung innerhalb von sechs 24-Stunden-Schöpfungstagen erfolgte. In Deutschland wird diese Position insbesondere über Publikationen und von Vertretern der Studiengemeinschaft Wort und Wissen e.V., mit Sitz in Baiersbronn, vertreten.[34] *Vertreter der sogenannten Schöpfung durch Evolution, gemeinhin auch theistische Evolution genannt, betonen dagegen den literarisch-kunstvollen Aufbau des ersten Schöpfungsberichtes*[35] *und gehen nicht von einem wissenschaftlich genauen Bericht über die*

---

31 Wir versuchen, in den teilweise ausführlicher gehaltenen Fußnoten detailliertere Erklärungen und auch Hinweise auf Literatur zum weiterführendem Studium zu geben.

32 Thomas Schirrmacher, Ethik 2 - Das Gesetz der Freiheit. RVB Hamburg und VTR Nürnberg, 2. Stark überarbeitete Auflage, 2001, ab Seite 894

33 White, Joel: Was sich Gott dabei gedacht hat. Die biblische Basis einer christlichen Sexualethik, SCM R. Brockhaus, 2021, ab S. 181

34 Vgl. die Website www.wort-und-wissen.org

35 Walter Hilbrands, selbst Vertreter des kreationistischen Ansatzes, bemerkt zum literarischen Aufbau von 1. Mose 1: „Gattungsmäßig und stilistisch ist Gen 1 nicht leicht zu bestimmen, da der Text in mancherlei Hinsicht einzigartig ist. Er besteht nicht aus reiner Prosa, sondern enthält auch poetische Elemente. … Zehn göttliche Befehle (1,3.6.9.11.14.20.22.24.26.29), acht Schöpfungswerke (je zwei am 3. und 6. Tag) und sechs Schöpfungstage ergeben eine recht komplexe Textstruktur, die nicht in ein einfaches Schema zu pressen ist.“ Hilbrands, Walter: Zehn Thesen zum biblischen Schöpfungsbericht (Gen 1,1–2,3) aus exegetischer Sicht. Downloadbar unter www.afet.de/download/2004/Hilbrands2004.pdf, vom 15.2.2021.

Schöpfung in 1. Mose 1 aus. In evangelikalen Kreisen bekannte Vertreter der Schöpfung durch Evolution sind z.B. Timothy Keller[36] und N. T. Wright.[37]

Das Für und Wider beider Ansätze wurde und wird in der evangelikalen Theologie und Literatur ausgiebig diskutiert.[38] Das jeweilige Verständnis hat Auswirkungen

---

Von Vertretern der Schöpfung durch Evolution werden die sechs Schöpfungstage in 1. Mose 1 dezidiert als „Rahmen" („Framework") aus zwei Triaden (Tage 1-3 und Tage 4-6) mit parallelen Arten von „Aktivitäten" in jeder Triade interpretiert. Aus dieser besonderen literarischen Form wird geschlossen, dass die sechs Schöpfungstage wahrscheinlich wörtlich als gewöhnliche Tage verstanden werden müssen, aber eben nur im Kontext einer literarischen Textgattung, die als Ganzes nicht wörtlich verstanden werden kann. Die Texte in 1. Mose 1 wurden demnach nicht geschrieben, um einen wissenschaftlich genauen Bericht über die Schöpfung zu liefern. Das Alter der Erde und des Universums bleibt aufgrund der literarischen Form des Schöpfungsberichtes offen. Gott wird als Schöpfer verstanden, der jedoch die Evolution in Gang gesetzt hat und nutzt. Gott nimmt somit Einfluss auf seine Schöpfung und hat somit die Macht, in diese einzugreifen.

Vertreter dieses Verständnisses stehen oftmals in Kontakt bzw. gehören zur BioLogos Foundation. Siehe die entsprechenden Artikel auf der Website: www.biologos.org. Vgl. dazu auch Jankowski, Bernd: Die Welt des Anfangs. Gen 1,1-2,4a als Magna Charta des biblischen Schöpfungsglaubens, in: Janowski, B. / Schweitzer, F. / Schwöbel, Chr. (Hg.), Schöpfungsglaube vor der Herausforderung des Kreationismus, Neukirchen-Vluyn 2010, 27-53, downloadbar unter www.academia.edu

36 Keller, Timothy: Adam, Eva und die Evolution. Wie Bibel und Wissenschaft zusammenpassen, Brunnen Verlag, Gießen, 2018. Vgl. auch den Artikel von Tim Keller auf der Website von Biologos "Creation, Evolution, and Christian Laypeople". https://biologos.org/articles/creation-evolution-and-christian-laypeople/, vom 19.3.2021

37 Unter der Überschrift „Evangelical Evolutionists Meet in New York" berichtete Christianitytoday.com am 30.3.2012 über die „Biologos ‚Theology of Celebration' conference" in New York. Anwesend waren u.a. N. T. Wright, Alister McGrath, John Ortberg, Tim Keller, Scot McKnight, Os Guinness, Joel Hunter und Andy Crouch. Im Artikel heißt es: „David Kinnaman of Barna Research presented findings on what U.S. Protestant pastors believe about creation. More than half profess a 6-day, 24-hour creation of life. Fewer than one in five, on the other hand, follow Biologos in affirming an evolutionary process as God's method of creation." Quelle: https://www.christianitytoday.com/ct/2012/marchweb-only/biologos-new-york.html, vom 19.3.2021

Zu N. T. Wright siehe auch https://biologos.org/articles/nt-wright-and-the-historical-adam, vom 19.3.2021

38 Thomas Schirrmacher: Theologischer „Streit" muss sein und gehört zur DNA der Evangelischen Allianz. Oder: Warum ich Streitgespräche liebe. Ein offener Brief an Jürgen Mette zu seinem Buch „Die Evangelikalen". ProMundis Texte • 01/2020, www.thomasschirrmacher.info/wp-content/uploads/2020/01/ProMundis-Texte_01-2020_Offener_Brief_Juergen_Mette.pdf, vom 18.2.2021, S. 16-17:

„Eine kreationistische Auslegung des Schöpfungsberichtes und die theistische Evolution haben in der evangelikalen Bewegung seit Darwin immer schon nebeneinander her bestanden. Bei der Gründung der Evangelischen Allianz Mitte des 19. Jahrhunderts gab es die Diskussion schon. 1910–1915 gaben A. C. Dixon und R. A. Torrey eine

auf die Frage der Auslegung (Exegese) der Schöpfungsberichte. Eine entscheidende Fragestellung betrifft die Zuordnung von Mann und Frau aufgrund der Schöpfungsberichte. Dafür wiederum sind besonders die Rückbezüge auf 1. Mose 1 und 2 in den neutestamentlichen Paulusbriefen wichtig. Paulus bezieht sich beispielsweise auf die Schöpfungsreihenfolge (1. Kor. 11,7b-9) und die Verführung Evas (2. Kor. 11,3, 1. Timotheus 2,12-14). Christian Haslebacher bemerkt dazu, dass die Bezugnahmen von Paulus dabei von der ursprünglichen Intention des alttestamentlichen Textes abweichen können. Er schreibt:

> *Paulus verfährt bei seinen Verweisen auf alttestamentliche Ereignisse teilweise selektiv mit den Texten und greift inhaltlich nur die Aspekte auf, die für seine Argumentation entscheidend sind. Es geht ihm nicht darum, die Ereignisse der Schrift zu kommentieren, sondern er gebraucht das Alte Testament als Unterstützung für seine Argumentation und wendet einzelne Aspekte auf eine gegenwärtige Situation an. Mit diesem, teilweise freien, Umgang mit der Schrift bewegt sich Paulus im Rahmen des Frühjudentums.*[39]

Heftreihe mit dem Titel ‚The Fundamentals: A Testimony of Truth' heraus, deren kostenlose Massenverbreitung in 3 Mio. Exemplaren zwei Brüder, beides texanische Öl-Milliardäre, finanzierten. Diese Hefte, die dem christlichen Fundamentalismus seinen Namen gaben, hatten zwei Beiträge zum Thema Schöpfung, einen kreationistischen und einen aus der Sicht der theistischen Evolution. Also bereits die ersten „Fundamentalisten" waren in dieser Frage nicht einig und akzeptierten, dass die jeweils andere Seite gleichwertig in den Heften zur Massenverbreitung auftreten durfte!
Das wird sich auch nicht mehr ändern, wir arbeiten seit 170 Jahren nicht wegen unserer Sicht der Genesis, sondern trotz ihr zusammen. Auch die Frage, inwieweit der sog. ‚Kreationismus' für ‚bibeltreue' Christen verbindlich ist, lässt sich etwa allein mit einem ‚bibeltreuen' Bekenntnis nicht beantworten. Zwar geht die Chicagoerklärung von der Zuverlässigkeit der Bibel in naturwissenschaftlichen und historischen Fragen aus (1. Erklärung, Artikel XII), aber solange es exegetisch und literarisch unterschiedliche Auslegungen der einschlägigen Texte in Genesis 1-11 gibt, so lange also nicht konkret und verbindlich zu rekonstruieren ist, was die Texte beschreiben wollen (z.B. wie die Sintflut naturwissenschaftlich ablief), so lange wird man auch mit einer großen Bandbreite an ‚bibeltreuen' Sichtweisen von Genesis 1-11 leben müssen. Und genau das sage ich in meiner Einführung in die deutsche Ausgabe der Chicago-Erklärung. Im Übrigen haben etliche Autoren der Chicagoerklärung eine Sieben-Tage-Schöpfung abgelehnt."

39 Haslebacher, Christian: Yes, she can! Die Rolle der Frau in der Gemeinde. Ein bibelfestes Plädoyer. Fontis - Brunnen Verlag Basel, 2016. S. 197. Diesem Buch liegt die Masterarbeit von Christian Haslebacher „Die Bedeutung und hermeneutischen Implikationen der Verweise auf die Schöpfungsordnung und den Fall Evas in 1. Timotheus 2" zugrunde. Downloadbar unter www.uir.unisa.ac.za/bitstream/handle/10500/9942/dissertation_haslebacher_c.pdf?sequence=1& isAllowed=y, vom 13.3.2021. Wir weisen darauf hin, dass der in Haslebachers Argumentation beschriebene Umgang des

Wir weisen in diesem Zusammenhang darauf hin, dass es unter den sich als evangelikal verstehenden Christen eine theologische Auseinandersetzung darüber gibt, ob das in der biblischen Urgeschichte beschriebene Verhältnis von Mann und Frau egalitär oder komplementär zu verstehen ist.

- *Der komplementäre Ansatz wird auch als das traditionelle oder hierarchische Verständnis bezeichnet. Die komplementäre Sichtweise lehrt, vereinfacht dargestellt, dass Gott Männer und Frauen gleichwertig geschaffen, ihnen aber jeweils geschlechtsspezifische Rollen zugedacht hat. Die Gleichwertigkeit der Geschlechter und die sich ergänzenden Unterschiede von Männern und Frauen werden betont. In vielen Fällen führt die komplementäre Sicht zu einer Ablehnung des Leitungsdienstes der Frau in der neutestamentlichen Gemeinde (Mann als Autorität = Haupt). Der komplementäre Ansatz wird in den USA vor allem vom Council for Biblical Manhood and Womanhood (Website: www.cbmw.org) vertreten. Er findet sich in vielen evangelikalen Veröffentlichungen und wird auch von einigen evangelischen Freikirchen vertreten.*[40]
- *Der egalitäre Ansatz besagt, ebenfalls vereinfacht dargestellt, dass Gott Mann und Frau als gleichberechtigte Partner schuf. Das egalitäre Verständnis geht davon aus, dass es geschlechtsbedingte Unterschiede gibt, beiden Geschlechtern aber unterschiedslos die gleichen Dienst- und Leitungsmöglichkeiten offen stehen. Frauen ist demnach nicht aufgrund ihres Geschlechts der Dienst als Gemeindeleiterin (Älteste) verwehrt. Dieser Ansatz wird in den USA vertreten von Christians for Biblical Equality (Website: www.cbeinternational.org). Eine aus dem egalitären Ansatz abgeleitete Akzeptanz von homosexuellen Partnerschaften und damit auch homosexuellem Geschlechtsverkehr ist eine, nach unserem Verständnis, extreme, nicht eine zwangsläufige Ausprägung.*

Wir gehen davon aus, dass sich im MV sowohl die komplementäre als auch die egalitäre Position finden, halten aber fest:

- *Der komplementäre Ansatz muss nicht zwangsläufig zur Ablehnung des Leitungs- bzw. Ältestendienstes der Frau führen.*[41]

Paulus mit alttestamentlichen Texten kein Muster für unseren heutigen Umgang mit denselben bildet.

40 Vgl. u.a. die Freien Evangelischen Gemeinden in der Schweiz mit ihrer Stellungnahme „Geistliche Leitung der Gemeinde durch Männer und Frauen“ aus dem Jahr 2007. Downloadbar unter www.feg.ch/angebote/gemeindeentwicklung/theologische-kommission/?L=0, vom 12.3.2021

41 Der komplementäre Ansatz kann in drei verschiedenen Varianten auftreten. Erste Variante: Es gibt eine schöpfungsbedingte, grundsätzliche Autoritätsstruktur im Verhältnis von Mann und Frau (oft ausgehend von 1. Kor. 11,3), die einen Leitungsdienst der

- *Die egalitäre Sicht muss nicht zwangsläufig zur Akzeptanz eines homosexuellen Lebensstils führen.*

Wir schließen uns an dieser Stelle Robert A. J. Gagnon an, der gut zusammenfasst, wo grundsätzliche Einigkeit im Verständnis des Schöpfungsberichtes in 1. Mose 2 bei Kreationismus und bei Schöpfung durch Evolution besteht, unabhängig davon, ob die Zuordnung von Mann und Frau letztlich egalitär oder komplementär verstanden wird:

> *Abgesehen davon, in welchem Ausmaß diese Geschichte symbolisch zu verstehen ist, kommuniziert sie doch die Botschaft, dass Mann und Frau einander sexuelle Gegenüber sind, d.h. zwei Hälften eines einzigen sexuellen Ganzen. Das oft als Rippe übersetzte hebräische Wort tsela, das anzeigt, was dem Adam, dem Erdling, entnommen wird um die Frau zu formen, wird man besser in seiner Bedeutung als Seite verstehen, was auch der Bedeutung des Wortes tsela an den vierzig anderen Stellen, an denen es im Alten Testament vorkommt, entspricht.*[42]

Unabhängig vom jeweiligen Verständnis des Schöpfungsberichtes in 1. Mose 1 und der daraus folgenden Auslegung (Exegese) findet sich nach unserer Auffassung in 1. Mose 2,24 eine grundsätzliche Ordnung Gottes bezüglich der Polarität und wechselseitigen Zuordnung von Mann und Frau (Darum wird ein Mann seinen Vater und seine Mutter verlassen und seiner Frau anhangen, und sie werden ein Fleisch sein). Michael Herbst spricht diesbezüglich von einem exklusiven Mandat Gottes und stellt fest, dass sich die Beziehung von Mann und Frau nicht einfach auf andere Beziehungen übertragen lässt.[43] Das gilt sowohl für gleichgeschlechtli-

---

Frau auf allen Ebenen ausschließt. Zweite Variante: Das „Hauptsein des Mannes" wird auf die Ehe und auch auf die Leiterschaft (Ältestenschaft) der neutestamentlichen Gemeinde angewendet (oft mit Hinweis auf die in 1. Tim 2,12-14 erwähnte Schöpfungsreihenfolge). Dritte Variante: Das „Hauptsein des Mannes" wird auf die eheliche Zuordnung von Mann und Frau bezogen, eine Übertragung auf den Ältestendienst geschieht nicht (1. Tim 2,12-14 wird anders ausgelegt bzw. als schwer verständliche Textstelle erkannt, auf der keine allgemein gültige Regel aufgebaut werden kann).

42 Gagnon, Robert A. J.: Biblische Perspektiven zum Verhältnis von Homosexualität und sexueller Identität, S. 165. Die englischsprachige Fassung erschien im Journal of Psychology and Christianity 24, 2005, H. 4, 293-303. Übersetzung: Christoph Raedel. Quelle: www.afet.de/download/2010/Gagnon_Homosexualitaet.pdf, vom 16.2.2021.

43 Herbst, Michael: Gleichgeschlechtliche Partnerschaften in Gemeinde und Pfarramt. Unveröffentlicht, S. 4. Zitiert von Michael Diener: Hermeneutik und Homosexualität als bleibende Herausforderungen für die Gemeinschaftsbewegung - Grundsätzliche

che sexuelle Beziehungen als auch für Polygamie (mehrere Frauen) bzw. Polyandrie (mehrere Männer).

Antworten auf Fragestellungen, die die biblische Urgeschichte aus sich selbst heraus nicht beantwortet, können nach unserem Verständnis nur durch den gesamtbiblischen Kontext und aufgrund neutestamentlicher Verweise auf die Schöpfungsberichte gewonnen werden. 1. Mose 2,24 sagt nach unserer Auffassung zunächst aus sich selbst nichts darüber aus,

- ob der geschlechtliche Akt zwischen Mann und Frau ausschließlich der Zeugung von Nachkommen dienen soll.

  Die katholische Schöpfungslehre schlussfolgert allerdings aus dem Schöpfungsbericht den untrennbaren Zusammenhang zwischen Sexualität und Fortpflanzung. In Folge entstand daraus unter anderem die Ablehnung von Verhütungsmitteln.[44]

---

und seelsorgerliche Überlegungen, Mitgliederversammlung des Evangelischen Gnadauer Gemeinschaftsverbandes Bad Blankenburg, 13. bis 15. Februar 2014, S. 14. Vgl. auch die Diskussion des hermeneutischen Ansatzes betreffs Schöpfungsberichte und Römer 1 von J. Brownson (Brownson , James V.: Bible, Gender, Sexuality: Reframing the Church`s Debate on Same-sex Relationships. Grand Rapids: Eerdmans, 2013) durch Armin D. Braun in Goddard, Andrew u. Horrocks, Don (Hg.): Homosexualität - Biblische Leitlinien, ethische Überzeugungen, seelsorgerliche Perspektiven, Gießen: Brunnen, 2016. S. 149ff.

44 Der emeritierte Papst Benedikt XVI. schrieb 2015: Dennoch ist die Grundgemeinschaft nie in Zweifel gezogen worden, dass die Existenz des Menschen in der Weise von Mann und Frau auf Fortpflanzung hingeordnet ist und dass die Gemeinschaft von Mann und Frau und die Offenheit für die Weitergabe des Lebens das Wesen dessen ausmachen, was man Ehe nennt. Die Grundgewissheit, dass der Mensch als Mann und Frau existiert, dass die Weitergabe des Lebens dem Menschen aufgegeben ist und dass eben die Gemeinschaft von Mann und Frau dieser Aufgabe dient und dass darin wesentlich über alle Unterschiede hinweg die Ehe besteht, ist eine Urgewissheit, die in der Menschheit bis heute als Selbstverständlichkeit existiert. Eine grundlegende Erschütterung dieser menschlichen Urgewissheit ist eingeleitet worden, als durch die Pille die Trennung von Fruchtbarkeit und Sexualität zu einer grundsätzlichen Möglichkeit geworden ist. Es geht hier nicht um die Kasuistik, ob und wann eventuell die Anwendung der Pille moralisch gerechtfertigt sein kann, sondern um das grundlegend Neue, das sie als solche bedeutet – eben die grundsätzliche Trennung von Sexualität und Fruchtbarkeit. Diese Trennung bedeutet nämlich, dass damit alle Formen der Sexualität gleichberechtigt werden. Es gibt keinen grundsätzlichen Maßstab mehr. Wenn Sexualität und Fruchtbarkeit nicht grundsätzlich zusammengehören, werden in der Tat alle Formen von Sexualität gleichberechtigt.
Quelle: www.die-tagespost.de/kultur/feuilleton/von-der-unverfuegbarkeit-und-wuerde-des-menschen-art-221688, vom 22.10.2021
Vgl. dazu Thomas Schirrmacher (Hg.): Familienplanung – eine Option für Christen? mit Beiträgen von Dr. med. Eberhard Bäßler, Dr. med. Wolfgang Furch, Dr. med.

- ob Inzest erlaubt oder verboten ist.

  Wenn Adam und Eva als historisches Urelternpaar verstanden werden, muss Inzest in den ersten Generationen praktiziert worden sein. Ein Verbot von Inzest findet sich erst im mosaischen Gesetz.[45]
- ob ein Leben als Single möglich (gottgewollt) ist oder nicht.
- ob es eine schöpfungsbedingte Autoritätsstruktur (Mann als Haupt) in der Zuordnung von Mann und Frau bzw. in der wechselseitigen Ergänzung von Mann und Frau gibt.

  Wir weisen darauf hin: Je nachdem wie die neutestamentlichen Bezugnahmen auf die Schöpfungsreihenfolge in 1. Mose 1 verstanden werden, wird der Schöpfungsbericht quasi auf der Basis der neutestamentlichen Aussagen ausgelegt. So kann es hier zu unterschiedlichen Schlussfolgerungen kommen.

Martin Grabe, Marcus Mockler, Dr. Werner Neuer, Pastor Helmut Schwarze, Dr. med. Rudolf Ehmann. Quelle: www.bucer.de/fileadmin/dateien/Dokumente/Buecher/Familienplanung.pdf, vom 22.10.2021. S. 12-13:

Rund 1.900 Jahre lang lehnten Christen Empfängnisverhütung einhellig ab. Bis heute erkennen katholische und orthodoxe Kirche nur eine einzige Methode der Schwangerschaftsvermeidung an: die Natürliche Empfängnisregelung (NER).

… Für Kirchenvater Augustinus war die Sache klar: Wer beim Sex die Möglichkeit der Zeugung eines Kindes bewusst ausschließt, verwandelt das Ehebett in ein Bordell. So krass haben es andere Theologen nicht formuliert, doch bestand über Jahrhunderte Einmütigkeit darüber, dass Christen Geschlechtsverkehr von der Fruchtbarkeit nicht trennen dürfen. Viele sahen in der Fortpflanzung sogar den wichtigsten Zweck der Ehe.

… Was sich viele Zeitgenossen kaum mehr vorstellen können: Zwischen katholischen und evangelischen Ethikern gab es in der Frage der Empfängnisverhütung bis ins 20. Jahrhundert hinein keine fundamentalen Meinungsverschiedenheiten. Eine Wende auf protestantischer Seite läutete die anglikanische Kirche ein, deren Bischöfe 1930 erstmals Ehepaaren das Recht einräumten, „die Elternschaft zu beschränken oder zu vermeiden".

45 Zitat aus Bibelwissenschaft.de: Mit Blutschande bzw. dem heute eher gebräuchlichen Begriff Inzest wird in Medizin und Rechtssprechung allgemein der heterosexuelle Geschlechtsverkehr zwischen nahen blutsverwandten Personen bezeichnet, sofern diese wenigstens 25% gemeinsame Gene aufweisen (Szibor; Rashkow, 161). … Ein begriffliches Äquivalent zu den Worten Blutschande oder Inzest liegt im Alten Testament nicht vor. Stattdessen werden in den diesbezüglichen Gesetzeskorpora Personen mit unterschiedlichen Verwandtschaftsgraden spezifiziert und sexueller Kontakt zwischen ihnen grundsätzlich unter Verbot gestellt (z.B. Lev 18,6-14; Lev 20,11f; Lev 20,17-21; Dtn 23,1; Dtn 27,22f.; Ez 22,10). Darüber hinaus gilt oft auch Geschlechtsverkehr zwischen verschwägerten Personen als tabu (Lev 18,15-18).

Quelle: www.bibelwissenschaft.de/wibilex/das-bibellexikon/lexikon/sachwort/anzeigen/details/blutschande-1/ch/1d1470833953bd4c7c8c60e875c3c3b9/, vom 3.12.2021

Der evangelikale Theologe John Stott leitet seine Schlussfolgerungen hauptsächlich aus der biblischen Urgeschichte (1. Mose 2,24) ab und definiert damit quasi eine sexualethische Schöpfungsordnung:

> Falsch sind also: Polygamie und Polyandrie (weil sie gegen das Prinzip *ein* Mann – *eine* Frau verstoßen); heimliche Verbindungen (weil ihnen kein öffentliches Verlassen der Eltern vorausgegangen ist); zufällige Begegnungen und vorübergehende Affären wie Ehebruch und viele Ehescheidungen (weil sie mit dem Prinzip des Anhangens nicht zu vereinbaren sind und gegen das Gebot Jesu verstoßen: Das soll der Mensch nicht scheiden); homosexuelle Partnerschaften (weil diese im Widerspruch stehen zu der Aussage, dass ein Mann *seiner Frau* anhangen wird).[46]

Wir schließen uns an dieser Stelle John Stott an, auch betreffs seiner Schlussfolgerung zu homosexuellen Partnerschaften, im Wissen darum, dass es hierzu unterschiedliche Positionen gibt. Folgend stellen wir deshalb unser Verständnis der alt- und neutestamentlichen Texte zum Thema Homosexualität dar.

2.2 HOMOSEXUALITÄT IM ALTEN TESTAMENT

Homosexualität wird im Alten Testament an vier Stellen angesprochen, die für die ethische Beurteilung unterschiedlich bedeutsam sind.

In 1. Mose 19,4-11 und Richter 19,22-26 wird über den Versuch homosexueller Vergewaltigung berichtet. Vergewaltigung an sich ist wider Gottes Gebot und daher zu verurteilen. Beide Stellen beinhalten also keine allgemein gültigen Überzeugungen bezüglich homosexueller Partnerschaften.

In 3. Mose 18,22 und 20,13 wird der Geschlechtsverkehr zwischen Männern ganz allgemein als „Gräuel“ bezeichnet. Diese Verse zeigen, dass praktizierte Homosexualität in Israel oder in dessen Umwelt bekannt war, dass Gott sie jedoch durch Mose in Israel verbieten ließ.

- Als Einwand gegen diese Deutung wird vorgebracht, dass der für Beischlaf verwendete Begriff in der Bibel je nach Zusammenhang sowohl den einvernehmlichen Geschlechtsverkehr als auch eine Vergewaltigung bezeichnen kann. Man könnte also die genannten Verse lediglich als Verbot homosexueller Vergewaltigung auffassen. Diese Deutung bringt jedoch unlösbare Probleme mit sich. Zum einen würde dann in beiden Versen die Formulierung „… wie man mit einer Frau schläft…“ bedeuten: „… wie man eine Frau vergewaltigt…“; nach diesem

46 Stott, John: Christsein in den Brennpunkten unserer Zeit … im sexuellen Bereich. Bd. 4. Verlag der Francke-Buchhandlung: Marburg, 1988. S. 113f.

Verständnis würde die homosexuelle Vergewaltigung eines Mannes geächtet, die Vergewaltigung einer Frau allerdings geduldet. Zum anderen würde in 3. Mose 20,13 nicht nur dem Schuldigen Strafe angedroht, sondern auch dem Menschen, dem sexuelle Gewalt angetan wurde.

- Die Vermutung, dass es sich hier lediglich um Verbote homosexueller Kultprostitution handele, ist eine weitere Möglichkeit, diese Verse zu verstehen. An einigen anderen Stellen im Alten Testament scheint von männlicher Kultprostitution die Rede zu sein (5. Mose 23,18f.; 1. Kön. 14,24; 2. Kön. 23,7), die verboten wird.[47] Der jeweilige Kontext macht jedoch deutlich, dass es ganz allgemein um illegitime sexuelle Beziehungen geht, nicht um sexuelle Kulthandlungen.[48] Es lässt sich also nicht schlussfolgern, dass im alten vorderen Orient praktizierte Homosexualität erlaubt war, die ausbeuterische homosexuelle Kultprostitution dagegen verboten wurde. Wir meinen jedoch, dass genau der umgekehrte Sachverhalt zutrifft: Die einzige Form von praktizierter Homosexualität, die im alten vorderen Orient in manchen Völkern akzeptiert wurde, war die Kultprostitution, welche im alten Testament verboten wird.[49]

Zusätzlich zu den genannten vier alttestamentlichen Bibelstellen (1. Mose 19,4-11 / Richter 19,22-26 / 3. Mose 18,22 und 20,13) wird mitunter angeführt, dass einige prominente biblische Figuren homosexuell gelebt hätten, wie z.B. David und Jonathan (1. Sam. 18,1.3; 20,17). Aber weder bei David noch bei Jonathan deutet die Bibel nach unserem Verständnis gleichgeschlechtliche sexuelle Handlungen an.[50] Es ist exegetisch nicht haltbar, wenn sexuelle Gefühle bzw. Handlungen unterstellt werden, nur weil davon berichtet wird, dass zwei Männer oder zwei Frauen, die in einem komplett anderen kulturellen Kontext als dem unserer heutigen Gesellschaft leben, einander herzlich liebten oder ihre Zuneigung durch zärtliche (aber nicht erotische) Gesten ausdrückten.

---

47 Gagnon, Robert A. J.: The Bible and Homosexual Practice. Texts and Hermeneutics. Nashville: Abingdon Press, 2001, S. 48f & 55f.

48 Die Ächtung des Darbringens seiner Kinder an die kanaanitische Gottheit Moloch/Baal in 3. Mose 18,21 genügt nach unserer Auffassung nicht, um den ganzen Abschnitt in den Kontext des Götzendienstes zu stellen. Verwandtschaftsbeziehungen stellen den gemeinsamen Nenner dieser Verse dar, nicht andere Gottheiten.

49 Die beiden Stellen aus 3. Mose sind im Gesamtkontext des mosaischen Gesetzes zu verstehen. Auch der Verzehr bestimmter Nahrung (3. Mose 11,10; 5. Mose 14,3 ff.) oder das Tragen bestimmter Kleidungsstücke (5. Mose 22,5) werden als „Gräuel" bezeichnet. Bei der ethischen Beurteilung und Bewertung von heutiger homosexueller Praxis muss das beachtet und erklärt werden.

50 Vgl. Egelkraut, Helmut: Die Bibel und Homosexuelle, S. 95.

Zusammenfassend stellen wir fest, dass im Alten Testament gleichgeschlechtlicher sexueller Umgang in den wenigen Texten, in denen überhaupt davon gesprochen wird, als nicht dem Willen Gottes entsprechend beschrieben wird.[51]

2.3 WAS SAGEN DIE EVANGELIEN, WAS SAGT JESUS?

In keinem der neutestamentlichen Evangelien verliert Jesus ein Wort über das Thema Homosexualität. Aus diesem Schweigen Jesu jedoch abzuleiten, dass er Homosexualität als richtig befunden hätte, ist nach unserem Verständnis unzulässig.[52] Vielmehr geben andere Aussagen Jesu aufschlussreiche Hinweise.

- Wenn Jesus von Unzucht sprach (Mk. 7,21-23), werden die meisten seiner Zuhörer 3. Mose 18 und 20 vor Augen gehabt haben.[53] Falls Jesus homosexuellen Geschlechtsverkehr toleriert hätte, müsste er diesen explizit aus dem Kontext von 3. Mose 18 und 3. Mose 20 herausgenommen haben. Da dies nicht der Fall ist, muss man jedoch davon ausgehen, dass Jesus keine der im alttestamentlichen Text genannten homosexuellen Handlungen tolerierte.
- Im Zusammenhang mit der Frage nach der Ehescheidung betont Jesus, dass eine Frau und ein Mann ein Leben lang zusammen leben (Mt. 19,4-7; Mk. 10,5-9 im Bezug zu 1. Mose 1,27 f.; 2,24). Zu diesem Zusammenleben gehört der Ge-

---

51 Gegen die Schlussfolgerungen von John Stott kann angeführt werden, dass in 3. Mose nur von männlicher Homosexualität die Rede ist. Außerdem ist anzumerken, dass Polygamie im Gegensatz zur Homosexualität im Alten Testament nicht verurteilt wird, obwohl oft geübt. Die Ehe mit der Ehefrau des kinderlos verstorbenen Bruders, trotz bestehender eigener Ehe, wird sogar vorgeschrieben (vgl. die sogenannte Leviratsehe in 5. Mose 25, 5-10). Dies könnte man noch als zeit- und kulturbedingt erklären. Das tolerierte Verhalten von wichtigen Personen des Alten Testamentes, wie z.B. Abraham, David oder Salomo (dieser hatte lt. 1. Kön. 11,3 tatsächlich 700 Ehe- und 300 Nebenfrauen) ergibt allerdings ein hermeneutisches Problem für das Verständnis der sexualethischen Schöpfungsordnung aus 1. Mose 2,24. Wenn 1. Mose 2,24 sowohl gleichgeschlechtliche und auch Viel-Ehen verbietet, warum wird dann im Alten Testament die Polygamie nicht verboten? Dieses Argument wird oft zur Unterstützung des Verständnisses genutzt, dass die diversen bekannten Stellen im Alten Testament nur abnorme Formen von homosexuellem Verhalten behandeln würden und Homosexualität ansonsten wie Polygamie auch toleriert würde.

52 Zu dieser Fragestellung empfehlen wir den allgemeinverständlichen aber trotzdem detaillierten und gut belegten Aufsatz (in englischer Sprache) von "The Center for Faith, Sexuality & Gender" (Idaho, USA): Sprinkle, Preston: Pastoral Paper 2 - Why didn't Jesus mention homosexuality?, www.centerforfaith.com/resources, vom 11.3.2021

53 Gagnon, Robert A. J.: The Bible and Homosexual Practice. Texts and Hermeneutics. Nashville: Abingdon Press, 2001, S. 191.

schlechtsverkehr als Teil des „Ein-Fleisch-Werdens" von Mann und Frau (Mt. 19,4-7; Mk. 10,5- 9 in Bezug zu 1. Mose 1,27 f.; 2, 24).

Wir meinen, dass sich aus dem Schweigen Jesu nicht schließen lässt, dass er Homosexualität toleriert oder für richtig gehalten hätte. Vielmehr erkennen wir, dass Jesus ein heterosexuelles Ehebild vertrat.

2.4 AUSSAGEN DER NEUTESTAMENTLICHEN PAULUSBRIEFE

Neben den vier bereits genannten Stellen aus dem Alten Testament finden sich im Neuen Testament drei Stellen, die das Thema Homosexualität betreffen.

In 1. Kor. 6,9-11 und 1. Tim. 1,8-11 wird beschrieben, aufgrund welcher Verhaltensweisen man „das Reich Gottes nicht ererben" kann. Es werden Diebe, Geizige, Trinker, Ehebrecher und Mörder genannt. Und dann auch Menschen, die homosexuell leben. Allerdings ist die Bedeutung der von Paulus für die homosexuell agierenden Personen verwendeten griechischen Wörter, *malakoi* und *arsenokoitoi*, umstritten. Luther übersetzte hier mit den Begriffen Lustknaben bzw. Knabenschänder. Ist hier also nicht Homosexualität an sich, erst recht nicht in einer gleichberechtigten Liebesbeziehung, sondern Päderastie (Knabenschändung)[54] gemeint? Es lohnt sich, den griechischen Begriff für „Knabenschänder" näher zu untersuchen.[55] Dieser Begriff taucht zum ersten Mal in 1. Kor. 6 und später dann in 1. Timotheus 1 auf. Er beschreibt wörtlich „Männer, die andere Männliche mit ins Bett nehmen".

David F. Wright[56] hat überzeugend dargelegt, dass es sich bei diesem Wort um eine Wortschöpfung (Neologismus), eventuell von Paulus selbst oder aber von einem anderen griechisch geprägten Juden, handelt, in der die zentralen Aussagen des Verbotes der Homosexualität aus 3. Mose 18,22 und 20,13 aus der Septuaginta, der griechischen Übersetzung des Alten Testamentes, zusammengezogen wurden. Somit ist davon auszugehen, dass Paulus bewusst die Homosexualität im Kontext von 3. Mose verstanden wissen will, in dem jegliche Form von Homosexualität unter-

---

54 Päderastie wird z.B. von Luther als „Knabenliebe" übersetzt. Sie bezeichnet die damalige Hinwendung erwachsener Männer zu männlichen Jugendlichen oder Kindern, die auch homosexuelle Handlungen einschloss. Päderastie war zeitweise in antiken Gesellschaften, z.B. bei den Griechen, Römern, Etruskern und Galliern, zu finden.

55 Jemand, der mit Männern und Knaben Unzucht treibt; Vgl. Bauer, Walter: Wörterbuch zum Neuen Testament. Walter de Gruyter: Berlin, 19886. S. 219.

56 Wright, D. F.: Homosexuals or Prostitutes? The Meaning of Arsenokoitai (1 Cor. 6:9; 1 Tim 1:10). Vigiliae Christianae 38 (1984): 125-153, hier S. 126-129; zitiert nach: Schmidt, T.E. Straight and Narrow? Compassion and Clarity in the Homosexuality Debate. IVP: Downers Grove, 1995. S. 95.

sagt worden war.[57] Deswegen sind nicht nur diejenigen Formen verboten, in denen der passive Partner ausgebeutet und missbraucht wird. Dies wird wiederum durch den unmittelbaren Kontext der Bibelstellen deutlich, denn es ist unwahrscheinlich, dass Paulus nach 3. Mose 18,12-20 andere Formen der Unzucht bzw. der Prostitution nicht für sündig gehalten hätte, wenn z.B. beide Partner freiwillig miteinander Sex gehabt hätten.

Hätte nun Paulus ausschließlich oder hauptsächlich die Päderastie, wie sie in der Antike praktiziert und gelebt wurde, verurteilen wollen, hätte er auch einfach das dafür gängige Wort verwenden können, was er allerdings nicht tat. Nach unserem Verständnis bezieht sich Paulus deshalb vielmehr auf Männer, die homosexuellen Geschlechtsverkehr praktizierten.

Homosexualität steht somit in einer Reihe mit anderen Sünden, die mit dem Willen Gottes nicht vereinbar sind.

Römer 1,18-32 ist letztlich der zentrale Text im Neuen Testament zum Thema Homosexualität. Er beschreibt grundsätzlich, wie die Abwendung des Menschen von Gott dazu führt, dass der Mensch haltlos wird und sich am Ende selbst zerstört. Auch der Kontext von Römer 1 bis 3 macht unserer Ansicht nach ebenfalls klar: Alle Menschen sind Sünder. Sowohl die Juden, weil sie das Gesetz kannten, und es dennoch nicht gehalten haben, als auch die Heiden, die Gott hätten erkennen können, ihn aber wegen ihres gottlosen Lebens „dahin gegeben haben". In Römer 1 nennt Paulus zahlreiche Ausdrucksformen dieses von Gott gelösten Lebenswandels. Paulus bewertet Homosexualität in Römer 1 mit Bezug auf die ursprüngliche Schöpfungsordnung (Römer 1,24-27). Das neutestamentliche Liebesgebot spielt in seiner Argumentation an dieser Stelle keine Rolle.[58]

---

57 Allerdings führt Paulus auch diese Diskussion zusätzlich vor dem Hintergrund des Schöpfungsberichtes, was daran deutlich wird, dass er in V. 16 aus 1. Mose 2,24 zitiert.

58 Hempelmann, Heinzpeter: „Homosexualität" als Kommunikationsherausforderung, Theologische Beiträge 46. Jg. (2015), S. 215: Die EKD-Erklärung zur Homosexualität „Mit Spannungen leben" kommt zu einem hoch interessanten, weil ambivalenten und für die hermeneutische Frage relevanten Befund: (I) Das biblische Zeugnis, so wird expressis verbis eingeräumt, ist eindeutig negativ in seiner Haltung zur Homosexualität. – Und: (II) Diese Tatsache ist für christliche Ethik – letztlich – irrelevant. Begründet wird das mit einer ganzen Reihe von Zwischenüberlegungen exegetischer, aber v.a. prinzipiell ethischer Überlegungen, etwa zum Liebesgebot. ... Vgl. meine Analyse in: Ohne Spannungen leben! Das eindeutige Ja der Orientierungshilfe der EKD zur ethischen und theologischen Legitimität homosexueller Praxis, in: ThBeitr 28 (1997), 296-304.

Die Position, dass sich die Kritik von Paulus an homosexueller Praxis nicht auf eine in Liebe und Treue gelebte homosexuelle Beziehung beziehen könne, weil es solche Beziehungen in der damaligen Gesellschaft gar nicht gegeben habe, wird aktuell immer öfter vertreten.[59] Paulus kritisiere demnach nur ausbeuterische und missbräuchliche gleichgeschlechtliche Beziehungen. Treue, lebenslange homosexuelle Beziehungen würden in der Bibel gar nicht erwähnt.

Die außerbiblische Quellenlage zeichnet jedoch ein gegensätzliches Bild der Antike.[60] Prof. Dr. Schirrmacher hat am 8.12.2020 zu einem Artikel von ihm in der WELT AM SONNTAG und einem Interview mit ihm im Magazin Chrismon Stellung genommen und darin u.a. dargelegt, dass die beschriebene Position in der neueren Bibelwissenschaft in Zweifel gezogen wird:

---

59 Am 30.4.2022 veröffentlichte Christan A. Schwarz, Entwickler der „Natürlichen Gemeindeentwicklung" (NGE), auf seinem Facebook-Account ein Posting. Folgend ein Zitat daraus: „Das Wort Homosexualität wurde erstmals 1869 von einem österreichischen Arzt benutzt, der das mit diesem Wort bezeichnete Phänomen als Krankheit im Unterschied zu einem Verbrechen sah, was damals einem erheblichen Fortschritt gleichkam. Aber noch viel wichtiger: Zuvor existierte dieser Begriff schlicht nicht, und wenn er heute in manchen Bibelübersetzungen zu finden ist, dann ist das schlicht eine Rückprojektion. Die Bibel spricht an keiner Stelle über Homosexualität an sich, weder positiv noch negativ. Das Phänomen war in biblischer Zeit ebenso wenig im Fokus wie Atomkraftwerke, Klimawandel oder Putin (was alles gleichwohl wichtige Themen sind, gerade von einer biblischen Perspektive)."
Daraus ergab sich eine intensive Kommentardiskussion auf Facebook. Am 2.5.2022 kommentierte wiederum Christian A. Schwarz selbst: „In meinem vorangegangenen Post habe ich in keiner Weise eine bestimmte ‚Position' in der LBGTQ-Frage bezogen, sondern einzig und allein auf das biblische Faktum verwiesen, dass respektvolle, treue, lebenslange Beziehungen auf Augenhöhe zwischen Personen des gleichen Geschlechts in der Bibel an keiner Stelle erwähnt bzw. zum Gegenstand tieferer Reflexionen werden."

60 Mario Wahnschaffe, Pastor CLW Bonn, hat am 1.5.2015 eine Stellungnahme zu Prof. Dr. Siegfried Zimmers YouTube-Beitrag „Die schwule Frage – Die Bibel, die Christen und das Homosexuelle" in seinem Blog veröffentlicht (www.mariowahnschaffe.de/blog/einzelpredigten/prof-dr-siegfried-zimmer-und-die-schwule-frage, vom 16.12.2021) und darin etliche Literaturquellen genannt, die diese Ansicht belegen: Siehe u.a.: Andreas Mohr: Eheleute, Männerbünde, Kulttransvestiten, S. 89. Thomas K. Hubbard: Homosexuality in Greece and Rome. A Sourcebook on basic Documents in Translation. Los Angeles 2003, S. 6–7. John J. Winkler: The Constraints of Desire: The Anthropology of Sex and Gender in Ancient Greece. New York 1990. Elke Hartmann: Art. Homosexualität, in: Der Neue Pauly. Enzyklopädie der Antike, Bd. 5. Stuttgart/Weimar 1998, Sp. 704. Kenneth Dover: Homosexualität in der griechischen Antike, S. 192. Winfried Schmitz: Nachbarschaft und Dorfgemeinschaft im archaischen und klassischen Griechenland, S. 342.

> Ich habe die letzten Jahre viele Tausend Seiten dazu gelesen. Ich bin immer dagegen gewesen, eine solche exegetische Diskussion zum Thema Homosexualität von vornherein zu verbieten, was mir durchaus Kritik aus meinem Lager eingebracht hat. Dogmatik und Ethik entwickeln sich schließlich aus einer gediegenen Exegese der Heiligen Schrift, nicht umgekehrt. Aber der Trend in der exegetischen Literatur geht längst wieder in die andere Richtung.
>
> Aber dass Paulus wirklich ausschließlich von Gewalt unter Homosexuellen oder nur von minderjährigen Opfern spricht (was dann ja immer noch eine spannende Frage für heute wäre), wird eigentlich nur noch von Nicht-Exegeten vertreten. Ebenso hat sich auch bei der Frage das Blatt gewendet, ob gewaltfreie, liebevolle, dauerhafte, gleichgeschlechtliche Beziehungen von Erwachsenen damals schon existierten und im Blick der Gesellschaft waren. Es finden sich immer mehr Belege dafür, dass eine Sicht der homosexuellen Beziehung, wie sie die Ehe für Alle voraussetzt, auch schon zur Zeit der Römer und Griechen praktiziert und propagiert wurde.
>
> Ich werde in Kürze für die WEA eine umfangreiche Durchsicht aller wissenschaftlichen exegetischen Veröffentlichungen dazu veröffentlichen lassen, für die ein Exeget naturgemäß sehr lange recherchiert hat, die genau das belegen wird.[61]

Zusammenfassend stellen wir fest, dass Paulus homosexuellen Geschlechtsverkehr ablehnt.

2.5 FAZIT AUS DEM BIBLISCHEN BEFUND

Die Bedeutung der alt- und neutestamentlichen Bibelstellen für die Beurteilung von Homosexualität wird auch unter evangelikalen Christen und Kirchen unterschiedlich bewertet. Manche vertreten die Ansicht, dass in der Bibel keine grundsätzlichen Aussagen zu Homosexualität gemacht werden, sondern nur über ihre möglichen Entartungen. Wir halten im Gegensatz dazu daran fest, dass Homosexualität in den alt- und neutestamentlichen Texten nicht positiv erwähnt wird und sich auch nicht aus der sexualethischen Schöpfungsordnung (1. Mose 2,24) ableiten lässt. Geschlechtsverkehr soll nur in der Ehe zwischen Mann und Frau und nicht

---

61 Zitat aus dem ProMundis Blog: https://www.thomasschirrmacher.info/blog/stellungnahme-von-thomas-schirrmacher/, vom 20.10.2022. „WEA" steht für die Weltweite Evangelische Allianz.

in gleichgeschlechtlichen Beziehungen ausgelebt werden. Deshalb verstehen wir praktizierte Homosexualität dementsprechend als nicht gemäß dem Willen Gottes.[62]

Wir schließen uns den zusammenfassenden Schlussfolgerungen von Michael Diener aus dem Jahr 2014 an (wohlwissend, dass er diese Position heute nicht mehr vertritt):

> In der gesamten biblischen Überlieferung gibt es keine Aussage, die Homosexualität in eine positive Beziehung zum Willen Gottes setzt. So war es schon in der EKD Orientierungshilfe „Mit Spannungen leben"[63] zu lesen und daran hat sich seitdem nichts geändert. Es ist auch nicht möglich, die wenigen expliziten Bezugnahmen auf Homosexualität (Lev.18,22;20,13; Röm.1,26f.; 1.Kor.6,9-11; 1.Tim.1,10) für nicht relevant zu erklären, weil kultbezogen, auf Abhängigkeitsverhältnisse, wie etwa Päderastie begrenzt oder weil unvergleichbar mit heutigen Formen von Homosexualität.[64]

Die Evangelische Allianz in Deutschland beschloss im Jahr 2017 „Leitgedanken zu Ehe und Homosexualität" als Ergebnis einer intensiven Auseinandersetzung mit dem Thema Homosexualität. Dem Kernsatz dieser Leitgedanken schließen wir uns ebenfalls an:

> Die in der Bibel beschriebene homosexuelle Praxis ist mit dem Willen Gottes und damit dem biblischen Ethos unvereinbar (3. Mose 18,22.20.13; Römer 1,24-27; 1. Korinther 6,9; 1. Timotheus 1,10). … Daraus ziehen wir die Schlussfolgerung, dass homosexuelle Partnerschaften der Ehe nicht gleichgestellt werden können.[65]

---

62 Alle behandelten Bibelstellen des Alten und Neuen Testamentes sprechen nur von männlicher Homosexualität, außer in Römer 1. Aus Römer 1 schließen wir jedoch, dass Paulus auch homosexuellen Verkehr von Frauen ablehnt.

63 Rat der EKD (Hrsg.): Mit Spannungen leben. 1996. Bezug über die EKD, Herrenhäuser Str. 12, 30419 Hannover, S. 21. Siehe auch unter www.ekd.de/spannungen_1996_homo.html, vom 18.2.2021.

64 Diener, Michael: Hermeneutik und Homosexualität als bleibende Herausforderungen für die Gemeinschaftsbewegung - Grundsätzliche und seelsorgerliche Überlegungen, Mitgliederversammlung des Evangelischen Gnadauer Gemeinschaftsverbandes Bad Blankenburg, 13. bis 15. Februar 2014, S. 14.
Zu beachten ist: Michael Diener hat seine Position seit 2014 verändert. Er sagte im Jahr 2021: „Ich bin heute der festen Überzeugung, dass das, was die Heilige Schrift unter homosexuellen Handlungen beschreibt, nicht das ist, was wir heute unter Homosexualität verstehen." Quelle: www.evangelisch.de/inhalte/175960/22-09-2020/pietist-michael-diener-hat-sich-veraendert-ja-zu-segnung-homosexueller-paare, vom 26.2.2021)

65 Die „Leitgedanken zu Ehe und Homosexualität" der Evangelischen Allianz in Deutschland sind downloadbar unter: www.ead.de/fileadmin/Arbeitskreise/Politik/Ehe_als_

3. Praktisch-ethische Konsequenzen für die Gemeinden des MV

3.1 WAS WIR IN DER AUSEINANDERSETZUNG ÜBER HOMOSEXUALITÄT ALS NICHT HILFREICH ANSEHEN

Auf- oder Abwertung durch Zahlen

Es kursieren unterschiedliche Zahlen zum prozentualen Anteil homosexuell lebender Menschen in der Bevölkerung. Hier und da wird in Veröffentlichungen oder Medienberichten die Zahl von zehn Prozent oder mehr genannt. Dies kann allerdings auch gut belegt bestritten werden.[66] Gesicherte Angaben sind nicht möglich.[67]

Gesellschaftspolitisch mag der Bevölkerungsanteil einer Gruppe tatsächlich von Wichtigkeit sein. Für das Miteinander in christlichen Gemeinden ist ein Streit um diese Zahlen jedoch wenig hilfreich, weil dies in den meisten Fällen nur weiter polarisiert. Letztlich kann eine, am biblischen Verständnis ausgerichtete, Beurteilung von Homosexualität davon nicht entscheidend beeinflusst werden. Wie weit beispielsweise Neid, Gier, Selbstsucht, Ehebruch, Lüge etc. in christlichen Gemeinden verbreitet sind, weiß auch niemand genau. Unabhängig davon werden diese Verhaltensweisen in der Bibel als Sünde verurteilt. Entscheidend für Christen ist

---

gute_Stiftung_Gottes.pdf, vom 12.3.2021

66 Thomas Schirrmacher hat einige Studien zur Verbreitung von Homosexualität untersucht und stellt zusammenfassend fest (www.thomasschirrmacher.info/blog/der-prozentsatz-der-homosexuellen-ist-in-110-jahren-nicht-gestiegen/, vom 24.2.2021): „Nach der bisher umfangreichsten Studie zur Sexualität in den USA von 1993 bezeichnen sich 2,8% der Männer selbst als homosexuell, 1,4% der Frauen als lesbisch. ... Einzige Ausnahme sind die viel höheren Zahlen von 10%, die Alfred Charles Kinsey in seinen berühmten Reports von 1948 und 1954 genannt hat, die aber schon lange für methodisch völlig unzulänglich gehalten werden. Wer also der Meinung ist, dass Homosexualität heute verbreiteter ist, weil sie sich frei entfalten kann und öffentlich gefördert wird, wird von den Zahlen korrigiert. Homosexualität ist heute öffentlicher, aber nicht verbreiteter als früher."

67 www.antidiskriminierungsstelle.de/DE/ThemenUndForschung/Sexuelle_Identitaet/fragen_antworten_sexuelle_Identitaet/ faq_sexuelle_Identitaet_node.html;jsessionid=61721F5998342181F46949ABB15A3D91.2_cid360, vom 26.2.2021: „Trotz verschiedener Umfragen ist es nicht möglich, eine genaue Anzahl homo- und bisexueller Menschen zu benennen. Deshalb unterscheiden sich die Ergebnisse der existierenden Untersuchungen auch sehr stark. Tatsächlich ist es schwer, Homo- und Bisexualität statistisch zu erfassen. Das liegt zum einen daran, dass die sexuelle Orientierung nicht in amtlichen Statistiken festgehalten wird, weil es sich dabei um sehr persönliche Informationen handelt. Zum anderen gibt es viele schwule, lesbische und bisexuelle Menschen, die nicht offen homo- bzw. bisexuell leben können oder wollen, was die Erhebung dieser Daten in Umfragen erschwert."

deshalb grundsätzlich nicht die Häufigkeit eines Lebensstils oder einer Verhaltensweise, sondern die Bewertung aus biblisch-theologischer Sicht.

Zeitgeistargument

Wir stellen fest, dass in evangelikal geprägten Kreisen immer wieder mit dem Argument „Christen fallen dem Zeitgeist anheim" die Veränderung eines bisher für richtig angesehenen biblisch-theologischen Verständnisses abgelehnt wird. Wir beurteilen dieses „Zeitgeistargument" allerdings als nicht schlüssig und wenig hilfreich. Wir meinen:

- Natürlich müssen Christen und Gemeinden den aktuell herrschenden kulturellen und gesellschaftlichen Zeitgeist ständig analysieren und kritisch hinterfragen. Es geht darum, standfest zu bleiben und sich nicht von jedem Wind der Lehre umwerfen zu lassen. Andererseits bedeutet das aber nicht, dass frühere kirchliche Festlegungen grundsätzlich zu bevorzugen und aktuelle Infragestellungen per se zeitgeistgetrieben oder bibelkritisch wären. Festzustellen ist, dass die Kirche über die gesamte Kirchengeschichte hinweg vom jeweils herrschenden Zeitgeist beeinflusst war und ist. Ein paar Beispiele zur Verdeutlichung:
  - Durch eine Vermischung von Staat und Kirche kam es in den ersten Jahrhunderten zu Zwangstaufen und Zwangschristianisierung.
  - Die Vermischung von Politik und christlichen Überzeugungen führte zu den Kreuzzügen des Mittelalters, eins der dunkelsten Kapitel der Christenheit.
  - Mit seinen Werken über die Bewegungen der Himmelskörper verärgerte Galileo Galilei die am alten Weltbild festhaltende katholische Kirche. Erst 350 Jahre nach seinem Tod, im Jahr 1992, wurde er von Johannes Paul II. rehabilitiert.
  - Die Kirche schwieg über Jahrhunderte hinweg zur Unterdrückung der Frau und erst recht zur Sklaverei. Erst mit der Aufklärung im 18. Jahrhundert wurden überkommene Positionen zunehmend hinterfragt. Christen wie William Wilberforce spielten eine entscheidende Rolle im Kampf gegen die Sklaverei.
  - Noch in den 70er Jahren des letzten Jahrhunderts war Umweltschutz unter konservativ geprägten Christen u.a. auch aufgrund grassierender Endzeitspekulationen (Jesus kommt ja bald wieder) verpönt.
  - Körperliche Züchtigung von Kindern wurde noch in den 80er Jahren in vielen christlichen Familienratgebern als richtig befunden, obwohl sie im Schulunterricht schon verboten und von der Gesellschaft zunehmend geächtet wurde.
- Zusammenfassend kann man feststellen: Der gesellschaftliche Zeitgeist hat sich immer wieder geändert und Einfluss auf Christen und Kirche genommen. Gott

sei Dank haben sich Kirche und Theologie immer wieder zu Neujustierungen herausfordern lassen, so dass z.B. bezüglich Sklaverei, dem Umgang mit Frauen (Gleichberechtigung, Wahlrecht), der Kindererziehung oder Bewahrung von Umwelt und Schöpfung unserem Verständnis nach biblischere Positionen gefunden wurden als in früheren Zeiten.

Daraus folgt: Der Zeitgeist hat einerseits nicht selten zu falschen Positionierungen der Kirche geführt. Der Zeitgeist fordert andererseits aber auch dazu heraus, traditionell schlechte Positionen zu überdenken und zu verlassen. Manchmal kann es also richtig sein, dass Kirchen sich aus einem jahrhundertealten Konsens heraus lösen, manchmal falsch. Der Zeitgeist greift demzufolge manchmal, aber nicht grundsätzlich zu bewahrende kirchliche Überzeugungen an.

Wir sind aus diesen Gründen davon überzeugt, dass das „Zeitgeistargument" in der Diskussion nicht zielführend ist, weil es selektiv je nach Belieben von jeder Argumentationsseite genutzt werden kann. Wir mahnen deshalb betreffs der Beurteilung von umstrittenen Themenfeldern wie beispielsweise Scheidung und Wiederheirat, Seniorenehe, Dienst der Frau in der Gemeinde und letztlich auch Homosexualität zur Vorsicht beim Gebrauch des „Zeitgeistarguments". Neujustierungen in Theologie und Ethik werden immer wieder vom Zeitgeist gefordert, sind aber nicht grundsätzlich vom Zeitgeist bestimmt. Wir wollen mit Demut und in der Verantwortung vor Gott mitten im aktuellen Zeitgeist unsere Positionen finden, definieren und halten, aber auch beständig neu überprüfen.

Streit um Genetik, sexuelle Identität und Veränderbarkeit

Wir haben uns in der Vergangenheit selbst zu den Themen Genetik und sexuelle Identität positioniert und dabei Identitätsstörungen als einen der Hauptgründe für homosexuelle Orientierung angesehen, die Existenz eines Homo-Gens bezweifelt, den Begriff sexuelle Identität abgelehnt, ausschließlich von einer sexuellen Orientierung gesprochen und entsprechend betont, dass Veränderung der homosexuellen Orientierung möglich ist. Mittlerweile gehen wir davon aus, dass die Zusammenhänge und Erkenntnisse ungemein kompliziert und vielschichtig sind. Deshalb argumentieren wir entsprechend differenzierter, insbesondere weil nach unserer Auffassung ein Streit über diese Themen letztlich keinen klaren Nutzen hervorbringt.[68] Folgend einige nähere Erklärungen zu unserer Haltung:

---

68 Ähnlich korrigieren auch die Freien evangelischen Gemeinden in Deutschland eigene Verlautbarungen aus dem Jahr 2004 durch ihre Orientierungshilfe aus dem Jahr 2019: Mit Spannungen umgehen. Zur Homosexualität in Freien evangelischen Gemeinden. Orientierungshilfe der Erweiterten Bundesleitung im Bund Freier evan-

Genetik

In der Auseinandersetzung mit dem Thema Homosexualität wird immer wieder die Frage nach der Genetik gestellt. Die einen meinen, dass keinesfalls von „Krankheit" oder „Identitätsstörung" gesprochen werden könne, wenn Homosexualität genetisch bedingt ist. Die anderen sprechen im Gegensatz dazu von der Möglichkeit der Veränderung, manchmal sogar von Befreiung und Heilung, sollte es kein Homo-Gen geben. Es entstand ein Streit über die mögliche genetische Verankerung zwischen Befürwortern und Gegnern homosexuellen Lebensstiles.

Ergebnisse von Zwillingsstudien legten nahe, dass bei männlicher Homosexualität mit erblichen Faktoren gerechnet werden kann. Peter Fiedler schrieb im Jahr 2004 dazu, dass einige Forschungsergebnisse zwar auf eine mögliche genetische Bedingtheit der Homosexualität hinweisen könnten, es sich jedoch bisher keine eindeutigen und wiederholbaren Befunde ergeben hätten, aus denen gesichert auf eine Vererbung geschlossen werden könne.[69]

Eine internationale Forschungsgemeinschaft um den Wissenschaftler Andrea Ganna (Broad Institute) hat in den letzten Jahren die mit Abstand größte Untersuchung zum Thema durchgeführt und im Jahr 2019 veröffentlicht.[70] Dabei wurden die Genome von 500.000 Personen daraufhin untersucht, ob sich Zusammenhänge zwischen ihrem sexuellen Verhalten und ihrer DNA finden ließen. Das Ergebnis der Studie ist: Das Sexualverhalten ist äußerst komplex. Zur homosexuellen Orientierung bzw. Identität tragen genetische Faktoren mit acht bis 25 Prozent bei und sodann weitere Faktoren, wie z.B. Umwelteinflüsse. Genetische Faktoren können also nicht geleugnet werden. Aus der DNA eines Menschen lässt sich aber trotzdem nicht einfach ablesen, ob eine Person eher hetero-, homo- oder bisexuelles Verhalten zeigt. Beachtenswert bei der Studie ist, dass man sich eng mit LGBT-Vertretern (Lesben, Schwule, Bisexuelle und Transgender) beriet, um Fehlinterpretationen zu vermeiden. Unter anderem führte das dazu, dass in der Studie ein Unterschied zwischen sexuellem Verhalten und sexueller Identität betont wird.[71] In ihrem Artikel in Zeit Online vom 29.8.2019 berichtet Alina Schadwinkel über die Studie um den

gelischer Gemeinden, S. 3. downloadbar unter https://downloads.feg.de/2019_Mit_Spannungen_umgehen_Homosexualitaet.pdf, vom 19.3.2021

69 Fiedler, Peter: Sexuelle Orientierung und sexuelle Abweichung. Beltz PVU: Weinheim, 2004

70 Siehe www.science.sciencemag.org/content/365/6456/eaat7693

71 Die Forscher haben neben ihrer wissenschaftlichen Publikation die Website Genetics of Sexual Behavior erstellt, auf der die Methodik und die Bedeutung der Befunde allgemeinverständlich erklärt werden: www.geneticsexbehavior.info

Forscher Andrea Ganna und weist auf einen begleitenden Artikel der Soziologin Melinda Mills hin[72]:

> „Indem homosexuelle Orientierung mit Genetik in Verbindung gebracht wird, könnte das Bürgerrechte stärken und Stigmen reduzieren." Im Gegenzug gebe es die Befürchtung, dieses Wissen liefere ein Werkzeug, um Menschen von Homosexualität zu befreien, schreibt Mills. Doch da Ganna und die Kollegen herausgefunden hätten, dass sich mit den entdeckten genetischen Varianten weniger als ein Prozent homosexuellen Verhaltens von Einzelnen vorhersagen lässt, sei absolut eindeutig, dass es „vollkommen unmöglich ist, diese Ergebnisse für Vorhersagen, Interventionen oder eine vermeintliche Heilung zu nutzen".[73]

Als sicher kann also letztlich festgehalten werden, dass sowohl das Umfeld, die Kultur als auch die Genetik Einfluss auf die sexuelle Orientierung haben; bei manchen Menschen wirken die Gene womöglich stärker, bei anderen schwächer.

Sexuelle Identität

Im Allgemeinen Gleichbehandlungsgesetz (AGG) wird zusätzlich zum Geschlecht der Begriff sexuelle Identität (engl. Gender Identity) verwendet. Das AGG verbietet Diskriminierung aufgrund der sexuellen Identität, definiert diesen Begriff allerdings nicht näher.

Die Antdidiskriminierungsstelle des Bundes geht darüber hinaus und spricht beim Begriff „sexuelle Identität" von einer feststehenden Eigenschaft eines Menschen:

> Er wird häufig synonym mit dem Begriff sexuelle Orientierung verwendet. Tatsächlich macht der Begriff sexuelle Identität im Gegensatz zu dem Begriff sexuelle Orientierung aber deutlich, dass es sich bei Homo-, Bi- und Heterosexualität um eine feststehende Eigenschaft einer Person handelt und nicht nur durch die sexuelle Beziehung zu einer anderen Person bestimmt ist.[74]

Das Landesnetzwerk „Queere Jugend Niedersachsen" macht darauf aufmerksam, dass es bisher (Stand 2019) noch keine allgemeingültig anerkannte Definition

---

72 Mills, Melinda S.: How do genes affect same-sex behavior?, in www.science.sciencemag.org/content/365/6456/869?intcmp=trendmd-sci, vom 13.3.2021

73 Quelle: www.zeit.de/wissen/2019-08/sexualitaet-genforschung-erbgut-homosexualitaet-schwul-lesbisch/komplettansicht, vom 13.3.2021

74 Quelle: www.antidiskriminierungsstelle.de/DE/ThemenUndForschung/Sexuelle_Identitaet/fragen_antworten_sexuelle_Identitaet/faq_sexuelle_Identitaet_node.html, vom 15.3.2021

des Begriffs gebe und es sich bei sexueller Identität um eine Frage der Selbst- und Fremdwahrnehmung handele:

> Die sexuelle Identität ist das grundlegende Selbstverständnis der Menschen davon, wer sie als geschlechtliche Wesen sind, wie sie sich selbst wahrnehmen und wie sie von anderen wahrgenommen werden wollen. Es gibt einige Autoren, die sich mit dem Thema der sexuellen Identität auseinandersetzen, da es bisher keine allgemein gültige Definition gibt.[75]

Ähnlich wird der Begriff auch in Wikipedia dargestellt:

> Sexuelle Identität bezeichnet den auf sexueller Orientierung basierenden Teil der Identität eines Menschen. Der Begriff der Identität ist auf das Individuum bezogen und beschreibt, wie sich die Person selbst definiert. ... Sexuelle Identität ist mit sexueller Orientierung keinesfalls gleichzusetzen, sie geht darüber hinaus.[76]

Christen argumentieren nicht selten mit dem biblischen Menschenbild, das davon ausgehe, dass das Geschlecht eines Menschen konstitutiv für die Bildung seiner Identität sei. Allerdings wird auch immer wieder unter Bezugnahme auf 2. Kor. 5,17 „ist jemand in Christus, so ist er eine neue Schöpfung" darauf hingewiesen, dass Christen eine neue Identität in Christus, also durch den Glauben an Christus, gewönnen. Daraus ergibt sich, dass die Identität eines Christen nicht ausschließlich durch das Geschlecht, sondern auch durch den Glauben bestimmt wird. Es kommt also darauf an, wie der Begriff „Identität" grundsätzlich und auch biblisch-theologisch gefüllt wird.

Zusammenfassend ist festzustellen:

- Zwischen sexueller Identität und sexueller Orientierung bzw. Neigung sollte unterschieden werden. Ob sexuelle Identität jedoch tatsächlich als feststehend beschrieben werden kann, wie bei der Antidiskriminierungsstelle des Bundes zu lesen, ist aus unserer Sicht diskutabel und noch nicht abschließend geklärt. Alles kommt dabei darauf an, wie der Begriff Identität definiert wird. Denn zur Identität eines Menschen gehören normalerweise auch dessen Nationalität (ich bin Deutscher), die Abstammung (ich bin adelig), Familienbeziehung (ich bin Mutter), Berufung (ich bin Arzt), Hobby (ich bin Sportler) und auch die Konfession (ich bin katholisch). Manche dieser Beschreibungen gehören zum Kern unserer

---

75 Quelle: www.queerejugend-nds.de/2019/11/29/sexuelle-identität-und-sexuelle-orientierung/, vom 15.3.2021

76 Quelle: https://de.wikipedia.org/wiki/Sexuelle_Identität, vom 15.3.2021

Identität, manche sind dafür eher zweitrangig, in manche wurden wir hineingeboren und manche haben wir bewusst ausgewählt.

- Nach unserer Auffassung beschreibt (sexuelle) Identität letztlich die Selbstwahrnehmung einer Person. Und diese kann sich im Laufe eines Lebens ändern.
- Im säkularen Sprachgebrauch werden Begriffe wie sexuelle Identität, sexuelle Orientierung, sexuelle Präferenz, sexuelle Neigung und andere unserer Beobachtung nach oft synonym verwendet. Wir kämpfen deshalb nicht um Begriffe, auch im Wissen darum, dass sie unterschiedlich gefüllt sein können. Im Sinne einer Selbstwahrnehmung können wir von sexueller Identität sprechen. Die Rede von einer angeborenen und damit ein für alle Mal feststehenden sexuellen Identität halten wir ohne Begriffsdefinition für missverständlich. Um das Missverständnis einer unveränderbaren Festlegung zu vermeiden, sprechen wir zumeist von einer homosexuellen Orientierung oder einem homosexuellen Lebensstil.

Veränderbarkeit

Homosexualität ist nicht nur genetisch bedingt, sondern auch Prägung, Kultur und Umfeld spielen eine Rolle. Ebenfalls kann festgehalten werden, dass ein Identitätsverständnis sich wandeln kann. Daraus ergibt sich, dass sich die sexuelle Orientierung ebenfalls ändern kann. Auch „Zwischenraum“, laut Wikipedia eine „Selbsthilfeorganisation für Christen gleich welcher sexueller Orientierung oder geschlechtlichen Identität, z.B. Lesben, Schwule, Bisexuelle, Transgender und Intersexuelle“[77], bestätigt die Möglichkeit einer Veränderung. Zitat von der Website der Organisation:

> Auch wir glauben, dass jeder Mensch ein Recht auf Veränderung hat. Dabei muss aber gewährleistet sein, dass die Motivation hierfür aus dem eigenen Herzen des betreffenden Menschen kommt und er diese Veränderung nicht aufgrund von äußerem Druck durch sein soziales oder christliches Umfeld sucht. Oft erscheint es die einzige Chance zu sein, um unter Frommen die Anerkennung bzw. das Recht, Christ zu sein, nicht zu verlieren. Es gibt aber nur eine Freiheit der Entscheidung OHNE Angst vor negativen Konsequenzen. Das Recht auf Veränderung ist für uns deshalb elementar mit der Freiheit zur Entscheidung verbunden.[78]

---

77 Quelle: https://de.wikipedia.org/wiki/Zwischenraum_(Organisation), vom 7.3.2021

78 Quelle: www.zwischenraum.net/heilung/zwischen-recht-auf-veraenderung-und-freiheit-zur-entscheidung/, vom 7.3.2021

Unsere Auffassung zur Veränderbarkeit einer sexuellen Orientierung ist:

- Homosexualität ist keine Krankheit, die geheilt werden muss (z.B. auch nicht durch Heilungs- und Befreiungsgebet). Wir gehen bei homosexueller Orientierung nicht von einer grundsätzlichen Identitätsstörung aus, verneinen aber nicht die Möglichkeit, dass manche Menschen, z.B. wegen Missbrauchserfahrungen, von einer solchen betroffen sein können.
- „Die" Homosexualität gibt es nicht. Die Hintergründe sind im Einzelfall jeweils unterschiedlich. Es kann deshalb sein, dass Veränderung möglich ist und es kann sein, dass Veränderung nicht möglich ist. Aus diesem Grund tätigen wir keine grundsätzlichen Festlegungen über die zukünftigen Entwicklungsmöglichkeiten eines Menschen.
- Der Wunsch nach einer Veränderung muss immer von der betroffenen Person ausgehen. Wir lehnen jegliche Druckausübung auf Betroffene ab und begrüßen ein Verbot von Konversionstherapien, die menschenverachtende Praktiken umfassen. Im Mai 2020 hat der Deutsche Bundestag das „Gesetz zum Schutz vor Konversionsbehandlungen" beschlossen. Damit sollen Minderjährige und nicht einwilligungsfähige Erwachsene vor Therapien gegen Homosexualität geschützt werden. Mit einer Handreichung informiert die Deutsche Evangelische Allianz (DEA) über den Inhalt des neuen Gesetzes, mögliche Folgen und gibt Empfehlungen, wie mit dem Gesetz im gemeindlichen Kontext umgegangen werden kann.[79]
- Wir halten daran fest, dass wir als Kirche eine biblische Glaubensüberzeugung zum Ausdruck bringen dürfen, die praktizierte Homosexualität als Sünde bezeichnet. Sünde verstehen wir hier nicht als moralisch abwertenden Begriff, sondern biblisch-theologisch als „von Gott trennend". In gleicher Weise reden wir beispielsweise auch über Sex außerhalb der Ehe, Geiz, Gier, Habsucht, Diebstahl, Lüge, etc. Für persönliche Konsequenzen, die sich aus der Glaubensüberzeugung ergeben, ist jeder selbst verantwortlich.

---

79 Deutsche Evangelische Allianz e.V.: „Gesetz zum Schutz vor Konversionsbehandlungen" - Eine Handreichung für Gemeinden. Downloadbar unter https://www.ead.de/fileadmin//user_upload/2020_Konversionstherapie.pdf, vom 6.3.2021.

3.2 WAS WIR IN DER AUSEINANDERSETZUNG ÜBER HOMOSEXUALITÄT UNBEDINGT BEACHTEN WOLLEN

Diskriminierung in jeder Beziehung ernst nehmen und ihr entgegen treten

Das Gleichbehandlungsgesetz (AGG) wird seitens des Mülheimer Verbandes mit Nachdruck unterstützt, da die Diskriminierung von Menschen aufgrund ihrer sexuellen Orientierung nicht im Sinne Jesu ist.

- Wir stellen uns gegen eine gesellschaftliche Diskriminierung, innerfamiliäre Ächtung und selbstverständlich auch gegen Gewaltanwendung bis hin zu Ehrenmorden gegenüber Menschen mit homosexueller oder transsexueller Orientierung. Wir beurteilen Strafverfolgung und Diskriminierung in anderen Staaten und Gesellschaften nicht positiv und unterstützen diese nicht.[80]
- Wir bekennen, dass wir, wie viele andere christliche Kirchen auch, in der Vergangenheit Schuld auf uns geladen haben, insbesondere auch dann, wenn homosexuell empfindenden Menschen der Eindruck vermittelt wurde, sie seien erst dann in der christlichen Gemeinschaft willkommen, wenn sie ihre Neigung verändert hätten, statt ihnen mit unvoreingenommener Liebe und Annahme zu begegnen.
- Wir bedauern, dass viele Christen, auch in den Reihen des MV, in der Vergangenheit und leider bis heute, nicht selten Vorurteile und Berührungsängste gegenüber homosexuell lebenden Menschen mit sich tragen. Konkret äußert sich dieses unter anderem darin, dass Homosexualität im Verhältnis zu anderen Vergehen als größere Sünde bezeichnet wird; dass im Reden manchmal ein gewisser Ekel mitschwingt; dass richtend, verurteilend, zurücksetzend und taktlos über Homosexuelle geredet wird; dass der Kontakt zu diesen vermieden und Ausgrenzung geübt wird. Es tut uns leid, dass wir das Thema Homosexualität in seiner Tragweite und Tiefe für viele Betroffene zu lange unterschätzt haben und so durch unser Fehlverhalten seelische Verletzungen entstanden sind.[81] Wir wollen uns darum bemühen, jedem anderen Menschen so vorurteilsfrei und mit bedin-

---

80 Ein aktuelles Beispiel aus dem Juli 2022 aus Spiegel Online: „Ein islamisches Scharia-Gericht in Nigeria hat entschieden, dass drei Männer wegen ihrer sexuellen Orientierung grausam hingerichtet werden sollen."
Quelle: https://www.spiegel.de/ausland/nigeria-gericht-verurteilt-drei-maennern-wegen-homosexualitaet-zum-tod-durch-steinigung-a-1e3e25c7-6bce-445d-9d61-c94f2c9baf6b, vom 02.07.2022, 08.00 Uhr

81 In einer idea Spektrum Ausgabe (idea Spektrum 4/2014, 22. Januar, S.15) wurde die Frage „Diskriminieren Evangelikale Homosexuelle?" behandelt. Bezeichnenderweise antwortete darauf kein homosexueller Evangelikaler, keine Diskriminierung erlebt zu haben.

gungsloser Liebe zu begegnen, wie Jesus es uns vorgelebt hat. Gegenwärtig wollen wir auch verstärkt daran arbeiten, in unseren Gemeinden, Familien, im Internet und in den Social Media in respektvoller und nicht abwertend-diskriminierender Weise in Bezug auf Homosexualität zu kommunizieren und homophobe Äußerungen und Aktionen zu vermeiden.

Religionsfreiheit und Selbstbestimmungsrecht unterstützen

Als Christen in Deutschland treten wir für eine pluralistische und demokratische Gesellschaft ein. Wir sind dankbar für die Möglichkeit der freien Religionsausübung in unserem Land und dafür, dass unterschiedliche, einander zum Teil widersprechende Weltanschauungen, Religionen und Konfessionen den Raum haben, ihre Werte und Normen frei und ohne Angst vor Repressalien zu leben und zu vertreten, solange der Boden des Grundgesetzes nicht verlassen wird. Wir vertreten ein in der Zeit der Aufklärung fußendes Toleranzverständnis und akzeptieren die selbstbestimmte Entscheidung eines Menschen, homosexuell zu leben.

Mitten in dieser von Freiheit und Toleranz geprägten Gesellschaft verantworten wir andererseits die Inhalte, Werte und Zielsetzungen unseres Gemeindelebens vor Gott auf der Grundlage unseres Bibelverständnisses. Dabei nehmen wir wahr, dass manche auf unserem Bibelverständnis fußenden Werte und Normen zu Ehe, Familie und Sexualität von großen Teilen der Gesellschaft nicht (mehr) geteilt werden. Dabei sehen wir es als unangemessen an, wenn bei negativen Aussagen zur praktizierten Homosexualität aus biblisch-theologischer Warte pauschal der Vorwurf von Diskriminierung oder Homophobie[82] erhoben wird.

Falls jemand im persönlich unverträglichen Widerspruch zum theologischen Selbstverständnis des MV oder den Inhalten, also den gemeindlichen und ethischen Werten und Zielen der Gemeinden des MV steht, kann sie oder er jederzeit frei und selbstbestimmt die Gemeinde- bzw. Kirchenzugehörigkeit wechseln.

---

82 Als Homophobie bezeichnet man die offene oder subtile Ablehnung von Homosexualität. Sie bezeichnet in diesem Zusammenhang eine abwertende Einstellung gegenüber schwulen, lesbischen und bisexuellen Personen, die oft mit Vorurteilen, Diskriminierung und sogar psychischer und körperlicher Gewaltausübung einhergeht. Quelle: www.antidiskriminierungsstelle.de/DE/ThemenUndForschung/Sexuelle_Identitaet/fragen_antworten_sexuelle_Identitaet/faq_sexuelle_Identitaet_node.html;jsessionid=61721F5998342181F46949ABB15A3D91.2_cid360, vom 26.2.2021.

Andersdenkende Kirchen achten

Wir verstehen uns nicht als allein selig machende Kirche, sondern als ein Gemeindeverband unter vielen. Wir erkennen an, dass andere Kirchen, Gemeinden und Verbände zu anderen biblisch-theologischen Erkenntnissen kommen (zu nennen sind hier z.B. auch das Tauf- und Abendmahlverständnis, das Gemeindeverständnis, der Dienst der Frau, das Verständnis des Sozialen Dienstes bzw. des gesellschaftlichen Engagements etc.) und pflegen trotz aller Unterschiedlichkeit gute Beziehungen untereinander. Zum Glauben und christlicher Lebensgestaltung gehört immer die Freiheit der Entscheidung. In diesem Sinne wollen wir anderen Auffassungen mit Toleranz begegnen, im Gespräch mit ihnen bleiben und gleichzeitig zu unserer eigenen Position stehen.

Gefühlswelt Betroffener nicht kleinreden

Wir können nachvollziehen, dass unsere Positionierung „Wir halten daran fest, dass Homosexualität in der Bibel nicht positiv erwähnt wird und verstehen praktizierte Homosexualität als nicht dem Willen Gottes entsprechend" nicht selten zu starker Betroffenheit führt. Für homosexuell lebende Menschen, egal ob Christ oder kein Christ, beinhaltet die Beurteilung ihres Verhaltens als Sünde zumeist eine schwere Kränkung.[83]

---

83 Folgend ein Zitat von Nate Collins und Greg Coles zur Frage, ob nur homosexuelles Verhalten oder auch schon allein eine homosexuelle Orientierung als Sünde bezeichnet werden kann:
„Is being gay a sin? We argue that the answer to this question is "no." Simply being gay in sexual orientation is no more or less sinful than being straight. Our attractions and orientations don't make us sinful or holy – it's what we do with our attractions and orientations, the way we steward our sexuality, that counts in the eyes of God. … But Christians can't just take the Bible's prohibitions of same-sex sexual behavior and use those same prohibitions to condemn same-sex attraction or orientation. If we're going to learn how to best love and encourage our brothers and sisters in Christ who experience attraction to the same sex, we need to start paying attention to the critical distinctions between attraction to the same sex, lust for the same sex, sexual behavior, and sexual identity. If we simply say "being gay is a sin" and move on, we risk condemning people for their unchosen orientation towards the same sex, communicating the falsehood that people must become straight in order to follow Jesus."
Quelle: Collins, Nate und Coles, Greg: Pastoral Paper 3 - Is same-sex attraction (or "being gay") a sin?, The Center for Faith, Sexuality & Gender (Idaho, USA), www.centerforfaith.com/resources, vom 11.3.2021, S. 1
Wir verweisen im Gegensatz dazu aber auch auf die reformatorische Ethik hin, welche sich mit dem Hinweis auf die Ausweitung des Ehebruchgebots durch Jesus schon aufgrund eines Begehrens, vom katholischen Sündenverständnis der Sünde als reiner Tat-Sünde verabschiedet hat.

Immer wieder wird an dieser Stelle angeführt, dass zwischen Mensch und Verhalten (Person und Werk) unterschieden werden müsse. Ein Satz fällt in verschiedener Ausprägung immer wieder: „Gott liebt den Sünder, aber er hasst die Sünde." Das ist natürlich grundsätzlich richtig. Liebe und Wahrheit gehören zusammen. Die Liebe Gottes hebt die Wahrheit seines Wortes nicht auf. Exemplarisch deutlich wird das z.B. an der Begegnung Jesu mit der Ehebrecherin (Joh. 8,2-11).

Wenn es um Verhalten geht, welches falsch, aber gleichzeitig auch relativ leicht veränderbar ist, kann man dieser Argumentation gut folgen, also z.B. bei streitsüchtigem Verhalten oder falschem Umgang mit Geld. Bei vielen homosexuell lebenden Menschen kommt diese Argumentation allerdings nicht an, weil

- sie ihre sexuelle Prägung als vorgegeben und nicht als veränderbar erfahren bzw. ansehen.
- sie auch aus ihrer sexuellen Orientierung ihre Identität ableiten und diese in Frage gestellt sehen.
- sie normalerweise keinen Dritten schädigen und somit die Akzeptanz eines falschen Verhaltens nicht leicht fällt. Diese Ansicht wird sicherlich auch von der Mehrheit der Menschen unserer Gesellschaft vertreten, die selbst nicht homo-, sondern heterosexuell orientiert leben.

Wir erkennen diese Identitäts-Problematik, negieren sie nicht, reden sie nicht klein und erkennen das damit verbundene innere Leiden an. Betroffene und wir erleben somit eine nicht immer leicht zu ertragende Spannung, die leider nicht aufgelöst werden kann, es sei denn wir würden unsere biblisch-theologische Position verändern. Beide Seiten sind deshalb gefordert, in Begegnungen und Gesprächen mit Taktgefühl und wechselseitigem Verständnis zu agieren.

Wechselwirkung zwischen Biografie und Theologie erkennen

Wir nehmen wahr, dass persönliche Betroffenheit nicht selten Auswirkungen auf bisherige theologische und in der Folge auch auf ethische Überzeugungen hat. Die Argumentationsweisen und Beurteilungen verändern sich, wenn z.B. Kinder voreheIich zusammenleben (ethische Fragestellung Sex vor der Ehe), jemand sehr jung und ungewollt schwanger wird (ethische Fragestellung Abtreibung), man mit kaum zu ertragenden Schmerzen und unheilbarer Krankheit konfrontiert wird (ethische Fragestellung Sterbehilfe) oder jemand selbst von Scheidung betroffen ist (ethische Fragestellung Ehescheidung und Wiederheirat). Und ältere Christen stehen nicht selten vor dem Thema Seniorenehe und müssen eine Entscheidung betreffs ihrer Rente und finanzieller Absicherungen und Verpflichtungen treffen. Die Beispiele ließen sich fortführen. Natürlich gehört dazu auch, wenn man selbst oder jemand aus dem engen persönlichen Beziehungsgeflecht sein „coming out" hat und fortan homosexuell lebt. Solche Erfahrungen nehmen Einfluss auf das bisherige Verständnis des biblischen Gebotes, manchmal unmerklich, oft sehr bewusst.

Wir können die Beweggründe im Einzelfall nachvollziehen und geben zu, dass im gemeindlichen Miteinander in bzw. bei Diskussionen Vorsicht vor theoretischer und hier und da auch verletzender Argumentation geboten ist. Persönliche Betroffenheit, also der Einfluss der Situation, ist bei ethischen Entscheidungen immer zu beachten. Wir halten es aber für problematisch, wenn man sich zu schnell neue oder andere theologische Überzeugungen sucht, letztlich um den eigenen Lebensstil, um Entscheidungen zu rechtfertigen oder um mit der persönlichen Lebenssituation besser umgehen zu können. Das trifft nicht nur auf sexualethische Fragestellungen zu, sondern man könnte beispielsweise auch die Theologie des Wohlstandsevangeliums (Rechtfertigung von Reichtum) oder extreme Ausprägungen einer Befreiungstheologie (Rechtfertigung von Widerstand mit Gewalt) nennen. Jeder Christ steht deshalb in der Verantwortung, seine biblisch-theologischen Überzeugungen genau zu bedenken und entsprechende ethische Entscheidungen im Angesicht wechselnder Situationen zu treffen. Es ist immer zu fragen: Was ist die langfristige Wirkung? Welche Konsequenzen ergeben sich daraus für andere bisher vertretene, biblisch-christliche Überzeugungen? Die Herausforderung dabei ist, konsistent, transparent, ehrlich und letztlich Gott selbst treu zu bleiben.

3.3 ENTSCHEIDUNGSHILFEN FÜR PRAKTISCH-ETHISCHE KONSEQUENZEN IM GEMEINDLICHEN LEBEN

Verkündigung und biblische Lehre

Wir verweisen auf die Handreichung für Gemeinden der Deutschen Evangelischen Allianz mit dem Thema „Gesetz zum Schutz vor Konversionsbehandlungen" und zitieren daraus folgend zum Punkt Verkündigung:

1. Die Verkündigung darf eine biblische Glaubensüberzeugung zum Ausdruck bringen, die praktizierte Homosexualität als Sünde bezeichnet. Die Meinungsfreiheit deckt auch Positionen, die gesellschaftlich kontrovers sind und zu Widerspruch führen können.
2. In der Predigt darf allerdings weder von Homosexualität als einer Krankheit gesprochen noch für eine Behandlung zur Veränderung der sexuellen Orientierung geworben werden („Wer eine Behandlung wünscht, wende sich bitte an ..."). Persönliche Lebenszeugnisse, in denen Menschen von ihrem Weg einer Veränderung erzählen, oder davon berichten, dass sie trotz nicht-gelebter Homosexualität erfüllt leben, sind im Rahmen des Gottesdienstes zulässig. Sie dürfen aber kein

konkretes Angebot von „am Menschen durchgeführten Behandlungen, die auf die Veränderung oder Unterdrückung der sexuellen Orientierung oder der selbstempfundenen geschlechtlichen Identität gerichtet sind (Konversionsbehandlung)" darstellen, dafür werben oder es vermitteln.

3. Auch Literatur über Erfahrungsberichte ist z. B. auf Büchertischen erlaubt, sofern darin nicht für konkrete Dienste oder Einrichtungen zur Veränderung oder Unterdrückung der Sexualität geworben wirbt.
4. Auf Organisationen, die eine ergebnisoffene Beratung anbieten, auf seelsorgerische oder psychotherapeutische Gespräche, die einen Austausch über die Lebenssituation des Betreffenden, über etwaige Glaubensgebote oder den Umgang mit der eigenen sexuellen Orientierung zum Gegenstand haben, kann hingewiesen werden.

...

In der Form sollte ein wertschätzender Umgang mit allen Menschen und ein sachlicher Ton in Bezug auf unterschiedliche Lebensweisen eine Selbstverständlichkeit sein.[84]

Seelsorgerische Begleitung

Wir verweisen auf die Handreichung für Gemeinden der Deutsche Evangelischen Allianz mit dem Thema „Gesetz zum Schutz vor Konversionsbehandlungen" und zitieren daraus folgend zum Punkt Seelsorge:

> Die Seelsorge gehört zu den zentralen Aufgaben einer Gemeinde und wird auch von Menschen in Anspruch genommen, die einen Konflikt mit ihrer Sexualität erleben. ...
>
> Im Kontext des Gesetzes gelten Behandlungen von Minderjährigen und nicht einwilligungsfähigen Menschen[85], die objektiv auf „Veränderung oder Unterdrückung der sexuellen Orientierung oder der selbstempfundenen geschlechtlichen Identität gerichtet sind" (Konversionsbehandlung) als strafrechtlich relevant.[86] Die Bundesregierung führt dazu in der Begründung zum Gesetzesentwurf aus:

84 Deutsche Evangelische Allianz e.V.: „Gesetz zum Schutz vor Konversionsbehandlungen" - Eine Handreichung für Gemeinden. Downloadbar unter https://www.ead.de/fileadmin//user_upload/2020_Konversionstherapie.pdf, vom 6.3.2021. Seite 9

85 § 2 Gesetz zum Schutz vor Konversionsbehandlungen

86 § 1 Abs. 1 Gesetz zum Schutz vor Konversionsbehandlungen

„Bei der Bewertung, ob eine Konversionsbehandlung vorliegt oder nicht, kommt es stets auf den Gesamtkontext an, in den eine Behandlung eingebettet ist. ... Seelsorgerische oder psychotherapeutische Gespräche, die einen Austausch über die Lebenssituation des Betreffenden, über etwaige Glaubensangebote oder den Umgang mit der eigenen sexuellen Orientierung zum Gegenstand haben, stellen regelmäßig keine Konversionsbehandlung dar.“[87]
Entscheidend ist, dass diese Gespräche immer von einer Ergebnisoffenheit geprägt sind. …
Abschließend sei noch einmal betont, dass jede Begleitung von sexuellen Konfliktlagen in der Beratung und Seelsorge ein hohes Maß an Sensibilität, an Professionalität und an Selbstreflexion voraussetzt – sowie eine große Zurückhaltung gegenüber dem hoch komplexen Phänomen, das die Sexualität eines Menschen darstellt.
Für intensive Beratungsprozesse, die über die übliche Gemeindeseelsorge hinausgehen, empfiehlt es sich, im Vorfeld eine klare Gesprächsvereinbarung abzuschließen, die sich inhaltlich an den obig genannten Schritten orientiert. Wir raten jedem Seelsorger und Berater, eine nachvollziehbare Dokumentation zu erstellen.[88]

Abendmahl

Zum Abendmahl sind alle eingeladen, die Jesus Christus als ihren Herrn anerkennen und bereit sind, ihr Leben nach biblischen Grundsätzen auszurichten (vgl. Matthäus 26,26ff.; Lukas 22,19ff.; 1. Korinther 10,16ff.; 11,23ff. u.a.).

Alle Abendmahlteilnehmer sind Gäste am Tisch des Herrn, der unsere Herzen kennt und jeder ist diesem Herrn gegenüber selbst verantwortlich.

Taufe

Immer, wenn ein Mensch zum Glauben an Christus kommt, ist dies ein Wunder Gottes, über das wir uns von Herzen freuen. „Ebenso wird auch im Himmel mehr Freude herrschen über einen einzigen Sünder, der umkehrt, als über neunundneunzig Gerechte, die es nicht nötig haben umzukehren“, sagt Jesus in Lukas 15,7. Auf die Glaubensentscheidung (Bekehrung) folgt, nach Verständnis des MV, die Taufe. Als Voraussetzungen für die Taufe gelten sowohl das Vertrauen auf die Rettung

87 Gesetzentwurf der Bundesregierung, BT-Druck 19/17278 vom 19.02.2020, S. 14

88 Deutsche Evangelische Allianz e.V.: „Gesetz zum Schutz vor Konversionsbehandlungen" - Eine Handreichung für Gemeinden. Downloadbar unter https://www.ead.de/fileadmin//user_upload/2020_Konversionstherapie.pdf, vom 6.3.2021. Seite 10+12

durch Jesus Christus als auch die Bereitschaft, sich durch die Kraft seines Geistes verändern zu lassen. In der konkreten Taufpraxis innerhalb des MV lassen sich jedoch Unterschiede erkennen:

- Manche Gemeinden verbinden eine Taufe immer mit der Gemeindemitgliedschaft, andere nicht.
- Manche Gemeinden sind bereit, Menschen bald nach ihrer Glaubensentscheidung zu taufen, unabhängig vom Grad ihrer momentanen geistlichen Reife (Heiligung) und begeben sich darauf aufbauend mit ihnen zusammen auf den gemeinsamen Glaubensweg.
- Andere taufen nur aufgrund der Teilnahme an einem mehr oder weniger ausführlichen Taufvorbereitungskurs, in dem die Grundlagen des Glaubens vermittelt werden.

Bezüglich homosexuell orientierter Christen gilt: Sollte die oder der Taufinteressierte nach Erklärung der biblisch-theologischen Überzeugungen der Gemeinde keine Spannung zwischen gemeindlicher und eigener Glaubensüberzeugung und homosexueller Lebensweise erkennen, sollte die Taufe zurückgestellt werden.[89]

Wenn eine solche Entscheidung getroffen wird, muss aber deutlich werden, dass die Liebe zu und Wertschätzung für eine Person bestehen bleiben. Es sollte ebenfalls deutlich werden, dass solche Entscheidungen keineswegs nur homosexuell empfindende Menschen betrifft, sondern Zurückstellungen der Taufe auch aufgrund anderer Lebensentscheidungen vorkommen. In der seelsorgerischen Beratung braucht es hier im Einzelfall viel Weisheit und Geduld. In der Begleitung solcher Menschen ist unbedingt die Mahnung des Kirchenvaters Aurelius Augustinus zu beherzigen: „Nirgends bewährt sich ein geistlicher Mensch so wie bei der Behandlung fremder Sünden."

Gemeindemitgliedschaft

Grundvoraussetzung einer Gemeindemitgliedschaft ist immer der persönlich bezeugte Glaube und der Wille, das Leben an den Maßstäben Gottes, geoffenbart in der Bibel, auszurichten. Kirchen und Gemeinden formulieren deshalb ihrem Bibelverständnis nach entsprechende Glaubensüberzeugungen und Werte, die grundlegend für eine Mitgliedschaft sind (z.B. Taufverständnis etc.); so auch der MV mit seinem Theologischen Selbstverständnis (DNA des MV).

---

89 Siehe dazu aber auch die Ausführungen unter dem Punkt „Umgang mit gleichgeschlechtlichen Ehen".

Die MV-Gemeinden haben Freiheit, die Gemeindemitgliedschaft unterschiedlich zu regeln. Manche Gemeinden koppeln eine verbindliche Zugehörigkeit an eine Vereinsmitgliedschaft, manche verzichten darauf. Die Anerkenntnis der theologischen Überzeugungen, Werte und der damit verbundenen Gemeindeordnungen sind allerdings unabhängig davon Eckpfeiler einer Gemeindemitgliedschaft. Übereinstimmung in allen Punkten wird es nicht immer geben. Aber bei grundsätzlichen und langfristigen Differenzen, besonders wenn die gesamte Gemeinde davon beeinflusst wird, ist eine Mitgliedschaft zu überdenken, manchmal auch abzulehnen.

Daraus ergibt sich, dass jede Anfrage zu einer Mitgliedsaufnahme seitens der Gemeinde bzw. der Gemeindeleitungen im Einzelfall und aufgrund der jeweiligen Situation geprüft und beurteilt werden muss. Das gilt demzufolge auch für Menschen, die homosexuell orientiert sind bzw. leben.

Mitarbeit in der Gemeinde

Wo Christen sich in einer Gemeinde beheimaten, stellt sich die Frage der Mitarbeit. Das gilt natürlich auch für homosexuell orientierte Christen.

Wir stellen fest, dass der traditionelle, alte Weg in eine Gemeindemitarbeit in der Reihenfolge zuerst der Glaube, dann die Mitgliedschaft und danach dann Aufnahme in die Mitarbeit, immer seltener beschritten wird. Heute setzt der Weg zum Glauben häufig die zuallererst positiv erlebte Gemeinschaft der Gemeinde voraus. Aus believing (glauben) – behaving (verhalten) – belonging (dazugehören) wurde belonging – believing – behaving. Deshalb kann die Frage der Mitarbeit in einer Gemeinde zu der man sich zugehörig fühlt, nicht mehr pauschal und grundsätzlich an der vorherigen Annahme von Theologie und Werten bzw. an einer Mitgliedschaft fest gemacht werden. Daraus folgt:

- Wie und wo Mitarbeit geschieht, sollte bei allen Personen mit ihrer gesamten geistlichen Positionierung und Entwicklung korrespondieren.
- Falls bei Menschen die Taufe zurückgestellt wurde, kann dieses auch Konsequenzen für die Mitarbeit zur Folge haben.
- Für alle Mitarbeitenden gelten dieselben Maßstäbe und Kriterien. Mitarbeitende sollen vom Vertrauen der ganzen Gemeinde getragen werden. Das gilt auch für homosexuell orientierte Christen.
- Zu beachten ist, dass Leitungs- und Lehrdiensten im Neuen Testament eine besondere Vorbildfunktion zugesprochen wird.

Bezüglich der Mitarbeit homosexuell orientierter/lebender Christen ist somit in jedem Einzelfall der Situation entsprechend mit Weisheit und aufgrund göttlicher Leitung zu entscheiden (vgl. die drei Seiten jeder ethischen Entscheidungsfindung).

Segnung von und Teilnahme an gleichgeschlechtlichen Eheschließungen

Eine kirchliche Segnung gleichgeschlechtlicher Lebenspartnerschaften lehnen wir aus den genannten biblisch-theologischen Gründen ab.

Nach unserem Verständnis wird die Ehe vor allem als eine lebenslange Verbindung von Mann und Frau definiert. Verlässlichkeit, Verbindlichkeit und Verantwortung sind unerlässlich für eine gute Ehe, können anderseits aber auch das Miteinander von Beziehungen anderer Art beschreiben.

In diesem Zusammenhang kommt immer wieder die Frage auf, ob Christen, die diese Haltung einnehmen, an gleichgeschlechtlichen Trauungen teilnehmen sollten. Wir meinen, dass es darauf keine allgemein gültigen Antworten gibt, sondern aufgrund einer Abwägung von Situation zu Situation entschieden werden muss.

- Ein Kriterium ist, ob es sich um eine Trauung von Nichtchristen (vgl. 1. Kor. 5,9-13) oder Christen handelt. Römer 14 mit den umstrittenen Angelegenheiten (disputable matters) kann als Richtschnur gelten.[90]
- Welche Botschaft sendet eine Teilnahme oder Nichtteilnahme gegenüber dem betroffenen Paar aus? Zustimmung zum Lebensweg oder Gnade, Liebe und Annahme?
- Ein Segenszuspruch von Besuchern ist zu unterscheiden vom offiziellen pastoralen Segenszuspruch für die Eheschließung.
- Verwandte, besonders Eltern, sollten insbesondere über die langfristigen Folgen ihrer Entscheidung für die Beziehung nachdenken. Nicht zur Hochzeit des eigenen Kindes zu gehen kann die Beziehung und Kommunikation untereinander für die Zukunft komplett zerstören.
- Die Teilnahme von Pastorinnen und Pastoren könnte je nach vorhandener Transparenz der gesamten Situation als Einverständnis gewertet werden. Die Beziehungsebene muss entsprechend bedacht werden.

Umgang mit neuen Christen aus gleichgeschlechtlichen Ehen

Folgende Fragestellung ist durch die seit Herbst 2017 gültige Gesetzeslage betreffs der „Ehe für Alle“ entstanden: Wie gehen wir damit um, wenn rechtsgültig

---

90 Zitat von Preston Sprinkle: "… whatever you decide, you need to be consistent in your convictions. If you won't attend a same-sex wedding because you believe it violates Scripture, then you should also never attend any wedding that violates Scripture." Sprinkle, Preston: Pastoral Paper 1 – Should Christians attend a same-sex wedding ceremony?, www.centerforfaith.com/resources, vom 11.3.2021

verheiratete gleichgeschlechtliche Paare in unsere Gemeinden kommen und gegebenenfalls zum Glauben finden?[91]

Biblisch-theologische Aspekte

Als Hilfe zur Beurteilung kann gelten, dass die Lebenssituation der bzw. des neu Glaubenden als seelsorgerische Ausnahmesituation im Sinne einer Notordnung[92] akzeptiert werden kann. Ausnahmesituation deshalb, weil eine gleichgeschlechtliche Ehe unserer Ansicht nach nicht dem Willen Gottes entspricht. Andererseits haben diese Menschen – sie waren noch keine Christen – nach den Gesetzen des Staates gehandelt und in Bezug auf bürgerliches Recht nichts Verbotenes getan. Übrigens wird heute auch von staatlicher Seite an einer Notordnung festgehalten und eine Mehr-Ehe toleriert, wenn diese Ehen in einem ausländischem Rechtssystem geschlossen wurden und die Menschen danach nach Deutschland eingewandert sind.

Eine Notordnung hebt die Ordnungen Gottes nicht auf, aber sie schafft eine gewisse Ordnung in der Unordnung. So ist beispielsweise eine Scheidung, die sich erstens nicht immer vermeiden lässt und zu der zweitens in gewissen Fällen sogar geraten werden muss, eine Notordnung aufgrund von Herzenshärte. Aber sie entspricht nicht der ursprünglichen Schöpfungsabsicht Gottes (Matthäus 19,1-12). Als hilfreiches Beispiel für eine gute Einordnung der Problematik kann man auch die unterschiedlichen Beurteilungen und ethischen Konsequenzen innerhalb der weltweiten Mission in der Frage der Polygamie anführen.[93]

---

91 Der spezielle Fall einer "mixed orientation marriage", also einer heterosexuellen Ehe, in denen einer oder beide Beteiligten eine homosexuelle Identität bekennen oder zumindest eine starke homosexuelle Orientierung aufweisen, wird hier unter dem Punkt „gleichgeschlechtliche Ehe" bzw. „Ehe für alle" nicht behandelt. Oft handelt es sich dabei um homosexuelle Menschen, die es „heterosexuell versucht" haben und daran gescheitert sind. Meist wurde die eigene Orientierung vor der Eheschließung verheimlicht, manchmal nicht einmal selbst anerkannt, und brach sich deswegen im Laufe der Zeit Bahn. Diese Problematik bedarf einer seelsorgerischen Aufarbeitung und Hilfestellung an anderer Stelle.

92 Helmut Thielicke bezeichnete „Notordnungen" als Strukturformen der sündigen, gefallenen Welt. Im Gegensatz dazu sah Thielicke die Ehe als Schöpfungsordnung im eigentlichen Sinne an. Vgl. Thielicke, Helmut: Theologische Ethik, Band 3. Entfaltung. Teil 3: Ethik der Gesellschaft, des Rechtes, der Sexualität und der Kunst, Mohr Siebeck, 1968, S. 626-627

93 Eva Dittmann beschreibt die biblisch-theologischen Einsichten in der weltweiten Mission zur Polygamie und die daraus abgeleiteten unterschiedlichen ethischen Konsequenzen in Dittmann, Eva: Polygamie. Eine biblisch-theologische Untersuchung,

Praktisch-ethische Aspekte

Sofern beide Partner bzw. ein Partner einer gleichgeschlechtlichen Ehe zum Glauben kommen bzw. kommt, stellt sich unter anderem auch die Frage nach Taufe, Gemeindemitgliedschaft und Mitarbeit.

- Die vor dem Staat eingegangene rechtsgültige Ehe ist und bleibt nach unserem Verständnis keine biblische Ehe. Eine kirchliche Trauung der gleichgeschlechtlichen Ehe im Nachhinein kommt somit nicht in Frage. Wir können nicht segnen, was Gott nicht segnet.
- Bezüglich der weiteren ethischen Konsequenzen betreffs Taufe, Gemeindemitgliedschaft und Mitarbeit verweisen wir auf die drei Seiten jeder ethischen Entscheidung. Bei gleichgeschlechtlichen Ehen können Fragen von Eigentum, Kindern, Erbfolgen, Pflegebedürftigkeit und andere Werte mit betroffen sein. Eine Trennung vom Partner oder sofortige innereheliche Enthaltsamkeit kann in solchen komplizierten Fällen nicht pauschal zur Voraussetzung von Taufe, Mitgliedschaft oder Mitarbeit gemacht werden, insbesondere dann nicht, wenn nur einer von beiden ein Christ ist. Nicht in jedem Fall können gleiche ethische Folgerungen gezogen werden, wenn dabei mehrere schützenswerte biblische Werte gleichzeitig betroffen sind.

Texte zur Diskussion Nr. 32. Institut für Ethik & Werte, Gießen, 2014. S. 12. Downloadbar unter www.ethikinstitut.de/32-polygamie/, vom 17.3.2021:
„Aus christlich-ethischer Sicht ist das Eingehen einer Vielehe abzulehnen, da sie dem biblischen Zeugnis von Gottes ungeteilter Liebe und vorbehaltloser Bundestreue widerspricht. In den westlichen Kulturen, in denen die Vielehe seit vielen Jahrhunderten gesetzwidrig ist, stellt diese Beurteilung für Christen keine besondere Herausforderung dar. Dennoch fordern wachsende Migrationsströme, auch aus Ländern, in denen die Polygamie von Staats wegen erlaubt ist, und die damit auch kulturell pluraler werdende Missionssituation auch Gemeinden in Deutschland heraus, sofern sie die Augen vor dieser Fragestellung nicht verschließen. ... In der missionswissenschaftlichen und -praktischen Literatur werden vier verschiedene Lösungen vorgeschlagen und praktiziert (Redford, Missiological, 195–231). 1. Polygamie wird nicht nur bei Neubekehrten toleriert, sondern allgemein als gleichwertig zur Monogamie verstanden; 2. Polygamisten werden ohne Vorbehalte in die Gemeinde aufgenommen, christliche Monogamisten dürfen jedoch keine Polygamie praktizieren; 3. Polygamisten werden in die Gemeinde aufgenommen, werden jedoch von Leitungsaufgaben ausgeschlossen; 4. Polygamisten müssen sich scheiden lassen, um in die Gemeinde aufgenommen werden zu können."
Hinweis: Redford, Shawn B. Missiological Hermeneutics: Biblical Interpretation for the Global Church. American Society of Missiology Monograph Series. Eugene, OR: Pickwick, 2012.

Jeder dieser Einzelfälle muss in der Verantwortung vor Gott geprüft und bewertet werden. Und eine Gemeinde muss verstehen lernen, dass Entscheidungen unterschiedlich ausfallen können bzw. müssen.

3.4 ZÖLIBATÄRES LEBEN ALS ALTERNATIVE UND HERAUSFORDERUNG

Homosexuell empfindende Menschen, die bewusst ein Leben im Glauben an Christus führen, stehen zumeist vor folgenden zwei Möglichkeiten:

1. *Möglichkeit:* Sie entscheiden sich für eine theologische Überzeugung, die homosexuelle Eheschließungen anerkennt, so dass ihre dann praktizierte Homosexualität im eigenen gemeindlichen Kontext (den sie zumeist entsprechend wählen) möglich ist. Dabei ist zu unterscheiden, ob auch vorehelicher homo- bzw. heterosexueller Geschlechtsverkehr gutgeheißen, oder als nicht im Einklang mit Gottes Willen angesehen wird.
   Wir bemerken an dieser Stelle erneut, dass wir im MV, wie in diesem Artikel dargelegt, eine andere theologische Überzeugung vertreten und diese Möglichkeit somit nicht unterstützen.
2. *Möglichkeit:* Sie erkennen die theologische Überzeugung ihrer Kirche bzw. Gemeinde bezüglich Homosexualität an bzw. vertreten sie selbst.
   Eine Schlussfolgerung daraus könnte es sein, die eigene sexuelle Orientierung daraufhin von homo- auf heterosexuell zu ändern. Wir weisen an dieser Stelle darauf hin, dass solch ein Prozess nur aufgrund einer eigenen, freiwilligen Entscheidung unter Beratung von speziell ausgebildeten Personen angegangen werden kann und ergebnisoffen ist. Eine Änderung der sexuellen Orientierung von homo zu hetero geschieht tatsächlich erfahrungsgemäß eher selten. Die Rolle von Gemeinde und Kirche bzw. von seelsorgerischer Begleitung ist hier ebenfalls zu beachten und zu reflektieren. Wir empfehlen nochmals ausdrücklich die hilfreichen Erklärungen dazu durch die Evangelische Allianz in Deutschland.[94]
   Eine andere Schlussfolgerung daraus könnte es sein, im Bewusstsein der eigenen bleibenden homosexuellen Neigung um der persönlichen Glaubensüberzeugung willen auf das Ausleben der eigenen Homosexualität zu verzichten. Man verzichtet damit nicht „nur“ auf vor- oder außerehelichen Sexualverkehr, sondern auch auf eine lebenslange homosexuelle Ehe.

---

94 Deutsche Evangelische Allianz e.V.: „Gesetz zum Schutz vor Konversionsbehandlungen“ - Eine Handreichung für Gemeinden. Downloadbar unter www.ead.de/fileadmin//user_upload/2020_Konversionstherapie.pdf, vom 6.3.2021.

Als sehr hilfreich zum Thema zölibatäres Leben empfehlen wir das Buch von Wesley Hill „Identität: Christ. Orientierung: schwul. Lebensstil: enthaltsam."[95] Wir betonen an dieser Stelle, dass wir die Entscheidung zu solch einem zölibatären Leben als gute Alternative ansehen, die damit einhergehenden besonderen Herausforderungen jedoch erkennen und in unseren Gemeinden darauf eingehen wollen. Deshalb machen wir folgend auf einige wichtige Aspekte diesbezüglich aufmerksam.

Biblisch-theologische Aspekte zum zölibatären Leben

Immer wieder wird argumentiert: „Wenn Gott wirklich Homosexualität negiert, dann sind sehr viele Menschen, die bewusst als Christ leben und Gottes Geboten folgen wollen, grundsätzlich zum Scheitern verurteilt." Wesley Hill formuliert es so: „Stellt Gott nicht schwulen und lesbischen Christen vom Startschuss an eine Falle, sodass sie scheitern müssen?"[96] Man könnte sagen, dass heterosexuell orientierte Christen immer noch die Möglichkeit haben, in und durch eine Eheschließung ihren Sexualtrieb zu befriedigen. Homosexuelle Christen dagegen können sich nie ihre tiefsten sexuellen Wünsche erfüllen. Kann und darf solches heutzutage überhaupt noch verlangt werden? Wesley Hill gibt die Fragestellung treffend wieder:

> Alles in unserer Kultur sagt uns, dass das biblische Zeugnis und das Nein der Kirche zu ausgelebter Homosexualität lästig, repressiv, erdrückend und vielleicht sogar leicht sadistisch ist. Sexuell aktiv zu sein ist der Weg, sich am lebendigsten zu fühlen – vollkommen, wahrhaft und wunderschön Mensch zu sein. Das sagt ein Chor einflussreicher Stimmen. Wenn das für heterosexuelle Menschen der Fall ist, dann gilt das gewiss auch für die, die homosexuell

---

95 Hill, Wesley: Identität: Christ. Orientierung: schwul. Lebensstil: enthaltsam. Brunnen Verlag, Gießen, 2021.
Wesley Hill ist Autor und Assistenzprofessor für Bibelwissenschaft an der Trinity School for Ministry in Ambridge, Pennsylvania (USA). Das Buch ist theologisch tief und gleichzeitig sehr persönlich und ehrlich. Der Autor schildert seine Gründe für seine Entscheidung für ein zölibatäres Leben, aber auch seine Kämpfe und Herausforderungen, die mit dieser Entscheidung einhergehen. Ein Buch, welches Mut macht und Perspektiven aufzeigt.

96 Hill, Wesley: Identität: Christ. Orientierung: schwul. Lebensstil: enthaltsam. Brunnen Verlag, Gießen, 2021. S. 57
Beachte dazu die immer wieder in die Diskussion eingebrachte Fragestellung, ob es sich beim zölibatären Lebensstil um eine „Gabe" handelt. Falls das so wäre, würde man von Menschen etwas fordern, was sie nicht leisten können, wenn ihnen diese Begabung fehlt. Diese exegetisch-theologische Frage kann hier nicht abschließend geklärt werden.

sind. Wenn schwule und lesbische Menschen sich selbst das Vergnügen versagen, sexuell aktiv zu sein, werden sie dann nicht letztlich ein ausgedörrtes und zusammengeschrumpftes Leben führen? Wenn die Kirche von schwulen und lesbischen Christen verlangt, auf homosexuellen Sex zu verzichten, entmenschlicht sie das nicht irgendwie?[97]

John Stott, selbst während seines Lebens unverheiratet geblieben, formulierte Ende der 80er Jahre des letzten Jahrhunderts eine grundsätzliche Antwort auf diese Fragestellungen:

> Aber wie können wir uns Christen nennen und gleichzeitig behaupten, dass Enthaltsamkeit unmöglich sei? ... Wer das [2. Kor. 12,9] leugnet, stellt die Christen als hilflose Opfer der Welt, des Fleisches und des Teufels hin und widerspricht somit dem Evangelium von der Gnade Gottes.[98]

Diese Antwort Stotts kann nun durch eine gesamt-biblische und theologische Argumentation in einen noch größeren Zusammenhang gestellt und damit weiter untermauert werden. Voraussetzung dafür ist die aus dem biblischen Gesamtzeugnis gewonnene Überzeugung, dass Geschlechtsverkehr nur in der Ehe ausgelebt werden soll und dort seine Erfüllung findet. Diese Überzeugung führt zu folgenden Feststellungen:

- Enthaltsamkeit bis zu einer eventuellen Eheschließung wird nach unserem Bibelverständnis von allen Christen gefordert. Ob diese hetero- oder homosexuell empfindend sind, ist dabei zunächst zweitrangig.[99]

---

97 Hill, Wesley: Identität: Christ. Orientierung: schwul. Lebensstil: enthaltsam. Brunnen Verlag, Gießen, 2021. S. 59-60

98 Stott, John. Christsein in den Brennpunkten unserer Zeit ... im sexuellen Bereich. Bd. 4. Verlag der Francke-Buchhandlung: Marburg, 1988. S. 122.

99 Prof. Dr. Thomas Schirrmacher hat diese Position im Mai 2022 untermauert. Folgend ein Zitat aus dem ProMundis Blog:
Der Generalsekretär der Weltweiten Evangelischen Allianz (WEA), Prof. Thomas Schirrmacher (Bonn), hat sich von der Position des Theologieprofessors Thorsten Dietz (Marburg) im Bezug auf gelebte Homosexualität abgegrenzt. Zum Hintergrund: Beim 11. Internationalen Kongress für Psychotherapie und Seelsorge Anfang Mai in Würzburg hatten sich sowohl Prof. Dietz als auch Pfarrer Rolf Sons (Flein) jeweils in einem Seminar mit dem Thema befasst. Sons vertrat die Ansicht, dass homosexuelle Christen im Umgang mit ihrer Sexualität Verzicht üben und zölibatär leben sollten. Denn der Bibel zufolge sei „der einzig legitime Ort für die Sexualität die Ehe von Mann und Frau". Dietz äußerte, es sei nicht gerecht, homosexuell empfindende Menschen anders zu behandeln als Heterosexuelle. Aussagen der Bibel zur Homosexualität ließen sich nicht auf ein modernes Verständnis einer ebenbürtigen, wechselseitigen und hierarchielosen Partnerschaft zwischen Homosexuellen anwenden. In dem Zusammenhang verwies Dietz auf eine Aussage von Schirrmacher und

- Es gibt Christen, die sich aus freien Stücken bzw. aufgrund einer göttlichen Berufung für ein lebenslanges zölibatäres Leben entscheiden.[100] Als neutestamentliches Beispiel dient dafür traditionell der Apostel Paulus.[101]
- Dem Dilemma eines Lebens ohne sexuelle Erfüllung müssen sich nicht nur homosexuell empfindende Christen stellen, sondern auch alle anderen heterosexuellen Singles. Es könnte sogar sein, dass es im gemeindlichen Kontext mehr christliche Singles gibt, die lebenslang (oft ungewollt) alleine bleiben und um ihres Glaubens willen zölibatär leben, als homosexuell empfindende Menschen. Auch Geschiedene oder Verwitwete, die nicht erneut heiraten, sind betroffen, teilweise jahrzehnte- oder lebenslang. Von der Problematik eines sexuell enthaltsamen Lebensstils sind somit auch viele Christen betroffen, die sich für diesen nicht freiwillig entschieden haben und darunter mehr oder weniger stark leiden, mitunter bis an ihr Lebensende.

---

zitierte den WEA-Generalsekretär wie folgt: „Was im Alten und im Neuen Testament beschrieben wird, ist eine Sexualität, die heute auch jeder Homosexuelle in einer Partnerschaft ablehnen würde. Sie ist verbunden mit Abhängigkeitsverhältnissen, Gewalt, Vergewaltigung, Missbrauch von Minderjährigen, religiösem Machtmissbrauch. Was wir heute unter einer gleichgeschlechtlichen Partnerschaft verstehen, hat es damals so nicht gegeben."
Schirrmacher teilte nun gegenüber der Evangelischen Nachrichtenagentur IDEA mit, dass das Zitat in diesem Kontext so verstanden werden könnte, als wenn er die Position von Dietz teile. Deswegen wolle er, so Schirrmacher, deutlich machen, „dass ich die Position von Rolf Sons teile, wie meine Veröffentlichungen zum Thema belegen". Das von Dietz aufgeführte Zitat stamme aus einem chrismon-Interview von 2019. Anschließend habe er, so Schirrmacher, seine Position in einem Interview noch einmal deutlich formuliert. Die Position von Sons sei nicht nur die Position der großen Mehrheit der Evangelikalen und der WEA, sondern darüber hinaus im ökumenischen Bereich auch des Vatikans, des Ökumenischen Patriarchats der Orthodoxen Kirchen und der Mehrheit der Mitgliedskirchen des Ökumenischen Rates der Kirchen. Da Weltreligionen und globale Kirchenverbände keine politischen Parteien seien, die jährlich auf Parteitagen ihre Positionen dem „Markt" anpassten, werde sich daran voraussichtlich auch auf Dauer nichts ändern.
Quelle: https://www.thomasschirrmacher.info/blog/ich-teile-die-position-von-thorsten-dietz-nicht/, vom 20.10.2022

100 Dazu muss man nicht unbedingt Nonne oder Mönch werden. Wir wissen zudem, dass in früheren Zeiten (Mittelalter) ein Leben im Kloster nicht immer aufgrund einer freiwilligen Entscheidung für ein zölibatäres Leben im Dienst für Gott geführt wurde, sondern dass dafür auch andere Gründe ausschlaggebend waren und damit das Zölibat aufgezwungen wurde.

101 In der aktuellen exegetischen Forschung geht man allerdings nicht selten davon aus, dass Paulus ein Witwer war.

Zusammenfassend wird deutlich, dass die Herausforderung eines sexuell enthaltsamen Lebensstils Christen in unterschiedlichen Lebensphasen, manchmal sogar lebenslang betreffen kann, wobei homosexuell empfindende Menschen hiervon nur ein Teil sind.

Praktisch-ethische Aspekte des zölibatären Lebens als Herausforderung für die Gemeinde

Aus den biblisch-theologischen Aspekten folgen praktische Konsequenzen:

- Einsamkeit und Isolation sind die größten Probleme im Leben von alleinstehenden, in besonderer Weise aber von homosexuell empfindenden Christen. Wir empfehlen dazu besonders die Lektüre des Buches von Wesley Hill, der darauf explizit eingeht.[102] Außerdem leiden homosexuell orientierte Christen unabhängig von möglichem Fehlverhalten sehr oft unter Gefühlen von Scham und Schuld aufgrund des empfundenen grundsätzlichen Seins (der empfundenen sexuellen Identität). Inwieweit ein offenes Miteinander und Wissen umeinander im gemeindlichen Kontext möglich und hilfreich sind, hängt an verschiedenen Faktoren, vermutlich auch an der Gemeindegröße. Gemeindeleiter stehen deshalb in der Verantwortung, dieses Miteinander zu gestalten und zu lenken.
- Von Enthaltsamkeit zu reden und sie zu predigen oder sie tatsächlich leben zu müssen, macht einen großen Unterschied. Gemeinde Jesu bildet eine Gemeinschaft der Liebe, Annahme und Vergebung. Diese Gemeinschaft sollen besonders diejenigen erleben, die, aus welchen Gründen auch immer, herausgefordert sind, sexuell enthaltsam zu leben. Gute, verbindliche Freundschaften mit anderen Christen haben an dieser Stelle eine hohe Bedeutung. Es darf in unseren Gemeinden nicht vorkommen, dass jemand sagt: „Ich habe gemerkt, dass ich als Schwuler leichter auf der Straße Sex bekommen kann als in der Kirche eine Umarmung.“[103]

Zusammenfassend meinen wir: Wer angesichts homosexueller Lebensorientierung die Möglichkeit einer zölibatären Lebensführung aufgrund des Glaubens lehrt, sollte auch

- die damit verbundenen Herausforderungen für Betroffene wahrnehmen und nicht verschweigen.

---

102 Hill, Wesley: Identität: Christ. Orientierung: schwul. Lebensstil: enthaltsam. Brunnen Verlag, Gießen, 2021.

103 Yancey, P. Gnade ist nicht nur ein Wort. Brockhaus: Wuppertal, 2004. S. 160

- eine respektvolle innergemeindliche Begegnungskultur aufgrund der Hinweise in diesem Artikel zu den Themen Diskriminierung, Selbstbestimmung und Gefühlswelt schaffen.
- gemeindliche Hilfen zur Überwindung von Einsamkeit anbieten. Dazu gehören auch die Einbindung in eine gute Kleingruppen- und Mitarbeiterstruktur und die Möglichkeit einer unterstützenden seelsorgerischen Begleitung.

4. Zusammenfassendes Schlusswort zur geistlichen Einheit in der Gemeinde

Wenn wir als Mülheimer Verband (MV) über das Spannungsfeld von Homosexualität und biblisch begründeter Ethik nachdenken, denken wir dabei immer auch an die Menschen, die in dieser Spannung leben. Wir sind uns darüber klar, dass diese Menschen zumeist mit schmerzhaften und teilweise gar traumatischen Erfahrungen auf den christlichen Glauben zu und damit in die Gemeinde Jesu kommen. Das lässt uns nicht kalt und ist im jeweils konkreten Fall mit starker emotionaler Betroffenheit auf allen Seiten verbunden. Wir gestehen ein, dass wir uns auch als Leitung des MV und auch in den Gemeinden des MV in dieser Spannung zwischen Treue zu Gottes Wort und der Liebe zu Menschen sehen und deshalb immer wieder neu um das rechte Verständnis biblischer Texte und ihrer Anwendung in der heutigen gesellschaftlichen Welt ringen.

Mit diesem Artikel geben wir den über eine jahrelange Diskussion gewonnenen Erkenntnisstand der MV-Leitung wieder und bitten die MV-Gemeinden darum, sich in Einheit dahinter zu stellen, wohl wissend, dass es innerhalb der Gemeinden des MV auch Menschen mit anderen Ansichten gibt.

Folgend fassen wir nochmals mit einigen Sätzen aus diesem Artikel die wichtigsten unserer Erkenntnisse zusammen:

ZUR METHODIK, MIT DER WIR UNSERE BIBLISCH-THEOLOGISCHEN ÜBERZEUGUNGEN GEWINNEN

Basis des gesamten Vorgehens sind die jeweils zugrunde liegenden Auslegungsprinzipien (Hermeneutik) – ob bewusst oder unbewusst angewendet. Diese hängen wiederum vom jeweiligen Schriftverständnis ab. Grundlegende Unterschiede an dieser Stelle führen zu jeweils anderen Ergebnissen in der Exegese und bei den systematisch-theologischen Überzeugungen. Wir arbeiten daran, uns dieser Prinzipien bewusst zu werden, sie zu reflektieren und an dieser Stelle Einheit im MV zu bewahren.

UNSER FAZIT AUS DEM BIBLISCHEN BEFUND

Wir halten daran fest, dass Homosexualität in den alt- und neutestamentlichen Texten nicht positiv erwähnt wird und sich auch nicht aus der sexualethischen Schöpfungsordnung (1. Mose 2,24) ableiten lässt. Geschlechtsverkehr soll nur in der Ehe zwischen Mann und Frau und nicht außerhalb dieser und auch nicht in gleichgeschlechtlichen Beziehungen ausgelebt werden. Deshalb verstehen wir praktizierte Homosexualität dementsprechend als nicht dem Willen Gottes gemäß. Mit anderen Worten gesagt: Gleichgeschlechtlicher Sex liegt außerhalb des Planes Gottes und ist damit als Zielverfehlung zu betrachten. Im biblischen Sprachgebrauch spricht man in diesem Fall von Sünde.

KONSEQUENZEN FÜR REDEN UND LEBEN IN DEN GEMEINDEN DES MV

Wir machen sehr deutlich, auch im Gegensatz zu früheren Veröffentlichungen, was wir in der Auseinandersetzung über Homosexualität als nicht hilfreich ansehen, nämlich:

- Zahlenargumente
- Argumentieren mit dem Zeitgeist
- und den Streit um Genetik, sexuelle Identität und Veränderbarkeit.

Dadurch wird unserer Ansicht nach sehr viel an Missverständnissen und Emotionalität, die sich aufbauen können, abgebaut.

Was wir in der Auseinandersetzung über Homosexualität im Gegensatz dazu allerdings unbedingt beachten wollen und was wir deshalb auch mit einer höheren Gewichtung darstellen:

- Diskriminierung in jeder Beziehung ernst nehmen und ihr entgegentreten
- Religionsfreiheit und Selbstbestimmungsrecht unterstützen
- Andersdenkende Kirchen achten
- Gefühlswelt Betroffener nicht kleinreden
- Wechselwirkung zwischen Biografie und Theologie erkennen.

Letztlich landen wir als praktisch-ethische Konsequenz für homosexuell empfindende Menschen beim zölibatären Leben als Alternative und Herausforderung, im Bewusstsein darüber, dass auch das in unserer Zeit eine angefochtene Position ist. Wir legen allerdings dar, dass von dieser Herausforderung auch andere Gruppen in der Gemeinde Jesu betroffen sind.

Zuletzt betonen wir, dass diese praktisch-ethische Konsequenz eine große Herausforderung ist, der wir uns im MV und in seinen Gemeinden zu stellen haben, nicht zuletzt durch eine intensive Beschäftigung mit den verschiedenen Aspekten dieser Konsequenz und durch die daraus folgende, sehr wichtige seelsorgerische Begleitung.

Als Mülheimer Verband sind wir uns der schweren Bürde bewusst, die homosexuelle Christen um ihres Glaubens willen zu tragen haben. Wir bekennen schmerzhaft, dass es eine Last bleibt. Gleichzeitig bekennen wir mit unserem Herrn, dass Wahrheit zu erkennen immer frei macht und dass diese Erkenntnis daran hängt, wie nah wir am „Wort des Christus" bleiben (vgl. Johanns 8,32).

DIE LEITUNG DES MÜLHEIMER VERBANDES FREIKIRCHLICH-EVANGELISCHER GEMEINDEN, 2022

Literaturhinweise zum weiterführenden Studium

- Aufsätze (Pastoral Papers) in englischer Sprache zum Themenbereich Homosexualität von "The Center for Faith, Sexuality & Gender" (Idaho, USA), www.centerforfaith.com/resources, vom 11.3.2021

- Deutsche Evangelische Allianz e.V.: „Gesetz zum Schutz vor Konversionsbehandlungen" – Eine Handreichung für Gemeinden. Downloadbar unter www.ead.de/fileadmin//user_upload/2020_Konversionstherapie.pdf, vom 6.3.2021.

- Diener, Michael: Hermeneutik und Homosexualität als bleibende Herausforderungen für die Gemeinschaftsbewegung – Grundsätzliche und seelsorgerliche Überlegungen, Mitgliederversammlung des Evangelischen Gnadauer Gemeinschaftsverbandes Bad Blankenburg, 13. bis 15. Februar 2014, Downloadbar unter www.gnadauer.de/uploads/_gnadauer/2016/09/Präsesbericht_2014.pdf, vom 19.3.2021

- Fiedler, Peter: Sexuelle Orientierung und sexuelle Abweichung. Beltz PVU: Weinheim, 2004

- Gagnon, Robert A. J.: The Bible and Homosexual Practice. Texts and Hermeneutics. Nashville: Abingdon Press, 2001

- Goddard, Andrew u. Horrocks, Don (Hg.): Homosexualität - Biblische Leitlinien, ethische Überzeugungen, seelsorgerliche Perspektiven, Gießen: Brunnen, 2016

- Haslebacher, Christian: Yes, she can! Die Rolle der Frau in der Gemeinde. Ein bibelfestes Plädoyer. Basel: Fontis - Brunnen, 2016

- Hill, Wesley: Identität: Christ. Orientierung: schwul. Lebensstil: enthaltsam. Gießen: Brunnen, 2021

- Mit Spannungen umgehen. Zur Homosexualität in Freien Evangelischen Gemeinden. Orientierungshilfe der Erweiterten Bundesleitung im Bund Freier evangelischer Gemeinden, downloadbar unter https://downloads.feg.de/2019_Mit_Spannungen_umgehen_Homosexualitaet.pdf, vom 19.3.2021

- Rat der EKD (Hrsg.): Mit Spannungen leben. 1996. Bezug über die EKD, Herrenhäuser Str. 12, 30419 Hannover, S. 21. Siehe auch unter www.ekd.de/spannungen_1996_homo.html, vom 18.2.2021

- Schirrmacher, Thomas: Ethik 2 – Das Gesetz der Freiheit. RVB Hamburg und VTR Nürnberg, 2. Stark überarbeitete Auflage, 2001, ab Seite 894

- Via, Dan O. und Gagnon, Robert A. J.: Homosexuality and the Bible: Two Views, Minneapolis: Fortress, 2003

- White, Joel: Was sich Gott dabei gedacht hat. Die biblische Basis einer christlichen Sexualethik, SCM R. Brockhaus, 2021 ab S. 181

- www.antidiskriminierungsstelle.de

- Yuan, Christopher: Heilige Sexualität: Lust, Sex und Beziehungen im Licht des Evangeliums gestalten. Christliche Verlagsgesellschaft, 2020

- Zum Umgang mit dem Thema Homosexualität in Gemeinde und Bund Elstal 2013, downloadbar unter www.befg.de/medien-service/online-lesen/stellungnahmen/#c3274, vom 15.2.2021

Pornografie

Konsumfolgen aus psychologischer, soziologischer und theologisch-ethischer Sicht

von Merlin Fürstenberg

Über das Internet ist digitale Pornografie heute flächendeckend, kostengünstig und diskret verfügbar. Dies gilt nicht nur für Erwachsene, sondern auch für viele Kinder und Jugendliche, die sich häufig ohne elterliche Aufsicht online bewegen:

> *Es ist davon auszugehen, dass ca. 60% der Männer und ca. 10% der Frauen in Deutschland mindestens wöchentlich Internetpornografie konsumieren. Ca. 15% der Männer konsumieren täglich.*[1]
>
> *Zudem haben 42% der 11- bis 13-Jährigen und 79% der 14- bis 17-Jährigen bereits Internetpornografie angesehen.*[2]

Aufgrund dieses gesellschaftlichen Trends erscheint es dringend nötig, dass wir lernen, sachgerecht über Pornografie zu sprechen. Der vorliegende Artikel möchte hierzu eine Hilfestellung bieten. So wird zunächst der aktuelle Forschungsstand zu möglichen Folgen intensiven Pornografiekonsums referiert und dann anhand einschlägiger biblischer Texte zum Thema Stellung genommen.

---

1 Vgl. Freitag, T.: Fit for Love? Praxisbuch zur Prävention von Internet-Pornografie-Konsum, return Fachstelle Mediensucht: Hannover, 2013, S. 11f. Mit Bezug auf eine Vorveröffentlichung der großen „Sex-Study 2008" von Pastötter, Pryce und Dry in Kooperation mit Pro7.

2 Grimm, P. et al.: Porno im Web 2.0. Die Bedeutung sexualisierter Web-Inhalte in der Lebenswelt von Jugendlichen, Schriftenreihe der Niedersächsischen Landesmedienanstalt, Bd. 25, VISTAS: Berlin, 2011, S. 30f. mit Verweis auf Bravo-Dr.-Sommer-Studie 2009: Liebe! Körper! Sexualität! Im Auftrag der Heinrich Bauer Smaragd KG.

1. Begriffsbestimmung: Was ist Pornografie?

Etymologisch lässt sich der Begriff „Pornografie" aus den griechischen Worten für „Hure" *pórnē* und „schreiben" *gráphō* herleiten. Er meint wörtlich: *Schriften über Huren.*

Wenngleich man annehmen könnte, dass sich Pornografie besonders leicht erkennen und einordnen lasse, erweist sich der Begriff als „chronisch unbestimmbar", weil die Grenzziehung „direkt mit vorherrschenden Vorstellungen von ‚Moral' und ‚Anstand' verknüpft ist."[3]

Selbst unter konservativen Christinnen und Christen wird man je im Einzelfall unterschiedliche Schamgrenzen feststellen. Was für die eine/den einen unproblematisch ist (z.B. eine Liebesszene im Spielfilm), empfindet eine andere/ein anderer schon als Grenzverletzung.

In der Bibel kommt der Begriff nicht vor. Das Neue Testament kennt jedoch die „Hure" *pórnē*, den „Freier/Lustknaben" *pórnos*, sowie das Verb *pornéuō* mit den Bedeutungen *„sich prostituieren"* (meist von der Frau), oder *„Unzucht begehen"* (von beiden Geschlechtern).[4]

Juristisch ist Pornografie ein Begriff des Strafgesetzbuches. §184 StGB untersagt es, Pornografie Minderjährigen zugänglich zu machen, qualifiziert den Begriff jedoch nicht näher.

> *Pornografie liegt nach der Rechtsprechung des Bundesgerichtshofs und der Oberlandesgerichte vor, wenn eine Darstellung 1) sexuelle Vorgänge in grob aufdringlicher Weise in den Vordergrund rückt, 2) auf die Erregung eines sexuellen Reizes abzielt und dabei 3) alle sonstigen menschlichen Bezüge (insbesondere Liebe und Partnerschaft), in die Sexualität normalerweise eingebettet ist, ausklammert […]. Entscheidend ist die objektive Gesamttendenz der Darstellung, nicht die subjektive Sicht des Verfassers oder des Adressatenkreises.*[5]

Die sogenannte *harte Pornografie* ist unter Juristen ein Sammelbegriff für die in Deutschland gänzlich verbotenen Genres der Kinder-, Jugend-, Gewalt- und Tierpornografie.[6]

---

3 Andergassen, L.: Verhandlungssachen. Pornografie als durchlässige Kategorie, S. 7-18, in: Dies. et al. (Hgg.): Explizit!, Bertz+Fischer: Berlin, 2014, S. 9.

4 Vgl. ThWNT VI.: πόρνη, S. 580f. Vgl. Bauer/ Aland: Wörterbuch, πορνεύω, S. 1389f.

5 Castendyk, O.: Grob anreißerisch. Pornografie in der deutschen Rechtsprechung, S. 19-28, in: Andergassen et al. (Hgg.): Explizit, S. 21.

6 Zur Rechtslage vgl. Liesching, M.: Jugendschutzrechtliche Grundlagen bei sexuell-orientierten Medien, S. 289-296, in: Schuegraf/ Tillmann (Hgg.): Pornografisierung von

Umgangssprachlich wird dagegen häufig unterschieden zwischen „Softpornografie" und „Hardcore-Pornografie". Dabei meint der erste Begriff Medieninhalte, die eindeutig sexuell orientiert sind und von vielen Menschen als pornografisch angesehen werden, jedoch die genannten juristischen Kriterien eines pornografischen Medienangebots nicht erfüllen. Bei Filmen wird häufig mit einer zweiten Kamera aus anderer Perspektive gedreht, primäre Geschlechtsorgane werden kaum gezeigt, es gibt eine Rahmenhandlung und Dialoge, Sexszenen werden mit weicher Musik unterlegt. Der zweite Begriff meint im Gegensatz dazu Filme, die rein sexueller Natur sind und auch im juristischen Sinn als Pornografie bezeichnet werden. Besonderes Merkmal sind Nahaufnahmen der primären Sexualorgane beim Geschlechtsverkehr in unterschiedlichen Stellungen, die Abbildung der Ejakulation, häufig wechselnde Sexualpartner, harte Schnitte, laute Stöhngeräusche, kaum Rahmenhandlung und Dialoge. Beide Filmtypen werden mitunter beschönigend als „Erotikfilm" beworben.[7]

Indem die Alltagssprache von der juristisch üblichen Definition pornografischer Inhalte abweicht, spiegelt sich die eingangs erwähnte Schwierigkeit, zu einer erschöpfenden, universell anerkannten Definition zu finden.

Da sich der vorliegende Artikel jedoch nicht mit den Grenzgebieten der Pornografie in Kunst und Medien beschäftigt, soll an dieser Stelle festgehalten werden:

> *Pornografie ist die Darstellung tatsächlicher oder vorgetäuschter sexueller Vorgänge und Motive mit dem Ziel der Erregung eines sexuellen Reizes beim Betrachter. Sexualität wird dabei systematisch von der Intimität der Partner losgelöst und als reines Körpergeschehen dargestellt. Die Akteurinnen und Akteure der dargestellten Handlungen verlieren ihre menschliche Plastizität und degenerieren zu Objekten sexueller Lust.*[8]

Gesellschaft. Perspektiven aus Theorie, Empirie und Praxis, UVK: Konstanz/ München, 2012, S. 291.

7 Vgl. Fischer, A.: Pornografie im Fernsehen, S. 353-360, in: Schuegraf et al. (Hgg.): Pornografisierung, S. 355-358.

8 Vgl. Kautt,Y.: Pornografie für alle: zum (Un-)Anständigen allgemeiner Medienkultur am Beispiel der Werbung, S. 79-88, in: Schuegraf et al. (Hgg.): Pornografisierung, S. 83; Katechismus der Katholischen Kirche, Nr. 2354, zit.: Schirrmacher: Internetpornografie …und was jeder darüber wissen sollte, Hänssler: Holzgerlingen, 2008, S. 137.

2. Kurze Geschichte der virtuellen Pornografie

Die Entwicklung der Pornografie ist eng gekoppelt an die allgemeine Kultur- und Technikgeschichte. Schon erste Höhlenzeichnungen und antike Schriften behandeln explizit pornografische Motive.[9] Ein schlaglichtartiger Überblick über jüngste Entwicklungen im Bereich der Online-Pornografie soll an dieser Stelle genügen.

Während das Internet in seiner Anfangszeit vor allem als Distributionsweg industrieller Produktionen diente, wandelte es sich um die Jahrtausendwende zum *Web 2.0.* Die User waren nicht länger nur Konsumenten, sondern begannen, das Netz durch eigene Beiträge mitzugestalten. Diskussionsforen, Chats, Videokonferenzen, Peer-to-Peer-Netzwerke, Social-Media-Plattformen und benutzerfreundliche Content-Management-Systeme erlaubten es auch weniger technikversierten Menschen, eigene Web-Inhalte zu gestalten und zu veröffentlichen. Der Preisverfall bei digitaler Bild- und Tontechnik sowie die Durchsetzung des Smartphones als Massenkonsumgut führten zu einer Fülle privat hergestellter amateurhafter und semiprofessioneller Online-Veröffentlichungen.

Dieser gesamtgesellschaftliche Trend beeinflusste auch den Pornografiemarkt erheblich. So begannen Privatpersonen, eigenes pornografisches Material zu entwickeln und kostenfrei oder gegen Gebühr online zu vertreiben.[10] Die Pornoindustrie griff ihrerseits diesen Trend auf und stellte professionelle „Amateurproduktionen" her. Durch den Einsatz unbekannter Darstellerinnen und Darsteller und die Kopie des Amateurstils (z.B. direkte Adressierung der Kamera durch die Darsteller, verwackelte Kameraführung, mangelhafte Ausleuchtung, minderwertige Bild- und Tonqualität, die Nutzung privater Räume) versuchte man, den Eindruck echter, spontaner und aus „Spaß an der Sache" motivierter Pornografie zu vermitteln.[11]

Auch die *interaktive Online-Pornografie* findet immer weitere Verbreitung. Als gesellschaftlicher Trend entwickelte sich nach der Jahrtausendwende das sogenannte „Sexting" (engl. sex und texting). Hierbei handelt es sich um Selbstportraits oder kurze Videos, die zumeist mit dem Smartphone aufgenommen werden und Aktmotive oder sexuelle Handlungen zeigen. Diese werden der/dem jeweiligen Sexual-

9 Vgl. Müller, A.-J.: Von der Höhlenzeichnung zum Smartphone: zur Geschichte von Pornografie und Medien, S. 21-32, in: Schuegraf et al. (Hgg.): Pornografisierung, S. 22.25.

10 Vgl. Siegel, P.: Porno in Deutschland – von der Pornoindustrie zum Amateurporno, S. 361-370, in: Schuegraf et al. (Hgg.): Pornografisierung.

11 Vgl. Hofer, K.P.: More than porn? Online-Amateurpornografie, S. 199-209, in: Schuegraf et al. (Hgg.): Pornografisierung, S. 201, 203.

partnerIn per Instant-Messaging-App von Handy zu Handy zugestellt. Durch Sicherheitslücken oder bewussten Vertrauensbruch kommt es immer wieder zur Veröffentlichung solch intimer Bilder im Internet (sog. „revenge-porn").[12]

Daneben entwickelten sich kostenpflichtige Live-Sex-Shows, bei denen Nutzerinnen und Nutzer zum Teil Einfluss auf die dargestellten Inhalte nehmen können. Neben Videokonferenzen als Weiterentwicklung des klassischen Telefonsex gibt es auch extreme Formen, wie interaktive Folter-Sex-Shows in Entwicklungsländern, bei denen zahlende Kundinnen und Kunden (meist aus westlichen Industrienationen) online Folterwünsche übermitteln, die innerhalb von Sekunden ausgeführt werden.[13]

Es ist absehbar, dass vor allem zwei Schlüsseltechnologien den Pornografiekonsum in naher Zukunft verändern werden: Zum einen ist dies die Entwicklung der *Virtual-Reality-Brille* als Massenkonsumgut. Neueste Modelle erlauben eine fotorealistische Darstellung und ein starkes Immersionsgefühl auf Seiten der Anwenderin/des Anwenders. Die Pornoindustrie war unter den ersten Entwicklern entsprechender Anwendungen.[14] Zum anderen wird *Sexspielzeug* mit Smartphones vernetzt[15] und es befinden sich erste menschenähnliche *Sexroboter* im Handel.[16] Dabei kommt es zusehends zu einer Verschmelzung der On- und Offlinewelt. Die Frage nach digital-realen Sexualerfahrungen mit Maschinen oder sexuellen Erfahrungen mit anderen Menschen unter Zuhilfenahme von Maschinen böte daher auch unter ethischen Gesichtspunkten ein wichtiges Feld für weitere Forschung.

3. Individuelle Folgen des Pornografiekonsums

In der wissenschaftlichen Diskussion um die Folgen intensiven Pornografiekonsums für die Betrachterin/den Betrachter lassen sich – vereinfacht gesagt – zwei

12 Vgl. http://www.mpfs.de/fileadmin/JIM-pdf14/JIM-Studie_2014.pdf (01.04.2015), S. 52f.

13 Vgl. Hughes, D.M.: Welcome to the Rape Camp: Sexual Exploitation and the Internet in Cambodia, S. 1-23, in: Journal of Sexual Aggression 6/2000, S. 2.

14 Vgl. http://www.spiegel.de/netzwelt/web/oculus-rift-kein-porno-verbot-bei-der-virtual-reality-brillea-1034651.html (22.01.2018).

15 www.netzwelt.de/news/144861-bondara-sexfit-fitness-tracker-misst-leistung-sex.html (31.03.2015); https://curved.de/news/vibease-smartphone-gesteuerter-vibrator-im-curved-test-35859 (22.01.2018).

16 http://www.zeit.de/zeit-magazin/leben/2017-09/sex-roboter-puppe-zukunft-beziehung (26.01.2018).

Lager unterscheiden: Pornografie befürwortende Soziologinnen/Soziologen und *Pädagoginnen/Pädagogen* verweisen auf die noch recht dünne Forschungslage zum Thema. Sie betonen, dass pornografische Medieninhalte der Betrachterin und dem Betrachter helfen, mit der eigenen Sexualität in Kontakt zu kommen und sich sexuell zu bilden.[17] Pornografiekritische Soziologinnen/Soziologen und *Psychologinnen/Psychologen* warnen hingegen vor möglichen Risiken des intensiven Pornografiekonsums, vor allem durch das Erlernen einer pornografie-typischen Sexualität.[18]

Als Verdienst der erstgenannten Gruppe ist festzuhalten, dass sie die Motivation der Konsumentinnen/Konsumenten erforschte: Neben sexueller Aktivität allein oder mit der Partnerin/dem Partner stehen kurzweilige Unterhaltung unter Gleichgesinnten, Neugierde und Lernwillen zu sexuellen Themen im Vordergrund. Dabei sind die meisten Konsumentinnen und Konsumenten in der Lage, klar zwischen realem Leben und pornografischer Scheinwelt zu unterscheiden und in kritische Distanz zu letzterer zu treten.[19]

Männer konsumieren Pornografie überwiegend allein und masturbieren dabei – insbesondere dann, wenn sie sich gerade in keiner festen Beziehung befinden. Pornografie dient ihnen als Ersatzmittel partnerschaftlicher Sexualität, der Konsum wird aber bei Beginn einer neuen Beziehung zugunsten echter Körperlichkeit wieder reduziert.[20]

Frauen konsumieren klassische Pornografie selten und eher im Paarsetting. In den letzten Jahren stieg der Konsum durch Frauen jedoch stetig und es werden mittlerweile auch feministische Pornos produziert. Sie orientieren sich stärker am Spielfilm und möchten Pornografie durch eine plausible Rahmenhandlung und ein-

---

17 Vgl. Grimm et al.: Porno, S. 74-78; 230f.; Gloel, A.: Pornographie und Sexualverhalten: Der Porno als Orientierung und Leistungsdruck im Erleben junger Männer. Eine qualitative Studie, Diplomica: Hamburg, 2010, S. 34; Starke, K.: Pornografie und Jugend – Jugend und Pornografie. Expertise http://huchmedien.de/expertisen/expertise_pornographie.pdf (13.04.2015), S. 103f.

18 Vgl. Hill, A.: Pornografiekonsum bei Jugendlichen. Ein Überblick über die empirische Wirkungsforschung, ZSexForsch 24 (04/2011), 379-396; Zillmann, D.: Pornografie, S. 565-584, in: Mangold et al. (Hgg.): Lehrbuch der Medienpsychologie, Hogrefe: Göttingen u.a., 2004; Carnes, P.: Out of the Shadows. Understanding Sexual Addiction. third ed., Hazelden: Center City, 2001; Struthers, W.M.: Wired for Intimacy. How pornography hijacks the male brain, IVP: Downers Grove, 2009.

19 Vgl. Schmidt, G./ Matthiesen, S.: What do boys do with porn? Ergebnisse einer Interviewstudie, Teil 2, S. 353-378, in: ZSexForsch 24 (04/2011), S. 353; Smith et al.: Teenage Kicks: Die Auseinandersetzung junger Menschen mit Pornografie, S. 45-63, in: Andergassen et al. (Hgg.): Explizit, S. 55, 61.

20 Vgl. Smith et al.: Kicks, S. 57f.

vernehmlichen, gleichberechtigten Sex ansprechender gestalten. Bisher führen solche Produkte jedoch eher ein Nischendasein.[21]

So kommt es auch, dass vor allem *Psychologinnen und Psychologen* vehement vor möglichen Folgen intensiven Pornografiekonsums warnen:

Erste Längsschnittstudien belegen die Potenz der Pornografie, *Sexualvorlieben ihrer Konsumentinnen und Konsumenten zu beeinflussen.* Dies tritt nicht nach einmaligem, kurzen Konsum auf, ist jedoch bei anhaltend hohem Konsum sehr wahrscheinlich. So konnte nachgewiesen werden, dass jugendliche Konsumentinnen und Konsumenten im Vergleich zu Nicht-Nutzerinnen und Nicht-Nutzern Pornografie mit der Zeit als realitätsnäher empfanden und eher dazu neigten, Sexualität zu instrumentalisieren, sie also primär als Mittel zur Triebbefriedigung denn als Akt der persönlichen Intimität mit der Partnerin/dem Partner zu sehen. Auch kann es dazu kommen, dass Nutzerinnen und Nutzer sich an pornografietypische Sexualpraktiken, -skripte und Rollenbilder gewöhnen, die die Partnerin/den Partner eventuell irritieren.[22] Insbesondere ist hier auf den gering schätzenden, teils verletzenden Umgang mit Frauen in der Mainstream-Pornografie hinzuweisen. Neben sexuellen Störungen bieten aber auch mit dem Konsum möglicherweise verbundene Gefühle von Scham auf Seiten der Konsumentin/des Konsumenten oder Enttäuschung auf Seiten der Partnerin/des Partners Konfliktpotenzial in einer Beziehung. Psychologische Studien zeigten, dass die *sexuelle Zufriedenheit* in starkem Zusammenhang zum *erlebten Respekt* sowie der *Bindungsfähigkeit in einer Partnerschaft* steht.[23] Somit wirkt der beim Pornografiekonsum kurzfristig erlebte sexuelle Rausch langfristig einem erfüllenden Sexualleben entgegen.

Darüber hinaus kann häufiger Pornografie-Konsum, gepaart mit sexueller Stimulation, eine *suchtähnliche Wirkung* haben.[24]

---

21 Vgl. Méritt, L.: PorYes! Feministische Pornos und die sex-positive Bewegung, S. 371-380, in: Schuegraf et al.: Pornografisierung.

22 Vgl. Hill: Pornografiekonsum, S. 389-391; Zillmann: Pornografie, S. 574f.; 579.

23 Vgl. Zimmer, D.: Art. Funktionelle Sexualstörungen, S. 723-798, in: EdP D II.2, S. 753.

24 Vgl. Struthers: Intimacy, S. 96f.

Bei manchen Nutzerinnen und Nutzern bildet sich ein Kreislauf aus 1. der Vereinnahmung mit sexuellen Gedanken, 2. der Entwicklung von Routinen, welche die Handlung vorbereiten, 3. einem zwanghaften Sexualverhalten (Konsum und Masturbation), sowie einer anschließend verstärkten Verzweiflung, die durch eine erneute Beschäftigung mit sexualisierten Gedanken überspielt wird.

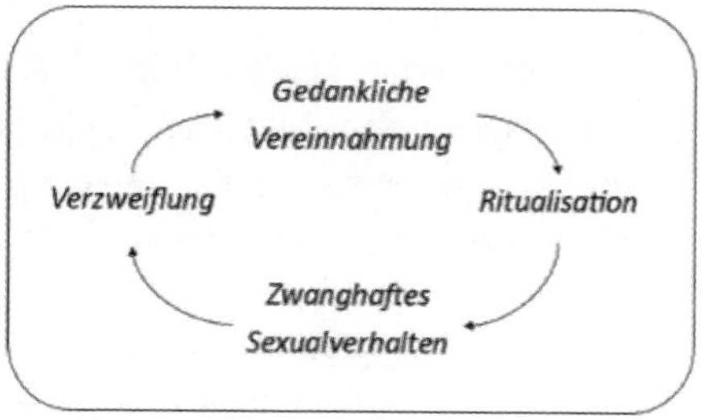

Die offizielle Diagnose einer Pornografie- oder Sexsucht ist gemäß des Diagnosemanuals der WHO (ICD-10) nicht vorgesehen, wird aber intensiv diskutiert. Im Einzelfall werden verwandte Diagnosen gestellt. Dennoch spricht zum Beispiel die Drogenbeauftragte der Bundesregierung in ihrem Drogen- und Suchtbericht 2014 von „pathologische[m] Computer- oder Internetgebrauch“ (u.a. Nutzung von Online-Pornografie) als „neue[r] Form der stoffungebundenen Süchte“.[25]

Bei Ausprägung eines *zwanghaften Pornografie-Konsums* brauchen neben der Betroffenen/dem Betroffenen meist auch ihre/seine *nahen Angehörigen*, wie (Ehe-) Partnerin/(Ehe-)Partner und Kinder, Unterstützung. Sonst stehen sie möglicherweise in der Gefahr, selbst *Opfer* sexuell übergriffigen Verhaltens zu werden oder eine *Coabhängigkeit* zu entwickeln, mit der sie die Abhängige/den Abhängigen verdeckt in ihrer/seiner Sucht bestärken.

Zusammenfassend lässt sich festhalten, dass häufiger, dauerhafter Pornografiekonsum durchaus mit Risiken verbunden ist: Es kann vorkommen, dass Konsumentinnen und Konsumenten ihre sexuellen Vorlieben der pornografietypischen Sexualität annähern und dies ihre Fähigkeit zu einem erfüllenden Sexualleben mit einer Partnerin/einem Partner beeinträchtigt. Im Extremfall kann sich der Pornografiekonsum zur verhaltensbasierten Sucht (Zwangsstörung) entwickeln.

Gestalt und Ausprägung einer solchen Beeinflussung sind stets von verschiedenen Wirkursachen abhängig (z.B. Häufigkeit und Dauer des Konsums, Medieninhalt, bisherige Sexualerfahrung und Erwartungshaltung, Medienkompetenz und soziales Umfeld der Nutzerin/des Nutzers).

25 http://www.drogenbeauftragte.de/fileadmin/dateien-dba/Presse/Downloads/Drogen_und_Suchtbericht_2014_Gesamt_WEB_07.pdf (13.04.2015), S. 52.

4. Gesellschaftliche Folgen des Pornografiekonsums

Da schon die individuellen Folgen starken Pornografie-Konsums wissenschaftlich umstritten und aufgrund mangelnder Forschung nur schwer darzustellen sind, ist eine Stellungnahme zu Konsumfolgen auf gesellschaftlicher Ebene denkbar schwierig. Dennoch sollen einzelne Schlaglichter der aktuellen Diskussion aufgezeigt werden:

Zu fragen ist in diesem Zusammenhang nach möglichen Auswirkungen des Pornografiekonsums auf das Rollenverständnis der Geschlechter, nach einem möglichen Zusammenhang zwischen Pornografiekonsum und sexueller Gewaltkriminalität sowie nach den Umständen der Pornografie-Produktion und den Folgen für die Beteiligten.

4.1 PORNOGRAFIEKONSUM PRÄGT GESCHLECHTERROLLEN

Petra Grimm konnte zeigen, dass sich heutige Jugendliche „quer durch alle Bildungsschichten" die Geschlechterrollen der „Schlampe" und des „Checkers" aneignen:[26]

> *„Sowohl die Mädchen als auch die Jungen begründen den männlichen Pornokonsum mit deren triebhaften Verhalten, wobei die Mädchen die Triebgesteuertheit der Jungen, sowie deren Pornokonsum als defizitär ansehen (die sind ‚notgeil'). […] Pornografie zu konsumieren erscheint vor diesem Hintergrund als eine legitime Weise der Triebbefriedigung von Männern. Mädchen verfügen nach der ‚Logik' dieses von beiden Geschlechtern herangezogenen Modells nicht über solche Triebe/Hormone. […] Mädchen werden dichotomisch kategorisiert in: Schlampe versus Nicht-Schlampe. Mädchen gehen davon aus, dass dasselbe, was Mädchen disqualifiziert und sie zur Schlampe macht (sexuell aktiv sein/viel Sex haben), bei den Jungen positiv gewertet wird (‚toller Frauenhecht', ‚cooler Checker'). […] Die dahinter stehende Ungleichbehandlung […] wird zwar kritisch gesehen, die Notwendigkeit der Rufbewahrung aber trotzdem als eine wichtige Leitlinie in Bezug auf den Umgang mit Pornografie und Sexualität akzeptiert."*[27]

Grimm stellt fest, dass dieses Geschlechterrollen-Modell dem pornografischen Mainstream entspricht. So ist zu vermuten, dass die in der Pornografie vorausgesetzte Dominanz und Triebgesteuertheit des Mannes (Checker), sowie die stän-

---

26 Grimm et al.: Porno, S. 109.

27 Grimm et al.: Ebd., S. 257f.

dige Verfügbarkeit und Unterwürfigkeit der Frau (Schlampe) die Erwartungen der Konsumenten an typische Verhaltensweisen von Männern und Frauen im echten Leben beeinflussen.[28]

Einen anderen Ansatz verfolgt die Psychotherapeutin Tabea Freitag. Sie sieht eine Verbindung zwischen der stärkeren Rezeption von Pornografie, der dadurch populär gewordenen Intimrasur, sowie einer steigenden Nachfrage nach plastischer Intimchirurgie (Verkleinerung der Schamlippen, Vergrößerung der Brüste): „Wer Sexualität als jederzeit verfügbares Konsumgut gewohnt ist und per Mausklick über Alter, Ethnie, Körpermaße und Praktiken seiner Sexobjekte bestimmen kann, verändert seine Wahrnehmung von sich selbst und anderen."[29]

Folgen des Pornografie-Konsums auf die Verbreitung stereotyper Rollenbilder in der Gesellschaft sind anhand dieser Indizien durchaus plausibel. Dabei ist jedoch zu beachten, dass die Popularkultur durch verschiedenste Einflüsse geprägt wird und der Pornografie-Boom kaum als alleinige Ursache dieser Entwicklungen in Betracht kommt.

4.2 PORNOGRAFIEKONSUM VERSTÄRKT SEXUELLE GEWALT

Der Jurist Heribert Ostendorf kommt nach einer detaillierten Untersuchung deutscher Fallzahlen der Jahre 1971 bis 1999 zu dem Ergebnis, dass „kriminalstatistisch ein – positiver oder negativer – Zusammenhang zwischen Pornographie und sexueller Gewaltkriminalität nicht nachweisbar ist."[30]

Jüngere Studien zeigten, dass Vergewaltiger sich stärker für harte Pornografie interessieren. Dies beweist noch nicht, dass der Pornografiekonsum ihre Taten fördert. Menschliches Verhalten ist stets durch zahlreiche, sich wechselseitig beeinflussende Ursachen bedingt. Der Konsum von Gewaltpornografie könnte jedoch ein verstärkender Faktor sein.[31]

---

28 Ebd., S. 258.

29 Freitag: Love, S. 10. Pastötter fand zudem bei Frauen eine Korrelation zwischen der Häufigkeit des P.-Konsums und dem Glauben „dass sich ihr Partner von ihnen Genitalien wünscht, wie sie auch in den porn. Filmen überwiegend zu sehen sind." Pastötter: Pornografie, S. 5f.

30 Ostendorf, H.: „Mögliche Wirkungen von Pornografie", S. 76-82, in.: tv diskurs 21 (03/2002), S. 79

31 Vgl. Layden, M.A.: Pornography and Violence. http://www.socialcostsofpornography.com/Layden_Pornography_and_Violence.pdf (04.02.2015), S. 1-16; Malamuth et al.: „Pornography and Sexual Aggression: Are There Reliable Effects and Can We Understand Them?", S. 26-91, in: Annual Review of Sex Research 11 (2000); Schirrmacher: Internetpornografie, S. 101-104.

Ein wenig beachtetes Problem in diesem Zusammenhang ist das der häuslichen Gewalt, da sie häufig nicht zur Anzeige kommt: J.H. Shope befragte 271 Opfer nach den Begleitumständen ihrer Missbrauchserfahrung. Sie kam in Bezug auf ihre Stichprobe zu dem Ergebnis, dass der Gebrauch von Pornografie durch die Täterin/den Täter einen Missbrauch doppelt so wahrscheinlich machte. Waren Pornografie und Alkohol im Spiel, kam es dreimal so häufig zu einer Tat.[32]

Zwar ist die Erforschung einer Kausalbeziehung unter ethischen Gesichtspunkten nicht zu verantworten – hierzu müsste ja sexuelle Gewalt experimentell gefördert werden. Ein begünstigender Effekt intensiven Pornografie-Konsums auf übergriffige Handlungen ist jedoch im Hinblick auf die bereits beschriebenen Lerneffekte der Konsumentinnen und Konsumenten meiner Ansicht nach durchaus möglich.

4.3 PORNOGRAFIE-PRODUKTION GEFÄHRDET DARSTELLER

Wie in der Filmbranche üblich, finden sich Selbstdarstellungen erfolgreicher, vermeintlich emanzipierter, glücklicher Sexdarstellerinnen und Sexdarsteller. Gleichzeitig berichten viele DarstellerInnen von Gewalt vor und neben der Kamera, Vergewaltigungen, Drogenmissbrauch und systematischen Erniedrigungen.[33]

Mitarbeitende an Low-Budget-Produktionen (meist aus dem globalen Süden und Osten) werden nicht selten gegen ihren Willen und zum Teil in sklavenähnlichen Zuständen rekrutiert und gehalten.[34]

So geht Thomas Schirrmacher davon aus, dass ca. 50% des Gewinns aus pornografischen Medienangeboten dem organisierten Verbrechen (Menschen- und Drogenhandel, Geldwäsche, illegale Prostitution) zufließt.[35] Wer Pornografie konsumiert, fördert damit in der Regel die Ausbeutung an der Produktion beteiligter Personen und nicht selten kriminelle Machenschaften.

Betrachtet man die genannten Schlaglichter zur gesellschaftlichen Wirkung des Pornografiekonsums, zeichnet sich meiner Ansicht nach ein eher düsteres

---

32 Layden: Pornography, 8, mit Verweis auf Shope, J. „When words are not enough: The search for the effect of pornography on abused women", S. 56-72, in: Violence Against Women 10.1 (2004).

33 Vgl. https://fightthenewdrug.org/10-porn-stars-speak-openly-about-their-most-popular-scenes/ (11.01.2018).

34 Vgl. MacKinnon, C.A.: Pornography as Trafficking, Michigan Journal of International Law 26 (2004/2005), 993ff.

35 Vgl. Schirrmacher, T.: Ethik, 8 Bde., 3. korr. und erw. Aufl., VTR/RVB: Hamburg/ Nürnberg, 2002, Bd. IV., S. 395.

Bild. Pornografie propagiert fragwürdige Rollenbilder, die auf manche Konsumenten abfärben. Es ist eine Korrelation zwischen dem Gebrauch von Pornografie und sexuell übergriffigem Verhalten feststellbar, wenngleich eine Kausalkette nicht belegbar erscheint. Der Konsum (selbst kostenfreier und damit werbefinanzierter) pornografischer Angebote fördert in den meisten Fällen die Ausbeutung an der Produktion beteiligter Akteure und dient häufig indirekt der Finanzierung des organisierten Verbrechens.

5. Biblische Perspektiven zum Pornografiekonsum

> *„Die Grundregel der christlichen Sexualethik ist eine denkbar einfache. Sie lautet: ‚Ihr gehört nicht euch selbst. Machet Gott Ehre mit eurem Leibe!' Sie findet sich als Zusammenfassung dessen, was der Apostel Paulus über die christliche Sexualethik zu sagen hat, in 1Kor 6,19 und 20."*[36]

5.1 EHE UND SEXUALITÄT

Die Bibel beschreibt Sexualität im Idealfall als eingebettet in die Ehe – einen unwiderruflichen, lebenslangen, exklusiven Bund eines Mannes und einer Frau.[37] Die Partner versprechen sich Treue und liebevolle Fürsorge in allen Bereichen ihres Lebens.[38] Ihr Bund soll einen Schutzraum bilden für erfüllende, sich einander schenkende Sexualität und die Erziehung von Kindern.[39]

Wird von dieser Norm abgewichen, gilt dies im Neuen Testament als „Unzucht" (*porneía*) bzw. „Ehebruch" (*moicheía*). Dabei umschreibt „Unzucht" ein *sexuelles Verhältnis ohne legitimes Bundesverhältnis*. „Ehebruch" hat darüber hinaus ein *sexuelles Verhältnis im Blick, welches einen geschlossenen Ehebund bricht*. Beide Wortfelder und ihre hebräischen Entsprechungen im Alten Testament werden zuweilen auf religiöse Untreue übertragen.[40]

Einzige alttestamentliche Ausnahme ist der Verkehr mit einer unverheirateten Frau. Das Gesetz des Mose verpflichtete den Mann in diesem Fall zur Heirat. Lehnte die Frau dies ab, war er ihr unterhaltspflichtig (Ex 22,15f; Dtn 22,28f.).

---

36 Bockmühl, K., zitiert nach Schirrmacher: Ethik IV., S. 320.

37 Vgl. Gen 2,24; Mal 2,14-16; Mt 19,3-11; Röm 7,2f.

38 Vgl. Eph 5,21-33; Kol 3,18f.; 1Thess 4,3-5; 1Petr 3,1-7; Vgl. Mt 22,39; Gal 5,13f.22-26.

39 Vgl. Gen 1,28; 2,24; Dtn 11,19; Hld; 1Kor 7,3-5; 1Petr 3,7.

40 Vgl. ThWNT IV., s.v. μοιχεύω, S. 737; ebd. VI.: s.v. πόρνη, S. 580f.

Im Neuen Testament ermahnte Paulus Männer, ihre Frau „in Heiligkeit und Ehrbarkeit" zu gewinnen , also nicht aus „Leidenschaft der Lust" zu bedrängen oder Glaubensgeschwister zu übervorteilen (1Thess 4,3-8).

Anders als dies über lange Zeit von christlichen Theologen vertreten wurde,[41] bewertet die Bibel Sexualität weder als an sich negativ und sündhaft, noch ist sie ausschließlich zur Erzeugung von Nachkommen bestimmt. Sexualität ist schon im Alten Testament ein *Mitwirken an der Schöpfung* neuen Lebens (Gen 1,27-31; Dtn 7,13; Mal 2,14f.) und soll den Eheleuten zur *Quelle der Freude* und Entspannung werden (Gen 2,18.24; Hld 7,7-12; Pred 9,9; Spr 15,15-20).

Die neutestamentliche Rede vom sündigen „Fleisch" im Gegensatz zum erneuerten „Geist" eines Christen bezieht sich stets auf die alte, sündige Natur des Menschen, nicht auf seine Sexualität – wenngleich diese natürlich Teil des Problems sein kann (Vgl. Mt 26,41; Röm 8; Gal 5).

So macht Paulus in 1Kor 7,3-5 „unmissverständlich deutlich, dass Sexualität nicht nur den Mann erfreuen soll, sondern dass die Bibel eine sexuelle Gleichberechtigung kennt, weil beide Ehepartner nicht sich selbst gehören, sondern dem anderen – auch und gerade auf sexuellem Gebiet" (vgl. 1Thess 4,1-8; 1Petr 3,7).[42] Vor dem Hintergrund der neutestamentlichen Umwelt ist dies eine bemerkenswerte Aussage.[43]

5.2 NACKTHEIT UND SCHAMGEFÜHL

Bereits die ersten beiden biblischen Erwähnungen von Nacktheit verdeutlichen die ambivalente Haltung christlicher Ethik zum Thema: „Und sie waren beide nackt, der Mensch und seine Frau, und sie schämten sich nicht" (Gen 2,25). Doch nach dem Sündenfall sagte Adam zu Gott „Ich hörte deine Stimme im Garten, und ich fürchtete mich, weil ich nackt bin, und ich versteckte mich" (Gen 3,10). Die biblische Rede von der Nacktheit ist also tief verbunden mit der Erfahrung der eigenen Begrenztheit, Verletzlichkeit und Scham.

Thomas Schirrmacher weist darauf hin, dass im Alten Testament „Ausdrücke wie ‚*die Scham aufdecken*', ‚*die Blöße aufdecken*' oder ‚*den Zipfel* [des Gewandes oder Mantels] *aufdecken*'" häufig als blumige Umschreibung des Sexualverkehrs

41 Vgl. Angenendt, A.: Ehe, Liebe und Sexualität im Christentum. Von den Anfängen bis heute, Aschendorff: 2015.

42 Schirrmacher: Ethik, IV., S. 322. Rechtschreibung angepasst.

43 Vgl. Angenendt: Ehe.

zu verstehen sind. Einige dieser Texte haben jedoch „auch eine Bedeutung für das Verbot des reinen Anschauens der ‚*Blöße*' der ... Verwandten."[44]

Während dies zuerst als Zeugnis damaliger gesellschaftlicher Normen zu sehen ist, so beinhaltet es doch Hinweise auf göttliche Prinzipien: Das Nacktheitsverbot des Priestergesetzes z.B. entspricht einer Abgrenzung des israelitischen Gottesdienstes von jeder Form der kultisch-sexuellen Ekstase. Das Verbot, die Genitalien naher Verwandter zu sehen, ist im Kontext der Inzucht-Prävention zu sehen.[45]

Im Neuen Testament wird das Thema Nacktheit kaum reflektiert. Wenn das Neue Testament davon berichtet, dass Menschen „nackt" *gýmnos* waren, dann meint dies „oft nur soviel wie ‚wenig bekleidet' oder ‚nur mit dem Untergewand bekleidet'".[46] Eindeutig völlige Nacktheit findet sich nur in Mk 14,51f. Während Juden und Judenchristen von alttestamentlichen Sitten geprägt waren, kann man davon ausgehen, dass zumindest die Heidenchristen durch Besuche in Gymnasien, Theatern und Arenen ein gewisses Maß an Nacktheit in der Öffentlichkeit kannten.

David H. Fields schreibt im New Dictionary of Christian Ethics & Pastoral Theology:

> *„Die biblische Anthropologie lässt keinen Raum für einen [griechischen] Dualismus zwischen der Seele (rein und unsterblich) und dem Körper (ihrem verdorbenen, endlichen Gefängnis). ... Nacktheit ist an sich moralisch neutral. Ob sie gut oder schlecht ist, hängt vom gesetzten Kontext ab. Normalerweise wird das Entkleiden in einer Arztpraxis heute genauso unschuldig sein, wie nackte Sportübungen in einem [griechischen] Gymnasium vor zweitausend Jahren."*[47]

Wenngleich ich Fields im Grunde Recht gebe, halte ich es für äußerst wichtig, hier auch die individuelle Schamgrenze jedes Menschen zu betonen. Dies gilt in doppelter Hinsicht: Wieviel möchte ich *von mir* zeigen – aber auch: wieviel möchte ich *von anderen* sehen? In unserer heutigen übersexualisierten Umwelt wird dieser zweite Aspekt häufig ausgeblendet.

---

44 Schirrmacher: Ethik, III., S. 26. Kursiv dort.

45 Vgl. ebd., S. 35.

46 Ebd., S. 34f.

47 Atkinson, D.J. et al. (Hgg.): New Dictionary of Christian Ethics & Pastoral Theology, InterVarsity Press: Downers Grove (Illinois), 1995, s.v. Nudity, S. 633.

Pornografische Medienangebote verletzen meiner Ansicht nach nicht nur das Schamgefühl der beteiligten Akteure vor und hinter der Kamera, sondern auch das der Konsumentinnen und Konsumenten und der zum Teil unfreiwillig (durch Werbung o.ä.) mit entsprechenden Inhalten konfrontierten Menschen.

5.3 MASTURBATION

Selbstbefriedigung wird in der Bibel nicht explizit erwähnt. Einige Texte, die in diesem Zusammenhang häufiger diskutiert werden, sollen an dieser Stelle kurz Erwähnung finden:

> ***1. Mose 38,9:***
> *Da aber Onan wusste, dass die Nachkommen nicht ihm gehören würden, geschah es, wenn er zu der Frau seines Bruders einging, dass er [den Samen] auf die Erde [fallen und] verderben ließ, um seinem Bruder keine Nachkommen zu geben.*

Die vereinzelt noch vertretene Meinung, 1. Mose 38,9 verbiete Masturbation („Onanie"), ist nicht haltbar. Immer, wenn Onan mit seiner verwitweten Schwägerin verkehrte,[48] sorgte er durch einen *coitus interruptus* dafür, dass sie kinderlos blieb. Er suchte sexuelles Vergnügen, ohne zu seiner Verantwortung der Schwagerehe zu stehen. Onan hätte vermutlich von seiner Pflicht zurücktreten können (so die spätere Gesetzgebung, vgl. 5. Mose 25,7). Da er jedoch in die Leviratsehe einwilligte, war Tamar nicht frei, einen anderen Mann (aus der Verwandtschaft) zu heiraten. Onan schien bewusst die Blutslinie seines Bruders auslöschen zu wollen. Hierin lag seine schwere Sünde.[49]

> ***2. Mose 20,14.17:***
> *Du sollst nicht ehebrechen.*
> *Du sollst nicht begehren die Frau deines Nächsten.*

Während Masturbation den Wortlaut der Zehn Gebote nicht berührt, ist sie doch häufig von ehebrecherischen oder begehrenden Gedanken begleitet (vgl. Mt 5,27-30). In besonderem Maße gilt dies beim Konsum von Pornografie. Wer jedoch in Gedanken bei seiner Ehepartnerin/seinem Ehepartner bleibt und sich Dinge vorstellt, an denen auch diese/r Freude hätte, der übertritt das sechste und neunte Gebot nach meiner Einschätzung nicht.

---

48 Die Einheitsübersetzung übersetzt den repetitiven Aspekt des hebr. Perfekts treffend mit „sooft er ... einging". Vgl. Davidson, R.M.: Flame of Yahwe. Sexuality in the Old Testament, Hendrickson Publ.: Peabody, 2007, S. 464.

49 Vgl. Davidson: Flame, S. 325; 464f.

Mt 5,27-30:

Ihr habt gehört, dass gesagt ist: Du sollst nicht ehebrechen. Ich aber sage euch, dass jeder, der eine Frau ansieht, sie zu begehren, schon Ehebruch mit ihr begangen hat in seinem Herzen. Wenn aber dein rechtes Auge dir Anlass zur Sünde gibt, so reiß es aus und wirf es von dir! Denn es ist dir besser, dass eins deiner Glieder umkommt und nicht dein ganzer Leib in die Hölle geworfen wird. Und wenn deine rechte Hand dir Anlass zur Sünde gibt, so hau sie ab und wirf sie von dir! Denn es ist dir besser, dass eins deiner Glieder umkommt und nicht dein ganzer Leib in die Hölle geworfen wird.

Dies ist meiner Ansicht nach die entscheidendste Stelle zum Thema. Jesus stellt in Mt 5,27-30 klar, dass Ehebruch im Herzen eines Menschen beginnt: Das bewusste Ansehen einer Frau (bzw. eines Mannes), verbunden mit dem Wunsch nach einer außerehelichen sexuellen Handlung, gilt vor Gott ebenso als Sünde wie der körperliche Vollzug des Ehebruchs (Mt 15,19f.; 23,27f.; Röm 1,21; 2,28f. vgl. Dtn 30,6). Da Selbstbefriedigung häufig von einem Begehren fremder Sexualpartnerinnen/Sexualpartner begleitet wird, gilt in diesem Fall das zu Ex 20,14.17 Ausgeführte entsprechend. Auch das vorsätzliche Betrachten oder Rekapitulieren pornografischen Materials mit dem Ziel einer sexuellen Erregung wird hierdurch klar verurteilt.

1Kor 7,5:

Entzieht euch einander nicht, es sei denn nach Übereinkunft eine Zeit lang, damit ihr euch dem Gebet widmet und dann wieder zusammen seid, damit der Satan euch nicht versuche, weil ihr euch nicht enthalten könnt.

Helmut Burkhardt vermutet, dass die Formulierung „wegen eurer Unenthaltsamkeit" *tēn akarsían hymōn* Masturbation mit einschließen sollte. Dies ist sicher denkbar, zielt der Begriff ja allgemein auf sexuelle Aktivitäten einer Ehepartnerin/eines Ehepartners ohne die/den jeweils anderen. Die textliche Basis für diese Auslegung ist jedoch recht dünn. Es fehlen vergleichbare Formulierungen. Sicher ist hier nicht *exklusiv* an Masturbation gedacht. Naheliegender halte ich eine Anspielung auf Ehebruch im Allgemeinen, der aber ja bereits im Herzen oder z.B. mit Masturbation beginnt (s.o.).

Dogmengeschichtlich ist festzustellen, dass Masturbation lange Zeit als schwere Sünde betrachtet wurde. Dies lässt sich aus meiner Sicht jedoch durch das eingeschränkte Verständnis der biologischen Abläufe menschlicher Fortpflanzung erklären: Wenn man davon ausgeht, dass mit jedem Samenerguss zahlreiche lebensfähige Menschen sterben (weil sie schon komplett im Samen des Mannes enthalten seien), ist die rigide Sexualmoral der katholischen Kirche historisch nachvollziehbar.[50]

Mit Blick auf die betrachteten Textstellen (bes. Mt 5,27-30), halte ich es für sachgerecht, vor allem die *Motivation* hinter der Selbstbefriedigung gründlich zu prüfen. Dies wird entsprechende Handlungen *in den meisten Fällen ausschließen*. Die christlichen Psychologen Judith und Jack Balswick schreiben zum Thema:

> *Destruktive Fantasien entspringen häufig dem Bedürfnis nach Macht. Ein verstärktes Bewusstsein für die eigenen Sehnsüchte, welche durch solche Fantasien bedient werden, hilft uns, mögliche Diskrepanzen zwischen unseren Motiven und Gottes Absichten aufzudecken. Destruktive Fantasien missachten Gottes Gebote, z.B. den Nächsten zu lieben, nicht zu begehren und andere nicht zu verletzen.*[51]

EXKURS: Fragen zur persönlichen Reflektion für Singles und Verheiratete

Die Frage drängt sich auf, was man Alleinstehenden in dieser Hinsicht raten soll. Paulus empfiehlt bei Gewissensbissen in sexuellen Fragen die Heirat (1Kor 7,9). Dieser Weg ist jedoch für viele Christinnen und Christen aufgrund ihres Alters oder in Ermangelung einer (gläubigen) Partnerin/eines (gläubigen) Partners *noch nicht* oder *nicht mehr* möglich. Judith und Jack Balswick schreiben:

> *Masturbation in Gedanken an die eigene (künftige) Ehepartnerin/den eigenen (künftigen) Ehepartner kann einem sonst einsamen Akt persönlichen Kontext geben. Wenn man jedoch eine spezifische Person begehrt und in dem Wunsch verharrt, diesem Verlangen nachzugehen, kann sich das zu einer Spielart der Begierde entwickeln.*[52]

Einige Fragen, die man sich in diesem Kontext stellen könnte, lauten:

- Ist die Masturbation eine Flucht vor Verantwortung, ein geheimes Ausleben meines Machthungers, eine Sexualität auf Kosten Anderer? Bin ich anfällig für eine Suchtdynamik?
- **Für Alleinstehende:** Dient die Selbstbefriedigung dazu, mich auf eine gelingende Ehe vorzubereiten? Vereinnahme ich in meinen Fantasien konkrete Personen?

---

50 Vgl. Burkhardt, H.: Ethik II/1. Das Gute Handeln (Materialethik). Erster Teil, Brunnen: Gießen, 2003, S. 133; Schirrmacher: Ethik, IV., S. 365f.

51 Balswick, Judith K. and Jack O.: Authentic Human Sexuality. An Integrated Christian Approach. second edition, IVP Academic: Downers Grove, 2008, S. 291.

52 Ebd.

- **Für Verheiratete:** Bewegen meine Fantasien sich im Rahmen meiner normalen ehelichen Sexualität mit meiner Partnerin/mit meinem Partner? Vertieft Masturbation unsere Beziehung oder trennt sie uns? Bin ich meiner Partnerin/meinem Partner gegenüber in diesem Bereich ehrlich und treu?

5.4 PORNOGRAFIE

Während die bereits genannten Schriftstellen auch für die Beurteilung des Pornografiekonsums von großer Bedeutung sind, sollen hier zwei weitere Texte zum Thema bedacht werden:

> *1Kor 6,15-20:*
>
> *Wisst ihr nicht, dass eure Leiber Glieder Christi sind? Soll ich denn die Glieder Christi nehmen und zu Gliedern einer Hure machen? Auf keinen Fall! Oder wisst ihr nicht, dass, wer der Hure anhängt, ein Leib [mit ihr] ist? „Denn es werden", heißt es, „die zwei ein Fleisch sein". Wer aber dem Herrn anhängt, ist ein Geist [mit ihm]. Flieht die Unzucht! Jede Sünde, die ein Mensch begehen mag, ist außerhalb des Leibes; wer aber Unzucht treibt, sündigt gegen den eigenen Leib. Oder wisst ihr nicht, dass euer Leib ein Tempel des Heiligen Geistes in euch ist, den ihr von Gott habt, und dass ihr nicht euch selbst gehört? Denn ihr seid um einen Preis erkauft worden. Verherrlicht nun Gott mit eurem Leib!*

In diesem Abschnitt bezieht Paulus den Begriff „Unzucht" *pornéia* explizit auf den Sexualverkehr mit einer „Prostituierten" *pórnē*. Während die leiblichen Risiken beim Pornografie-Konsum deutlich geringer sind (keine Sexualkrankheiten oder Risiko einer ungewollten Schwangerschaft), erscheinen mir die geistlichen Auswirkungen durchaus vergleichbar:

In den Versen 15.19f. stellt der Apostel fest, dass sexuelle Zügellosigkeit mit einer Identität als Jüngerin und Jünger Christi nicht vereinbar ist. Die Jüngerin/Der Jünger wurde durch Christi Blut „erkauft", sodass sie/er kein Sklave der Sünde mehr sei (Röm 6,12-23). Ihre/Seine Vereinigung mit einer Prostituierten/einem Prostituierten widerspricht dem Bund, den sie/er mit Christus geschlossen hat (2Kor 11,2; Eph 5,31f.; vgl. Jes 54,5; 61,10; Hes 16) und verunreinigt den eigenen Leib, welcher „ein Tempel des Heiligen Geistes" ist.[53]

---

53 Anders als in 1Kor 3,16 meint der Tempel des Heiligen Geistes hier nicht die gesamte Gemeinde, sondern den einzelnen Gläubigen. Vgl. Schnabel, E.J.: Der erste Brief des Paulus an die Korinther, Historisch Theologische Auslegung, 2. berichtigte u. erg. Aufl., SCM R. Brockhaus: Witten, 2010, S. 344.

In Vers 18 schreibt Paulus daher in aller Deutlichkeit: „Flieht vor der Unzucht!" Der Imperativ Präsens (*pheúgete*) betont, dass die Flucht vor Unzucht eine *fortwährende* Herausforderung, Pflicht und Aufgabe bleibt. „Es gibt Situationen, in denen man nicht mit einer Demonstration der ... Willensstärke oder mit geistlichen Argumenten, sondern nur durch Flucht bestehen kann."[54]

> *1Thess 4,3-8:*
> *Denn dies ist Gottes Wille: eure Heiligung, dass ihr euch von der Unzucht fern haltet, dass jeder von euch sich sein eigenes Gefäß in Heiligung und Ehrbarkeit zu gewinnen wisse, nicht in Leidenschaft der Begierde wie die Nationen, die Gott nicht kennen; dass er sich keine Übergriffe erlaube noch seinen Bruder in der Sache übervorteile, weil der Herr Rächer ist über dies alles [...]. Denn Gott hat uns nicht zur Unreinheit berufen, sondern in Heiligung. Deshalb nun, wer [dies] verwirft, verwirft nicht einen Menschen, sondern Gott, der auch seinen Heiligen Geist in euch gibt.*

In dieser konkreten Situation ermahnte Paulus seine Leser, um ihre zukünftigen Ehefrauen „in Heiligung und Ehrbarkeit" zu werben. Sie sollten sich nicht durch die „Leidenschaft der Begierde" zu übergriffigem Verhalten anstacheln lassen oder gar in bestehende Beziehungen von Glaubensgeschwistern hineindrängen.

Paulus verurteilt hier nicht die sexuelle Lust an sich, sondern deren ungezügelte Entfaltung auf Kosten Anderer (der Jungfrauen und Glaubensgeschwister). Im Hinblick auf die oben beschriebenen Folgen der Pornografieproduktion für beteiligte Darstellerinnen und Darsteller halte ich es für naheliegend, den Lehrgehalt des Textes auf dieses Problemfeld anzuwenden. Dies gilt erst recht, da es sich *noch nicht einmal* um eine Brautwerbung handelt: Pornografiekonsum ist in der Regel ein Bedienen eigener Leidenschaften auf Kosten Dritter und unterstützt übergriffiges Verhalten am Set. Er befördert Unzucht und ist der persönlichen Heiligung entgegen gesetzt. Christinnen und Christen sollten sich davon „fern halte[n]".

Wie wir gesehen haben, lehrte Jesus in Mt 5,27-30, dass Ehebruch bereits im Herzen eines Menschen beginnt: in den planvollen oder tolerierten Ausschweifungen seiner Gedanken. Selbst wenn er keinen Ehebruch mit einer anderen Person „ausführt", sind die Gedanken eines Menschen vor Gott offenbar. Obgleich Pornografie naturgemäß nicht erwähnt wird, fällt der Konsum pornografischer Medien wohl unter dasselbe Urteil. Anhand von 1Kor 6,15-20 wurde anschließend deutlich,

---

54 Ebd., S. 343.

wie Paulus seinen Leserinnen und Lesern einschärfte, die Vereinigung mit Prostituierten zu meiden und fortwährend vor sexueller Unzucht zu fliehen. 1Thess 4,3-8 ermahnt Christinnen und Christen, sich von sexueller Unzucht fern zu halten und darüber hinaus bei der Suche nach einer Ehepartnerin/einem Ehepartner keinesfalls übergriffig zu werden. Zwar führt die Konsumentin/der Konsument pornografischer Werke sexuell übergriffiges Verhalten nicht unmittelbar selbst aus – sie/er unterstützt jedoch ein solches Verhalten in der Produktion entsprechender Werke.

6. Zusammenfassung

Aus der Lektüre dieses Artikels sollte deutlich geworden sein:
Der Konsum pornografischer Werke ist ***unweise***,

- da sich mit der Zeit die eigenen Vorstellungen von erregender Sexualität den pornografietypischen Praktiken, Skripten und Geschlechterrollen annähern können.
- da es zur Ausprägung einer verhaltensbasierten Sucht (Zwangsstörung) kommen kann.
- da der kurzfristig erlebte egozentrische Rausch einer langfristig-erfüllenden partnerschaftlichen Sexualität entgegenwirkt.
- da der Konsum pornografischer Werke in vielen Fällen die Unterdrückung und Ausbeutung an der Produktion beteiligter Personen fördert.

Der Konsum pornografischer Werke ist ***Sünde***,

- da Ehebruch bereits in den verborgenen Wünschen und Plänen eines Menschen beginnt, selbst wenn es nicht zum Vollzug der Handlung kommt (Ex 20,14.17; Mt 5,27-30).
- da sexuelle Unzucht und der Verkehr mit Prostituierten den geistlichen Bund eines Gläubigen mit Gott verletzen (1Kor 6,15-20; vgl. 2Kor 11,2; Eph 5,31f.; Jes 61,10; Hes 16).
- da Pornografie zu einer egozentrischen Sexualität und zur Befriedigung auf Kosten Anderer anleitet (1Kor 7,3-5; 1Thess 4,3-8; 1Petr 3,7; Mt 22,37-40).

7. Empfehlungen für die Gemeindepraxis

Angemessen über Themen der Sexualität ins Gespräch zu kommen erfordert einige Übung. So gilt es, individuelle Schamgrenzen zu achten, aber sich nicht in allgemeinen Andeutungen zu verlieren. Gerade Pornografie und Selbstbefriedigung sind Themen, die in christlichen Gemeinden häufig totgeschwiegen oder abstrakt verdammt werden.

Da Menschen in unseren Reihen Pornografie konsumieren, sollten wir lernen, darüber sachgerecht zu sprechen. Natürlich ist Sünde beim Namen zu nennen (Mt 18,15ff.). Hierbei kann auch ein Verweis auf die möglichen Folgen des Pornografiekonsums hilfreich erscheinen – doch damit ist es nicht getan! Häufig leiden Christinnen und Christen, die Pornografie konsumieren, bereits unter schweren Schuldgefühlen.

Anstatt nur den Druck zu erhöhen – und so eventuell sogar zur Verstärkung einer vorliegenden Suchtthematik beizutragen – gilt es, gemeinsam mit der/dem Ratsuchenden die individuellen Hintergründe ihres/seines Konsums und die (verdeckte) Motivation hinter ihrem/seinem Verhalten zu verstehen.

Der Seelsorgeleitfaden „Pornografie. Handbuch für Seelsorge und Lebensberatung“ von Daniel Röthlisberger (VKW: Bonn, 2015) kann hierzu eine gute Hilfestellung geben.

In englischer Sprache sind die Bücher von Patrick Carnes zu empfehlen:

- Carnes, P..: Out of the Shadows. Understanding Sexual Addiction. third ed., Hazelden: Center City, 2001.
- Carnes, P.: Facing the Shadow. Starting Sexual and Relationship Recovery, 2nd Ed., Gentle Path Press: Carefree, 2010.
- Carnes, S./ Rodriguez A.: Facing Heartbreak. Steps to Recovery for Partners of Sex Addicts, Gentle Path Press: Carefree 2013.

Bewährt haben sich im Kontext sexueller Störungen und allgemeiner Suchtthematiken zudem die *Endlich-Leben*-Selbsthilfegruppen nach dem 12-Schritte-Modell.[55] Zur Einschätzung einer möglichen Suchtausprägung kann der Selbsttest nach P. Carnes beitragen.[56]

Neben der Schulung für die Beratung Betroffener sollten Gemeinden präventiv tätig werden. Zum einen kann dies durch die Veranstaltung von Seminaren zu sexualethischen Themen geschehen.[57] Zum anderen sollte gerade in der Arbeit mit

55 www.endlich-leben.de (22.01.2018).

56 Ein positives Ergebnis >7 unter den ersten 20 Items bedingt eine Suchtdiagnose. Items 21-45 beleuchten individuelle Hintergründe der Abhängigkeit. Vgl. http://www.leademcounseling.com/wp-content/uploads/Online-SAST-2.pdf (22.01.2018). Weitere Tests finden sich im Seelsorgeleitfaden von Röthlisberger (s.o.).

57 Mögliche Sprecher lassen sich zum Beispiel über das Weiße Kreuz oder Team-F finden. Ein aktuelles Sexualaufklärungsbuch aus christlicher Sicht bietet Schmidt, V.: All-

Jugendlichen und jungen Erwachsenen regelmäßig über Ehe und Sexualität gesprochen werden.[58] Dabei halte ich es für hilfreich, auch der Sünde zugrundeliegende Motive (Gottesbild, Selbstbild, Vorstellung von Sexualität, gefühlte Bedürfnisse) in den Blick zu nehmen, anstatt sich allein auf das konkrete Fehlverhalten einzuschießen.

Gottes Ordnungen sollen uns Leitplanken sein – ein guter Rahmen, in dem unser Leben gelingt. Im vorliegenden Artikel habe ich versucht, neben biblischen Aussagen zum Thema auch den aktuellen Forschungsstand der Sexologie darzustellen. In der Gemeinde und darüber hinaus können solche Argumente helfen, über die eigenen Werte, aber auch die mit dem Glauben verbundene Hoffnung auf Vergebung und Heilung zu sprechen.

MERLIN FÜRSTENBERG
BERLIN

---

tagslust. Ganz entspannt zum guten Sex, SCM Hänssler: Holzgerlingen, 2018.

58 Vgl. Freitag, T.: Fit for Love? Praxisbuch zur Prävention von Internet-Pornografie-Konsum, return Fachstelle für Mediensucht: Hannover 2013.

Ethische Entscheidungen treffen

Sozialethik

Schwarzarbeit und Sozialbetrug

Kavaliersdelikt oder Sünde?

von Dr. Markus Liebelt

Einleitung

„Der Nutzen bestimmt den Wert der Handlungen; da aber Nutzen und Schaden relative Begriffe sind, so gibt es keine unbedingt guten oder schlechten Handlungen…" Dieses Zitat trifft den Nerv einer Einstellung, wie sie in unserer sogenannten „postmodernen Gesellschaft" weit verbreitet ist. Und nun die Überraschung: Es stammt aus dem Jahre 1758(!) von Claude Adrien Helvétius, einem geistigen Wegbereiter des neuzeitlichen Hedonismus[1]. Gut ist letztlich das, was mir einen persönlichen Vorteil bringt. Das ist offensichtlich nicht neu. Das ist auch nicht typisch für unsere Zeit. Es ist typisch für den Menschen überhaupt – zu allen Zeiten und auf je typische Weise in unterschiedlichen Kulturen und Subkulturen.

In diesem Klima muss der einzelne Christ sein Handeln mit seinem Glauben vereinbaren. Jeder, der ein Haus gebaut oder sonst mit Handwerkern zu tun hatte, kennt die Frage: „Brauchen Sie eine Rechnung mit Umsatzsteuer?" Aber nicht nur am Bau blühen Gefälligkeit und Kundenfreundlichkeit. Überall, so scheint es, versucht jeder, das Beste für sich herauszuholen. Und es scheint nicht einem übertriebenen Pessimismus zu entspringen, wenn Ulrich Wickert mit Blick auf die gesellschaftliche Moral feststellt: „Der Ehrliche ist der Dumme".

Im Zweifelsfall darf man sich nur nicht erwischen lassen. Aber wo sind denn die Zweifelsfälle? Wo hört die Gefälligkeit auf und wo fängt Schwarzarbeit oder

---

1 Unter Hedonismus (v. griech. hedone, „Lust") wird eine philosophische bzw. ethische Strömung verstanden, die die Lust als höchstes Gut und Bedingung für Glückseligkeit und gutes Leben ansieht. Man versteht unter dem Begriff Hedonismus allgemein eine nur an materiellen Genüssen orientierte, egoistische Lebenseinstellung.

Sozialbetrug an? Sind die Grenzen fließend? Oder ist es nicht manchmal einfach nur Ermessenssache?

Das Urteil über Gut und Böse, über das, „was noch im Rahmen ist", das dahinter stehende Rechtsempfinden, wird dem „Gewissen" des Einzelnen anheim gestellt. Dieses ist – leider nicht selten auch bei Christen – mitunter recht „flexibel". Schließlich zocken „die anderen" und vor allem „der Staat" ja auch kräftig ab. Und das ist ja schließlich auch „ungerecht". Das Empfinden ist: Ich hole mir ja nur, was mir ohnehin zusteht bzw. was den anderen nicht (wirklich) zusteht. Das reicht bis hin zu Erwägungen, ob der Staat an bestimmten Stellen nicht ohnehin seine Macht missbrauche und eine eher „lockere" Handhabung der Dinge, eine Art „passiven Widerstand" darstellen könne. Ethisch legitimer Widerstand gegen offenes Unrecht des Staates also?

Die Bandbreite der Fragen und Problemkonstellationen ist gerade beim Thema Schwarzarbeit und Sozialmissbrauch enorm groß. Wie steht es bei heutigen Handwerkerpreisen etwa mit einem Rentnerehepaar mit bescheidener Rente, wenn sie die Wohnung „schwarz" renovieren lassen? Oder was ist mit dem kleinen Handwerksbetrieb, der mit den Angeboten der (Billig-)Konkurrenz mithalten muss: Überstunden gehen selbstverständlich „auf die Hand"? Wie verhält sich in diesem Klima der Christ, der ja weiß: Du sollst nicht betrügen?

Dann gibt es aber auch die andere Seite. Die allgemeine Empörung überschlägt sich, wenn die BILD-Zeitung in charakteristischer Weise mit Berichten von „Florida-Rolf" und „Viagra-Kalle" aufwartet. Die Waschmaschine ist ja noch einsehbar. Aber hat „Kalle" wirklich einen moralischen Anspruch auf von der Allgemeinheit bezahltes Viagra? Das geht dem allgemeinen „Rechtsempfinden" dann wohl doch zu weit.

1. Worum geht es konkret?

Nicht selten ist es neben der schlichten Gier auch ein diffuses Gefühl von Ungerechtigkeit und individuellem Anspruchsdenken, welches das Wohl der Allgemeinheit aus dem Blick verloren hat. Wem wäre diese Versuchung angesichts knapper Kassen auch zu verdenken? Doch der Christ steht in einer höheren Verantwortung.

Insgesamt geht es bei diesem Thema nicht nur um die Frage nach der Erfüllung bürgerlicher Pflichten. Vielmehr geht es wesentlich um die Frage nach der sozialen Verantwortung des Christen. Es geht um die Verantwortung des Christen vor Gott und dann von Gott her wieder für das Gemeinwesen. Es geht darum, der „Stadt

Bestes" zu suchen. In beiden Fällen, der Schwarzarbeit wie auch des Sozialbetruges, steht der persönliche materielle Vorteil im Vordergrund.

2. Was versteht man unter Schwarzarbeit und Sozialbetrug?

Schwarzarbeit und Sozialbetrug sind zwei unterschiedliche Phänomene, die jedoch eine grundlegende Gemeinsamkeit aufweisen. Die Gemeinsamkeit beider Phänomene liegt darin, dass sie beide den Bereich der gesetzlich geregelten sozialen Sicherungssysteme betreffen. Nach aktuellen Schätzungen geht der Schaden von Schwarzarbeit und Sozialbetrug in die Milliarden.

Schwarzarbeit betrifft dabei sozusagen indirekt die „Geberseite", den Bereich der vorgeschriebenen öffentlichen Abgabepflichten zugunsten allgemeiner und sozialer Aufgaben bzw. Verpflichtungen der öffentlichen Hand (des Staates, der gesetzlichen Sicherungssysteme). Bei der Schwarzarbeit werden nicht nur steuerliche Abgabepflichten umgangen, sondern auch entsprechende Beiträge zu den sozialen Sicherungssystemen. Nach dem Schwarzarbeitsbekämpfungsgesetz vom 23.7.2004 liegt „Schwarzarbeit" u.a. in den folgenden Fällen vor:[1]

- Ein Beschäftigungsverhältnis wird unter Missachtung steuerlicher und sozialversicherungsrechtlicher Pflichten ausgeübt.
- Ein Bezieher von Sozialleistungen (z.B. Arbeitslosengeld, ggf. Arbeitslosengeld II) nimmt eine Beschäftigung auf, ohne dies dem zuständigen Leistungsträger mitzuteilen.
- Ein Gewerbe wird ohne Gewerbeanmeldung ausgeübt.
- Ein Handwerk wird ohne Eintrag in die Handwerksrolle ausgeübt.

Der Betrug besteht grundsätzlich darin, dass steuer- und abgabepflichtige Einnahmen verschwiegen und dadurch der Abgabepflicht entzogen werden. Auftraggeber sowie diejenigen, die die Schwarzarbeit ausführen, können wegen Straftaten wie

- Steuerhinterziehung (Vorenthalten der Lohnsteuer, Gewerbesteuer usw.),
- Nichtabführen von Sozialversicherungsbeiträgen oder
- Erschleichung von Sozialleistungen

1 Quellen: http://www.zoll.de/d0_zoll_vor_ort/b0_finanzkontrolle/f0_schwarzarbeit. Datum: 22.6.2005; http://bundesrecht.juris.de/bundesrecht/schwarzarbg_2004/index.html. Datum: 22.6.2004.

verfolgt werden. Das Strafmaß reicht von einer Geldstrafe bis zur mehrjährigen Haftstrafe.

Schwarzarbeit ist also kein Kavaliersdelikt, sondern nach geltendem Recht handfeste Wirtschaftskriminalität, die dem Gemeinwesen schweren Schaden zufügt.

Keine Schwarzarbeit sind die Hilfeleistungen durch Angehörige und Lebenspartner, die Nachbarschaftshilfe, Selbsthilfe oder Gefälligkeit, wenn die Tätigkeiten nicht nachhaltig auf Gewinn ausgerichtet sind, d.h. höchstens gegen ein geringes Entgelt erbracht werden.

So sind seit dem 1.4.2003 Tätigkeiten in geringfügigem Umfang abgabenfrei oder je nach Umfang nur sehr geringfügig abgabenpflichtig. Informationen darüber, was erlaubt ist und was nicht, können problemlos über das Internet oder bei den entsprechenden Stellen eingeholt werden.[2]

Sozialbetrug hingegen findet sozusagen auf der „Nehmerseite" statt. Durch vorsätzlich falsche, halbrichtige oder unvollständige Angaben versucht der Betreffende, in den Genuss sozialer Leistungen zu kommen, sprich: Gelder von der öffentlichen Hand zu erhalten, die ihm nach den jeweils geltenden Bestimmungen jedoch nicht zustehen. Sozialbetrug geht nicht selten mit dem Tatbestand der Schwarzarbeit einher.[3]

Nach geltendem Recht sind Bezieher von sozialen Leistungen verpflichtet, jede Änderung ihrer persönlichen Verhältnisse, die die Höhe der Leistungen beeinflusst, unverzüglich der Arbeitsagentur, der Kranken- oder Rentenversicherung oder dem Sozialamt mitzuteilen. Sie müssen insbesondere jede Aufnahme einer Beschäftigung melden, da diese entweder zu einer geringeren oder zum Wegfall der Sozialleistung führt.[4] Dies ist auch nach christlicher Ethik gerecht, da man sich auf diese Weise einen Vorteil verschafft, den andere in der selben Situation nicht haben.

---

2 Nähere Informationen dazu siehe http://www.wdr.de/tv/markt/service/berichte/20050415_1.phtml. Es gibt aber auch andere Stellen und Seiten, von denen man verlässliche Informationen beziehen kann.

3 Es handelt sich um Schwarzarbeit, wenn mit der Leistungserbringung in erheblichem Umfang Leistungsmissbrauch, unrechtmäßige Gewerbeausübung, unerlaubte Handwerksausübung einhergehen. (Leistungsmissbrauch ist der missbräuchliche Bezug von Arbeitslosengeld, Arbeitslosenhilfe oder Sozialhilfe.) Außerdem liegt dann Schwarzarbeit vor, wenn Steuern oder Sozialversicherungsbeiträge nicht abgeführt werden, Arbeitnehmer illegal beschäftigt oder ohne Erlaubnis der Bundesagentur für Arbeit an andere Arbeitgeber als Leiharbeitnehmer ausgeliehen werden; auch Scheinselbstständigkeit fällt unter den Tatbestand der Schwarzarbeit. (http://www.bundesregierung.de/artikel-,413.589362/Begriffsklaerung-Schwarzarbeit.htm. Datum 22.6.2005).

4 Quelle: http://www.handelsblatt.com/pshb?fn=tt&sfn=go&id=870586. Datum: 22.6.2005.

3. Linderung von Armut im Alten Testament

Nach biblischem Zeugnis ist Armut kein Idealzustand, sondern wird grundsätzlich als Not und Leid qualifiziert. Das Anliegen, möglichst alle Volksangehörigen Israels an der allgemeinen Wohlfahrt des verheißenen Landes teilhaben zu lassen, war ein Grundanliegen der göttlichen Bestimmungen in der Heiligen Schrift. So sollte jeder Stamm des Volkes Israel einen Teil des Landes als „sein Erbteil", als Lebens- und Erwerbsgrundlage haben. Wenn es nun aus unterschiedlichen Gründen doch zu einer persönlichen Notlage kam, war die Gemeinschaft nach Gottes Bestimmung dazu aufgerufen, dem Armen zu helfen und die Not zu lindern.

> ***5. Mo. 15,11:***
> *...darum gebiete ich dir und sage, dass du deine Hand auftust deinem Bruder, der bedrängt und arm ist in deinem Lande.*

Darüber hinaus finden wir erste konkrete allgemeingültige Verfügungen Gottes, die den Schutz vor dem Verhungern des Armen zum Ziel haben:

> ***3. Mo. 23,22:***
> *Wenn ihr aber euer Land aberntet, sollt ihr nicht alles bis an die Ecken des Feldes abschneiden, auch nicht Nachlese halten, sondern sollt es den Armen und Fremdlingen lassen. Ich bin der HERR, euer Gott.*[5]
>
> ***5. Mo. 24,21:***
> *Wenn du deinen Weinberg abgelesen hast, so sollst du nicht nachlesen; es soll dem Fremdling, der Waise und der Witwe zufallen.*

Diese Verfügungen Gottes wurden in Zeiten allgemeiner Missstände durch die Botschaft der Propheten mit aller Deutlichkeit bekräftigt:

> ***Jesaja 58,7:***
> *Brich dem Hungrigen dein Brot, und die im Elend ohne Obdach sind, führe ins Haus! Wenn du einen nackt siehst, so kleide ihn, und entzieh dich nicht deinem Fleisch und Blut!*

In der Bibel wird uns von einigen großen Hungersnöten berichtet.[6] Die bekannteste ist die große Hungersnot in Ägypten zur Zeit Josephs.[7] Von besonderer Bedeutung ist die Tatsache, dass wir hier ein eindrückliches Beispiel für von Gott initiierter, organisierter Vorsorge und Fürsorge vor Augen haben. Dank Josephs gut organisierter Vorsorge in den Jahren des Überflusses konnte wäh-

---

5 Vgl. auch 3. Mo. 19,9.10 u.a.

6 Vgl. 1. Mo. 12,10; 1. Mo. 26,1; 1. Mo. 41,54; Ruth 1,1; 1. Kö. 1,2; 2. Kö. 4,38; 2. Kö. 6,25.

7 1. Mo. 41-50.

rend der hereinbrechenden Zeit der Hungersnot Not und Elend bis hin zu den benachbarten Völkern zu einem erheblichen Teil abgewendet werden.

4. Soziales Engagement und christliche Verantwortung im antiken Rom und im Mittelalter

Weder die Antike noch das Mittelalter kannten breit angelegte öffentlich-rechtliche Strukturen, die mit den Strukturen der heutigen öffentlichen sozialen Sicherungssysteme in der Bundesrepublik Deutschland (Sozialhilfe, Arbeitslosengeld, Krankengeld, bzw. Lohnfortzahlung im Krankheitsfall, Rentenversicherung usw.) auch nur annähernd vergleichbar wären. Die soziale Sicherung war, wenn überhaupt, individuell in Form von Pensionszahlungen oder ähnlichen Leistungen geregelt oder vereinbart.

Die Grundstruktur der sozialen Sicherung bildete die Familie. Familie bedeutete immer die Großfamilie bis hin zur Sippe. Die Eltern sorgten für die heranwachsenden Kinder, die Kinder dann später für die alt gewordenen Eltern. Die arbeitsfähigen Mitglieder der Familie trugen zum Lebensunterhalt aller bei. Die Familie insgesamt versorgte ebenfalls die schwachen und kranken Familienangehörigen. Wem hier, aus welchen Gründen auch immer, kein Rückhalt geboten wurde, dem drohte bitterste Armut und Verelendung. Ebenso erging es z.B. Gelähmten und anderen, die durch Krankheiten oder sonstige Umstände arbeitsunfähig geworden waren und keinen Rückhalt in einer Familienstruktur hatten. Ihnen blieb als letzter Ausweg die Bettelei. Frauen traf nicht selten das Los der Prostitution. Aber auch Selbstversklavung und Tagelöhnertum waren an der Tagesordnung. Eine nicht geringe Anzahl von Bettlern und Armen gehörten zum „normalen" Bild antiker Gesellschaften.

Einen erheblichen Gegenpol dazu bildeten schon früh die seit dem ersten Jahrhundert gegründeten christlichen Gemeinden. Ein besonderes Kennzeichen der ersten christlichen Gemeinde in Jerusalem um 35 n. Chr. war das Prinzip des Teilens und der Fürsorge für Bedürftige.[8] Insgesamt bildete die christliche Gemeinde ein für damalige Verhältnisse einzigartiges soziales Refugium und war ein Ausgangspunkt für das Bewusstsein von sozialer Verantwortung. Damit war die christliche Gemeinde für viele nicht nur in geistlicher, sondern auch in materieller Hinsicht eine neue Familie. Nicht zuletzt darin lag eine ungeheure Anziehungskraft der christlichen Gemeinden in der heidnischen Bevölkerung, nicht nur bei den Armen.

---

8 Vgl. Apg. 2,45; 6,1-7 u.a.

Die Ausprägung urchristlicher Solidargemeinschaft finden wir in der Apostelgeschichte. Die Gläubigen hatten nicht nur Gemeinschaft in der Lehre der Apostel, im Brotbrechen und im Gebet, sondern sie hatten alle Dinge gemeinsam. Dabei ist allerdings zu berücksichtigen, dass es sich hierbei um eine Zustandsbeschreibung, nicht aber um ein Gebot zum Kollektivbesitz handelt. So wenig Jesus die prinzipielle Besitzlosigkeit predigte, so wenig predigten die Apostel den Kollektivbesitz oder die verklärte Armut. In der christlichen Gemeinde wird es, weil es immer auch unterschiedliche Begabungen und Berufschancen im Leben gibt und geben wird, immer begüterte und weniger begüterte Menschen geben. Das war auch in der Urgemeinde so. Dort liegt aber auch das Problem. Entscheidend ist das Prinzip des Teilens und der gegenseitigen Fürsorge. Durch das urchristliche Teilen sollte der existentiellen, materiellen Not des Einzelnen abgeholfen werden. Gemeinde war und ist Schicksalsgemeinschaft in jeder Hinsicht. Niemand aus der Gemeinde soll Not leiden, während andere im Überfluss leben.

Entscheidend ist auch, dass bei allem Gottes Reich an erster Stelle steht. Hier stehen die Reichen durchaus in einer besonderen Verantwortung. Auch das ihnen anvertraute Gut ist letztendlich Geschenk und Gabe Gottes und soll zu dessen Verherrlichung dienen.

Dies gilt im Übrigen nach dem Neuen Testament nicht nur innerhalb einer Ortsgemeinde, sondern selbst über Grenzen und Länder hinweg. Die reichen Gemeinden (z.B. in späterer Zeit die Gemeinde in Rom) legten Sammlungen für bedürftige Gemeinden zusammen. Dabei bestand der Bedarf dieser nicht in erster Linie zur Errichtung von Gemeindehäusern, sondern es ging um die handfeste Linderung von Armut und Not, die Bewahrung vor der sozialen Katastrophe. So halfen und helfen alle mit, aus der Armut herauszukommen und die Existenz zu sichern. Gemeinde Jesu nach urgemeindlichem Vorbild war sozusagen ein funktionsfähiges soziales Netz.

Dabei wurde die Hilfe nicht dem freien Belieben der Kräfte überlassen, sondern durchaus organisiert. Apostelgeschichte 6 macht deutlich, dass die Hilfsdienste nur dort funktionierten, wo diakonische Arbeit gut organisiert und strukturiert war. Grundlage war das Prinzip der Solidargemeinschaft.

5. Das Prinzip der Solidargemeinschaft und sozialer Missbrauch

Das Grundprinzip der Solidargemeinschaft herrschte in allen christlichen Gemeinden. Dort, wo es aufgrund großer sozialer Unterschiede in manchen Gemeinden aufzuweichen drohte, wurde diese Aufweichung durch die Apostel als Missstand angeprangert und die unverzügliche Wiederherstellung des Solidarprinzips eingefordert:

Gal. 6,2:

Einer trage des anderen Last, so werdet ihr Christi Gebot erfüllen.

Gal. 6,10:

Lasst uns Gutes tun an jedermann, allermeist aber an des Glaubens Genossen.

Jak. 2,17:

… so ist der Glaube, wenn er nicht Werke hat, tot in sich selber.

Weitere biblische Belegstellen sind: 1. Kor. 11; Jak. 2; Hebr. 13,16 u.a.

Aber auch Missbrauch der sozialen Einstellung der Gemeinde wurde scharf verurteilt. So gelten im Neuen Testament vorsätzliche Faulheit und Müßiggang als unerträgliches Fehlverhalten, welches von der Gemeinde auf keinen Fall geduldet oder unterstützt werden darf:

2. Thess. 3,6.10ff.:

Wir gebieten euch aber, liebe Brüder, im Namen unseres Herrn Jesus Christus, dass ihr euch zurückzieht von jedem Bruder, der unordentlich lebt … denn wir haben euch geboten: Wer nicht arbeiten will, der soll auch nicht essen. Denn wir hören, dass einige von euch unordentlich leben und nichts arbeiten, sondern unnütze Dinge treiben. Solchen gebieten wir und ermahnen sie in dem Herrn Jesus Christus, dass sie still ihrer Arbeit nachgehen und ihr eigenes Brot essen.

Angeprangert wird nicht die unverschuldete Notlage (z.B. durch Krankheit, Erwerbslosigkeit oder Witwenstand), sondern das verantwortungslose Ausnutzen der Gemeinschaft durch Faulheit und Müßiggang. Ein derartiges Verhalten konnte und kann durchaus den Ausschluss aus der Gemeinde zur Folge haben.

Ebenso verwerflich ist es, wenn jemand sich Christ nennt und vorsätzlich seine Versorgungspflichten gegenüber dem eigenen Haus, der eigenen Familie vernachlässigt oder gar die Familie verwahrlosen lässt:

1. Tim. 5,8:

Wenn aber jemand die Seinen, besonders seine Hausgenossen, nicht versorgt, hat er den Glauben verleugnet und ist schlimmer als ein Heide.

Faulheit, Gleichgültigkeit, Müßiggang und Verantwortungslosigkeit gelten als Kennzeichen eines gottlosen Lebensstils, dessen Prädikat „schlimmer als die Heiden" ist. Sie gelten als Verleugnung des Glaubens und als schweres Vergehen für einen Christen. Es sind Verhaltensweisen, die mit dem Glauben an Jesus nicht zusammenpassen. Dies sind seit jeher Grundpositionen einer protestantischen Ethik.

6. Armut und Reichtum heute

Armut und Reichtum sind in unserer Überflussgesellschaft zu relativen Begriffen geworden. Was brauche ich und was steht mir moralisch zu? Ein Mann wie Abraham wird in der Schrift als „reicher Mann" bezeichnet. Sein Reichtum bestand im Wesentlichen aus einem wunderschönen Zelt und einer bedeutenden Viehherde, die eine vergleichsweise stabile Existenzgrundlage darstellten. Er hatte Knechte und Mägde. Und doch würde nach den Maßstäben heutiger westlicher Lebensvorstellungen wohl kaum jemand ernsthaft mit Abraham tauschen wollen! Menschen, die so leben wie Abraham lebte, würden nach den Maßstäben technisierter Zivilgesellschaften von vielen sicherlich eher als „arm" oder „entwicklungsbedürftig" eingestuft werden. Doch war Abraham wirklich arm? Woher beziehen wir unsere Maßstäbe? Abraham war ein gesegneter Mann. Er hatte eine von Gott geschenkte sichere Existenzgrundlage, eine Familie und ein langes Leben. Ging es ihm wirklich schlechter als uns? Sind die scheinbaren Berauschungen unserer verschwenderischen Konsum- und Spaßgesellschaft wirklich „Reichtum" und ein geringeres Maß an Partizipation daran „Armut"?

Armut im eigentlichen Sinne ist existentielle Bedrohung infolge elementaren Mangels an Nahrung, Kleidung, Obdach. Den Widrigkeiten der Natur und der Menschen schutzlos ausgeliefert sein, bedeutet Armut. In was für einer Welt leben wir und wo gehen wir hin? Wie lange wird diese Maschinerie noch so weiterlaufen? Bis zum Versiegen des Erdöls in ca. 50 Jahren? Was kommt danach auf unsere Kinder und Enkel zu?

7. Steuern zahlen

Die Aussagen des Neuen Testamentes bezüglich öffentlicher Abgaben, wie z.B. Steuern, sind eindeutig. Als Jesus gefragt wurde, ob es recht ist, dem Kaiser Steuern zu zahlen, antwortete er kurz und bündig:

Mt. 22,21:
Gebt dem Kaiser, was des Kaisers ist und Gott, was Gottes ist.

Es ist nach dem Neuen Testament die grundsätzliche Pflicht des Christen, sich an die irdischen Gesetze und Ordnungen des Gemeinwesens, in dem er lebt, zu halten (Röm. 13,1ff.; 1. Petr. 2,13ff.). Dies gilt selbst dann, wenn man nach subjektiver Einschätzung die gegenwärtige staatliche Ordnung, die Gesetzgebung und Steuerpolitik für problematisch, ja sogar für falsch halten mag.

Jesus hätte sicherlich manche Kritik an der römischen Steuer- und Finanzpolitik äußern können. Wir sind zwar geistlich gesehen nicht von dieser Welt, aber wir leben in dieser Welt und leisten unseren Beitrag zum Gemeinwesen. Die Grenze ist dort erreicht, wo die Gesetzgebung von uns ein Handeln verlangt, welches dem Gebot Gottes grundlegend widerspricht (Apg. 5,29).

Die Abgabe von Steuern ist ein Sachverhalt, dem sich niemand entziehen kann. Jede Art von Steuerhinterziehung verstößt zweifelsfrei gegen Gottes Gebot und ist Sünde. Dies gilt nicht nur für Schwarzarbeit, sondern auch für bewusst fehlerhafte Angaben in der jährlichen Steuererklärung trotz besseren Wissens.

Dies bedeutet nicht, dass man jede Schieflage der Gesetzgebung klaglos hinnehmen muss. Die Geschichte zeigt eindrücklich, wie Menschen sich aus christlicher Überzeugung in der Politik für soziale Belange eingesetzt und hier Großartiges und Segensreiches bewirkt haben. Solidargemeinschaft und individuelle Verantwortung sind Eckpfeiler einer christlichen Ethik im Blick auf soziale Wohlfahrt.

8. Fazit und Ausblicke

- Die Verantwortung zur Linderung von Not und die Aufforderung, Not leidenden Menschen zu helfen, sind fundamentale biblische Prinzipien.
- Das soziale Engagement war seit den Anfängen in der Urgemeinde zu allen Zeiten wesentlicher Bestandteil ursprünglichen christlichen Selbstverständnisses. Die Urgemeinde lebte das Prinzip der Solidargemeinschaft und der gegenseitigen Fürsorge.
- Die gegenwärtigen Sozialsysteme basieren auf dem christlichen Prinzip der Solidargemeinschaft. Es ist die Pflicht und Aufgabe eines jeden Christen, mit seinem Beitrag zum Erhalt Not abwendender Strukturen beizutragen und auf diese Weise das „Beste der Stadt“ zu suchen.
- In einer auf maximale Optimierung individueller Wohlfahrt ausgerichteten Anspruchsgesellschaft ist soziales Handeln zum Leistungsfaktor auf Gegenseitigkeit generiert. Öffentliche soziale Leistungen werden nicht mehr als „Dienst“ oder „Segen“, sondern als einzufordernder „Anspruch“ verstanden. Die Grenzen dieses Prinzips sind dann erreicht, wenn der Anspruch nicht mehr eingelöst werden kann. Dann droht ein allgemeiner Kollaps der Sozialsysteme.
- Vor diesem Hintergrund sind Schwarzarbeit und Sozialmissbrauch also nicht nur Betrug und Vergehen an der gegenwärtigen Rechtssprechung. Sie sind zugleich auch ein Ausdruck mangelnder christlicher Werteprägung. Sowohl

Schwarzarbeit als auch Sozialbetrug ist Sünde und mit einem Leben als Christ nicht vereinbar.

- Es gehört zur Verantwortung des Christen, sich nach bestem Wissen und Gewissen über die Rechtmäßigkeit oder Unrechtmäßigkeit seines Handelns zu vergewissern. Bei Zweifelsfragen und Unsicherheiten ist es heutzutage problemlos möglich, sich über die Rechtmäßigkeit eines bestimmten Verhaltens zu informieren (Was fällt unter Schwarzarbeit, was nicht?).
- Gemeinde Jesu wird sich schon jetzt Gedanken machen müssen, wie sie künftig dem drohenden Kollaps der weltlichen Sozialsysteme begegnet. Dies wird nur gelingen, wenn ein Umdenken vom individualistisch ausgerichteten Lebensstil erfolgt. Denkbar wären neuartige Formen von Gemeinschaft und Strukturen gemeinsamen Lebens. Die Geschichte könnte hier manch positive Anregung liefern. Dabei wird die christliche Gemeinde immer Vorreiter selbstlosen, fürsorglichen Handelns sein. Gegenseitige praktische Hilfe in der Gemeinde wird mancher Härte entgegentreten können.
- Vielleicht werden wir in wirtschaftlich schwierigeren Zeiten wieder eher zu einem Verständnis von Gemeinde als Sozialwerk kommen. In Situationen, wo Geschwister Hunger leiden, wird die Frage nach kosmetischen und technischen Wünschen in der Gemeinde sicherlich eine untergeordnete Rolle spielen.

DR. MARKUS LIEBELT
SCHWENNINGEN

Alternative Heilverfahren

Hat recht, wer heilt?

von Johannes Euhus

1. Grund und Grenze unserer Verantwortung

Alternative Heilverfahren sind seit Jahren im Aufwind. Eine Untersuchung des Allensbacher Instituts für Demoskopie ergab, dass im Jahr 2002 73% der deutschen Bevölkerung zu den Anwendern von Naturheilmitteln gehörten; im Jahr 1970 waren es 51% und 1997 waren es 65%; der Umsatz im Verkauf von homöopathischen Mitteln stieg zwischen 1995 und 2005 um etwa 80%.

Die klassisch-medizinische Versorgung stößt an ihre Grenzen, was beispielsweise Resistenzen bei antibiotischer Behandlung, die Therapie bei Allergien und chronischen Erkrankungen betrifft. Dies hat zur Verbreitung der so genannten alternativen Heilverfahren beigetragen.[1] Im Besonderen sind hier die traditionelle chinesische Medizin (TCM) und die Homöopathie[2] zu nennen. Dabei ist inzwischen die Trennlinie zwischen „Schulmedizin" einerseits und „alternativen Heilverfahren" andererseits gar nicht mehr eindeutig zu ziehen: Studierte Fachärzte lassen sich längst für alternative Heilverfahren fortbilden und im Gegenzug arbeiten viele Heilpraktiker wissenschaftlich in dem Sinne, dass sie nach genau normierten Diagnose- und Therapieverfahren arbeiten, die auf sorgfältigen Studien und langjährigen Beobachtungen basieren. An manchen Orten gibt es eine rege Zusammenarbeit zwischen Heilpraktikern, niedergelassenen Ärzten und Kli-

1 Während der hier verwendete Begriff *Alternativmedizin* die so bezeichneten Heilverfahren eher im Gegensatz (oder zumindest in Konkurrenz) zur wissenschaftlichen Humanmedizin positioniert, beschreibt die Bezeichnung *Komplementärmedizin* diese Verfahren eher als Ergänzung zu den herkömmlichen medizinischen Behandlungsmethoden.

2 Vor allem die Anwendung von Globuli („Kügelchen") erfreut sich unter jungen Familien einer immer größeren Beliebtheit.

niken, so dass nicht immer und überall von einer Frontstellung zwischen „wissenschaftlich“ und „alternativ“ gesprochen werden kann. Auch wenn die „Schulmedizin“ durch den Boom alternativer Heilverfahren hilfreiche Anregungen und Korrekturen erfuhr und manche Impulse aufgenommen hat, beobachten wir den Trend auf dem Markt der Heilverfahren auch mit Sorge. Viele Christen und Gemeinden empfinden eine Mitverantwortung für die Menschen in ihrem Einflussbereich, weil bestimmte Gefährdungen für den Einzelnen mit dieser Entwicklung einhergehen:

- Schlechte/unseriöse Behandlung, infolge dessen: Bedrohung der Gesundheit
- Geldschneiderei/Quacksalberei/Betrug
- Verstrickung in Okkultismus

Besonders letztere Gefahr fordert Gemeinden heraus, Stellung zu beziehen. Krankheit, Leid, Schmerzen und Heilung sind ein Themenfeld, das wir als Christen zumindest nicht unkommentiert dem säkularen Markt und seinen Informationsquellen überlassen wollen. Allerdings kann dieser Beitrag keine gründliche oder gar vollständige Auseinandersetzung mit den verschiedenen Heilverfahren bieten. Ich verweise am Schluss des Aufsatzes auf Literatur und christliche Initiativen, die sich die Klärung der einschlägigen Fragestellungen zur Aufgabe gemacht haben. Im Wesentlichen bietet dieser Artikel lediglich eine Liste von bedenklichen Heilverfahren und einige grundsätzliche Überlegungen, die es dem Leser ermöglichen sollen, zu einem durchdachten und souveränen Umgang mit einem fragwürdigen Heilverfahren zu gelangen.

Jesus Christus hat zahllose Menschen geheilt; in seiner Nachfolge und in seinem Namen taten dies auch die Apostel und deren Nachfolger bis hinein in die Gegenwart. Zudem kennt unser Herr Krankheit, Schmerzen und Leid durch seine Passion am eigenen Leib. Jesus Christus sitzt zur Rechten des Vaters als ein Messias mit Narben, der ins Leid hinabgestiegen ist und mit uns leidet (Hebräer 4,15). Der Dienst an Kranken und das Gebet für Kranke ist eine fest in der neutestamentlichen Überlieferung verankerte Praxis der Gemeinde. Wenn wir im Folgenden verschiedene Heilverfahren kritisch beurteilen, möchten wir im Gegenzug dazu ermutigen, dieses wahre alternative Heilverfahren in unseren Gemeinden zu entdecken und zu intensivieren: das Gebet um Heilung im Namen Jesu.

2. Anfragen an das Menschenbild der Humanmedizin

Aufgrund der Kürze dieses Artikels und der kritischen Konzentration auf alternative Heilverfahren mag der Eindruck entstehen, der herkömmlichen Schulmedizin werde pauschal das Attest „empfehlenswert“ und den anderen Verfahren die

Diagnose „unseriös" oder gar „okkult" ausgestellt. Nicht zuletzt um diesem Eindruck vorzubeugen sollen deshalb zunächst Anfragen an das beherrschende Menschenbild der Humanmedizin vorausgeschickt werden. Diese berechtigten Anfragen sind unter anderem dafür verantwortlich, dass leidende Menschen häufig Hilfe beim Heilpraktiker und nicht beim Hausarzt suchen.

Genau besehen ist die Humanmedizin weniger eine Wissenschaft, sondern sie umfasst eine ganze Familie von Wissenschaften. Die Forschungsergebnisse von Humanbiologie, Chemie, Physik, ergänzt durch Psychologie und Sozialwissenschaften, werden zusammengetragen und je nach Spezialisierung der Ärzte unterschiedlich gewichtet, damit diese befähigt werden, dem Ziel des gesunden Menschen zu dienen. Den Krankheiten soll durch ärztliches Handeln vorgebeugt werden (Prophylaxe), wenn eine Krankheit eintritt, soll ein Arzt sie sicher erkennen können (Diagnose), er soll sie durch Verordnung einer angemessenen Therapie behandeln und im Falle der Unheilbarkeit durch Palliativmedizin den Schmerz lindern können. Möglicherweise ist der Reichtum an Forschungsbereichen, der breite und vielseitige Kanon an Wissenschaften der Grund dafür, dass es schwierig ist, das Menschenbild der modernen Medizin zu beschreiben.

Namhafte Vertreter der wissenschaftlichen Humanmedizin nehmen eine Schieflage ihrer Disziplin wahr, hin zu Materialismus und einem verengten, technischen Menschenbild. Dahinter verbirgt sich möglicherweise noch das technisch-naturwissenschaftliche Welt- und Menschenbild der Evolutionsbiologie und der Naturwissenschaften des 19. Jahrhunderts, an welche die moderne Humanmedizin Anleihen macht. Thure von Uexküll, der als Begründer der Psychosomatik im deutschsprachigen Raum gilt, nahm kurz vor seinem Tod folgenden Bestand über das Menschenbild der Medizin auf: „Der vorherrschende Gesundheitsbegriff beschreibt das gute Funktionieren einer Maschine – einer sehr komplizierten Maschine, die man aber zerlegen kann in Teilmaschinchen. Die von der Weltgesundheitsorganisation angewendete Definition von Gesundheit (körperliches, psychisches und soziales Wohlbefinden) ist dagegen eine bunte Luftblase. Es fehlt der Medizin eine Definition des erlebenden Körpers. Eine Definition für Seele hat sie auch nicht, wenn beides getrennt formuliert wird. Das Menschenbild der Medizin ist technokratisch. Der biotechnisch nicht fassbare Inhalt geht verloren, um den kümmern sich die meisten Mediziner nicht."[3] Hier, in einer eindimensional-technokratischen Sicht des Menschen, ist offenbar zu einem erheblichen Anteil die Ursache für den Stillstand bei der Erforschung bestimmter Krankheitsbilder zu

3 Interview in „die ZEIT" 07/2001.

suchen und infolgedessen auch für das Versagen mancher Therapien. Nicht von ungefähr fließen viele Gelder der Krankenkassen in die Apparatemedizin und es werden vergleichsweise wenige Mittel für das Patientengespräch zur Verfügung gestellt.[4]

Dem gegenüber ist die Anziehungs- und Überzeugungskraft der Anbieter alternativer Heilverfahren häufig aus einer ganzheitlichen Sicht des Menschen gespeist. Viele Heilpraktiker nehmen sich für die Anamnese, die Wahrnehmung des leidenden Menschen und seiner Krankheitsgeschichte, sehr viel mehr Zeit als der Hausarzt.

Christen und die Vertreter alternativer Heilmethoden stehen sich einander an diesem Punkt sachlich näher, als sie es mitunter wahrnehmen (wollen). Im biblisch-hebräischen Denken wird der Mensch nämlich ganz wesentlich als ein Beziehungswesen angesehen. Weniger das Teil, das isolierte Element, als das Ganze und seine Beziehungen zueinander, sein Zusammenhang, werden beobachtet. Sehr konkret werden beispielsweise in der hebräischen Sprache bestimmte Körperteile zum einen mit ihrer Funktion zusammen gesehen und zum anderen mit Gemütsregungen in Verbindung gebracht. Das Wort für Seele lässt sich auch mit Hals oder Kehle übersetzen, das Herz ist der Sitz des Denkens und der Überzeugungen, die Worte für Nase und Zorn sind Synonyme, die Niere gilt als Sitz des Gewissens, Auge und Quelle sind ebenfalls Synonyme; der Arm Gottes oder eines Menschen beschreibt zugleich seine Reichweite, also seine Kraft, sein Vermögen, seine Potenz. Fuß kann man an manchen Stellen besser mit dem übersetzen, was der Fuß beschreitet: einen Weg.[5] Man könnte aus diesen sprachlichen Eigenheiten vielleicht eine biblische Psychosomatik entwickeln; zumindest transportieren sie eine Anschauung darüber, welches innere Leiden sich in welchen Körperregionen und -funktionen niederschlagen kann.

Angesichts dieses biblischen Widerspruchs gegen das dominierende humanwissenschaftliche Menschenbild ist Wachsamkeit gegenüber manchen wissenschaftlichen Therapieverfahren mindestens ebenso angebracht wie gegenüber alternativen Heilverfahren. Grenzen, Auswüchse und Schieflagen der konventionellen Medizin,

---

4 „Die Honorierung der eigentlichen ärztlichen Leistung, Anamnese, Untersuchung und Diagnostik, ist geradezu skandalös niedrig. Sie wird schlechter bezahlt als das Auswechseln einer Wasserkrandichtung durch einen Installateur. Die Apparatemedizin wird dagegen fürstlich belohnt." Prof. Dr. Rudolf Kleining und Dr. Rolf Herbert in: http://www.second-opinion-service.de.

5 Nähere Informationen in: Wolff, H.W., Anthropologie des Alten Testaments, Gütersloh 61994 und Kettling, Siegfried, Wer bist du, Adam? Gottes Geschichte mit den Menschen, Witten 1997.

der Pharmazie und in unserem Gesundheitswesen samt den daraus resultierenden ethischen Fragestellungen wären also sicherlich einen eigenen Artikel wert.

3. Biblische Leitplanken

Nachdem ein Schwachpunkt der wissenschaftlichen Humanmedizin erörtert wurde, sollen uns im Folgenden zwei Verse aus den Briefen des Paulus beim Prüfen alternativer Heilverfahren begleiten; sie sollen uns wie zwei Leitplanken vor ungerechtfertigten und extremen Urteilen bewahren.

1. Petrus 5,8

„Seid nüchtern und wacht; denn euer Widersacher, der Teufel, geht umher wie ein brüllender Löwe und sucht, wen er verschlinge."

Wir widersprechen somit dem Urteil: „Wer heilt, hat Recht", ebenso wie der Überzeugung, der Urheber jeder Heilung sei notwendig Gott, der Schöpfer. In seinen Endzeitreden warnt Jesus vor falschen Propheten, die Zeichen und Wunder wirken (Matthäus 24,24). Die Offenbarung des Johannes schildert die Heilung einer tödlichen Wunde an einem widergöttlichen Wesen (Offenbarung 13).[6] Diese dämonisch erzeugten Heilungswunder werden die Völker zum Abfall vom wahren Gott, dem Vater Jesu Christi, reizen. Die neutestamentlichen Autoren gehen selbstverständlich davon aus, dass der Widersacher Gottes seinen menschlichen Dienern paranormale, übersinnliche Kräfte verleiht. Wo immer im Neuen Testament von Zeichen und Wundern gesprochen wird, geht es – neben anderen Phänomenen – vor allem um Heilung von Krankheit. Die Endzeitreden weisen darauf hin, dass auch falsche Propheten Zeichen und Wunder vollbringen werden[7], sprich: Heilungen mit dem Ziel der Verführung. Daher sollten Christen wachsam sein und damit rechnen, dass auf dem sehr unübersichtlichen Markt der Heilverfahren auch okkulte Kräfte am Werk sind. Der Teufel versucht, leidende und kranke Menschen gefangen zu nehmen.

---

6 Auch wenn es sich bei dem Tier und seiner Wunde sicherlich um eine Metapher handelt und es eher unwahrscheinlich scheint, dass eine konkrete physische Wunde angesprochen ist, bestätigt dieses Motiv, dass Heilung zumindest auch als Ergebnis dämonischer Wirkung angesprochen werden kann. Sicherlich ist so eine dämonisch generierte Heilung verlogen und nur in einem sehr oberflächlichen Sinne Heilung zu nennen – allerdings kann sie offenbar so überzeugend erscheinen, dass Menschen sich durch sie verführen lassen.

7 Mt. 7,23; 24,15; Mk. 13,22.

„Unfruchtbare Werke der Finsternis"[8] – im Bereich von fragwürdiger Diagnostik und Heilung aufzudecken und zu markieren ist ein Anliegen dieses Artikels.

1. Timotheus 4,4f.

„Denn alles, was Gott geschaffen hat, ist gut, und nichts ist verwerflich, was mit Danksagung empfangen wird; denn es wird geheiligt durch das Wort Gottes und Gebet."

Der Schöpfer hat Selbstheilungskräfte in seine belebte Schöpfung hineingelegt. Genau genommen kann kein Arzt einen Menschen heilen, er kann immer nur den Selbstheilungsprozess eines Körpers fördern, begünstigen, anreizen und unterstützen. Auch kann kein Chirurg einen entzwei gebrochenen Knochen wieder vereinen. Aber er kann ihn so schienen, dass er wieder gerade zusammen wächst. Ein Antibiotikum heilt nicht, es bekämpft einen Infekt und erleichtert dem Körper damit die Abwehr.

Wenn eine Krankheit durch ein der europäisch-wissenschaftlichen Medizin unbekanntes, z. B. fernöstliches, Verfahren erfolgreich bekämpft wird, müssen nicht sofort und unbedingt okkulte Kräfte am Werk sein – selbst dann nicht, wenn dieses Verfahren in eine unbiblische Menschen- und Weltsicht eingebettet ist. Warum sollten nicht Menschen außerhalb des jüdisch/christlichen Traditionsstromes einen schöpfungsgemäßen Weg entdeckt haben, die Selbstheilungskräfte des Körpers zu unterstützen? Hier gilt es, unvoreingenommen zu prüfen, denn es kann durchaus sein, dass sich der Widersacher Gottes gewissermaßen als Produktpirat betätigt, also sich selbst als Urheber eines Heilverfahrens ausgibt, das in Wahrheit der Schöpfer erfunden und in seine Schöpfung hineingelegt hat.

Im Sinne des obigen Bibelwortes sollten wir uns nicht zu ängstlich und skrupulös gegenüber unbekannten Heilverfahren verhalten, sondern uns informieren und prüfen. Selbst wenn wir einen Fehler gemacht haben sollten, können wir uns an unseren Herrn wenden, der gerne vergibt, Weisheit schenkt und die Macht des Feindes überwunden hat.

4. Umgang mit fragwürdigen Präparaten

Viele Heilverfahren, egal ob konventioneller, medizinischer, volkstümlicher oder alternativer Herkunft, arbeiten mit Präparaten, die der leidende Mensch zu seiner Heilung

---

8 Epheser 5,10f.: „Prüft, was dem Herrn wohlgefällig ist, und habt nicht Gemeinschaft mit den unfruchtbaren Werken der Finsternis; deckt sie vielmehr auf."

entweder äußerlich/lokal auftragen oder zu sich nehmen soll. Für Gläubige entstehen hier Verunsicherungen, weil – teils nur gerüchteweise bekannt, teils aber auch gesichert und sogar ausgewiesen – manche Präparate unter Zuhilfenahme magischer Handlungen hergestellt wurden. An dieser Stelle erübrigt sich eine Unterteilung in harmlose, fragwürdige oder gefährliche Präparate, weil wir im Neuen Testament eine unmittelbar auf diese Fragestellung anwendbare Abhandlung finden, und zwar für den denkbar gravierendsten Fall, nämlich dass tatsächlich eine Substanz unter Zuhilfenahme spiritistischer Zeremonien „präpariert" wurde. Die Rede ist von den Ausführungen zum Genuss von Götzenopferfleisch im ersten Korintherbrief, Kapitel 8 und 10.

1. Korinther 8,4-13

„Dürfen wir also Opferfleisch essen oder nicht? Wir wissen doch alle, dass es außer dem einen Gott gar keine anderen Götter gibt. Und wenn auch so genannte Götter im Himmel und auf der Erde leben – und es gibt ja tatsächlich viele Mächte und Gewalten –, so haben wir doch nur einen Gott, den Vater, der alles erschaffen hat und für den wir leben. Und wir haben auch nur einen Herrn, Jesus Christus, durch den alles geschaffen wurde. Durch ihn sind wir zu neuen Menschen geworden. Einige Christen haben das aber noch nicht erkannt. Bisher waren sie davon überzeugt, dass es wirklich Götter gibt. Wenn sie nun vom Opferfleisch essen, fürchten sie, damit die Götter anzuerkennen, und bekommen ein schlechtes Gewissen. Was wir essen, entscheidet nicht darüber, wie wir vor Gott dastehen. Vor ihm sind wir weder besser noch schlechter, ob wir nun das Fleisch essen oder nicht. Trotzdem solltet ihr darauf achten, dass ihr mit eurer neu gewonnenen Freiheit dem nicht schadet, dessen Glaube noch schwach ist. Angenommen, du isst in einem heidnischen Tempel Opferfleisch, weil du erkannt hast, dass der Genuss einer Speise dich nicht von Gott trennen kann. Wenn nun dein Bruder, dessen Glaube noch schwach ist, dich dabei sieht – wird er dann nicht ermutigt, es dir nachzumachen, obwohl er dabei gegen sein Gewissen handelt? Und so würde an deiner durchaus richtigen Erkenntnis dein im Glauben schwacher Bruder zugrunde gehen, für den doch Christus gestorben ist. Wenn ihr euch euren Brüdern gegenüber so verhaltet und ihr Gewissen verletzt, so versündigt ihr euch an Christus. Darum: Wenn ich befürchten muss, dass mein Bruder zur Sünde verführt wird, weil ich bedenkenlos Opferfleisch esse, dann will ich lieber mein Leben lang überhaupt kein Fleisch mehr essen, als ihm das anzutun!"

1. Korinther 10,19-20

„Was will ich damit sagen? Dass es doch Götter gibt oder dass die Opfer, die ihnen gebracht werden, irgendeine Bedeutung haben? Natürlich nicht! Was die

Götzenanbeter auf dem Altar darbringen, opfern sie den Dämonen, nicht etwa Gott. Ich will aber nicht, dass ihr Gemeinschaft mit dämonischen Mächten habt.“

1. Korinther 10,23-31

„Ihr lebt nach dem Grundsatz: »Alles ist erlaubt!« Ich antworte darauf: Aber nicht alles, was erlaubt ist, ist auch gut. Alles ist erlaubt, aber nicht alles baut die Gemeinde auf. Denkt bei dem, was ihr tut, nicht nur an euch. Denkt vor allem an die anderen und daran, was für sie gut ist. Kauft unbesorgt das Fleisch, das auf dem Markt angeboten wird, und macht euch kein Gewissen daraus, ob es von Opfertieren stammt. Denn »die Erde und alles, was auf ihr lebt, gehört dem Herrn.« Lädt euch jemand, der kein Christ ist, zum Essen ein und ihr wollt hingehen, so esst, was aufgetragen wird, ohne eine Gewissensfrage daraus zu machen, wo es herkommt. Sollte euch aber jemand ausdrücklich sagen: »Dieses Fleisch stammt vom Götzenopfer!«, dann esst es seinetwegen nicht, damit ihr das Gewissen nicht belastet. Es geht dabei nicht um euer eigenes Gewissen, sondern um das des anderen. Nun mag jemand einwenden: »Weshalb soll ich denn meine persönliche Freiheit vom Gewissen eines anderen einengen lassen? Wenn ich an einem Festmahl teilnehme und Gott für das Essen danke, warum wird mir mein Verhalten dann zum Vorwurf gemacht? Schließlich habe ich Gott doch für die Speise gedankt!« Darauf will ich antworten: Was immer ihr tut, was ihr auch esst oder trinkt, alles soll zur Ehre Gottes geschehen.“

In diesen Passagen lassen sich folgende wesentlichen Überzeugungen erkennen:

- Es gibt nur einen wahren Gott, und alles Materielle, die belebte und unbelebte Schöpfung, ist sein Werk. Es gehört ihm und nicht etwa den Göttern oder Dämonen.
- Eine Übertragung von Dämonie durch etwas Gegenständliches – bei Paulus: Opferfleisch; in unserem Fall: ein fragwürdiges Präparat – ist von der Sache her nicht zu befürchten. Deshalb rät Paulus sogar davon ab, zu viel „Okkult-Recherche“ zu betreiben: „Kauft unbesorgt [...] esst, was aufgetragen wird, ohne eine Gewissensfrage daraus zu machen, wo es herkommt“ (1. Korinther 10,25.27).
- Es gibt allerdings sehr wohl widergöttliche Kräfte, Dämonen. Wer – wie in der Lutherübersetzung formuliert – „an die Götzen gewöhnt“ war (1. Korinther 8,7), sollte zurückhaltender mit fragwürdigen Substanzen umgehen; allerdings nicht, weil er sich durch den bloßen Kontakt mit den Präparaten mit okkulten Mächten infizieren könnte, sondern weil dann möglicherweise eine innere Instanz, sein schlechtes Gewissen, ein Einfallstor für dämonische

Kräfte bietet: In seiner Lebenserfahrung ist dieses Fleisch noch zu fest mit der Wirklichkeit und der Manifestation dämonischer Mächte verknüpft. Der Genuss dieses Fleisches würde möglicherweise in ihm selbst eine verschlossene Tür gegenüber der okkulten Welt wieder öffnen.

Wenn, dann sollten die Christen also aus diesen Gründen das Opferfleisch meiden:

- Um nicht das eigene Gewissen bei einer einschlägigen persönlichen Vorgeschichte zu verletzen.
- Um nicht Mitchristen unter einen Zugzwang des Mitessens zu setzen, die vor ihrer Bekehrung dämonische Kräfte gekannt haben im Zusammenhang von Opfermahlzeiten, und deren Gewissen infolgedessen bedroht wäre.
- Um gegenüber Nichtchristen nicht den Anschein zu erwecken, an einer Opfermahlzeit für eine heidnische Gottheit teilzunehmen.

Diese Empfehlungen lassen sich unschwer auf die Anwendung von Präparaten mit fragwürdigem Hintergrund übertragen: Die Sorge vor der Übertragung von dämonischen Mächten durch bloße Einnahme, Berührung oder Anwendung ist von der Sache her unbegründet. Allerdings sollte bei einer Gewissensentscheidung die eigene Geschichte in Betracht gezogen werden. Weiterhin ist zu bedenken: Was gebe ich einem Mitwisser von meinem Genuss eines Heilmittels – vielleicht ungewollt – mit meinem Genuss zu verstehen? Es sollte zu guter Letzt auch bedacht werden, welche Branche bzw. Industrie ich als Klient und Kunde fördere, wenn ich – möglicherweise regelmäßig – Präparate für mich oder die Familie von einem Hersteller kaufe, der magische Handlungen bei der Herstellung vornimmt. Ein bewusster und regelmäßiger Konsum von beispielsweise anthroposophischen Präparaten erscheint vor diesem Hintergrund zwar als ungefährlich, aber andererseits wenig ratsam.

5. Heilung durch Suggestion und Autosuggestion

Manche alternative Heilverfahren weisen als Merkmal eine suggestive oder autosuggestive Komponente auf. Es wird in diesem Fall bewusst mit dem Konzentrations- oder Ablenkungsvermögen des Patienten gearbeitet. Man versucht, sein Unterbewusstsein anzusprechen bzw. den Klienten anzuleiten, selbst sein Unterbewusstsein durch positive Einreden zu beeinflussen. In der Hypnosetherapie wird die Konzentration des Klienten (z.B. von Schmerzen) abgelenkt. Bei bestimmten Meditationsübungen wird die Aufmerksamkeit eines Menschen auf sich selbst und bestimmte Körperfunktionen gelenkt. Bei Einnahme von homöopathischen Mitteln in hoher Potenzierung[9] ist aufgrund fehlender Wirkstoffe nur noch mit einem heilsamen Placeboeffekt[10] zu rechnen.

Oder die Maßnahmen eines Therapeuten bekommen unmerklich den Charakter magischer Handlungen; ein Ritual, die Empathie des Heilpraktikers, der Glaube an die Wirksamkeit eines Präparats oder an das geheime Wissen des Therapeuten treten an die Stelle einer transparenten Behandlung. Positives Denken wird zu einem tragenden Moment in dem Heilungsprozess. Man müsse eben daran glauben, wird empfohlen – wobei es letztlich im Ungewissen bleibt oder gar verschleiert wird, woran. In der Tat hat etwa der französische Apotheker Émile Coué, der Begründer der modernen Autosuggestion, beobachtet, dass die Wirkung der Medikamente, die er aushändigte, davon beeinflusst wurde, mit welchen Worten er sie überreichte. Auch ein Humanmediziner würde nicht bestreiten, dass es Placeboeffekte gibt. Zudem finden sich in der Bibel zahlreiche Hinweise darauf, dass unsere Gedanken und Worte einen erheblichen Einfluss auf unser Wohlergehen und unsere Gesundheit haben.[11]

Zu klären ist nun, ob ein Christ mit dieser Methode Heilung suchen sollte bzw. es zulassen sollte, dass ein Therapeut unter Einsatz suggestiver Techniken an seinem Leiden arbeitet. Folgende Grenzen sollten angesichts biblischer Werte und Normen nicht überschritten werden:

- Die suggestive Komponente darf nicht an die Stelle des tatsächlichen Heilverfahrens treten und damit zum eigentlichen Vehikel der Heilung werden. Eine Heilung durch ein Wort, das sich nicht auf Christus beruft, schöpft seine Kraft und Wirksamkeit aus einer fragwürdigen Quelle.
- Ein Heilverfahren, bei dem bewusst der Klient getäuscht, belogen oder hinters Licht geführt wird – sei es in bester Absicht und sogar von Erfolg gekrönt – kann schwerlich als schöpfungsgemäß angenommen werden.
- Kein Therapeut sollte von seinen Klienten absolutes Vertrauen und uneingeschränkte Auslieferung fordern.

---

9 Bis zu einer D12-Verdünnung kann noch mit dem Vorhandensein chemischer Bestandteile der Ausgangssubstanz gerechnet werden; ab einer D24/C12-Verdünnung und aufwärts ist das Vorhandensein eines einzigen Moleküls der Ausgangssubstanz statistisch gesehen unwahrscheinlich.

10 Placeboeffekt: Ein nach naturwissenschaftlichen Kriterien wirkstofffreies Präparat führt bei Einnahme durch einen Patienten zur Heilung, Linderung der Symptome oder Besserung des Befindens.

11 Vgl. Ps. 107,20; Spr. 4,23; 12,25; 14,30; 15,30; 16,24; Jak. 3,2.

6. Orientierung zu alternativen Heilverfahren

6.1 OKKULTE VERFAHREN

Wir warnen die Glieder und Freunde unserer Gemeinden eindringlich und bitten sie, folgende Heilverfahren bzw. diagnostische Verfahren zu meiden:

- Geistheilung
- Reiki
- Pendeln
- Besprechen
- Wünschelrutengehen
- Schamanismus
- Wahrsagerei
- Bachblüten
- Heilmagnetismus
- Astrologie/Horoskope
- Edelstein-Therapie
- Kinesiologie

Wer immer solch ein Verfahren in Anspruch genommen hat, bedarf in der Regel einer Lösung von okkulten Bindungen im Namen Jesu durch einen Seelsorger.

6.2 STRITTIGE VERFAHREN

Die Verfahren der folgenden Auflistung empfehlen wir ausdrücklich nicht, halten sie andererseits nicht per se für okkult und in diesem Sinne für gefährlich. Wir empfehlen dem Einzelnen, selbst eine Entscheidung zu fällen, und zwar a) im Gebet, b) nach genauer Erkundigung über das Heilverfahren und c) mit Rücksicht auf die unten genannten Kriterien (vgl. Punkt 7).

- Homöopathie
- Magnetfeld-Therapie
- Akupunktur
- Iris-Diagnostik

6.3 EMPFEHLENSWERTE VERFAHREN

Folgende alternative Verfahren bzw. Präparate halten wir für unbedenklich und für grundsätzlich empfehlenswert:

- Sonnenbäder
- Klimatherapie
- Bäderheilverfahren

- Kneippgüsse
- Phytotherapie
- Lehmpackungen
- Heilerde
- Mineralstoffe
- Massagen
- Chiropraktik

7. Kriterien zur Beurteilung eines Heilverfahrens

Bevor ein gläubiger Klient ein strittiges Heilverfahren in Anspruch nimmt, sollte er folgende Kriterien in Augenschein nehmen und die genannten Fragen bedenken:

7.1 DIE PERSON DES THERAPEUTEN

- Erhebt der Therapeut einen exklusiven Anspruch? Wie stark führt er seine eigene Person ins Feld als Träger eines Geheimwissens, als exklusiver Kenner eines Heilverfahrens oder gar als Medium besonderer Kräfte? Lässt er sich bereitwillig über das Verfahren befragen?
- Je stärker der Therapeut einen „Personenkult" (um seine eigene Person) zulässt oder gar forciert, desto zurückhaltender sollte der Hilfesuchende sein.

7.2 DIE WIRKUNGSWEISE DES HEILVERFAHRENS

- Ist die Wirkung des Verfahrens bzw. des Präparats transparent und plausibel zu machen? Oder werden gezielt magische, undurchschaubare Handlungen eingesetzt? Ist das Verfahren bzw. die Wirkung des Präparats abgekoppelt von der Haltung des Therapeuten oder des Klienten? Können die Kosten des Heilverfahrens aufgeschlüsselt werden?
- Wenn a) unverhohlen übersinnliche Kräfte abgerufen werden oder b) grundsätzlich suggestiv oder autosuggestiv gearbeitet wird, ist Zurückhaltung geboten.

7.3 DAS MENSCHEN- UND WELTBILD DES HEILVERFAHRENS

Welche Sicht des Menschen und der Welt steht hinter dem Heilverfahren? Ist diese Menschen- und Weltsicht mit der biblischen Sicht vereinbar? Ist das Verfahren untrennbar verbunden mit einer unbiblischen Weltanschauung, so dass der Klient die Weltsicht des Heilverfahrens bzw. des Therapeuten annehmen müsste? Oder lässt sich das Verfahren auch unabhängig von einer Weltanschauung anwenden; lässt es sich aus dem religiösen Kontext herauslösen?[12] Bei einer engen Symbiose aus Heilverfahren und (unbiblischer) Weltanschauung sollte von einer Inanspruchnahme des Heilverfahrens abgesehen werden.

7.4 DAS GEWISSEN DER LEIDENDEN

- Hat der Klient eine unheilvolle Geschichte mit strittigen Heilverfahren? War er vor seiner Bekehrung zu Christus verstrickt in okkulte Heilmethoden? Ein Hilfesuchender mit diesem Hintergrund (einer „Gewöhnung" nach 1. Korinther 8,7) sollte aufgrund seiner Geschichte sehr zurückhaltend mit fragwürdigen Heilverfahren umgehen.
- Hat der leidende Mensch eine starke Neigung zur Introspektion (Selbstbespiegelung, Selbstbeobachtung, Nabelschau)? Wird diese Haltung durch das Verfahren verstärkt?
- Sucht der Klient Heilung um jeden Preis? Wenn die eigene Heilung zu einem Götzen wird, die um jeden Preis gesucht wird, dann kann jedes Heilverfahren dämonische Züge annehmen.

8. Weiterführende Informationen

8.1 ZUR NÄHEREN ORIENTIERUNG EMPFEHLEN WIR:

- Kotsch, Michael; Moderne Medizin und Ethik (Band I und II); Lage 2007
- Kropf Matthias; Alternative Heilmethoden. Ein ärztlicher Leitfaden aus biblischer Sicht; Karlsruhe 2008
- O'Mathuna, D.; Larimore, W.; Handbuch Alternativmedizin. Darstellungen und Beurteilungen aus christlicher Sicht; Wuppertal 2006
- Oesch, Dieter; Chancen und Grenzen der Naturheilkunde; Hammersbach 1987
- Vreemann, Wilhelm; Was hilft, was heilt? Ein Arzt beantwortet Fragen zur alternativen Medizin; Dillenburg 2007

12 Offensichtlich (bereits in der Bezeichnung angekündigt) ist z. B. der weltanschauliche Hintergrund der traditionellen chinesischen Medizin. Hier besteht grundsätzlich eine Verknüpfung mit dem fernöstlichen Taoismus.

8.2 FOLGENDE CHRISTLICHE VEREINIGUNGEN BIETEN WEITERFÜHRENDE HILFEN ZU ALTERNATIVEN HEILVERFAHREN:

- Christen im Gesundheitswesen
  Bergstraße 25, 21521 Aumühle, Fon: 04104/ 4982, Fax: 04104/7269, Internet: www.cig-online.de, E-Mail: info@cig-online.de
- Vereinigung Christlicher Heilpraktiker
  An der Drachenwiese 26, 63679 Schotten, Fon: 06044/2325, Fax: 06044/2142, Internet: www.vchp.de, E-Mail: vchp@oesch-schotten.de
- Christen in der Pharmazie
  Fachgruppe der Akademiker-SMD, Postfach 20 05 54, 35017 Marburg (Lahn), Fon 06421/910516, Fax 06421/21277, Internet: www.pharmazie.smd.org, E-Mail: pharmazie@smd.org

PASTOR JOHANNES EUHUS
OSNABRÜCK

Vergebung oder Strafanzeige

Wie viel Unrecht muss ein Christ ertragen?

von Edwin Schulz

1. Einleitung

„Du bist doch Christ! Du musst doch auch die andere Backe hinhalten!" Spätestens wenn jemand einmal mit dieser Aussage in einer konfliktträchtigen Situation konfrontiert wurde, weiß er um die Problematik der Fragestellung „Vergebung oder Strafanzeige?" Die damit verbundenen Überlegungen können durch verschiedene Situationen im Leben eines Christen aktuell werden.

Einige Beispiele

- Auf dem Gemeindeparkplatz fährt jemand beim Ausparken eine Beule in ein Auto, ohne sich zu melden. Der Besitzer des Autos erstattet Anzeige gegen Unbekannt. Dann meldet sich der Verursacher mit schlechtem Gewissen. Sollte der Geschädigte nun seine Anzeige zurückziehen? Würde man anders entscheiden, wenn der Unfall auf einem öffentlichen Parkplatz geschehen wäre?
- Auf der Arbeit wird eine Frau von ihren Kollegen gemobbt. Doch weder der Chef noch der Betriebsrat schenken ihren Aussagen Glauben. Inzwischen schlägt ihr die Situation auf die Gesundheit und ihre Leistungsfähigkeit sinkt so, dass ihr Arbeitsverhältnis gefährdet ist. Sollte sie zum Anwalt gehen, um ihr Recht durchzusetzen oder sollte sie „die andere Backe" hinhalten?
- Ein Mann ersteigert bei eBay ein Notebook. Er überweist das Geld, aber bekommt seine Ware nicht. Angeblich ist sie in der Post verlorengegangen. Das Geld will der Verkäufer aber auch nicht zurück überweisen. Was tun?
- Eltern erfahren, dass ein junger Mann ihre minderjährige Tochter auf einer christlichen Freizeit sexuell belästigt hat. Die Tochter ist völlig aufgelöst. Der junge Mann zeigt kein Schuldbewusstsein. Sollten sie Anzeige erstatten? Wäre es ein

Unterschied, wenn dies auf einer Klassenfahrt passiert wäre? Wie sollten sie sich entscheiden, wenn ihre Tochter nicht nur sexuell belästigt, sondern vergewaltigt worden wäre?

Zu diesen Beispielen gibt es unterschiedliche Ansätze zu möglichen Verhaltensweisen. Die Frage ist deshalb: Auf welcher Basis können Christen an dieser Stelle verantwortbare Entscheidungen treffen? Werfen wir zunächst einen Blick auf relevante Aussagen der Bibel.

2. Biblischer Befund

2.1 DAS VORBILD JESU

Einen nicht geringen Anteil der für unser Thema relevanten Bibelstellen finden wir in der Bergpredigt bzw. in den Parallelstellen im Lukasevangelium.

Matthäus 5,38-48:

„Ihr habt gehört, dass gesagt worden ist: Auge für Auge und Zahn für Zahn."

Jesus zitiert hier das lex talionis, zu Deutsch: das Gesetz der Vergeltung, das wir in 2. Mose 21,24; 3. Mose 24,20 und 5. Mose 19,21 finden. Dieses heute oft als negativ empfundene Gesetz markiert zwei positive Ziele.

- Das erste Ziel lautet: Alle Menschen haben das gleiche Lebensrecht. Dies ist eine Aussage über die Gleichwertigkeit aller Menschen als Grundsatz der Gerechtigkeit. Hier hat der Satz aus Artikel 1 Absatz 1 unseres Grundgesetzes („Die Würde des Menschen ist unantastbar") seinen Urgrund. Ohne ein gleiches Lebensrecht für alle würde ein Klassensystem von Bevorzugten und Benachteiligten entstehen.
- Das zweite Ziel ist, die Blutrache einzudämmen, die bis dahin zeitweise ausuferte, wie es z. B. in der Aussage Lamechs deutlich wird: „Kain soll siebenmal gerächt werden, aber Lamech siebenundsiebzigmal!" Rache will dem anderen noch mehr Leiden zufügen als selbst erlitten wurde. Diesem Ansinnen des Menschen schiebt Gott durch das „Auge um Auge, Zahn um Zahn" einen Riegel vor.

Matthäus 5,39:

„Ich aber sage euch: Leistet dem, der euch etwas Böses antut, keinen Widerstand, sondern wenn dich einer auf die rechte Wange schlägt, dann halte ihm auch die andere hin."

Was Jesus hier ausführt, überbietet das Gesetz der Vergeltung. Mit dem Schlag auf die rechte Wange ist der die Ehre verletzende Schlag mit dem Handrücken gemeint. Im ehrempfindlichen Orient ist dies eine kaum zu überbietende Ehrverletzung. Umso herausfordernder muss die Handlungsanweisung Jesu für die Ohren seiner Zuhörer geklungen haben. Der so Geschlagene soll nicht nur schweigen und sich nicht rächen. Er soll dem Angreifer vielmehr sogar auch noch die andere Backe für eine Fortsetzung des tätlichen Angriffs anbieten. Dabei geht es jedoch nicht um ein feiges, unehrliches, zähneknirschendes oder sogar resignierendes Verzichten auf Widerstand, sondern um ein liebendes Dulden, wie Paulus es in 1. Korinther 13,7 beschreibt: „Die Liebe duldet alles". An dieser Stelle spricht Paulus nicht von im Menschen selbst liegenden Liebesvermögen, sondern von dem Offenbarwerden der Liebe Gottes (agape) in einem und durch einen Christen. Diese Liebe (und Sicht) kann nur durch Gottes Wirken entstehen. Liebe und Dulden sind, wie gesagt, keineswegs schwache, passive Reaktionen auf die Handlung des Angreifers. Römer 12,20 hilft uns, die machtvolle Seite des Duldens besser zu verstehen: „Wenn deinen Feind hungert, gib ihm zu essen; dürstet ihn, gib ihm zu trinken. Wenn du das tust, so wirst du feurige Kohlen auf sein Haupt sammeln." Diese feurigen Kohlen sind ein brennendes Zeichen der Schuld, die entweder zum göttlichen Gericht oder zur Umkehr führt. Hier wird das eigentliche Ziel dieser Handlung deutlich, nämlich den Bösen zum Umdenken zu bringen. Dies Ziel wird auch in Römer 12,21 deutlich: „Lass dich nicht vom Bösen überwinden, sondern überwinde das Böse mit Gutem." Das „Dulden" lehrt uns also, auf Gott zu vertrauen. Und es bringt letztendlich den Sieg des Guten über das Böse hervor.

Interessant ist in diesem Zusammenhang Jesu Verhalten vor dem Hohen Rat, wie es in Johannes 18,22 berichtet wird: „Als er (Jesus) so redete, schlug einer von den Dienern, die dabeistanden, Jesus ins Gesicht und sprach: Sollst du dem Hohenpriester so antworten? Jesus antwortete: Habe ich übel geredet, so beweise, dass es böse ist; habe ich aber recht geredet, was schlägst du mich?" Jesus lebt nun selbst vor, was er gelehrt hatte. An dieser Stelle wird allerdings auch deutlich, dass Jesu Intention nicht ist, das Böse einfach gewähren zu lassen. Vielmehr konfrontiert Jesus den Täter klar und deutlich mit dessen falschem Verhalten. Es ging ihm dabei nicht in erster Linie um sein eigenes Recht, sondern er verfolgte ein seelsorgerliches Ziel, nämlich Einsicht und Reue und eine damit verbundene mögliche Umkehr des Täters.

Matthäus 5,40:

„Und wenn dich einer vor Gericht bringen will, um dir den Leibrock wegzunehmen, dann lass ihm auch den Mantel."

Der Leibrock war damals das Kleidungsstück, das man direkt auf dem Körper trug. Wer jemandem den Leibrock wegnehmen wollte und dafür nicht einmal vor einem Gerichtsprozess zurückschreckte, musste schon ein sehr hartherziger Mensch sein. Aber der Mantel durfte niemandem weggenommen werden. Nach 2. Mose 22,25f war es sogar verboten, den Mantel eines Menschen über Nacht als Pfand zu nehmen. Der Mantel durfte also niemals gegen den Willen des Besitzers den Besitzer wechseln. Trotzdem sagt Jesus: Lass dem Hartherzigen auch das, was er durch einen Prozess nie erlangen könnte. Wieder geht das „Dulden in göttlicher Liebe" weit über die Forderungen des Angreifers hinaus.

Matthäus 5,41:

„Und wenn dich einer zwingen wird, eine Meile mit ihm zu gehen, dann geh mit ihm zwei."

Damit spielt Jesus auf das geltende römisch-griechische Reichsrecht an. Die Besatzer durften danach jeden Juden zwingen, einen unentgeltlichen Transportdienst zu leisten. Solche Transporte geschahen meist zu Fuß. Manchmal ging es nur darum, jemandem einen Weg zu zeigen oder einen Beamten hilfreich zu begleiten. Manchmal mussten aber auch Nachrichten oder Gegenstände transportiert werden. Diese erzwungenen Dienste waren verhasst, weil man jederzeit von der eigenen Arbeit weggeholt werden konnte und weil diese Arbeitsleistungen zudem der ungeliebten Besatzungsmacht zugutekamen. Das neutestamentlich bekannteste Beispiel ist Simon von Kyrene (Markus 15,21), dem man den Transportdienst auferlegte, Jesu Kreuz zu tragen, obwohl er sich gerade auf dem Heimweg von der ermüdenden Feldarbeit befand. Aber selbst bei der verhassten, erzwungenen Zusatzarbeit, die ihnen von einer Besatzungsmacht auferlegt wurde, sollten die Jünger nicht nur das leisten, was von ihnen verlangt wurde, sondern in duldender Liebe das Doppelte tun.

Matthäus 6,12:

„Und vergib uns unsere Schuld, wie auch wir vergeben unsern Schuldigern."

Diese fünfte Bitte des Vaterunsers macht uns auf eine gravierende Voraussetzung aufmerksam, ohne die wir von Gott keine Vergebung erlangen werden: Ich selbst muss anderen vergeben! Tue ich dies nicht, werde ich selbst bei Gott mit meiner Bitte um Vergebung kein Gehör finden.

Jesu Sühnetod am Kreuz löst keinen Automatismus aus, bei dem ich auf jeden Fall Vergebung für meine Sünden erfahre, egal wie ich mich anderen gegenüber verhalte. Diesen Zusammenhang nimmt Paulus auch in Epheser 4,32 und Kolosser

3,13 auf. Wie wichtig diese gegenseitige Bedingtheit von „Vergebung empfangen" und „anderen vergeben" ist, zeigt die erneute Aufnahme dieses Sachverhaltes zwei Verse später im Anschluss an das Vaterunser. Matthäus 6,14f.: „Denn wenn ihr den Menschen ihre Verfehlungen vergebt, so wird euch euer himmlischer Vater auch vergeben. Wenn ihr aber den Menschen nicht vergebt, so wird euch euer Vater eure Verfehlungen auch nicht vergeben."

Lukas 17,3b-4:

„Wenn dein Bruder sündigt, so weise ihn zurecht; und wenn er es bereut, vergib ihm. Und wenn er siebenmal am Tag an dir sündigen würde und siebenmal wieder zu dir käme und spräche: Es reut mich!, so sollst du ihm vergeben."

Jesus überbietet das eigentlich schon gnädige Angebot des Petrus bei weitem. Nicht siebenmal, sondern *sieben Mal siebzigmal* sollen wir unserm Bruder (Mitchristen) vergeben. Dabei steht diese Angabe symbolisch dafür, einander unbegrenzt zu vergeben. In dem anschließenden Gleichnis vom Schalksknecht (V. 23-35) weist Jesus darauf hin, dass Gott uns selbst viel mehr vergeben hat, als wir jemals anderen vergeben könnten. Es schließt mit der Mahnung, dass Gott uns auch nicht vergeben wird, wenn wir einander nicht von Herzen vergeben.

Matthäus 5,11:

„Selig seid ihr, wenn euch die Menschen um meinetwillen schmähen und verfolgen und reden allerlei Übles gegen euch, wenn sie damit lügen."

Hier haben wir den Sonderfall der Benachteiligung und Verfolgung um Jesu willen vorliegen. Jesus heißt nicht gut, was Schmäher und Verfolger den Christen antun. Aber er richtet den Blick seiner Jünger auf die Ehre, die ihnen zuteilwird, weil sie um seines Namens willen verfolgt werden. Das nämlich bedeutet, dass sie sich öffentlich zu ihm bekannt und als Christen erkennbar gelebt haben. Der Nachsatz „wenn sie damit lügen" macht deutlich, dass sich keiner mit falschen Lorbeeren wegen erlittener Verfolgung schmücken soll, wenn er diese durch eigenes Fehlverhalten selbst provoziert hat. Matthäus 5,12 vermittelt noch eine wichtige Horizonterweiterung: „Seid fröhlich und getrost; es wird euch im Himmel reichlich belohnt werden. Denn ebenso haben sie die Propheten verfolgt, die vor euch gewesen sind. Wenn wir verfolgt werden und Unrecht erleiden, befinden wir uns in guter Gesellschaft. Ebenso ist es Gottes Propheten ergangen." Jesus lenkt also den Blick weg von der Diesseitsfalle hin zum Himmel, in dem die Treue zu ihm belohnt wird. Dies ist keine billige Jenseitsvertröstung, sondern ein Hinweis auf die wahre, von Christen oft vergessene Wirklichkeit, die überwältigender ist als jedes hier erlittene Unrecht.

2.2 DAS VERHALTEN DES APOSTELS PAULUS

Bei Paulus finden wir unterschiedliche Verhaltensweisen bzw. Aussagen zur Thematik. Einerseits beruft er sich vor Festus auf sein Recht als römischer Bürger:

Apostelgeschichte 25,11:

„Habe ich aber Unrecht getan und todeswürdig gehandelt, so weigere ich mich nicht zu sterben; ist aber nichts an dem, dessentwegen sie mich verklagen, so darf mich ihnen niemand preisgeben. Ich berufe mich auf den Kaiser!"

Andererseits beschreibt er selbst erduldetes Unrecht:

2. Korinther 11,23b-25a:

„[...] ich habe mehr Schläge erlitten, ich bin oft in Todesnöten gewesen. Von den Juden habe ich fünfmal erhalten vierzig Geißelhiebe weniger einen; ich bin dreimal mit Stöcken geschlagen, einmal gesteinigt worden, ..."

Im ersten Korintherbrief geht Paulus auf Streitigkeiten unter Christen ein:

1. Korinther 6,1-2:

„Wie kann jemand von euch wagen, wenn er einen Streit hat mit einem andern, sein Recht zu suchen vor den Ungerechten und nicht vor den Heiligen? Oder wisst ihr nicht, dass die Heiligen die Welt richten werden? Wenn nun die Welt von euch gerichtet werden soll, seid ihr dann nicht gut genug, über so geringe Sachen zu richten?"

Paulus teilt sein Entsetzen darüber mit, dass Christen ihre Streitigkeiten untereinander vor weltlichen Gerichten austragen. Nicht, weil er es für verboten hält, sondern weil er die weltlichen Richter als „ungerecht" einstuft. Sie sollen ihre Streitfragen lieber vor weisen Männern in der Gemeinde klären (1. Korinther 6,5). Die Alternative zum weltlichen Gericht ist also nicht die Gerichtslosigkeit, sondern ein geordnetes innergemeindliches Verfahren. Das setzt voraus, dass beide beteiligten Parteien zur selben Gemeinde gehören und bereit sind, sich dem Urteil auch zu beugen. Gibt es diese „weisen Männer" nicht in der Gemeinde, schließt Paulus den Gang zu einem weltlichen Gericht prinzipiell aber nicht aus. Mit deutlicher Anknüpfung an Matthäus 5,38 ff. mahnt Paulus aber auch hier (Vers 7): „Es ist schon schlimm genug, dass ihr miteinander rechtet. Warum lasst ihr euch nicht lieber Unrecht tun? Warum lasst ihr euch nicht lieber benachteiligen?" Hier sind die Christen in Korinth alles andere als Salz und Licht der Welt. Deshalb muss Paulus diesen Missstand beim Namen nennen.

3. Theologische Reflexion

Der hohe Anspruch, der sich insbesondere in den Aussagen Jesu in der Bergpredigt widerspiegelt, hat Theologen unterschiedlicher Zeiten zu verschiedensten Interpretationen veranlasst. Jede theologische Position wirkt sich entscheidend darauf aus, inwieweit Jesu Aussagen für unsere ethischen Alltagsentscheidungen relevant sind. Ist die Bergpredigt eine Anleitung zum Handeln auch in der Politik, wie Tolstoi meinte? Oder ist sie eine spezifische Anweisung für die Gemeinde als das „Reich zur Rechten", wie Luther es sagt? Will Jesus, dass Menschen konkret so handeln, wie er es dort beschreibt, oder will er nur das Scheitern des Menschen am Gesetz darstellen? Ist sie eine Lebensgrundlage für die Fortgeschrittenen im Glauben oder gelten ihre Aussagen allen Christen? Von den Antworten hängt ab, wie wir unsere Entscheidungen treffen.

Die Bergpredigt gilt

Mir erscheinen die Versuche, die Zuständigkeit der Bergpredigt nur auf bestimmte Bereiche zu beschränken, künstlich und nicht sachgemäß. Die Beobachtung, dass Nichtchristen und sicher auch nicht wenige Christen an ihren Maßstäben scheitern, ist kein hinreichender Grund, diese Personengruppen als Adressaten auszuschließen. Die Ursache dieses Problems scheint mir die Trennung von Jesu Lehre und seiner Person zu sein, denn „christusgemäßes Handeln entspringt nicht aus irgendeinem ethischen Grundsatz, sondern an der Person Jesu Christi selbst",[1] wie Bonhoeffer treffend in seiner Ethik bemerkt. „Wo eine ‚Ethik Jesu', etwa in der Gestalt einer so verstandenen Bergpredigt, losgelöst von dem Glauben an die Menschwerdung Gottes in Christus und an die Versöhnung der Welt mit Gott durch Christus auf den Plan tritt, dort kommt es entweder zu schwärmerisch-revolutionären Ereignissen oder aber es kommt zum Verzicht auf die ‚Anwendung dieser Ethik' im geschichtlichen Handeln und zu einer Privatisierung der christlichen Ethik überhaupt."[2] Es geht nicht um unser Vermögen, um unsere Anstrengung. Aus eigener Kraft werden

---

1 Bonhoeffer, Ethik, München 1992, S. 230

2 Bonhoeffer, a.a.O, S. 228f.

wir immer an Jesu Lehre scheitern. Doch Jesus selbst gibt uns in Johannes 15,5 den Schlüssel zur Umsetzung seiner Worte. Er sagt dort: „Ich bin der Weinstock, ihr seid die Reben. Wer in mir bleibt und ich in ihm, der bringt viel Frucht; denn ohne mich könnt ihr nichts tun!“ Ohne ihn können wir nichts tun, was in Ewigkeit vor Gott Bestand hat. Doch wenn wir in ihm bleiben, dann kann er in uns die Dinge tun und bewirken, die er in der Bergpredigt ausspricht.

Wenn ich das im Vaterunser gesprochene „Dein Wille geschehe“ ernst meine, dann heißt das auch, dass ich mein Recht auf mich selbst Gott gebe. Mein Ziel ist dann nicht mehr, Recht zu bekommen, sondern das „Einssein mit Gottes Ziel“, „dass allen Menschen geholfen werde und sie zur Erkenntnis der Wahrheit kommen“ (1. Timotheus 2,4). Oder mit Jesu Worten gesprochen: „Denn wer sein Leben erhalten will, der wird‘s verlieren; wer aber sein Leben verliert um meinetwillen, der wird‘s finden“ (Matthäus 16,25). Bonhoeffer schreibt dazu: „Im Verzicht auf das eigene Glück, das eigene Recht, die eigene Gerechtigkeit, die eigene Würde, auf Gewalt und Erfolg, im Verzicht auf das eigene Leben wird der Mensch bereit zur Nächstenliebe.“[3] Das Ziel dieser Nächstenliebe ist die Umkehr auch desjenigen, der mir Unrecht getan hat. Paulus schreibt: „Weißt du nicht, dass dich Gottes Güte zur Umkehr leitet?“ (Römer 2,4b). Ebenso sollen wir zunächst mit Güte, Nächsten- und Feindesliebe unsere Bedränger zur Umkehr leiten.

Gnade und Wahrheit

Jesaja 26,10:

„Erfährt ein Böser Gnade, lernt er daraus nicht.“

Der Hinweis von Jesaja weist uns die Richtung. Es geht darum, ob mein Gegenüber unbelehrbar böse oder bereit zur Umkehr ist. So wie Jesus „voll Gnade und Wahrheit“ war[4], so sollen auch wir beides gleichzeitig widerspiegeln. Gnade ohne Wahrheit wird uns zu harmlosen „Hinnehmern“ jeden Unrechts machen. Wahrheit ohne Gnade wird uns zu Richtern machen, die Gericht ohne Liebe leben und verkünden.

Beide, Gnade und Wahrheit, gehören zusammen. Dietrich Bonhoeffer schreibt: „Wer aus der Rechtfertigung aus Gnaden lebt, der ist bereit, auch Beleidigungen und Kränkungen ohne Protest, sondern aus Gottes strafender und gnädiger Hand hinzunehmen. Es ist kein gutes Zeichen, wenn man Derartiges nicht mehr hören und ertragen kann, ohne alsbald daran zu erinnern, dass doch auch Paulus z.B. auf seinem Recht als Römer

---

3 Bonhoeffer, a.a.O, S. 241

4 Joh. 1,14

bestanden habe, und dass Jesus dem, der ihn schlug, antwortete: ‚Warum schlägst du mich?' Es wird jedenfalls keiner von uns wirklich so handeln wie Jesus und Paulus, der nicht vorher gelernt hat, wie diese unter Kränkung und Schmach zu schweigen."[5]

Wie sich einerseits Gnade in Strafverzicht zeigen kann, so kann sich andererseits Wahrheit in einer Strafanzeige äußern. Eine Strafanzeige dient allerdings nicht allein dem Zweck, das eigene Recht unbedingt durchzusetzen, sondern auch dazu, den anderen im Namen der Wahrheit wachzurütteln.

Um Gnade und Wahrheit in einer der Person und der Situation angemessenen Weise widerzuspiegeln, müssen wir auf Jesu Stimme hören, der durch den Heiligen Geist zu uns spricht. Nur er kann uns in ein tieferes Verständnis unseres Widersachers führen und uns die nächsten Schritte unseres Handelns aufzeigen. Dabei ist die Bibel der wichtigste Ratgeber.

Vergebung

In jedem Fall mahnt die Bibel uns, denen zu vergeben, die an uns schuldig geworden sind. Durch Vergebung baue ich die Mauer zwischen mir und dem anderen ab, die mich daran hindert, den anderen mit Gottes Augen zu sehen. Diese Vergebung muss nicht unbedingt in der Gegenwart des Widersachers ausgesprochen werden. Wichtig ist zunächst, ihm vor Gott zu vergeben. Ein Aussprechen der Vergebung vor dem Widersacher ist abhängig von der Erreichbarkeit des Ziels, dem anderen zu Einsicht und Umkehr zu verhelfen.

In allem steht nicht allein mein Recht oder die Wiederherstellung desselben auf dem Spiel, sondern die Ewigkeit des Gegenübers. So kann es durchaus geboten und richtig sein, den anderen durch eine Strafanzeige wachzurütteln und mit seinem eigenen Fehlverhalten zu konfrontieren. Dies kann in der Praxis oft notwendig werden, da die sofortige Einsicht des Widersachers leider sehr selten ist. Auch bei Jesus erfährt nur der Umkehrende Gnade. Vorschnell zugesprochene Gnade wird schnell „billige Gnade"[6], die im anderen nur seine Uneinsichtigkeit verfestigt und nicht zu echter Umkehr führt. Es ist also immer neu im Gebet zu prüfen, ob der nächste Schritt eher von Gnade oder von Wahrheit geprägt sein sollte.

---

5 Bonhoeffer, Gemeinsames Leben, München 2006, S.81

6 Bonhoeffer, Nachfolge, S.2

4. Zusammenfassung und praktische Konsequenzen

- Als erstes ist es meine Aufgabe „in Jesus zu bleiben“[7], damit er in mir und durch mich tun kann, was ich aus eigener Kraft, Liebe und Geduld niemals könnte.
- Gott ruft uns dazu auf, dem anderen zu vergeben, weil er möchte, dass wir anderen weitergeben, was wir von ihm empfangen haben. Gleichzeitig muss mir bewusst sein, dass Gott mir nur vergibt, wenn ich dem anderen vergebe. Ich soll, kann und darf dem anderen vergeben, auch wenn er mich nicht darum gebeten hat. Dies bedeutet nicht automatisch den Verzicht auf eine Strafanzeige.
- Anderen zu vergeben ist uns grundsätzlich geboten. Deshalb stellt Vergebung keine Alternative zur Strafanzeige dar. Aus Gottes Sicht sollen wir immer vergeben. So kann es zu der praktischen Konsequenz „Vergebung und Strafanzeige“ kommen.
- Gott möchte, dass ich ihm mein Recht auf mich selbst abtrete und mich von Herzen danach sehne, dass sein Wille geschieht.
- Jesus zeigt einen neuen Weg, mit Unrecht umzugehen: Überraschend liebevolles und geduldiges Nachgeben, das das Ziel hat, den anderen für Gott zu gewinnen. Meine guten Taten werden den anderen wie feurige Kohlen unignorierbar berühren.
- Wie Jesus voll Gnade und Wahrheit war, darf auch ich mich in beidem einüben. Gnade zeigt sich in der Nächsten- und Feindesliebe und in der Bereitschaft, mein Recht auf mich selbst aufzugeben. Wahrheit zeigt sich in der Bereitschaft, den anderen mit Gottes Wahrheit über sein Leben zu konfrontieren. Beides gehört zusammen. Vernachlässige ich eines, so entsteht ein ungutes Ungleichgewicht.
- Sollte sich mein Widersacher gegenüber meinen Versuchen, ihm mit Vergebung, Gnade und Liebe zu begegnen, ignorant und uneinsichtig verhalten, so ist der Schritt geboten, ihn mit der Wahrheit zu konfrontieren, was in Form einer Strafanzeige seinen Ausdruck finden kann. Da Einsicht und Umkehr häufig nicht eintreten, sollte ich mich mit rechtlichen Möglichkeiten auseinandersetzen und diese auch einsetzen.
- Bei jedem Schritt bin ich aufgerufen, betend zu überprüfen, ob durch mich zunächst Jesu Gnade oder seine Wahrheit sichtbar werden soll. Es geht um die Prüfung der Vorgehensweise.
- Wie Jesus vom Heiligen Geist geführt wurde, so darf ich mich seiner Führung und Weisheit anvertrauen. Er spricht direkt, durch die Bibel und durch andere

---

7 Joh. 15,5

Menschen zu mir. Das Ziel ist bis zum Schluss die Gewinnung meines Widersachers für Gott. Doch kann es sein, dass ich trotz aller meiner Versuche in dieser Hinsicht keinen Erfolg habe. So wird der rechtliche Weg, trotz aller meiner Versuche, die Situation anders zu klären, häufiger als mir lieb ist, geboten sein.

EDWIN SCHULZ
BIELEFELD

Umwelt- und Klimaschutz
Welche Antworten geben wir?

von Daniel Gerasch

1. Haben wir ein Problem?

Als Gemeinde richten wir jedes Jahr die Waldweihnacht aus. Ein Weihnachtsmusical mit Ochs, Esel und Schafen mitten im Wald, mit anschließendem Weihnachtsmarktflair, also Glühwein, Punsch, Bratwurst und allerlei anderen heißen Leckereien. Seit ich hier Pastor bin, war es immer so warm am dritten Advent, dass jedes Jahr Hunderte Menschen in den Wald kommen konnten. Früher war das anders. Da gab es oft Waldweihnacht-Aufführungen bei -20°C, so dass die Technik versagte. Doch so kalte Winter sind heute Schnee von gestern. Wie kommt das?

Als ich vor einiger Zeit mit zwei Damen aus meiner Gemeinde über christliche Umweltethik sprach, war ihre Reaktion darauf für mich erhellend. „Normal halt". Man muss sich gegenüber der Natur „halt normal" verhalten.

Das dieses „normal" sehr subjektiv ist, ist dabei nur ein Aspekt der Problematik. Viel gravierender ist die ausbleibende Auseinandersetzung mit der gesamten Thematik unter Christen.

Wenn in Berlin Menschen für den Kohle-Ausstieg demonstrieren, wird das sehr viel weniger als „christliches" Thema wahrgenommen als etwa der „Marsch fürs Leben". Das mag durchaus seine Berechtigung haben. Doch haben Christsein und Umweltschutz keine Berührungspunkte? Oder ist die Bewahrung der Schöpfung in Anbetracht der Wiederkunft Jesu irrelevant? Und hat das etwas mit mir zu tun? Gibt es hierbei einen relevanten christlichen Aspekt?

Im Folgenden sollen zunächst das Problem, die Ursachen und Konsequenzen im Zusammenhang mit Umwelt- und Klimaschutz aufgezeigt werden. Darauf folgt der Versuch einer Betrachtung der biblischen Perspektive auf den Sachverhalt und abschließend werden mögliche Herangehensweisen aufgezeigt.

1.1 KLIMAWANDEL UND DESSEN FOLGEN

Der fortschreitende klimatische Wandel unserer Erde wird in wissenschaftlichen Fachkreisen als die unmittelbar größte Gefährdung der Rahmenbedingungen des menschlichen Lebens und aller bekannten Ökosysteme betrachtet. Signifikantes Merkmal des Klimawandels ist der weltweite Temperaturanstieg.[1] Dieser ist auf die, seit der Industrialisierung zunehmende, Produktion und Freisetzung von Treibhausgasen (z.B. Kohlendioxid {CO_2}, Lachgas {N_2O}, Methan {CH_4}) zurückzuführen, die den sogenannten Treibhauseffekt verursachen. Unter Berücksichtigung des anhaltenden weltweiten Bevölkerungs- und Wirtschaftswachstums wird der Treibhauseffekt in den nächsten Jahrzehnten noch deutlich verstärkt werden, so dass in der allgemeinen Diskussion oft eine Prognose des Anstiegs der globalen Durchschnittstemperatur in diesem Jahrhundert von etwa 4°C als wahrscheinlich genannt wird. Die Auswirkungen auf die Ökosysteme sind gravierend: Zunächst erhöhen sich die Extremtemperaturen. Eine Folge: Die Gletscher schmelzen ab. Aufgrund der thermischen Ausdehnung[2] der Wassermassen sowie des Abschmelzens der Pole steigt der Meeresspiegel signifikant und Überschwemmungs- und Überflutungsgefährdungen nehmen stark zu. Die Intensität der Niederschläge erhöht sich, die Trockenzeiten und Dürrephasen hingegen werden länger. Die Konsequenz ist ein Rückgang der Trinkwasservorkommen, wachsende Anzahl an Dürrekatastrophen mit zunehmender Intensität und zunehmende Nahrungsmittelknappheit. Doch welcher Bereich ist für die Ausschüttung der meisten Treibhausgase verantwortlich?

Etwa 65% der CO_2-Emissionen werden im Energiesektor freigesetzt.[3] Durch die stetig wachsende Weltbevölkerung und die zunehmende industrielle Entwicklung wird dieser Bedarf an Energie weiterhin stetig steigen. Es wird also vor allem der Energiesektor sein, in dem neue Strategien und Lösungen gefunden werden müssen. Emissionen sind hier jedoch nicht das einzige Problem. Auch die schiere Begrenztheit unserer Ressourcen spielt hier eine wichtige Rolle.

1.2 VERLUST DER ARTENVIELFALT

Kaum ein Ökosystem dieser Erde ist mehr vor menschlichen Eingriffen sicher. Die Fläche der natürlich erhaltenen und von Menschen unberührten und unveränderten Natur beträgt weltweit nur noch etwa 1% der Gesamtfläche der Erde. Da-

---

1 Im letzten Jahrhundert bereits um 0,7°C. Vgl. Matthes, Felix Christian, Klimawandel und Klimaschutz, in: Umweltpolitik, S. 21f).

2 Bei zunehmender Temperatur erhöht Wasser sein Volumen.

3 Vgl. https://de.statista.com/infografik/2140/anteil-der-wirtschaftsbereiche-an-den-menschlich-bedingten-treibhausgas-emissionen/ 25.03.2018

durch hat die Biodiversität (Artenvielfalt) besonders in den vergangenen Jahren sehr stark abgenommen.[4]

Der menschliche Einfluss ist bei der Überfischung der Meere, den landwirtschaftlichen Monokulturen[5] und der Umweltverschmutzung, etwa durch Plastikabfälle und Gifte in der Landwirtschaft, am deutlichsten erkennbar. Unter anderem ist aber auch der Klimawandel mitverantwortlich für das Artensterben. Zum einen führen extreme Wetterereignisse zur Beeinflussung und Zerstörung natürlicher Lebensräume und Ökosysteme.[6] Zum anderen verschieben sich ganze Klima- und Vegetationszonen durch die klimatischen Veränderungen.[7] Die höchste Dichte an Artenvielfalt findet sich nach wie vor in den tropischen Regenwäldern. Die immer noch anhaltende massive Abholzung und Rodung in diesen Gebieten ist daher für die Artenvielfalt verhängnisvoll.[8]

1.3 BEVÖLKERUNGSWACHSTUM UND URBANISIERUNG

Waren es im Jahre 1950 noch rund zweieinhalb Milliarden Menschen, die unsere Erde bevölkerten, so sind es inzwischen schon über sieben Milliarden. Dieser rapide Bevölkerungsanstieg ist durch die Ein-Kind-Regelung in China und die niedrigen Geburtenraten in den Industrienationen keineswegs gebrochen. Entsprechend der Prognosen des UN/DESA[9]-Instituts werden es im Jahre 2050 zwischen acht und zehneinhalb Milliarden Menschen sein.

Da die Hauptursache für die Umweltprobleme unseres Planeten der Mensch ist, wird sich die Herausforderung bei zunehmender Bevölkerungszahl noch weiter drastisch verschärfen. Der Bedarf an Ressourcen, Energie, Trinkwasser, Fläche, Baumaterialien und Lebensmitteln etwa wird in Zukunft noch massiver ansteigen. Hinzu kommt eine drastische Steigerung der Umweltbelastung durch die steigende Anzahl von Menschen in Großstädten. Weltweit ist eine klare Tendenz zur Urbanisierung erkennbar. Mehr und mehr Menschen, vor allem in Schwellenländern, ziehen in Großstädte.[10] Dabei ist die wachsende Konzentration des Ressourcen- und

---

4 Vgl.https://www.greenpeace.de/themen/artenvielfalt/was-ist-biodiversitat 25.03.2018

5 Etwa der Maisanbau in den USA

6 Dies reicht von arktischen Polarlandschaften bis zum Great Barrier Reef (größtes zusammenhängendes Korallenriff der Welt) vor der Nordküste Australiens.

7 http://wiki.zukunftsklima.de/index.php/Verschiebung_der_Klimazonen 25.03.2018

8 Jedes Jahr werden 13 Millionen Hektar vernichtet.

9 Department of Economic and Social Affairs

10 Zwei Drittel der weltweit größten Städte (über zehn Millionen Einwohner) liegen in Asien und Südamerika.

Energiebedarfs nur ein Problem. Die deutliche Zunahme an Müll und die damit einhergehenden Entsorgungsprobleme spielen in diesem Kontext zusätzlich eine erhebliche Rolle.

1.4 TRINKWASSERMANGEL UND VERSCHMUTZUNG

Zu den wachsenden globalen ökologischen Herausforderungen kommen noch zunehmender Süßwassermangel, Trinkwasserverschmutzung und generell abnehmende Wasserqualität. Vor allem in ärmeren Regionen dieser Welt bedroht Trinkwassermangel das Leben vieler Millionen Menschen. Wasser ist und bleibt das Lebensmittel Nummer eins. Ohne Wasser kann keine Landwirtschaft existieren, keine Industrie, letztlich kein Leben. Während Wasser in den Industrieländern ganz selbstverständlich jederzeit in beliebiger Menge und guter Qualität verfügbar ist, haben mehr als eine Milliarde Menschen nach Angaben von WHO und UNICEF keinen Zugang zu sauberem Wasser.[11] Noch viel erschreckender ist die Tatsache, dass mehr als doppelt so viele Menschen (2,6 Milliarden Menschen) keine Möglichkeit haben, sanitäre Einrichtungen, wie Toiletten, zu benutzen. Der weltweite Wasserverbrauch steigt zwar stetig an, gleichzeitig aber leidet die Menschheit unter zunehmender Wasserknappheit.

Die Wasservorkommen in Nordafrika, dem Nahen Osten, Zentralasien und Teilen von Australien sind qualitativ und quantitativ bereits heute an einem alarmierenden Tiefpunkt angekommen. Europa scheint davon nicht betroffen, doch in Spanien entsteht zurzeit die erste Wüste Europas. Experten erwarten eine massive Zunahme der Wasserprobleme auch im südlichen Afrika, in China sowie in Indien und Pakistan. Im Jahr 2025 werden nach Angaben der FAO (Ernährungs- und Landwirtschaftsorganisation der Vereinten Nationen) 1,8 Milliarden Menschen in Gegenden und Ländern mit absolutem Wassermangel leben.[12]

Zu den Hauptursachen des globalen Wasserproblems zählen v.a. zwei Aspekte:

Zum einen wird Süßwasser überbeansprucht und verschwendet. Dies wird durch das massive Bevölkerungswachstum und Missstände im Wassermanagement der Entwicklungsregionen noch zusätzlich verstärkt.

Zum anderen spielen Verschmutzung und Versalzung eine wichtige Rolle. Vor allem da, wo Industrieabfälle ungefiltert in Binnengewässer eingeleitet werden und Altöl, Chemikalien und Düngemittel ins Grundwasser sickern. Auch der Großteil der Abwässer von einfachen Siedlungen und auch von Städten wird nicht geklärt.

---

11 Stand 2017

12 http://www.fao.org/land-water/en/

2. Wir haben ein Problem

Diese Bestandsaufnahme macht deutlich, dass der Handlungsbedarf akut ist. Eine einfache Zusammenfassung der globalen Situation zeigt, dass selbst nach konservativer Betrachtung ein Eingreifen des Menschen im Bereich des Umweltschutzes unbedingt notwendig ist.

Diese Umstände und Zahlen sind weder ein Geheimnis noch sind sie neu. Es ist offensichtlich, dass diese Probleme auch Christen angehen.

Dennoch finden sich in der deutschen Geschichte selten bedeutende christliche Vorstöße in Sachen Umweltschutz. Stattdessen gingen Initiativen eher von säkularlinkspolitischen Bewegungen aus.

Eugen Drewermann geht in seiner Veröffentlichung „Der tödliche Fortschritt: Von der Zerstörung der Erde und des Menschen im Erbe des Christentums“[13] sogar so weit, zu behaupten, dass die Umweltkrise eine Folge des Christentums sei. Demnach sei dem Alten und Neuen Testament die Bewahrung der Schöpfung völlig fremd, da die Theologie der Bibel ein anthropozentrisches (von griech. anthropos für Mensch) Weltbild, also ein völlig uneingeschränkt auf den Menschen ausgerichtetes Weltbild, vermittle. Doch vermittelt die Bibel wirklich dieses Weltbild?

3. Verschiedene Entwürfe

Die weltweiten ökologischen Herausforderungen können je nach Sichtweise unterschiedlich ethisch beurteilt werden. Dies ist davon abhängig, aus welchem weltanschaulichen Bewertungssystem heraus sie betrachtet werden. In der allgemeinen umweltethischen Diskussion findet man in der Regel vier verschiedene Ansätze.

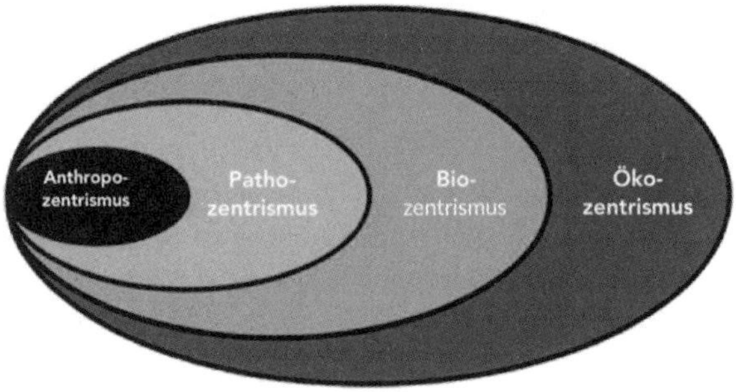

13 Drewermann, Der tödliche Fortschritt: Von der Zerstörung der Erde und des Menschen im Erbe des Christentums

3.1 ANTHROPOZENTRISMUS

Entsprechend dieses umweltethischen Modells ist die Natur und alles, was sie ausmacht, nur soweit relevant und wertvoll, wie sie für den Menschen nutzbar ist. Alle natürlichen Ressourcen dienen ausschließlich der Befriedigung menschlicher Bedürfnisse und Interessen. Der Mensch steht nicht nur an der Spitze der Nahrungskette, sondern als Krone der Schöpfung an allererster Stelle, als Herrscher über die Natur, und darf sich diese nach Belieben zu Nutze machen. Sofern es ihm einen Vorteil bringt, ist jedwedes negatives anthropozentrisches Verhalten, wie Überfischung aus Profitgier, umweltschädliche Methoden zur Gewinnung fossiler Brennstoffe (z.B. Fracking) oder der verschwenderische Umgang mit natürlichen Ressourcen, legitim.

Dieser Ansatz scheint auf den ersten Blick in gewisser Weise durchaus vereinbar mit dem Herrschaftsauftrag Gottes an den Menschen. Er soll sich die Schöpfung zu eigen machen und beherrschen.

> *1.Mose 1,28b:*
> *„Seid fruchtbar und mehret euch und füllet die Erde und machet sie euch untertan und herrschet über die Fische im Meer und über die Vögel unter dem Himmel und über alles Getier, das auf Erden kriecht.“*

Dennoch ist dieser Ansatz nicht in Gänze biblisch vertretbar, da der Aspekt der Ausbeutung nur, wenn überhaupt, indirekt angedeutet ist.

3.2 PATHOZENTRISMUS

Nach der pathozentrischen Weltsicht (von griech. *pathos* für Leid) haben alle leidensfähigen Lebewesen einen moralischen Wert. Tiere sind hier also in gleicher Weise inkludiert wie Menschen. Der Pathozentrismus fordert als Richtschnur für die Bewertung von Verhalten die Vermeidung von Leid. Voraussetzung für Empfindungs- bzw. Leidensfähigkeit ist die Möglichkeit eines Lebewesens, eigene Bedürfnisse oder Gefühle äußern, sowie Lust und Leid erleben zu können. Sofern diese Kriterien erfüllt werden, können Lebewesen eigene Interessen zugeschrieben werden, vor allem das Interesse daran, Leiden zu vermeiden. Jeremy Bentham (1748-1832) weist darauf hin, dass der Mensch – als moralisches Subjekt – nicht nur unmittelbare Pflichten gegenüber allen vernunftbegabten Wesen, sondern gegenüber allen leidensfähigen Geschöpfen hat. Ausgehend von einer pathozentrischen Weltsicht lässt sich die Notwendigkeit des Tierschutzes, und dem daraus resultierenden Tierschutzrecht, ableiten.

Sprüche 12,10:

„Der Gerechte kümmert sich um das Wohlergehen seines Viehs, aber das Herz der Gottlosen ist grausam."

Zwar ist diese Ansicht in Grundzügen auch biblisch begründbar, da etwa die Ehrfurcht vor Gott auch das Verhalten gegenüber dem Vieh verändert, dennoch ist Leidensfähigkeit allein eine deutlich zu einseitige Betrachtungs- und Herangehensweise, die, genauso wenig wie die anthropozentrische Weltsicht, Gott berücksichtigt.

3.3 BIOZENTRISMUS

Nach der Überwindung des Hochmutes der außerordentlichen Vorrangstellung des Menschen im anthropozentrischen Weltbild, bietet das biozentrische (von griech. *bios* für Leben) Weltbild einen starken Gegensatz. Demnach hat nicht allein der Mensch einen ethisch/moralisch relevanten Status, sondern in gleicher Weise auch die belebte Natur, welche deswegen in gleicher Weise geschützt werden müsse. Entsprechend dieser Sichtweise besitzen alle Lebewesen, also auch Pflanzen und Tiere, einen unveräußerlichen Wert. Verschiedenste tierethische Lebensentwürfe basieren auf einer biozentrischen Weltsicht.

Doch müsste man hier einwenden, dass Mensch und Tier nicht als ebenbürtig oder gleichwertig betrachtet werden können.

Psalm 8,6-9:

„Du hast ihn (den Menschen) wenig niedriger gemacht als Gott, mit Ehre und Herrlichkeit hast du ihn gekrönt. Du hast ihn zum Herrn gemacht über deiner Hände Werk, alles hast du unter seine Füße gestellt: Schafe und Rinder allzumal, dazu auch die wilden Tiere, die Vögel unter dem Himmel und die Fische im Meer und alles, was die Meere durchzieht."

Psalm 115,16:

„Die Himmel sind die Himmel des Herrn, die Erde aber hat er den Menschenkindern gegeben."

Zwar spiegelt die gesamte Schöpfung die Herrlichkeit des Schöpfers wieder und hat daher in jedem Fall auch einen Eigenwert, den es zu schützen gilt, doch kennt die Bibel deutliche Unterscheidungen in der Wertigkeit der einzelnen Aspekte der Schöpfung. Demnach gibt es eben einen klaren ethischen Unterschied zwischen Pflanzen, Tieren und Menschen. Aus biozentrischer Perspektive erwachsen teilweise auch Tierschutzmaßnahmen, unter denen Menschen leiden und, in Extremfällen, sogar als weniger wertvoll betrachtet werden als Tiere. So wird Menschen etwa ihre Daseinsberechtigung entzogen, sofern sie sich Tieren gegenüber schändlich verhalten. Dies ist unter Berücksichtigung der Alleinstellung des Menschen als Ebenbild Gottes unter keinen Umständen vertretbar.

3.4 ÖKOZENTRISMUS

Im Gegensatz zu den bisherigen Ansätzen, in welchen nur Lebewesen einen moralischen Wert besitzen, wird im Ökozentrismus (von griech. *oikos* für Haus, Haushalt) der gesamten Natur, ob belebt oder unbelebt, ein Eigenwert zugemessen. Der Fokus liegt hier also auf dem ganzen Ökosystem. Entsprechend dieser Position wird Tier- und Pflanzenarten wie auch Bergen, Flüssen und allen Ökosystemen samt ihren einzelnen Bestandteilen ein Eigenwert beigemessen. Auch der Eigenwert der Biodiversität, also der Artenvielfalt, lässt sich ökozentrisch begründen. Um den Eigenwert eines Ökosystems zu erhalten, ist es notwendig, auch seine einzelnen Bestandteile zu schützen, selbst wenn diese als solche eigentlich keinen Eigenwert haben.

Alle diese vier verschiedenen Ansätze haben durchaus ihre Berechtigung. Aus christlicher Sicht ist jedoch keines dieser Weltbilder kongruent zu einem biblisch begründeten Gesamtweltbild, da in keinem Fall (ob anthropozentrisch, pathozentrisch, biozentrisch oder ökozentrisch) Gott, sondern immer ein Teil oder die ganze Schöpfung im Mittelpunkt der Betrachtung steht. Doch kann aus christlicher Sicht niemals die Schöpfung, sondern immer nur der Schöpfer im Mittelpunkt stehen. Weder der Mensch noch alle leidensfähigen Lebewesen noch Ökosysteme an sich besitzen ultimativen Wert. Dieser kann nur von Gott selbst als Schöpfer zugesprochen werden. Nur durch ihn erhält alles seine Bedeutung und er selbst bestimmt auch das gegenseitige Verhältnis zueinander.

4. Gottes ursprüngliche Idee

Der Mensch wurde unter den Schöpfungsordnungen Gottes geschaffen und ist daher zu einem Gott wohlgefälligen Leben bestimmt. Als einziges Ebenbild Gottes hat er innerhalb der Schöpfung in gewisser Weise eine Sonderstellung.

> *1.Mose 1,26-28:*
> *„Und Gott sprach: Lasset uns Menschen machen, ein Bild, das uns gleich sei, die da herrschen über die Fische im Meer und über die Vögel unter dem Himmel und über das Vieh und über die ganze Erde und über alles Gewürm, das auf Erden kriecht. Und Gott schuf den Menschen zu seinem Bilde, zum Bilde*

Gottes schuf er ihn; und schuf sie als Mann und Frau. Und Gott segnete sie und sprach zu ihnen: Seid fruchtbar und mehret euch und füllet die Erde und machet sie euch untertan und herrschet über die Fische im Meer und über die Vögel unter dem Himmel und über alles Getier, das auf Erden kriecht."

Mit der Ebenbildlichkeit Gottes ist des Menschen Herrschaftsauftrag über die Erde begründet. Diese Herrschaft soll vor allem anderen Gott ehren und dient, praktisch gesehen, vor allem dem Menschen. In zweiter Konsequenz ist sie auch ein Auftrag für den Erhalt der Schöpfung. Wer sich an Gottes Schöpfungsordnungen hält, wird zum Wohl der Schöpfung arbeiten.

Sprüche 12,10:

„Der Gerechte kümmert sich um das Wohlergehen seines Viehs, aber das Herz der Gottlosen ist grausam."

Demnach resümiert auch das Bauernsprichwort „Wenn der Bauer sich bekehrt, merkt es das Vieh im Stall" durchaus kongruent zu biblischen Aussagen. Die Sabbatruhe etwa gilt nicht nur den Menschen, sondern auch den Tieren (2. Mose 20,10; 5. Mose 5,14). Und auch die Feldfrüchte, die aus der Sabbatruhe der Böden erwuchsen, galten sowohl den wilden Tieren als auch den Nutztieren als Speise (3. Mose 25,7; 2. Mose 23,10f). Ebenso die von Paulus aufgegriffene Aufforderung, dem Ochsen, der da drischt, nicht das Maul zu verbinden, war ursprünglich keine Metapher für die Entlohnung Hauptamtlicher im Gemeindedienst, sondern galt schlicht dem Umgang mit Nutztieren (5Mose 25,7; 1Kor 9,10; 1Tim 5,17f).

Gott ist nicht nur Schöpfer, sondern auch Erhalter und Bewahrer seiner gesamten Schöpfung (Hebräer 1,3; Kol 1,17; Nehemia 9,6). Des Menschen Herrschaftsauftrag über die Schöpfung findet somit auch Ausdruck in der Bewahrung eben dieser (1. Mose 2,15). Oder anders gesagt: Der Gedanke der Herrschaft des Menschen über die Natur muss ergänzt werden durch den der Verwalterschaft. Der Mensch ist ebenso zum Verwalter, Helfer und Fürsorger der Natur berufen. Die Schöpfung zu bewahren kann nichts Anderes sein als bewusst umweltethisch zu handeln. Die Bibel drängt also zu konsequentem, umweltethischem Handeln, weshalb dieses nicht nur als Option betrachtet werden darf.

5. Problematische theologische Tendenzen unter Christen

Die Schönheit der Schöpfung ist kein ungewöhnliches Thema und gerne wird auf sie verwiesen. Jedoch nicht um ihrer selbst willen, als hätte die nichtmenschliche Schöpfung einen Eigenwert an sich, sondern nur dann, wenn sie im Dialog mit Nichtchristen als Indikator für die Schönheit und Kreativität des Schöpfers fungiert.

Darüber hinaus findet sich häufig (erst kürzlich in Gesprächen mit Vorständen der Ev. Allianz Deutschland) eine Form von platonischer Dualismus-Vorstellung. Demnach wird alles Materielle grundsätzlich abgewertet. *„Wir haben hier keine bleibende Stadt, sondern die Zukünftige suchen wir“* (Hebräer 13,14) und die immateriellen-himmlischen Schätze zählen bei Jesus mehr (Matthäus 6,20). Dies führt bei vielen Christen zu einer Abwertung alles Materiellen und zu einer Alleinstellungsrelevanz alles Immateriell-Geistlichen. Dadurch kommt es häufig auch zu einer Relativierung der Relevanz der Erhaltung und Bewahrung der Schöpfung.

Auch wenn die Intensität der Parusie-Erwartung (das zweite Kommen Jesu) im diachronen Verlauf mancherlei Schwankung unterliegt, so ist doch immer die Annahme gegenwärtig, dass die Erhaltung und Bewahrung einer Welt, die bei Jesu Wiederkunft sowieso vergehen wird, eine Verschwendung von Mühe und Zeit darstellt. Warum sollte ich mir Mühe machen das Meer sauber zu halten, wenn es am Ende „nicht mehr ist“ (Offenbarung 21,1)?

Diese durchaus etablierten Ansichten halten einer genaueren biblischen Untersuchung allerdings nicht stand. Die Natur hat, wie wir sehen werden, durchaus einen Wert um ihrer selbst willen.

5.1 MENSCHWERDUNG GOTTES

In keinem theologischen Ansatz des Neuen Testaments finden wir einen klaren Dualismus. Stattdessen bejaht Gott das Irdisch-Materielle, indem er selbst Mensch wird. Die Inkarnation Jesu sowie seine Auferstehung finden nicht zufällig, sondern bewusst „im Fleisch“ statt.

5.2 DER WAHRE BESITZER DER ERDE

Darüber hinaus macht Gott selbst unmissverständlich klar, dass die Erde nicht den Menschen gehört, sondern dass sie „des Herrn“ ist (Psalm 24,1). Demnach ist es auch nicht der Mensch, sondern Gott, der darüber entscheidet, wie mit seiner Schöpfung umgegangen werden sollte. Eine Orientierung zum Umgang gibt Gott selbst. Etwa kümmert er sich liebevoll um die Ernährung der Tiere (Matthäus 6,26; 10,29) und das Wachstum der Pflanzen (Psalm 65,9ff). Ebenso kann die Erhaltung des gesamten Kosmos durch Jesus Christus (Kolosser 1,16-17) im Kontext der göttlichen Versorgung und Erhaltung verstanden werden.

5.3 ÜBERTRAGUNG DER VERANTWORTUNG

Da Gott also viel an der Erhaltung und Pflege seiner Welt liegt, scheint es umso abwegiger, dass die uneingeschränkte Verfügungsgewalt nun in menschlicher Hand läge. Es handelt sich vielmehr um eine übertragene Verantwortung. Diese vollzieht sich bereits im Garten Eden, als Gott den Menschen nahm und in den Garten setzte, ihn zu bebauen und zu bewahren (1. Mose 2,15). Diese dem Menschen übertragene Verantwortung, zu bebauen und zu bewahren, wird häufig auch im Kontext der levitischen Aktivität in der Stiftshütte und im Tempel gesehen. Ebenso wie die Pries-ter und Leviten im Tempel den Bund zwischen Gott und seinem Volk pflegten und erhielten, soll auch der Mensch den Bund Gottes mit seiner Schöpfung in einer Haltung der Pflege und Erhaltung leben.[14]

Aus eben diesem Herrschaftsauftrag, der sich in einer Haltung der Bewahrung und Erhaltung ausdrücken sollte, wird deutlich, dass der Mensch dafür verantwortlich ist, dass sowohl Makro- als auch Mikrokosmos, Land, Ökosysteme als auch die einzelnen Tiere angemessen, respektvoll und fürsorglich behandelt werden sollen.

6. Liebe deinen Nächsten

Die Dimension der Nächstenliebe ist im Kontext einer umweltethischen Betrachtung deshalb relevant, weil unser Umgang mit der Natur nicht allein unter dem Aspekt des Bebauens und Bewahrens seine Auswirkungen hat.

Der erste Aspekt setzt den Fokus auf die durch Menschen verursachte Umweltproblematik und deren Folgen, die nicht alle Menschen in gleicher Weise betreffen. Im Gegenteil. Die Industrienationen sind zwar die Hauptverursacher, aber nicht primär die Leidtragenden. Leider sind es sowohl gegenwärtig als auch zukünftig vor allem die sogenannten Entwicklungsländer, die unter den Auswirkungen und Folgen von Klimawandel und Umweltzerstörung am meisten leiden. Niemand leidet in Deutschland, wenn es im Winter durchschnittlich etwas wärmer ist. Doch je dichter man dem Äquator kommt, desto verheerender werden die bereits jetzt schon offensichtlichen Auswirkungen. Jesu Gebot der Nächstenliebe greift auch hier. Demnach muss es uns ein Anliegen sein, die selbstsüchtige Haltung der Ignoranz gegenüber den Leidtragenden unseres Komforts zu beenden.

Der zweite Aspekt den es in diesem Kontext zu berücksichtigen gilt, ist die Frage nach der Hinterlassenschaft. Es scheint unverantwortlich, am Ende seines Lebens

14 Vgl. Block, To serve and to keep, S.130

Teile seines Hauses anzuzünden, wenn man im Winter friert. Wo und wie sollen die Kinder wohnen? Diese Frage muss auch uns bewegen, wenn wir über den Umgang mit der Schöpfung und den natürlichen Ressourcen nachdenken. Was für eine Welt wollen wir unseren Kindern hinterlassen? Im Zuge fortschreitender Desertifikation[15] und stetig schwindender fossiler Brennstoffe, von abnehmendem Wohnraum und zunehmenden Naturkatastrophen, müssen wir uns dem Gebot der Nächstenliebe stellen und einen nachhaltigen Umgang mit den Ressourcen unserer Erde pflegen, damit auch unsere Kinder und Kindeskinder in gleicher Weise die uns von Gott gegebene Schöpfung nutzen können, um ihre Lebensqualität und ihren Wohlstand zu bewahren.

7. Praktische Konsequenzen

Die Frage, die man sich am Ende dieses Artikels, am Ende aller Artikel, stellen sollte, ist: Was sollte ich nun diesbezüglich unternehmen?

In Anbetracht der Komplexität und der verschiedensten Wechselwirkungen und Zusammenhänge der unterschiedlichen ökologischen Probleme und Herausforderungen kann sich schnell die Haltung und Einschätzung ergeben, dass ich als Einzelperson kaum etwas verändern kann. Wie so häufig bei komplexen und großen Problemen ist diese Einschätzung nur teilweise richtig. Auf der einen Seite ist es richtig, dass sich etwa der globale CO_2-Ausstoß nicht wahrnehmbar verändern wird, weil man sich als Einzelperson entscheidet, keine Flugreisen mehr zu unternehmen oder von nun an mit dem Fahrrad zur Arbeit zu fahren. Viele Prozesse, wie etwa das Bevölkerungswachstum, der steigende Energiebedarf usw. sind unaufhaltsam und von uns nicht direkt beeinflussbar.

Und dennoch haben wir als Christen in Deutschland einen indirekten Einfluss auf die internationale Politik. Internationale Programme zur Energiewende und Erhaltung der Schöpfung durch die Reduzierung des Ausstoßes der Treibhausgase, wie das Kyoto-Protokoll, sind letztlich auch durch das energische Pochen auf die Energiewende seitens der EU zurückzuführen. Die starke Vorreiterrolle der EU auf internationaler Ebene ist wiederum ohne die Pionierarbeit Deutschlands in umweltpolitischen Maßnahmen kaum denkbar. Und am Anfang dieser Kausalkette steht das Individuum, stehen wir als Christen in Deutschland. „Die Wahrscheinlichkeit,

15 Wüstenbildung. Vgl. https://www.desertifikation.de/was-ist-desertifikation/ 25.03.2018

dass die internationale Gemeinschaft handelt, erhöht sich, wenn prominente nationale Regierungen bereits aktiv geworden sind, und diese werden nur handeln, wenn die Bürger ihres Landes ihnen dafür Raum geben. Von den verwirrenden Höhen und Komplexitäten von Kyoto oder der europäischen Emissionshandelbestimmung geht es letztendlich um die Frage, welches Verhalten du und ich an den Tag legen."[16]

Auch unter Berücksichtigung der Nächstenliebe können wir uns persönlich entscheiden, ein System zu fördern, das den Menschen im Blick hat. Daher ist die bewusste Entscheidung für Fair-Trade-Produkte aus christlicher Sicht ein Muss. Ebenso dürfen wir als Christen auf artgerechte Tierhaltung bedacht sein und bevorzugt Produkte solcher Produzenten kaufen, die genau darauf achten. Der Aufschrei bezüglich der Verhältnisse in Legebatterie-Anlagen hat in Deutschland schon vor Jahren dazu geführt, dass es keine Eier mehr aus Käfighaltung für Privatpersonen zu erwerben gibt. „Geiz ist geil" ist generell kein christlich vertretbares Motto und in diesem Kontext noch offensichtlicher unvertretbar.

Und ja: Umweltschutz und Nächstenliebe darf mich auch etwas kosten.

Also ist es letztendlich doch das Verhalten des Einzelnen, das den Unterschied machen kann. Bedenkt man die Vorreiterrolle Deutschlands und die christliche Relevanz des umweltethischen Handelns, so ist die in diesem Sinne „grüne" Entwicklung Deutschlands und dessen Einfluss auf die internationale Politik aus christlicher Sicht mehr als vertretbar. Es sollte uns umso mehr anspornen, dieses Feld nicht den säkular-linkspolitischen Bewegungen zu überlassen, sondern hier als Christen in Deutschland eine Vorreiterstellung einzunehmen. Umweltschutz ist keine christliche Option, sondern eine im Herrschafts- und Verwaltungsauftrag Gottes begründete Verantwortung und Pflicht.

PASTOR DANIEL GERASCH
SCHWABBACH

16 Spencer/White, Christianity, Climate Change and Sustainable Living, S. 213

Künstliche Intelligenz

Wie gehen Christ/-innen mit den Potenzialen und Risiken von KI-Systemen um?

von Johannes Haack

1. Einführung

> *1. Mose 2,7:*
> *Da machte Gott der HERR den Menschen aus Staub von der Erde und blies ihm den Odem des Lebens in seine Nase. Und so ward der Mensch ein lebendiges Wesen.*[1]

Zum Beginn der in der Bibel berichteten Zeitalter fand ein phänomenal einmaliger kreativer Schöpfungsakt statt: Aus Elementen der Erde wurde Leben, aus toter Materie entstand ein Wesen mit Fähigkeiten zum Wahrnehmen, Denken, Sprechen, Fühlen, Handeln und moralischen Entscheiden – die größte Ingenieurleistung aller Zeiten (ingenium = Talent, schöpferische Begabung).

In der noch kurzen, aber rasant beschleunigten Entwicklungsgeschichte von Künstlicher Intelligenz (KI) sind gelegentlich immer wieder Aussagen zu finden, die in Analogie zu diesem einmaligen Schöpfungsakt Gottes auch dem menschlichen Erfindergeist vergleichbare Qualitäten zusprechen, wenn dieser superhumane KI-Systeme entwirft. Ist die Künstliche Intelligenz damit also auch eine Bedrohung für den christlichen Glauben? Diese Frage stellt das amerikanische Magazin *The Atlantic* und präsentiert dazu den provokativen Untertitel: *Bist du da, Gott? Ich bin's, der Roboter.*[2] Ein Ziel dieses Beitrags zur christlichen Ethik der Künstlichen Intelligenz ist es, dieser übersteigerten Hybris eines neuen Schöpfungsaktes entgegenzutreten,

---

1 Alle in diesem Artikel zitierten Bibelverse folgen der Luther-Übersetzung in der revidierten Ausgabe von 1984.

2 Merritt, J. (2017). *Is AI a Threat to Christianity – Are you there, God? It's I, robot.* The Atlantic, February 3. https://www.theatlantic.com/technology/archive/2017/02/artificial-intelligence-christianity/515463/

der dem Menschen gleichwertige oder den Menschen übertreffende intelligente Systeme entwirft, die im Extremfall sogar den Menschen ersetzen sollen (Transhumanismus). Ein gleichwertiges Ziel dieses Beitrags ist es jedoch auch, die Potenziale für humanzentrierte und humankompatible Künstliche Intelligenz aufzuzeigen, die zur Ehre Gottes und zum Nutzen von Menschen eingesetzt werden kann.

Künstliche Intelligenz (Artificial Intelligence/A.I.) ist keine Zukunftstechnologie. Sie ist schon eine Gegenwartstechnologie. Spätestens seit dem Hype und die daran anschließenden Debatten, die Anfang 2023 nach dem freien Gratiszugang auf leistungsstarke generative Sprach- und Bildsoftware wie ChatGPT[3] und DALL-E 2 von OpenAI aufkamen, wurde einer breiteren Öffentlichkeit klar, dass sich Künstliche Intelligenz zu einer Hochrisikotechnologie entwickeln könnte. Die faszinierenden Leistungen der KI-Systeme hinterfragen nicht nur die Existenzberechtigung text- und graphikorientierter Berufsgruppen, stellen das Prüfungswesen an Schulen und Universitäten auf den Kopf oder bedrohen durch Deep-Fake-Nachrichten die gesellschaftliche Diskussionskultur. Sie könnten nach Ansicht einiger Experten zu einem lebensbedrohlichen Risiko für die Menschheit werden. Die Bedrohungsszenarien reichen dabei vom unkontrollierbaren Einsatz von autonomen Waffensystemen[4] bis hin zur weltweiten dystopischen Machtübernahme eines KI-Systems. Mit einem einzigen Satz hat eine Gruppe von Top-Experten und Branchenführern der KI am Center of AI-Safety in San Francisco[5] am 30. Mai 2023 vor diesen existenziellen Bedrohungen gewarnt (u.a. Sam Altman, Open AI; Demis Hassabis, Google; Geoffrey Hinton and Yoshua Bengio, Turing Award): *Mitigating the risk of extinction from A.I. should be a global priority alongside other societal risks, such as pandemics and nuclear war.* Dieses dramatische Statement macht deutlich, dass auch die christliche Ethik gefragt ist, sich mit diesem Thema zu befassen. Wie können die Potenziale und Risiken der Künstlichen Intelligenz aus der Sicht einer christlichen Ethik bewertet werden? Sollten Maschinen künftig als moralische Akteure entscheiden? Auf welcher ethischen Grundlage können Risiken und Potentiale von KI bewertet werden? Und schließlich: Wie können Christinnen und Christen im Beruf und Alltag Verantwortung für ethisch fundierte humanzentrierte Informationstechniken übernehmen?

---

3 ChatGPT = Generative Pre-Trained Transformer: https://openai.com/

4 Die komplexen ethischen Implikationen bei dem Einsatz von halb- oder vollautonomen Waffensystemen werden in diesem Beitrag nicht weiter diskutiert.

5 https://www.safe.ai

Ganz allgemein lässt sich Ethik als „Reflexion auf das gute Leben und richtige Handeln" verstehen.[6] Die Ethik als Teilgebiet der Philosophie und Theologie wird jedoch seit einigen Jahren durch den interdisziplinären Dialog mit anderen Fachdisziplinen herausgefordert, für neue Lebens- und Gesellschaftsfelder hochspezialisierte Ethik-Konzeptionen zu entwerfen. Es ist daher keine Überraschung, dass weltweit die Konturen neuer Bereichsethiken sichtbar werden. Dazu gehören auch Wortneuschöpfungen wie *Digitale Ethik*, *Maschinenethik* oder *Ethik der Künstlichen Intelligenz*.[7] Der Münchener Philosoph Julian Nida-Rümelin hat zum Beispiel mit seinem Konzept eines digitalen Humanismus eine viel diskutierte Ethik der KI entworfen. Sein Ansatz richtet sich zugleich gegen den schon erwähnten Transhumanismus, die er als Ersatzreligion oder vereinfachend als Silicon-Valley-Ideologie bezeichnet, aber auch gegen animistische und mechanistische Positionen. Nida-Rümelin spricht sich dafür aus, im Zeitalter der fortschreitenden Digitalisierung weiter die Autorenschaft menschlichen Denkens und Fühlens in den Mittelpunkt zu stellen.[8]

Eine Recherche in der renommierten wissenschaftlichen *Datenbank Web of Science* mit den Stichwörtern „ethics" und „artificial intelligence" hat am 07.07.2023 insgesamt 2.532 Treffer erbracht, mit einem steilen Publikationsanstieg der Fachartikel seit 2018. Der Wissenschaftsverlag Oxford University Press hat in seiner renommierten Handbuchreihe *The Oxford Handbook of Ethics of A.I.*[9] einen ersten umfassenden Überblick über dieses Thema vorgelegt. Damit rückt dieser lange als marginal betrachtete Anwendungsbereich der Ethik weiter in den Fokus öffentli-

---

6 Reuter (2014). Grundlagen und Methoden der Ethik. In W. Huber & T. Meireis & H.-R. Reuter (Hrsg.). *Handbuch der Evangelischen Ethik.* München: C.H. Beck

7 In englisch: (1) Anderson, M. et al. (2018). *Machine Ethics.* Cambridge: Cambridge University Press. (2) Coeckelbergh, M. (2020). *AI Ethics.* Cambridge, MA.: MIT Press. In deutsch (3) Bendel, O. (2019). *Handbuch der Maschinenethik.* Wiesbaden: Springer. (4) Haagen, C. (2021). *Verantwortung für Künstliche Intelligenz: Ethische Aspekte und zivilrechtliche Anforderungen.* Baden-Baden: Nomos (5) Nida-Rümelin, J. (2018). *Digitaler Humanismus – Dürfen Computer alles, was sie können?* München: Piper. (6) Spiekermann, S. (2019). *Digitale Ethik – Ein Wertesystem für das 21. Jahrhundert.* München: Droemer

8 Nida-Rümelin, J. & Weidenfeld, N. (2022). *Digitaler Humanismus – Eine Ethik für das Zeitalter der Künstlichen Intelligenz.* München: Piper Verlag

9 Dubber, M.D., Pasquale, F. & Das, S. (Eds.). (2020). *The Oxford handbook of ethics of AI.* Oxford University Press. Einen ersten informativen Überblick über die anwachsende Publikationsmenge liefert der Eintrag *Ethics of Artificial Intelligence and Robotics* von Vincent Müller in der digitalen *Stanford Encyclopedia of Philosophy*: https://plato.stanford.edu/entries/ethics-ai/
Einen vertiefenden Überblick zur Ethik der Künstlichen Intelligenz findet man in Floridi, L. (2023). *The Ethics of Artificial Intelligence.* Oxford University Press.

chen Interesses. Ein deutliches Signal für die Etablierung eines neuen wissenschaftlichen Teilgebiets ist auch die Gründung von neuen Fachzeitschriften. Seit 2020 widmen sich *The AI Ethics Journal* und seit 2021 die Zeitschrift *AI and Ethics* ethischen Fragestellungen an der Schnittstelle von Künstlicher Intelligenz, Informatik, Philosophie und Soziologie.[10]

Welchen Beitrag zu diesem Fokusthema könnte eine christliche Ethik leisten? Welche Prinzipien der Techniknutzung und -beherrschung lassen sich aus der Bibel ableiten?

Der vorliegende Beitrag bewegt sich in mehreren Schritten durch die Forschungs- und Anwendungslandschaft der sogenannten Künstlichen Intelligenz, die in aktueller Terminologie und anderen Schwerpunkten auch Data Science und Machine Learning genannt wird.

- Der Beitrag skizziert zu Beginn wichtige Meilensteine, Etappen und aktuelle Trends in der Forschungsgeschichte der Künstlichen Intelligenz
- und greift aktuelle Kontroversen zwischen Vertretern utopischer transhumanistischer Positionen, alarmistischen Totalverweigerern und Vertretern humanzentrierter KI auf.
- Er entwirft schließlich sechs Impulse zur Entwicklung einer christlichen Ethik der KI, diskutiert die Konturen anderer christlicher KI-Leitlinien und gibt darauf aufbauend praktische Handlungsempfehlungen für Christinnen und Christen in Forschung, Industrie und Zivilgesellschaft, die sich als Bürgerinnen und Bürger aktiv in die ethische Debatte einmischen sollten.

2. Künstliche Intelligenz und Maschinelles Lernen - Definitionen, Etappen und Meilensteine

Das Geburtsjahr der Künstlichen Intelligenz (Artificial Intelligence) war im Jahre 1956. Auf einer Fachkonferenz am Dartmouth-College in den USA haben Teilnehmer aus Wissenschaft und Industrie wie Marvin Minsky, John McCarthy, Claude Shannon, Allen Newell und Herbert Simon eine neue interdisziplinäre Disziplin mit dem Ziel begründet, menschliche Intelligenz mithilfe von Computern nachzubilden. Nach Herbert Simon weist der Terminus *artificial* (künstlich) darauf hin, dass etwas durch den Menschen geschaffen wurde und nicht durch die Natur. Viele KI-Vertreter sind bis heute nicht glücklich darüber, dass durch den Begriff „Intelligenz" in

10 https://www.aiethicsjournal.org/ https://www.springer.com/journal/43681/

der Öffentlichkeit überhöhte Erwartungen geweckt wurden, die Computersysteme im Vergleich mit den mentalen Leistungen von Menschen nie erreichen werden. Die Forschungsgeschichte zeigt deutlich, welchen Schwankungen zwischen glorifiziertem Hype und pessimistischer Ernüchterung die Bewertung von KI unterlag.

So folgte den mit vielen Forschungsmitteln ausgestatteten goldenen KI-Jahren mit Erfolgen beim Lösen mathematischer und logischer Beweise nach dem Versagen bei der künstlichen Sprachübersetzung der sogenannte KI-Winter. In den 2010er Jahren begann dann der Siegeszug eines neuen KI-Paradigmas, des sogenannten statistikbasierten Maschinellen Lernens. Deren Algorithmen arbeiten nicht mit logikbasierten Regeln, sondern mit künstlichen neuronalen Netzen, die aus vielen Trainingsbeispielen lernen und dann in der Lage sind, eigene Merkmale aus Bildern oder Texten zu extrahieren und passend zu klassifizieren. Das erklärt die zunehmende Qualität von Sprachgenerierungssystemen wie ChatGPT, Bard, YouChat und Aleph Alpha sowie Bildgenerierungssystemen wie DALL-E 2, DreamStudio Stable Diffusion und Adobe Firefly.

In Zukunft wird aber nicht nur die Größe des Umfangs der Trainingsdaten im Mittelpunkt stehen, sondern auch ihre Qualität. Qualitativ hochwertige Trainingsdaten für KI-Systeme sind nicht nur Garanten für möglichst vollständige und fehlerfreie Antworten von KI-Systemen, sondern auch für ihre ethische Korrektheit. Unvollständige, nicht repräsentative Trainingsdaten führen in den Antworten zu diskriminierenden Verzerrungen und Fehlurteilen hinsichtlich des Geschlechts, der ethnischen Herkunft und anderer Personenmerkmale. Wird das Training der tiefen neuronalen Netze auf mehreren Geräten mit lokalen Datensätzen trainiert, ohne dass sensible Informationen ausgetauscht werden, spricht man von Federated Learning (Föderales Lernen).

Nach den logik- und wissensbasierten KI-Systemen der ersten Generation und den statistik-basierten KI-Systemen der zweiten Generation arbeiten nun viele Forscher an einer dritten Generation von sogenannten erklärbaren KI-Systemen[11] (XAI = explainable A.I.). Methoden des interpretierbaren maschinellen Lernens (white-box-Verfahren) sollen die statistischen Verfahren (black-box-Verfahren) ersetzen und die verwendeten Methoden nachvollziehbar und transparent machen. Damit erhöht sich die Vertrauenswürdigkeit, denn nun können sowohl Entwickler als auch interessierte Nutzer nachvollziehen, wie ein KI-System zu seinen Ergebnissen gekommen ist. Kombiniert man die drei genannten Ansätze, spricht man von hybri-

---

11 Einen Einblick in die Arbeitsweise von erklärbarer KI geben die Projekte des Fraunhofer Instituts IOSB: https://www.iosb.fraunhofer.de/en/competences/image-exploitation/interactive-analysis-diagnosis/explainable-ai.html

den Systemen.[12] Erklärbarkeit wird übrigens auch als eine zentrale Anforderung in Debatten zu einer gesetzlichen Regulierung von KI-Systemen diskutiert.

An dieser Stelle kann auf weitere Details und Unterschiede zwischen terminologischen Varianten von Künstlicher Intelligenz wie *Assistenzsystemen, Autonomen Systemen, Cognitive Systems, Industrie 4.0 oder Intelligent companions* nicht eingegangen werden. Wir verwenden im Folgenden übergreifend weiter den Terminus Künstliche Intelligenz (KI).

Als wichtige terminologische Besonderheit muss aber unbedingt auf den Unterschied zwischen sogenannter schwacher KI und sogenannter starker KI hingewiesen werden. Mit Algorithmen[13] der *schwachen KI* werden vorgegebene Aufgaben in engen Leistungsbereichen bearbeitet. Dazu gehören Industrieroboter mit hochspezialisierten Aufgaben, die Menschen in Präzision und Tempo eindeutig übertreffen. Es gibt auch eine lange Erfolgsliste von KI-Programmen, die in der Lage sind, die Weltmeister in Schach, Go und Jeopardy zu schlagen, allerdings jeweils nur in ihrem eng umrissenen Spezialgebiet. Bei allen darüber hinaus gehenden Anforderungen reagiert das System unintelligent und ist unfähig, auch nur die kleinsten Aufgaben zu bewältigen. Wir können also festhalten, dass viele KI-Systeme schneller, präziser und problemlösestärker als Menschen sind, aber über ihr Spezialgebiet hinaus sich keine neuen Wissensbestände und Fertigkeiten (skills) aneignen können. Zynisch aus der Sicht der Ingenieure, aber zugleich beruhigend für den Normalbürger ist eine Aussage von Christopher Bishop, dem Leiter des Microsoft-A.I. Labs in London: *Künstliche Intelligenz ist schlicht und einfach all das, was Computer jetzt noch nicht tun können.*

Algorithmen der *starken KI* dagegen sollen hochintegrative Leistungen von Menschen nachbilden. Dazu gehören kreative und innovative Leistungen wie der sogenannte analoge Transfer, der die Übertragung des verfügbaren Vorwissens auf ein neues unbekanntes Gebiet umfasst.

Einige KI-Forscher benennen diese flexiblen adaptiven Leistungen, zu denen Menschen in der Lage sind, auch als *Artificial General Intelligence (AGI)*. Es gibt erste Schritte, sich durch sogenanntes Meta-Lernen und sich gegenseitig lehrende Deep-learning-Netze diesem Teil der menschlichen Intelligenz anzunähern.

---

12 Marcus, G. (2020). *The Next Decade in AI: Four steps towards robust Artificial Intelligence.* https://arxiv.org/abs/2002.06177

13 Algorithmen sind eindeutige, effektive Handlungsanweisungen zur Lösung eines Problems mit einer Programmiersprache.

Schließlich gibt es noch den Bereich der hypothetischen Artificial *Super-Intelligence (ASI)*, der auf einem Genius-Niveau menschliche Fähigkeiten übertreffen soll. Wir bewegen uns damit aber in einen spekulativen Bereich, der von KI-Forschern sehr unterschiedlich bewertet wird.

Die bisher ausführlichste Einschätzung der aktuellen Lage der Künstlichen Intelligenz und ihre zukünftige Entwicklung gibt eine exzellente Studie, die 2019 von renommierten Wissenschaftlern der Stanford University verfasst wurde.[14] Sie zeigt unter anderem auf, mit welchen ethischen Kategorien von KI sich Medien weltweit beschäftigen. Vorgestellt werden auch die ethischen Herausforderungen, die bisher in KI-Dokumenten verwendet werden. An erster Stelle steht das Prinzip der Fairness, gefolgt von Interpretierbarkeit und Erklärbarkeit, Transparenz, Verlässlichkeit, Privatheit, Sicherheit u.a. Bisher an letzter Stelle steht das Prinzip der Nachhaltigkeit. Aufgrund des hohen Energieverbrauchs für Server-Farmen, cloud-basierter KI-Systeme und Supercomputer beginnt diese Einschätzung sich im Zeitalter einer weltweiten Klimakrise allerdings deutlich zu ändern.[15]

3. Potenziale und Risiken von Künstlicher Intelligenz

Viele Zeitgenossen haben schon die Gelegenheit gehabt, sich mit einem digitalen Sprachassistenten/Chatbot zu unterhalten, seien es Alexa, Bixby, Cortana, Google Assistent oder Siri. Evaluationen weisen auf eine sehr schwankende Kommunikationsqualität hin. Sprachassistenten bieten auf der einen Seite präzise Antworten, originelle Wendungen, Erweiterungen durch sogenannte Skills und hochadaptive Antwortleistungen. Auf der anderen Seite entpuppen sich die Systeme bei längeren Dialogen aber als holprige Gesprächspartner, so dass die Frage aufkommt: Verdienen diese KI-basierten System wirklich das Prädikat *intelligent*?

Was denken nun Experten über die Leistungsfähigkeit von KI-Systemen? Nach einer aktuellen Umfrage unter Experten des Maschinellen Lernens werden KI-Systeme den Menschen zu folgenden Zeitpunkten in folgenden Fähigkeiten übertreffen:

- 2024 Übersetzung von Sprachen
- 2026 Abitur-Aufsätze verfassen

14 AI INDEX REPORT 2019. https://hai.stanford.edu/sites/g/files/sbiybj10986/f/ai_index_2019_report.pdf

15 Siehe Themenheft: Computational sustainability: Computing for a Better World and a Sustainable Future (2019). Communications of the ACM Volume 62, No. 9

- 2027 LKW-Fahren
- 2031 Einzelhandelsverkauf
- 2049 Verfassen eines Bestsellers
- 2053 chirurgische Operationen
- 2062 Menschen werden von AI in allen (intelligenzbasierten) Leistungen übertroffen
- 2137 Alle menschlichen Arbeitsplätze könnten von AI übernommen werden.[16]

Diese Prognosen der Experten sind natürlich mit viel Unsicherheiten behaftet. Durch eine kleine Gruppe von KI-Utopisten wird allerdings die Öffentlichkeit immer wieder verunsichert, die durch die Anhänger des Transhumanismus, vor allem durch die Publikationen von Ray Kurzweil inspiriert sind.[17] Ziel ist die Erschaffung einer Superintelligenz, der sogenannten technischen Singularität. Durch sie sollen die physischen und psychischen Grenzen des Menschen erweitert werden und seine Evolution proaktiv beschleunigt werden. Transhumanisten gehen dabei von der eigenwilligen Prognose aus, dass bereits 2045 die Rechenleistung von KI-Systemen die der Menschen um den Faktor eine Milliarde übertreffen wird.

Spekulative Visionen dieser Art lassen zurecht einige Zeitgenossinnen und Zeitgenossen erschaudern. Sie werden zwar nur von wenigen KI-Experten vertreten, verstärken aber in der medialen Öffentlichkeit auf perfide Weise Sorgen und Ängste. Es gibt aber auch berechtigte Bedenken. Dazu gehört die zunehmende Entfremdung von vertrauten Aufgaben, die Furcht vor der Kommunikation mit seelenlosen Robotern und der Verlust des Arbeitsplatzes. Diese Bedenken haben inzwischen auch Gehör in Wirtschaft und Gewerkschaften, in Politik und Verwaltung gefunden. Ein Beispiel dafür ist die Einrichtung eines KI-Observatoriums durch das Bundesministerium für Arbeit und Soziales in Berlin, in dem untersucht werden soll, wie der Einsatz von KI-Systemen sich auf die Arbeitswelt auswirkt und fair gestaltet werden kann. Weitere empirische Studien sind aber notwendig, um den durch KI-Systeme ausgelösten Transformationsprozess des Arbeitsmarktes angemessen zu bewältigen.[18]

---

16 Nach Grace, K. et al. (2017). Viewpoint: When will AI exceed human performance? Evidence from AI experts. Journal of Artificial Intelligence 62, 729-754

17 Kurzweil, R. (2005). The singularity is near. New York: Viking Penguin

18 Frank, M.R. et al. (2019). Toward understanding the impact of artificial intelligence on labor. PNAS Vol. 116, No. 14. https://www.pnas.org/doi/10.1073/pnas.1900949116

Auch in der nationalen Strategie der Bundesregierung für Künstliche Intelligenz mit dem Siegel *AI Made in Germany* von 2018 wird die ethische Dimension beim Einsatz von KI in sensiblen Lebensbereichen von Bürgerinnen und Bürgern eingehend berücksichtigt. Die Datenethik-Kommission und die Enquete-Kommission des Bundestages begleiten den umfangreichen technologischen Ausbau, zu dem außer dem Deutschen Forschungszentrum für Künstliche Intelligenz in Saarbrücken/Kaiserslautern (DFKI) noch weitere fünf Kompetenzzentren für KI an den Universitätsstandorten Berlin, Dortmund/St. Augustin, Dresden/Leipzig, München und Tübingen gehören. Außerdem gehört zu dem Maßnahmenpaket die weltweite Ausschreibung von 30 neuen KI-Professuren. Das Institut für Innovation und Technik rechnet mit einer Wertschöpfung von 32 Milliarden in den nächsten fünf Jahren.[19] Vertreter optimistischer Szenarien rechnen mit stark beschleunigten Produktivitätsschüben von Unternehmen im globalen Wettbewerb, mit bürgerfreundlichen digitalen Verwaltungsabläufen und innovativen Rehabilitationshilfen wie Computer-Brain-Interfaces nach Hirnschäden.[20]

Nach einer aktuellen Umfrage in der deutschen Bevölkerung war die Akzeptanz von KI und das Vertrauen in wissensbasierte technologische Innovation zwar deutlich gewachsen, von 58% im Jahre 2017 auf 83% im Folgejahr. Die Risiken und Potenziale von Künstlicher Intelligenz werden gleichwohl kontrovers diskutiert, sowohl von Vertretern der Technologie-Firmen, wissenschaftlichen Visionären, Unternehmensberatungsgesellschaften und kritischen Thinktanks wie zum Beispiel dem Centre for the Study of Existential Risks an der University of Cambridge und am Future of Humanity Institute an der University of Oxford.[21]

Am Beispiel dreier Alltags-Szenarien, die in naher Zukunft zu erwarten sind, soll das Pro und Contra von KI-Anwendungen vorgestellt werden. Vor allem das Vertrauensrisiko im Überschneidungsbereich von KI und Internetsicherheit (Cybersecurity) wird zu Recht metaphorisch mit den Seiten eines zweischneidigen Schwertes verglichen.[22]

---

19 https://www.ki-strategie-deutschland.de/home.html

20 McKinsey & Company (2017). Smartening up with artificial intelligence. How AI will transform Germany`s industrial sector. https://www.mckinsey.com/industries/semiconductors/our-insights/smartening-up-with-artificial-intelligence

21 Siehe Bostrom, N. (2016). Superintelligenz – Szenarien einer kommenden Revolution. Berlin: Suhrkamp

22 Taddeo, M., McCutcheon, T., & Floridi, L. (2019). Trusting artificial intelligence in cybersecurity is a double-edged sword. Nature Machine Intelligence 1, 557-560

Stellen wir uns selbst dazu jeweils eine praktische Entscheidungsfrage:

SZENARIO 1: AUTONOMES FAHREN

Würden Sie sich in ein selbst steuerndes Auto setzen?

- *Pro:* Die Zahl der Verkehrstoten sinkt. Die Technik ermöglicht längere Mobilität für Senioren und stressfreie Fahrten und Transporte für Geschäftsleute.
- *Contra:* Es gibt unklare kritische Entscheidungen in Gefahrensituationen und ethische Dilemmata: Soll das autonome Fahrzeug eine alleinstehende Seniorin oder die Kita-Gruppe beim Ausweichen überfahren? Die Verantwortung/Versicherung bei Unfällen ist ungeklärt.

SZENARIO 2: PFLEGEROBOTIK

Würden Sie sich von Pflegerobotern pflegen lassen?

- *Pro:* Körperliche Entlastung für Pflegekräfte bietet mehr Zeit für menschliche Zuwendung. Die Pflegekräfte werden durch medizinische Sensoren und automatisierte Dokumentation entlastet. "Digital natives" der nächsten Generation lieben die Technik-Interaktion.
- *Contra:* Sind emotionale Beziehungen zu Robotern wünschenswert? Führt die Technisierung nicht zum Abbau von Arbeitsplätzen?

SZENARIO 3: INTELLIGENTE KÜHLSCHRÄNKE

Soll Ihr Kühlschrank beim Lebensmittelhändler Ihrer Wahl bei Bedarf neue Lebensmittel bestellen?

- *Pro:* Wir werden von unangenehmen Routineaufgaben im Haushalt entlastet. Lebensmittel werden effektiver verbraucht.
- *Contra:* Sind meine Daten und Bewegungsprofile geschützt, die durch Sensoren im Haushalt weitergegeben werden? Soziale Isolation kann begünstigt werden. Nicht vernetzte Kiezläden sterben aus.

Die drei skizzierten Szenarien machen deutlich, dass es an der Zeit ist, einen permanenten öffentlichen Dialog über die Risiken und die Potenziale von KI-Systemen zu führen. Sie machen auch auf drastische Weise klar, dass gesellschaftlich geteilte ethische Prinzipien entwickelt werden müssen. Sie haben die Aufgabe, einen verantwortlichen Weg der Technikbeherrschung zu finden, der sowohl kritiklose enthusiastische Befürwortung als auch technikfeindlichen Alarmismus vermeidet.

4. Humanzentrierte Systeme - technische Ethik-Richtlinien für KI

Schon der russisch-amerikanische Biochemiker und Science-Fiction-Autor Isaac Asimov hatte im Jahr 1942 in seiner Kurzgeschichte *Runaround* drei Grundregeln entworfen, denen Roboter in seinen Erzählungen folgen sollten. In der im Sammelband *I, Robot* publizierten Fassung lauteten die drei in der Folgezeit als Asimov'sche Gesetze bezeichneten Regeln wie folgt:

1.) Ein Roboter darf kein menschliches Wesen verletzten oder durch Untätigkeit zulassen, dass einem menschlichen Wesen Schaden zugefügt wird.

2.) Ein Roboter muss den ihm von einem Menschen gegebenen Befehlen gehorchen – es sei denn, ein solcher Befehl würde mit Regel eins kollidieren.

3.) Ein Roboter muss seine Existenz schützen, solang dieser Schutz nicht mit Regel eins oder zwei kollidiert.[23]

Asimovs Gesetze haben nicht nur viele Science-Fiction-Genres inspiriert, sondern auch später Einfluss auf erste Überlegungen zur Ethik der Künstlichen Intelligenz gehabt. Über 70 Jahre später haben sich unter dem Dachtitel *Human-Centered AI* Institutionen und Initiativen zusammengefunden, die ebenfalls an Prinzipien für vertrauenswürdige und nachvollziehbare KI-Systeme arbeiten.[24] Die Menschzentrierung ist dabei gleichwertiges Designprinzip neben der technischen Effizienz. Mensch-Computer-Systeme werden daher in mehrfachen Planungszyklen mit sehr früher Einbindung der späteren Nutzergruppen entworfen. Einige dieser KI-Initiativen zielen auf die Verbesserung der Lebensqualität von Menschen ab und binden Programme der UNESCO, das UN World Food Programme und die Weltgesundheitsorganisation ein.[25]

Zu den anspruchsvollsten Initiativen für die Entwicklung technischer KI-Standards, die die Lebensqualität und das Wohlergehen (well-being) von Menschen fördern, gehört das IEEE-Dokument „Ethically Aligned Design". Das Institute of Electrical and Electronics Engineers (IEEE) ist der weltweit größte Berufsverband für Wissenschaftler, Ingenieure und Informatiker aus technischen Berufsgruppen. Es hat eine globale Initiative zur Ethik autonomer und intelligenter Systeme angestoßen, die dafür sorgen soll, dass in der Ausbildung und im Training aller am Entwick-

23 Asimov, I. (1950). *I, Robot* (The Isaac Asimov Collection). New York: Doubleday

24 Vergleiche: Tegmark, M. (2017). *Leben 3.0: Mensch sein im Zeitalter der Künstlichen Intelligenz.* Berlin: Ullstein

25 AI for Good: aiforgood.itu.int und Artificial General Intelligence Sentinel Initiative (AGISI): agisi.org/

lungsprozess beteiligten Berufsgruppen ethische Prinzipien an erster Stelle stehen sollen.[26]

Einige Ziele und Werte, die humanzentrierten Gestaltungsprinzipien zugrunde liegen, sind denen einer christlichen KI-Ethik sehr verwandt. Eine christliche KI-Ethik kann durchaus von der werteverwandten Agenda einer humanorientierten KI lernen, auch wenn dort primär nutzenorientierte teleologische Ethiken mit zweckrationalen oder sozialevolutionären Begründungen zu finden sind. Christliche KI-Ethiker sollten prüfen, welche Empfehlungen für eigene Gestaltungskataloge übernommen werden können.

Seit 2015 haben weltweit die unterschiedlichsten gesellschaftlichen Akteure Richtlinien und Memoranden zur Ethik der Künstlichen Intelligenz verfasst: Regierungen von wirtschaftsstarken Ländern, Unternehmen, Gewerkschaften, Wissenschaftsorganisationen, Fachverbände, Kirchen und Bürgerinitiativen. Dazu gehören Selbstverpflichtungen zu moralischen Standards, aber auch kritische Handlungsanweisungen für interessierte Bürgerinnen und Bürger. Nachdem der Software-Konzern Microsoft im März 2023 zugesagt hatte, weitere milliardenschwere Investments in das führende KI-Sprachmodell ChatGPT und den Mutterkonzern OpenAI fließen zu lassen, um seine Büroprogramme mit smarten KI-Funktionen auszustatten, ließ er durch seinen Chief Scientific Officer Eric Horvitz drei Monate später eine AI Anthology ankündigen. Zwanzig eingeladene Experten aus verschiedenen Wissenschaftsdisziplinen sollen in drei Fallstudien unter den zwei folgenden Leitfragen das Potential von GPT-4 ausloten: (1) Wie könnten KI-Technologien und ihre Nachfolger zum menschlichen Wohlergehen beitragen? (2) Wie könnten wir als Gesellschaft KI-Technologien am besten lenken, um einen maximalen Nutzen für die Menschheit zu erzielen?[27]

Ein weiterer Indikator für das steigende Problembewusstsein für den Umgang mit KI-Technologien ist die Einrichtung von Ethik-Abteilungen, die Schulung von Mitarbeitern nach dem firmeneigenen KI-Codex oder die Berufung von Ethik-Experten als Mitglieder von Entwicklungsabteilungen von Technologie-Firmen. Themen der KI-Ethik werden inzwischen auch in die Curricula von KI-Studiengängen integriert. Studierende der Technischen Universität Berlin können zum Beispiel innerhalb ihres Fachstudiums das Berliner Ethik-Zertifikat am BERLIN ETHICS LAB erwerben. Am IRIS-Zentrum der Universität Stuttgart werden die Effekte intelli-

26 Ethically Aligned Design (2017). Version 2. https://standards.ieee.org/industry-connections/ec/ead-v1.html

27 AI Anthology (2023) – Reflections on AI and the future of human flourishing. https://unlocked.microsoft.com/ai-anthology/

genter Systeme auf die Gesellschaft erforscht. Ziel dabei ist, unfaire Diskriminierungen bei automatisierten Entscheidungen oder Stereotype bei der Technikentwicklung zu vermeiden.

Wie können nun Systeme der Künstlichen Intelligenz entwickelt werden, die ethischen und moralischen Grundprinzipien folgen (Responsible AI)? Die Dimensionen Erklärbarkeit (Explainable AI) und Vertrauenswürdigkeit (Trustworthy AI) ergänzen dabei bekannte Forderungen nach Datenschutz, Benutzerfreundlichkeit und Sicherheit.

In Deutschland hat der Bundestag begonnen, bei der Gesetzgebung ethische Expertise einzuholen, um klare Leitlinien für die Entwicklung von Algorithmen zu setzen. So hat zum Beispiel eine Ethik-Kommission aus Philosophen, Theologen, Juristen, Ingenieuren von VW, Daimler und BMW, Vertretern des ADAC und Verbraucherschützern 20 Regeln für die Gesetzesvorbereitung für das autonome Fahren entworfen. Ziel war es, ethische Standards für Algorithmen festzulegen, die bestimmen, welche Fahrzeugreaktionen in Gefahrensituationen auftreten.[28] Darüber hinaus gibt es die Datenethikkommission, der als unabhängiges und eigenverantwortliches Expertengremium Leitfragen von der Bundesregierung vorgegeben wurden.[29]

Erfreulicherweise setzt sich auch die Europäische Kommission mit ihrem am 19.02.2020 veröffentlichten Weißbuch zur Künstlichen Intelligenz deutlich von primär gewinnorientierten Datensammelpraktiken der US-amerikanischer Digitalkonzerne und kontrollorientierten Datensammelpraktiken in der Volksrepublik China ab. Exzellenz in der KI-Forschung- und Entwicklung sollte aus der Sicht des EU-Dokuments immer mit Vertrauenswürdigkeit für die Nutzer/Bürger der Systeme einhergehen. Explizit werden Vorfälle von unfairen riskanten Bewertungen durch Algorithmen diskutiert, die einzelne Personen aufgrund ihres Geschlechtes oder ihrer ethnischen Herkunft ausschließen. Die Autoren der High-Level-Expertengruppe haben in den unterschiedlichsten Anwendungsfeldern von KI sieben Schlüssel-Elemente identifiziert, die zur Entwicklung humanzentrierter KI-Systeme führen sollen:

---

28 Dokumente des wissenschaftlichen Dienstes des Bundestages ermöglichen einen Einblick in Gesetzgebungsverfahren für KI-Systeme: *Autonomes und automatisiertem Fahren auf der Straße – rechtlicher Rahmen* (2018). https://www.bundestag.de/resource/blob/562790/c12af1873384bcd1f8604334f97ee4b9/wd-7-111-18-pdf-data.pdf

29 https://www.bmi.bund.de/DE/themen/it-und-digitalpolitik/datenethikkommission/datenethikkommission-node.html

- Human agency and oversight
- Technical robustness and safety
- Privacy and data governance
- Transparency
- Diversity, non-discrimination and fairness
- Societal and environmental wellbeing, and
- Accountability.[30]

Vor welchen Herausforderungen europäische Regierungen, Organisationen und Unternehmen bei dem Schutz der Grundrechte ihrer Bürgerinnen und Bürger bei der Anwendung von KI-Systemen stehen, zeigt der ausführliche Bericht der European Union Agency for fundamental rights FRA. Bei Feldstudien in den EU-Mitgliedsstaaten Estland, Finnland, Frankreich, den Niederlanden und Spanien werden Interviewdaten zu vier ethisch kritischen KI-Fallbeispielen (use cases) erhoben und diskutiert. Im Anschluss daran werden Empfehlungen für den Einsatz von Test- und Bewertungswerkzeugen für Unternehmen, Forschung und Zivilgesellschaft vorgestellt, mit denen der Schutz der Grundrechte bei KI-Anwendungen „gemessen" werden kann.[31]

Noch konkreter und anwendungsnäher sind die für die Praxis sehr empfehlenswerten sechs AI-Ethik-Labels der AI Ethics Impact Group,[32] die auf einer farblich abgestuften Skala von A (grün) bis G (dunkelrot) als Gütekriterien für KI-Systeme vergeben werden können. Damit werden die abstrakten Werte des WKIO-Models (Werte, Kriterien, Indikatoren und Observablen) verständlich umgesetzt und messbar gemacht. In einer Risiko-Matrix können potenzielle Schädigungen standardisiert identifiziert und anschaulich visualisiert werden. Vergleichbar sind die Label dem Energieeffizienzlabel, das Verbraucherinnen und Verbrauchern intuitiv Informationen beim Kauf von Elektrogeräten geben soll. Federführend für das KI-Ethik-Label waren die Technologie-Organisation VDE und die Bertelsmann-Stiftung unter der Beteiligung weiterer Forschungsinstitute aus Deutschland und der Schweiz und dem Think-Thank iRights.Lab aus Berlin.

30 European Commission (2020). White Paper – On Artificial Intelligence – A European approach to excellence and trust. https://ec.europa.eu/info/sites/info/files/commission-white-paper-artificial-intelligence-feb2020_en.pdf

31 https://fra.europa.eu/en/publication/2020/artificial-intelligence-and-fundamental-rights

32 https://www.bertelsmann-stiftung.de/de/publikationen/publikation/did/from-principles-to-practice-wie-wir-ki-ethik-messbar-machen-koennen

Auf eine weitere bedeutende Initiative ist hinzuweisen, die sich aus gesellschaftspolitischer Verantwortung für demokratische Grundrechte für eine Regulation von KI-Systemen ausspricht. In dem Manifest „Zur Verteidigung von Demokratie und Rechtsstaatlichkeit im Zeitalter der künstlichen Intelligenz" haben 28 Vertreterinnen und Vertreter aus Wirtschaft, Politik, Recht und Technologie in einer transatlantischen Reflexionsgruppe Vorschläge zur Regulation vorgelegt. Das Manifest kann nach seiner Abfassung am 14. Juni 2021 weiter digital unterzeichnet werden.[33]

Einen ausführlichen Überblick über Ethik-Richtlinien zur Künstlichen Intelligenz liefern die zwei folgenden Artikel: Thilo Hagendorf analysiert und bewertet 22 Richtlinien, u.a. auch darauf hin, wie die ethischen Prinzipien und Werte konkret in die Forschungspraxis, die technologische Entwicklung und die Anwendung durch die Kunden/Benutzer implementiert werden können.[34] Anna Jobin und ihre Mitautorinnen zeigen in ihrem Artikel nach der Analyse von 84 Ethik-Richtlinien zur Künstlichen Intelligenz eine weltweite Konvergenz auf, die in die fünf ethischen Prinzipien Transparenz, Gerechtigkeit, Unschädlichkeit, Verantwortlichkeit und Privatheit mündet.[35]

5. Glaubensethische Grundlagen für eine christliche Ethik der KI

In der Schöpfungsgeschichte in 1.Mose 2 bläst Gott dem aus Erdenstaub geformten Menschen seinen Lebensodem ein. Er überträgt ihm damit Anteile seiner göttlichen Kompetenzen und seiner Charakterausstattung. Die kreative Wucht dieses Schöpfungsaktes zeigt die Liebe und Wertschätzung des göttlichen Schöpfers für sein Geschöpf. Juden und Christen nennen das die Gottesebenbildlichkeit des Menschen. Diese von Gott verliehene Intelligenz und Ästhetik der menschlichen Persönlichkeit zeigt sich auch noch heute in jedem Menschen. Nach der jüdischen und christlichen Bibelauslegung haben Menschen sich allerdings schon früh aus dieser Gottesnähe verabschiedet. Deswegen kann es nach christlicher Sicht nie zu einer evolutionären Kette neuer intelligenter KI-Systeme kommen, die der Mensch mit

33 https://www.aiathens.org/manifesto

34 Hagendorf, T. (early access February 2020). The ethics of AI ethics: An Evaluation of Guidelines. Minds and Machines

35 Jobin, A., Ienca, M. & Vayena, E. (2020). The global landscape of AI ethics guidelines. Nature Machine Intelligence 1, 9, 389-399

Menschenwürde und Moral ausstattet. Die im folgenden Abschnitt skizzierten ethischen Prinzipien haben eine deontologische glaubensethische Begründung, weil sie sich an den Tugendlehren der Bibel orientieren.

Fülling & Meier (2019)[36] verweisen auf der Grundlage von Höffe (2013)[37] auf zwei Großgruppen von Ethiken im aktuellen Diskurs: *(1) teleologische Ethiken*, die auf Ziele ausgerichtet sind und sich nach den Folgen und vor allem nach dem Nutzen von Handlungen richten (Kosten-Nutzen-Relation) sowie *(2) deontologische Ethiken*, die sich an Normen und Pflichten orientieren, die eine Letztbegründung in höheren moralischen Werten haben wie zum Beispiel in der Menschenwürde oder den 10 Geboten. Im gesellschaftlichen Alltag geht es also entweder darum, ob sich ein Mensch von pragmatischen Nützlichkeitsgedanken leiten lässt, der seine Handlungen nach ihren Folgen und ihrem Nutzen bewertet oder ob er aus einer starken Verpflichtung gegenüber höheren Werten heraus handelt.

Beide Sichtweisen haben ihre Berechtigung und können sich in öffentlichen Debatten ergänzen. So haben Kosten-Nutzen-Abwägungen beim Einsatz von KI-Technologien durchaus ihre Berechtigung. Aus meiner Sicht kann aber gerade das christliche Wertefundament eine deontologische Ausrichtung bereichern und stärken. Wie schon im Vorwort dieses Bandes durch Verweise auf den Glaubensbasis der Deutschen Evangelischen Allianz von Thomas Schirrmacher ausgeführt wurde, bekennt sich christliche Ethik zur göttlichen Inspiration der Heiligen Schrift und zur Rolle des Heiligen Geistes, der Menschen zu einer Lebenswende (Bekehrung und Wiedergeburt) führt. Er inspiriert sie und befähigt sie zu einer positiven Transformation ihres Charakters nach dem Vorbild Jesu Christi. In 2. Timotheus 3,16-17 wird dieser entscheidende Wirkfaktor für ethisch verantwortliches Handeln von gläubigen Menschen folgendermaßen beschrieben:

> ***2.Tim 3,16-17:***
> *Denn alle Schrift, von Gott eingegeben, ist nütze zur Lehre, zur Zurechtweisung, zur Besserung, zur Erziehung in der Gerechtigkeit, dass der Mensch Gottes vollkommen sei, zu allem guten Werk geschickt.*

KI-basierte autonome Systeme haben viele positive Potenziale für den Einzelnen und die Gesellschaft. Da aber viele Folgen ihrer Nutzung nicht voraussehbar sind, ist es notwendig, Risiken zu minimieren und Schäden zu verhindern. Dazu sind öffentliche ethische Debatten zu führen, an denen Bürgerinnen und Bürger aller Al-

---

36 Fülling, H. & Meier, G. (2019). Die digitale Revolution und ihre Kinder. Berlin: Evangelische Zentralstelle für Weltanschauungsfragen. EZW-Texte 264

37 Höffe, O. (2013). *Ethik. Eine Einführung.* München: C.H. Beck

tersgruppen und aller gesellschaftlichen Institutionen beteiligt werden, bevor eine gesetzliche Regulierung erfolgt. Die Werte und Normen der christlichen Ethik können sowohl für die auf vielen unterschiedlichen Niveaus zu führenden ethischen Debatten als auch für die gesetzliche Regulierung fruchtbare Impulse setzen. In der Geschichte der Menschheit haben neue Phänomene und neue Fachdisziplinen immer wieder zur Ausbildung neuer Bereichsethiken geführt. Auch für die Technologien der Künstlichen Intelligenz bzw. des Maschinellen Lernens können die bereits vorhandenen biblischen Ansätze zur Arbeitsethik erweitert und neu durchdacht werden.

Am Beispiel der arbeitsethischen Ausführungen des presbyterianischen New Yorker Theologen Timothy J. Keller kann das kurz verdeutlicht werden. Keller weist auf die Argumentationslinien der Reformatoren Luther und Calvin hin, die den Zusammenhang von Beruf und Berufung hervorheben. Jeder Mensch, egal in welcher sozialen Rolle und mit welchen Einflussmöglichkeiten, ist von Gott dazu berufen, seinen Beitrag für die Versorgung anderer Menschen und die Bewahrung der Schöpfung zu leisten. Vor allem in der reformierten Tradition wird als Zweck der Arbeit gesehen, eine Arbeitskultur aufzubauen, die Gott ehrt und zugleich zum Wohlergehen anderer Menschen beiträgt. In Analogie zu seinen Ausführungen über Gottes Plan für die menschliche Arbeit im ersten Kapitel seines Buches (englische Fassung) schlage ich folgende Modifikationen von Kellers Arbeitsethik als Leitprinzip von KI-affinen Berufsgruppen vor, die weiter elaboriert werden könnten:

- the Design of AI (Merkmale humanzentrierter KI)
- the Dignity of AI (die Würde der Arbeit von KI-Schaffenden)
- AI as Cultivation (Entwicklung einer verantwortlichen KI-Kultur)
- AI as service (KI-Produkte als verantwortliche Dienstleistung)[38]

6. Impulse für eine deontologische biblische Ethik der KI

Mit den folgenden sechs Impulsen zu einer deontologischen Individual- und Sozialethik der KI, die an arbeitsethische Passagen des Alten und Neuen Testaments anknüpfen, möchte ich die weitere Diskussion und konkrete Ausformung von

38 Keller, T. (2012). *Every good endeavor: Connecting your work to God.* New York: Dutton-Penguin. Deutsche Übersetzung: Keller, T. (2019). *Berufung: Eine neue Sicht auf die Arbeit.* Wetzlar: Brunnen-Verlag

Ethikregeln in unserer Freikirche anregen.[39] Sie sind in der hier vorgelegten Form in erster Linie für Christinnen und Christen in KI-Berufen gedacht, seien es KI-Grundlagenforscher, -Entwickler oder -Unternehmer, geben aber auch Anregungen für kritische Benutzerinnen und Benutzer (user) von KI-Produkten. Die Impulse können darüber hinaus auch als Beitrag für eine öffentliche ethische Debatte mit Menschen anderer Weltanschauungen und Religionen verstanden werden. In Kapitel acht werde ich daran anschließende weiterführende Anregungen zur Praxis des ethischen Engagements geben.

IMPULS 1

Der Schöpfungsauftrag gilt auch für christliche Menschen in KI-Berufen. Der Mensch ist von Gott mit Schöpfergeist beschenkt, – wired to create –,[40] um die Natur und Gesellschaft treuhänderisch zu verwalten.

> ***1.Mose 1,28:***
> *Füllet die Erde und machet sie euch untertan.*
> ***Psalm 8,7:***
> *Du hast ihn [den Menschen] zum Herrn gemacht über deiner Hände Werk, alles hast du unter seine Füße getan.*

Dem menschlichen Schöpfergeist sollten aber Grenzen gezogen werden, wenn die Gefahr der Hybris droht. Deshalb empfehle ich dann ein Stoppkriterium für christliche KI-Entwickler, -Forscher- und -Unternehmer,

- wenn der Mensch die Schöpferleistung Gottes übertreffen oder ersetzen will, indem er Computerprogramme oder Maschinen entwirft, die wie der Mensch über einen freien Willen und moralische Kompetenzen verfügen sollen.[41]
- wenn der Mensch primär von Stolz und reinen Machbarkeitsüberlegungen bei der Entwicklung von KI-Systemen angetrieben wird.

---

39 Die vorgelegten Impulse gehen auf einen Vortrag zur christlichen Ethik der Künstlichen Intelligenz zurück, den ich auf einer öffentlichen Veranstaltung der Gruppe Glaube & Arbeit der Lukas-Gemeinde Berlin am 19.09.2017 im Restaurant des Deutschen Theaters Berlin gehalten habe.

40 Kaufman, S.B. & Gregoire, C. (2017). *Wired to create – Unraveling the mysteries of the creative mind.* New York: Penguin Random House

41 Siehe Kelley, K. (2017). *The Inevitable: Understanding the 12 Technological Forces That Will Shape Our Future.* New York: Pengiun. Der Mitgründer des Technik-Magazins WIRED hat einen Katechismus für Roboter entworfen und kann sich vorstellen, dass künftige KI-Systeme spirituelle Kompetenzen haben, die es möglich machen, sie als Kirchenmitglied aufzunehmen.

Eines der markantesten biblischen Beispiele für menschliche Hybris ist der Turmbau zu Babel in 1. Mose, der langfristig zum Zusammenbruch der gesellschaftlichen Kommunikation, zur Verwirrung und Selbstvernichtung führte.

1.Mose 11,1-9:

Es hatte aber alle Welt einerlei Zunge und Sprache. Als sie nun von Osten aufbrachen, fanden sie eine Ebene im Lande Schinar und wohnten daselbst. Und sie sprachen untereinander: Wohlauf, lasst uns Ziegel streichen und brennen! – und nahmen Ziegel als Stein und Erdharz als Mörtel und sprachen: Wohlauf, lasst uns eine Stadt und einen Turm bauen, dessen Spitze bis an den Himmel reiche, ***dass wir uns einen Namen machen;*** *denn wir werden sonst zerstreut über die ganze Erde. Da fuhr der Herr hernieder, dass er sähe die Stadt und den Turm, die die Menschenkinder bauten. Und der Herr sprach: Siehe, es ist einerlei Volk und einerlei Sprache unter ihnen allen und dies ist der Anfang ihres Tuns;* ***nun wird ihnen nichts mehr verwehrt werden können von allem, was sie sich vorgenommen haben zu tun.*** *Wohlauf, lasst uns herniederfahren und dort ihre Sprache verwirren, dass keiner des anderen Sprache verstehe! So zerstreute sie der Herr von dort über die ganze Erde, dass sie aufhören mussten, die Stadt zu bauen. Daher heißt ihr Name Babel,* ***weil der Herr daselbst verwirrt hat aller Welt Sprache*** *und sie von dort zerstreut hat über die ganze Erde.*[42]

IMPULS 2

Die Entwicklung exzellenter und menschenfreundlicher KI-Produkte sollte zur Ehre Gottes geschehen. Wenn christliche KI-Entwickler, -Forscher- und -Unternehmer sich in ihrer Arbeit den Prinzipien von hoher Qualität und menschengerechter Nutzung verpflichtet wissen, dann dienen sie in letzter Konsequenz damit Christus.

Kolosser 3,23:

Alles, was ihr tut, das tut von Herzen als dem Herrn und nicht den Menschen, denn ihr wisst, dass ihr von dem Herrn als Lohn das Erbe empfangen werdet. Dient dem Herrn Christus!

Philipper 4,8:

Weiter, Brüder und Schwestern: Was wahrhaftig ist, was ehrbar ist, was gerecht, was rein, was liebenswert, was einen guten Ruf hat, sei es eine Tugend, sei es ein Lob – darauf seid bedacht!

---

42 Drei Schlüsselsätze sind fett markiert: Die Motivation der Turmbauer, die Bedenken Gottes und die Folgen.

Sprüche 11,1:
Falsche Waage ist dem Herrn ein Gräuel; aber ein volles Gewicht ist sein Wohlgefallen.

IMPULS 3

Gesetzliche Regulierung sollte zum Selbstschutz von KI-Nutzern beitragen. Die Schöpfung bewahren heißt auch, seinen Körper, seine Seele und seinen Geist zu bewahren. Die staatliche Gesetzgebung sollte dabei KI-Nutzer unterstützen.

1.Korinther 6,12:
Alles ist mir erlaubt, aber nicht alles dient zum Guten. Alles ist mir erlaubt, aber nichts soll Macht über mich haben.

Ein Beispiel: Nach einer öffentlichen ethischen Debatte sollten durch den Gesetzgeber Grenzen für die Verwendung von KI-basierten Computer-Hirn-Schnittstellen gezogen werden, wenn sie nicht zur Behandlung von Hirnstörungen, sondern zur Optimierung der Hirnfunktionen gesunder Menschen verwendet werden (cognitive enhancement).

IMPULS 4

Trainingsprogramme zur Entwicklung von christlichen Ethik- und Weisheitskompetenzen für KI-Berufe sollten entworfen werden. Biblische Weisheitslehren können ethische Kompetenzen und die moralische Entscheidungsfähigkeit von KI-Entwicklern, -Forschern- und -Unternehmern ausbilden helfen.[43]

Im Alten Testament ist vor allem das Buch der Sprüche Salomo eine Inspirationsquelle für die Entwicklung von Weisheit. Sie hat in meinem Verständnis immer drei Ausgangspunkte, einen theozentrischen, einen kardiozentrischen und einen soziozentrischen Ausgangspunkt.

1) ***Der theozentrische Ausgangspunkt*** orientiert sich auf die spirituelle Quelle der Weisheit: *Die Furcht des Herrn ist der Anfang der Erkenntnis. Die Toren verachten Weisheit und Zucht* (Sprüche 1,7).
2) ***Der kardiozentrische Ausgangspunkt*** betont die Verantwortlichkeit für die eigene Charakterformung, hier im Bild einer achtsamen Regulation des Herzens als Sitz der Gefühle: *Behüte dein Herz mit allem Fleiß, denn daraus quillt das Leben* (Sprüche 4,23).

---

43 Siehe Keller, T. (2017). *God's Wisdom for Navigating Life.* New York: Penguin Random House LLC

3) ***Der soziozentrische Ausgangspunkt*** schließlich verweist auf die notwendige Einbindung von Ratgebern und Rollenvorbildern in der Weisheitsentwicklung: *Höre auf Rat und nimm Zucht an, damit du hernach weise seist* (Sprüche 19,20).

Weitere Merkmale des weisen Verhaltens entnehmen wir den folgenden Passagen aus dem Neuen Testament:

Jakobus 3,13:
Wer ist weise und klug unter euch? Der zeige mit seinem guten Wandel seine Werke in Sanftmut und Bescheidenheit.

Jakobus 3,17:
Die Weisheit aber von oben her ist zuerst lauter, dann friedfertig, gütig, lässt sich etwas sagen, ist reich an Barmherzigkeit und guten Früchten, unparteiisch, ohne Heuchelei.

IMPULS 5

Lebensstil und Arbeitsproduktivität von Christinnen und Christen in KI-Berufen sind ein Hinweis auf Gott selbst. Sie sind durch Jesus Christus von aller Schuld erlöst und leben als geliebte Kinder Gottes als seine Nachfolger. Sie können mit ihrem Lebensstil und ihrer Arbeit auf ihn verweisen.

Matthäus 5,16:
So lasst euer Licht leuchten vor den Leuten, damit sie eure guten Werke sehen und euren Vater im Himmel preisen.

IMPULS 6

ChristInnen sollten auch als Nutzer oder Konsumenten kritisch und verantwortlich mit KI-Werkzeugen umgehen. Die von Gott verliehene Würde und Ebenbildlichkeit sollte nie durch intelligente Systeme beschädigt oder ersetzt werden.

Der Psychologe Gerd Gigerenzer setzt sich an dem von ihm gegründeten Harding-Zentrum für Risiko-Kompetenz an der Universität Potsdam für die Ausbildung und Verbreitung reflektierter Entscheidungskompetenzen ein. Mündige Menschen werden nach seiner Einschätzung nicht nur heute, sondern auch in der Zukunft KI-Systemen überlegen sein und sollten deshalb die Kontrolle behalten. KI-Algorithmen funktionieren nur für die Voraussage in einer stabilen Welt, sind aber nicht in der Lage, wie Menschen intuitiv schnelle dynamische Anpassungen vorzunehmen.[44]

44 Gigerenzer, G. (2021). *Klick – Wie wir in einer digitalen Welt die Kontrolle behalten und die richtigen Entscheidungen treffen.* München: C. Bertelsmann Verlag

An dieser Stelle öffnen sich unter dem Stichwort *Weisheit* für Christinnen und Christen wie unter Punkt vier Perspektiven für ein Modell der christlichen Lebenskunst, in dem Prinzipien für den angemessenen Umgang mit KI-Systemen ausgearbeitet werden.[45]

1. Thessalonicher 5,21-22:
Prüft aber alles und das Gute behaltet. Meidet das Böse in jeder Gestalt.

7. Christliche Initiativen zur KI-Ethik

Die oben vorgelegte Liste von sechs Impulsen erhebt nicht den Anspruch auf Vollständigkeit oder Überschneidungsfreiheit. Sie hat aber viele Überschneidungen mit einigen in den letzten Jahren vorgelegten ethischen Leitlinien von Kirchen und christlichen Dachorganisationen, die ich in diesem Abschnitt vorstellen werde. Auf der Grundlage bereits vorhandener christlicher Arbeitsethiken sollte es gelingen, im interdisziplinären Austausch mit allen an der Künstlichen Intelligenz beteiligten Akteuren daraus explizitere und biblisch fundierte Prinzipien zu entwickeln.[46]

Die Römisch-Katholische Kirche hat nach einem von der *Pontificia Accademia per la Vita* im Vatikan organisierten Workshop in Anwesenheit von Papst Franziskus ein Plädoyer für eine *Algor-Ethik* für Künstliche Intelligenz vorgelegt. Sie trägt den Titel „Rome Call for AI Ethics" und spricht sich gegen eine Technisierung des Humanen und für eine Humanisierung der Technik aus. Handlungsleitend für die Entwicklung von KI-Algorithmen sollen dabei die Prinzipien der Transparenz, Verantwortlichkeit, Inklusion, Teilnahme, Sicherheit, Verlässlichkeit und Privatheit sein. Der Papst appellierte an KI-Entwickler, vor allem benachteiligte Menschen vor aufdringlichen, die Privatheit verletzenden KI-Technologien zu schützen, zum Beispiel auch bei der automatischen Gesichtserkennung. Die Erklärung wurde am 28. Februar 2020 nicht nur von der Päpstlichen Akademie der Wissenschaften, sondern auch von dem italienischen Ministerium für Innovation, der FAO und Vertretern der Firmen Microsoft und IBM unterzeichnet.[47]

---

45 Haack, J. (in Vorbereitung). Weisheit und christliche Lebenskunst

46 Vergleiche: Schuurman, D.C. (2019). Artificial Intelligence: Discerning a Christian Response. God and Nature Magazine 71, 2. 75-82. Dieser Artikel ist Teil eines Themenhefts zur KI aus biblischer Sicht: https://www.asa3.org/ASA/PSCF/2019/PSCF6-19dyn.html

47 https://www.romecall.org/wp-content/uploads/2021/02/AI-Rome-Call-x-firma_DEF_DEF_con-firme_.pdf

Die Evangelische Kirche in Deutschland (EKD) thematisiert in ihrer Denkschrift *Freiheit digital – Die Zehn Gebote in Zeiten des digitalen Wandels* die Herausforderungen der Digitalisierung im Alltag, gibt aber keine expliziten Orientierungshilfen für die Nutzung von KI-Systemen.[48] Theologische und religionspädagogische Reflexionen zur KI findet man aber in einem interessanten interdisziplinären Tagungsband des Instituts für Evangelische Theologie an der Technischen Universität Dortmund.[49]

Ein Meilenstein in der produktiven Auseinandersetzung mit KI-Technologien aus evangelikaler Sicht ist ein Manifest mit zwölf Prinzipien, das im April 2019 von 77 evangelikalen Vertretern der USA, in der Mehrzahl Theologen und Philosophen, vorgelegt wurde.[50] Empfohlen wird in der Präambel eine proaktive Auseinandersetzung mit Künstlicher Intelligenz, mit der Christinnen und Christen nicht passiv und ängstlich auf die potenziellen Risiken starren, sondern sich mit Weisheit und Sorgfalt für menschenwürdige Systeme und Einsatzszenarien von KI einsetzen.[51]

Nach Jason Thacker, Forscher in der *Ethics an Religious Liberty Commission* und Moderator der oben genannten Initiative, sollten diese Handlungsempfehlungen darauf ausgerichtet sein, Künstliche Intelligenz verantwortlich so zu verwenden, dass wir Gott und unseren Nächsten noch besser lieben können. Diese richtige Handlungsmaxime auf der Grundlage des Liebesgebotes der Bibel muss natürlich in einzelnen Kontexten ausbuchstabiert werden.

Die zwölf Prinzipien verstehen KI-Technologien als Werkzeuge, die zum Nutzen von Menschen eingesetzt werden können, aber nicht als autonome Systeme in Konkurrenz zu Menschen treten dürfen. Jedes der Prinzipien ist mit einer Reihe begründender biblischer Zitate unterlegt. Die Prinzipien befassen sich mit ethik-relevanten KI-Szenarien, die ich hier kurz aus dem Englischen übersetze und zusammenfasse:

1. Der Mensch allein ist das Abbild Gottes. KI-Technologien sollte nie menschliche Identität, Würde oder moralische Handlungsfähigkeit verliehen werden.

48 https://www.ekd-digital.de/dokumente/denkschrift-freiheit-digital.pdf

49 Konz, B., Ostmeyer, K-H. & Scholz, M. (Hrsg.). (2023). *Gratwanderung Künstliche Intelligenz – Interdisziplinäre Perspektiven auf das Verhältnis von Mensch und KI*. Stuttgart: Kohlhammer

50 https://www.christianitytoday.com/news/2019/april/ai-artificial-intelligence-technology-statement-evangelical.html

51 Artificial Intelligence: An Evangelical Statement of Principles (2019). https://erlc.com/resource-library/statements/artificial-intelligence-an-evangelical-statement-of-principles

2. KI-Technologien sollten menschliches Wohlergehen fördern und Leiden mindern.
3. Moralische Verantwortung sollte nie an KI-Systeme delegiert werden.
4. Medizinische KI-Technologien sollten sich an Grundprinzipien der medizinischen Ethik halten und nicht zur risikoreichen Optimierung (enhancement) und zum Ersatz des menschlichen Lebens eingesetzt werden.
5. KI-Systeme dürfen nicht die Menschenrechte verletzen. KI sollte so gestaltet werden, dass alle Menschen unabhängig von Geschlecht, Rasse und Religion gleich behandelt werden.
6. Sexualität sollte exklusiv der Beziehung zwischen einem Mann und einer Frau in einem lebenslangen Ehebund vorbehalten bleiben und nicht an Sexroboter delegiert werden.
7. KI-Systeme sollten nicht vollständig menschliche Arbeit ersetzen, sondern dazu eingesetzt werden, dass Menschen ihre originären Talente und Fähigkeiten besser ausüben können. Die Kirche hat eine Verantwortung für Menschen, die ihre Arbeit verlieren und eine Verantwortung, sich für Umschulungsmaßnahmen von den Berufsgruppen einzusetzen, die durch KI-Technologien ersetzt werden.
8. Gott weiß alle Dinge. Es gibt aber kein obligatorisches Recht von Unternehmen, Regierungsinstitutionen oder Nationalstaaten auf alle persönlichen Daten von Menschen.
9. KI-Systeme dürfen von Sicherheitsbehörden des Staates genutzt werden. Sie sollten jedoch nie zum Schaden von Personen oder zu ihrer Entpersönlichung (depersonalization) oder Entmenschlichung (dehumanization) eingesetzt werden.
10. Bei KI-Systemen im militärischen Einsatz sollte die menschliche Verantwortung und Strafwürdigkeit nie an die Systeme delegiert werden. Keine Nation oder Gruppe hat das Recht, KI-Technologien für Völkermord, Terrorismus, Folter oder Kriegsverbrechen einzusetzen.
11. Der Einsatz von KI-Technologien durch Regierungen, Unternehmen oder andere Organisationen sollte sich an die Bürgerrechte halten, Menschen vor Gewalt schützen und zur Ergreifung von Straftätern beitragen.
12. Auch für hoch entwickelte KI-Technologien gilt der Grundsatz, dass KI nie in Würde und Wert zum Menschen als Ebenbild Gottes aufschließen sollte.

Wegen der gedankenklaren Formulierung gebe ich an dieser Stelle den Wortlaut von Prinzip zwölf wieder:

"We affirm that AI will continue to be developed in ways that we cannot currently imagine or understand, including AI that will far surpass many human abilities. God alone has the power to create life, and no future advancements in AI will usurp Him as the Creator of life. The church has a unique role in proclaiming human dignity for all and calling for the humane use of AI in all aspects of society.
We deny that AI will make us more or less human, or that AI will ever obtain a coequal level of worth, dignity, or value to image-bearers. Future advancements in AI will not ultimately fulfill our longings for a perfect world. While we are not able to comprehend or know the future, we do not fear what is to come because we know that God is omniscient and that nothing we create, will be able to thwart His redemptive plan for creation or to supplant humanity as His image-bearers.
Genesis 1; Jesaja 42,8; Römer 1,20-21; 5,2; Epheser 1,4-6; 2. Timotheus 1,7-9; Offenbarung 5,9-10."

Bedauerlicherweise fehlt in der Liste der zwölf evangelikalen Technologie-Statements eine Auseinandersetzung mit den blasphemischen und verantwortungslosen Überhöhungen von KI-Systemen, die den Werkzeugcharakter von Software weit übersteigen und Ziele des Transhumanismus verwirklichen sollen (siehe Seite 4). So streben zum Beispiel die Anhänger der kalifornischen KI-Kirche *Way of the Future* danach, einer menschengemachten Software schrittweise nicht nur menschliche, sondern göttliche Qualitäten zu verleihen. Sie warten auf die Erlösung und Befreiung durch ein Zeitalter der Göttlichkeit von KI. Diese radikale Abwendung von einer persönlichen Gottesbeziehung wird von dem Kirchengründer, dem KI-Ingenieur David Levandowski wie folgt begründet: *"There are many ways people think of God, and thousands of flavors of Christianity, Judaism, Islam...but they're always looking at something that's not measurable or you can't really see or control. This time it's different. This time you will be able to talk to God, literally, and know that it's listening."* [52]

Weiterhin fehlt eine kritische Diskussion zurzeit diskutierter KI-Technologien, die das Selbstverständnis und Tätigkeitsbild von geistlichen Berufen herausfordern. Ein Beispiel dafür war der Segensroboter Bless-U-2, der auf der Wittenberger Weltausstellung im Luther-Jahr 2016 von der Evangelischen Kirche in Hessen-Nassau vor-

52 Harris, M. (2017). Inside the First Church of Artificial Intelligence: WIRED. https://www.wired.com/story/anthony-levandowski-artificial-intelligence-religion/

gestellt wurde. Der Segensroboter hatte keine KI-Komponenten und war auch nur als künstlerische Provokation gedacht, um Besucher mit Aussagen der Bibel zu konfrontieren. Gleichwohl fordert dieser Einsatz von Robotern in Kernbereichen des geistlichen Lebens zu neuer Reflexion über ethische Grenzlinien heraus. Noch provokativer war der erste von KI-Avataren gehaltene Gottesdienst am 11. Juni 2023 auf dem Evangelischen Kirchentag in Fürth, der offenbar aber keine große Begeisterung bei den Kirchenbesuchern auslöste. Als ChatGPT um einen Segen gebeten wurde, lautete die Antwort: „Natürlich kann ich Ihnen einen endgültigen Segen geben. Aber bitte beachten Sie, dass ich als KI-Modell keine eigenen religiösen Überzeugungen oder Befugnisse habe".[53]

Abschließend ist darauf hinzuweisen, dass der schon erwähnte Theologe Jason Thacker im März 2020 eine eigene sehr empfehlenswerte ausführliche Bestandsaufnahme ethischer Herausforderungen und möglicher Antworten aus christlicher Ethik-Perspektive vorgelegt hat. Seine Publikation geht über die oben vorgestellten zwölf Leitsätze hinaus und bietet konkrete Handlungsempfehlungen für Christen im Umgang mit KI.[54]

Auch John Lennox, ein emeritierter Mathematikprofessor und engagierter christlicher Apologet an der Universität Oxford, hat ein populärwissenschaftliches Buch zum Thema „Künstliche Intelligenz" vorgelegt. Lennox' Schlüsselfrage für die verantwortliche Entwicklung und Bewertungen von KI-Systemen lautet: „Wie kann man in einen Algorithmus, der weder Herz, Seele noch Verstand besitzt, eine ethische Dimension einbauen?" Den Titel seines Buches 2084[55] versteht Lennox nicht als einen weiteren dystopischen Roman in der Tradition von Orwells Klassiker 1984, sondern als einen Warnruf an technikfaszinierte Zeitgenossen. Er setzt sich gekonnt mit verschiedenen Zukunftsszenarien zur Superintelligenz und zum Transhumanismus auseinander und entwirft auf dem Hintergrund biblischer Prophetien über den wiederkommenden Christus ein Gegenbild zum technikverstärkten Homo Deus, so wie ihn Yuval Harari in seinem namensgleichen Kultbuch entwirft.

Im deutschsprachigen Sprachraum befasst sich seit 2021 das Zentrum für Glaube und Gesellschaft an der Theologischen Fakultät der Universität Fribourg/Schweiz aus christlicher Sicht mit ethischen Grundfragen im Zeitalter von KI, vor allem im

---

53 https://www.themayor.eu/en/a/view/germany-s-first-ai-led-church-raised-eyebrows-11899

54 Thacker, J. (2020). *The Artificial Intelligence and the future of humanity.* Grand Rapids: Zondervan

55 Lennox, J. (2022). *2084: Künstliche Intelligenz und die Zukunft der Menschheit: Wie unsere Zukunft menschlich bleiben kann.* Witten: SCM R.Brockhaus

laufenden Forschungsprojekt „Contesting Computer Anthropologies".[56] Oliver Dürr, ein Mitarbeiter dieses Zentrums, stellt in einer im Jahr 2023 erschienenen Publikation das Welt- und Menschenbild des Transhumanismus auf den Prüfstand. Er entwickelt in einer Techniktheologie erste Vorüberlegungen zu einer christlichen Antwort auf den Transhumanismus und gibt Denkanstöße für eine verantwortliche Nutzung der KI-Potenziale.[57]

8. Zur Praxis des christlichen ethischen Engagements

Wie können biblische Normen und Werte für KI-Gestaltung und -nutzung im verantwortlichen Alltagshandeln von Christinnen und Christen konkret umgesetzt werden? Wie können sie in Unternehmen, in Bildungsinstitutionen, in privaten Bereichen von Freizeit und Ehrenamt ihre ethischen Prinzipien mit anderen Menschen teilen? Verschiedene Formen des Engagements sind möglich.

CHRISTLICHE KI-ETHIK IM JOB UMSETZEN

Christinnen und Christen sind als Arbeitgeber und Arbeitnehmer in unterschiedlichen Unternehmensformen unterwegs, ob als Entwickler/Coder oder Berater mit KI-Technologien, ob in Konzernen, Familienunternehmen oder StartUps. Dort können sie sich für Ethik-Codices einsetzen oder sich als Ethik- oder Compliance-Beauftragte wählen lassen.

Sie können sich auch für die Transparenz und Fairness bei der Entwicklung von KI-Algorithmen einsetzen. Dafür geeignet sind zum Beispiel Methoden des Design Thinking, mit denen schon in frühen Stadien des Entwurfsprozesses neben dem Feedback der künftigen Software-Benutzer (User) auch humanzentrierte ethische Prinzipien berücksichtigt werden.

SOZIALE VERANTWORTUNG WAHRNEHMEN

Christinnen und Christen als Personaler/Human Resources-Verantwortliche können sich für die Qualifizierung von gering Qualifizierten einsetzen, deren Arbeitsplätze durch KI bedroht sind.

---

56 https://www.unifr.ch/glaubeundgesellschaft/de/forschung/projekte/cca.html

57 Dürr, O. (2023). *Transhumanismus – Traum oder Alptraum?* Freiburg: Verlag Herder

CHRISTLICHE KI-ETHIK IN DER MEINUNGSBILDUNG VON CHRISTLICHEN KIRCHEN, ORGANISATIONEN UND THINK TANKS FÖRDERN

Christinnen und Christen können im Umfeld ihrer Kirchen und Gemeinden Bewusstsein für die ethische Auseinandersetzung mit digitalen Technologien schaffen. Hier lässt sich als inspirierendes Beispiel die von *Gemeinsam für Berlin e.V.* und dem *Berliner Institut für Urbane Transformation* getragene Initiative *Startup. Life Berlin* nennen. Sie vernetzt christliche Menschen in der Berliner Startupszene, vor allem aus dem IT- und Tech-Sektor. Seit September 2018 treffen sich die Teilnehmenden aus unterschiedlichen christlichen Denominationen und unterschiedlichen Berufsgruppen zu den Formaten Startup.Life_Think (speakers, fire-side chats), Startup.Life_Drink (informeller Austausch) und Startup.Life_Pray (gemeinsames Gebet) an citynahen Orten wie dem Coworking Space betahaus Berlin oder der Microsoft Digital Eatery.[58]

CHRISTLICHE KI-ETHIK IN BILDUNGS- UND WEITERBILDUNGS-SETTINGS EINBRINGEN

KI-Technologien werden bald alle Gesellschaftsbereiche durchdringen, auch die schulische, berufliche und universitäre Bildung. Das Empowerment für den souveränen Umgang mit diesen Systemen sollte auch ethische Diskurse auf dem Niveau von Kindern, Jugendlichen und Erwachsenen anstoßen.[59] Für eine ausführliche Darstellung der kostenlosen Online-Kurse auf Lernplattformen wie dem KI-Campus[60] wird hier verzichtet. Für christliche Lehrer und Dozenten eröffnet sich hier auf jeden Fall ein Einflussfeld, in dem sie ihre ethischen Positionen einbringen können.

CHRISTLICHE KI-ETHIK IN ÖFFENTLICHE DEBATTEN EINBRINGEN

Exemplarisch sollen hier die Mitarbeits- und Teilhabemöglichkeiten im Deutschen Ethikrat in Berlin kurz vorgestellt werden.[61]

Der Deutsche Ethikrat ist ein Dialog- und Beratungsgremium, das Stellungnahmen zu ethischen Fragen erarbeitet, mit jährlicher Berichterstattung an den Bundestag und die Bundesregierung. Die 26 Mitglieder aus Politik, Ethik, Theologie, Medizin, den Natur- und Ingenieurwissenschaften sowie aus den Wirtschafts- und

---

58 https://www.startuplife.berlin/

59 Borenstein, J. & Howard, A. (2021). Emerging challenges in AI and the need for AI ethics education. AI and ethics 1, 61-65

60 https://ki-campus.org/

61 https://www.ethikrat.org/. Aus eigener Erfahrung kann ich die Teilnahme an derartigen öffentlichen Treffen sehr empfehlen.

Sozialwissenschaften beraten in geschlossenen Arbeitssitzungen und öffentlichen Sitzungen ethische, verbraucherrechtliche und soziale Dimensionen von KI-Systemen. Sie bilden eine notwendige Ergänzung zu den unternehmerischen Zielen, die primär auf technische Qualität, das Innovationspotenzial und den wirtschaftlichen Erfolg ausgerichtet sind und weniger darauf, ob die Selbstbestimmung und Teilhabe der Personen aller Bevölkerungsgruppen gewährleistet ist.

In den öffentlichen Veranstaltungen des Deutschen Ethikrates ist die Beteiligung aller Alters- und Berufsgruppen ausdrücklich gewünscht. Das gilt auch für Themen der Künstlichen Intelligenz.[62] In offenen Veranstaltungsformaten kommen nicht nur Experten zu Wort, sondern auch interessierte und kritische „Normalbürgerinnen" und „Normalbürger". Auch christliche Menschen sind damit eingeladen, sich mit biblischen Positionen in diesen gesellschaftlichen Diskurs einzubringen.

Die praktische Umsetzung ethischer KI-Prinzipien (Implementierung) in der Gesellschaft ist eine anspruchsvolle und herausfordernde Aufgabe.[63] Trotz des hohen Tempos bei der Entwicklung neuer KI-Systeme sollten sich aber auch christliche Organisationen und Think Tanks konstruktiv an der ethischen Debatte beteiligen.

9. Fazit

KI-Technologien werden unser zukünftiges Leben stark verändern. Christliche Menschen müssen sich davor aber nicht fürchten.

> *2.Timotheus 1,7:*
> *Denn Gott hat uns nicht gegeben den Geist der Furcht, sondern der Kraft und der Liebe und der Besonnenheit.*

Ich schließe mit einem treffenden Zitat des amerikanischen Theologen Jason Thacker, der sich aus evangelikaler Sicht wohl bisher am ausführlichsten mit den Potenzialen und Risiken von Künstlicher Intelligenz auseinandergesetzt hat:

---

62 KI-affine Themen waren bisher: Der steuerbare Mensch – Über Einblicke und Eingriffe in unser Gehirn (2009). Big Data und Gesundheit – Datensouveränität als informationelle Freiheitsgestaltung (2017). Autonome Systeme. Wie intelligente Maschinen uns verändern (2017). Pflege – Roboter – Ethik. Ethische Herausforderungen der Technisierung der Pflege (2019). Künstliche Intelligenz und Mensch-Maschine-Schnittstellen (2021)

63 Ashok, M., Madan, R., Joha, A., & Sivarajah, U. (2022). Ethical framework for Artificial Intelligence and digital technologies. *International Journal of Information Management 62*, 1-17

"I don't fear AI or even the moment of singularity. I don't fear robots, even if one day they do wake up with some level of consciousness. Rather, I fear the people of God buying the lie that we are nothing more than machines and that somehow AI will usher in a utopian age. AI is not a savior. It is not going to fix all of our world's problems. It is a tool that must be wielded with wisdom. AI will lead to many great advances but will also open up new opportunities to dishonor God and devalue our neighbor. Just as technology always has. Onward to the future, full of joy, expectation, and hope as we seek to navigate in the age of AI as the people of God."[64]

Christinnen und Christen sollten in diesem Sinne auf der Grundlage biblischer Ethik-Prinzipien im gesellschaftlichen Diskurs mutig auf Missbrauchsszenarien hinweisen und sich im Alltag als kritische Konsumenten manipulativen oder menschenunwürdigen KI-Produkten verweigern. Als christliche Software-Entwickler, Ingenieure, Designer und Unternehmer können sie aber auch zu einer humanzentrierten Entwicklung von KI-Werkzeugen beitragen, – zur Ehre Gottes, zum Segen und Nutzen ihrer Mitmenschen und zu ihrer ganz persönlichen Freude.

JOHANNES HAACK
BERLIN; M.A., KOGNITIONSWISSENSCHAFTLER, SYSTEMTECHNOLOGE KNOWLEDGE ENGINEERING (GNB) UND CHRISTLICHER ACHTSAMKEITSTRAINER

64 Thacker, J. (2020). *The age of Artificial Intelligence and the future of humanity.* Grand Rapids: Zondervan. (Seite 182)

Weiterführende Literatur

von Friedemann Pache

Wer sich über diese Buch hinaus noch mit dem Thema „Ethik" oder einzelnen ethischen Fragestellungen beschäftigen möchte, findet im Folgenden Hinweise zu empfehlenswerten ethisch-theologischen Standardwerken und informativen Websites.

1. Literaturhinweise und Empfehlungen

Wer sich etwas näher mit Ethik oder ethischen Themen beschäftigt, stellt fest, dass die einzelnen Themen und Fragestellungen jeweils bestimmten Kategorien zugeordnet werden. So unterscheidet bzw. ordnet man ethische Themen in folgende Kategorien ein:

allgemeine Ethik
Individualethik
Eheethik
Familienethik
Sexualethik
Bio- und Medizinethik
politische Ethik
Wirtschaftsethik
Umweltethik
Kulturethik

Es ist daher nicht verwunderlich, dass es die „klassische Ethik" als einbändiges Werk nicht gibt. Ein Werk allein kann nicht alle Kategorien und Fragestellungen abdecken und dabei den Themen ernsthaft gerecht werden.

Wer sich einen ersten Überblick verschaffen möchte, dem sind folgende Werke zu empfehlen, die eine kurze Einführung ins ethische Denken und Handeln geben, ihren Schwerpunkt dann aber eher auf spezifische Themen zu Fragen des christlichen (Alltags-)Lebens legen. Dazu gehören:

Horst Afflerbach: Handbuch christliche Ethik, R. Brockhaus

Das „Handbuch Christliche Ethik" bietet in seinem ersten Hauptteil Grundlagen und Kriterien christlicher Ethik. Außerdem will es praktische Orientierungshilfe geben. Eins der ältesten ethischen Paradigmen, die Zehn Gebote, werden in einem zweiten Hauptteil aktuell erklärt. Ein dritter kurzer Teil beschäftigt sich thesenartig mit der Frage, wie wir ethische Leitlinien in christlichen Gemeinden wieder nachhaltig vermitteln können.

Eine explizite Schwerpunktlegung auf die Zehn Gebote findet sich bei **Klaus Bockmühl:** ***Christliche Lebensführung: Eine Ethik der Zehn Gebote*, TVG Brunnen.**

Themenspezifische Bücher zu einzelnen Fragen ethischen Handelns und christlichen Perspektiven bringen heraus:

- der **Lichtzeichen Verlag** (Hrsg. Michael Kotsch) in ihrer ***„Aufklärungsreihe"*** www.lichtzeichen-shop.com/Buecher/Aufklaerungsreihe
- die Reihe ***„kurz und bündig"*** (Hrsg. Thomas Schirrmacher) von **SCM-Hänssler.** In jedem Band findet sich nach dem Schema „Information – Diskussion – Praxis" zusammengestelltes Wissen über ein aktuelles Thema. Die Autoren greifen auch kontroverse Diskussionen auf, geben praktische Tipps und nennen Adressen von Fachorganisationen oder weiterführende Literatur.

ETHISCHE FRAGESTELLUNGEN UND THEMEN SPEZIELL FÜR JUGENDLICHE

Ethische Fragestellungen und Themen beschäftigen nicht nur Erwachsene, sondern vielfach auch Jugendliche. Gerade sie müssen in ihren Fragen ernst genommen werden. Antworten auf Glaubens- und Lebensfragen sowie praktische und biblische Hilfestellungen bieten die Bücher von **Josh McDowell und Ed Steward.** Die Autoren behandeln u.a. die Themenbereiche Sexualität, Umgang mit Konflikten sowie Tod und Suizid. Herausgeber ist die „Christliche Verlagsgesellschaft Dillenburg" (www.clv.de).

Wissenschaftlich sowie theologisch versierter und damit auch anspruchsvoller zu lesen sind die folgenden Empfehlungen:

Thomas Schirrmacher: *Ethik*. Acht Bände, Verlag für Kultur und Wissenschaft

Überwältigend umfangreich, aber dennoch leicht zu lesen ist die achtbändige „Ethik" von Thomas Schirrmacher. Sie wurde ursprünglich für die Christliche Volkshochschule in Bonn konzipiert und ist seither immer wieder erweitert worden. Sie ist mittlerweile ein theologisches Standardwerk. Jede Lektion ist in sich abgeschlossen und behandelt eine ethische Fragestellung, die allgemein diskutiert wird, wie z.B. die Gültigkeit der Bergpredigt, die Zulässigkeit des Schwörens, das Widerstandsrecht oder die Euthanasie. Thomas Schirrmacher erarbeitet diese weithin diskutierten Themen, damit der Leser die angeschnittenen Probleme mit ihm bekannten Situationen und Gesprächsthemen in Verbindung setzen kann.

Helmut Burkhardt: *Ethik*. Vier Bände, Brunnen Verlag

Etwas anspruchsvoller zu lesen als die Ethik von Schirrmacher, aber dennoch sehr zu empfehlen, ist die ebenfalls mehrbändige Ethik von Helmut Burkhardt. Wie auch Schirrmachers Ethik geht sie u.a. auf sexualethische, wirtschaftsethische und sozialethische Fragestellungen ein. Burkhardts Ausführungen sind prägnant und beschränken sich auf wesentliche Fragestellungen. Er stellt einen gelungenen und kompakten evangelikal geprägten Entwurf zum ethischen Dialog der Gegenwart vor.

WENIGER FÜR LAIEN ALS FÜR THEOLOGISCH VORGEBILDETE UND ANSPRUCHSVOLL GESCHRIEBEN SIND:

Leben zur Ehre Gottes (Ethische Sammelbände), Band 1 und 2, herausgegeben von Christian Herrmann, SCM Brockhaus

Verschiedene Autoren tragen bei zu dem Versuch, eine evangelikale Ethik als Sammelwerk vorzulegen. Im ersten Band geht es dabei mehr um die so genannte formale Ethik, während sich der zweite Band den materialen Konkretionen widmen wird.

Christian Herrmann: *Gott und Politik: Eine Einführung in politische Ethik*, SCM Brockhaus

Inwiefern unsere Weltanschauung mit unserem ethischen Denken und Handeln zusammenhängt, verdeutlicht dieses Werk und gibt dabei überraschende sowie spannende Einsichten:

Darrow L. Miller: *Wie sollen wir denn denken: Leitfaden für eine christliche Weltanschauung*, Asaph

B. Christliche Websites zu ethischen Themen

Folgende Websites bieten Informationen und Publikationen sowie z. T. auch Hilfsangebote für Betroffene, Angehörige und Mitarbeiter in Gemeinden:

www.ethikinstitut.de („Institut für Ethik und Werte" an der Freien Theologischen Hochschule Gießen)

Die Homepage des Ethikinstituts ist eine wahre Fundgrube für alle möglichen Themen: Politik, Wirtschaft, Familien, individuelle Ethik, sozialethische Fragen, medizinische Ethik etc. Das Ethikinstitut bietet auf seiner Website weiterführende Links, Hinweise auf aktuelle Publikationen, eine wachsende Datenbank sowie Hinweise auf Tagungen verschiedener ethischer Arbeitsgruppen in Deutschland.

www.wort-und-wissen.de („Studiengemeinschaft Wort und Wissen")

Die „Studiengemeinschaft Wort und Wissen" ist ein wissenschaftlicher Verein. Thematische Schwerpunkte der Arbeit bilden Grundlagenforschung und Bildungsarbeit im Spannungsfeld „Naturwissenschaft und christlicher Glaube". Ihre Website bietet Diskussionsbeiträge, Publikationen, Rezensionen sowie einen Literatur- und Medienkatalog zu den Themen Bibel, Schöpfung, Evolution und Geologie. Als Download steht die evolutionskritische Zeitschrift „Studium Integrale Journal" zur Verfügung.

www.iguw.de („Institut für Glaube und Wissenschaft")

Ziel des „Instituts für Glaube und Wissenschaft" ist es, (a) den Dialog zwischen Glaube und Wissenschaft zu fördern und andere für diesen Dialog zu befähigen, (b) einen Beitrag zum Verständnis der gegenwärtigen Welt zu leisten und (c) Orientierung in einer pluralistischen Welt zu geben.

Die Website enthält eine umfangreiche Textsammlung zu aktuellen Themen.

www.weisses-kreuz.de („Fachverband für Sexualethik und Seelsorge")

Das „Weiße Kreuz" bietet eine Fülle an Sachinformation sowie seelsorgerliche Hilfestellungen zu den Themen Sexualität, Sexualethik, Wert des Lebens und Beziehungen. Online-Artikel, Downloads, weiterführende Links und Hinweise auf Veröffentlichungen machen die Website zu einem echten Fundus für die Gemeinde- bzw. Jugendarbeit. Für die sexualpädagogische Arbeit in der Jugendarbeit ist besonders der schweizerische Zweig des „Weißen Kreuzes" zu empfehlen: www.swk.swiss.

www.wuestenstrom.de („Wuestenstrom e.V.")

Der Verein „Wuestenstrom" bietet Informationen und Hilfestellungen zu sexualethischen Themen und Seelsorge.

www.dijg.de („Deutsches Institut für Jugend und Gesellschaft")

Im Zentrum der Arbeit des „Deutschen Instituts für Jugend und Gesellschaft" (DIJG) steht die Frage nach zukunftsfähigen und zukunftshaltigen Lebensgrundlagen für die nächste Generation. Das DIJG forscht und informiert zu den Themen Identität, Ehe und Familie, Bindung und Identitätsentwicklung, Identität und Sexualität, Homosexualität, männliche und weibliche Identität und Kultur sowie Identitätsverletzungen.

www.team-f.de („Team.F – Neues Leben für Familien")

„Team.F" hat es sich zum Ziel gesetzt, Ehen und Familien zu fördern, zu unterstützen und zu stärken. Die Homepage verfügt über Artikel, weiterführende Informationen, Hinweise zu Seminaren sowie Literaturempfehlungen zu den Themen Ehe, Ehevorbereitung, Sexualität, Erziehung und Identität.

www.smd.org/de/akademiker-smd („Arbeitsgemeinschaft Christlicher Mediziner")

Die „Arbeitsgemeinschaft Christlicher Mediziner" (ACM) ist ein überkonfessioneller Zusammenschluss von Ärzten, die sich in ihrem Beruf vom Glauben an Jesus Christus leiten lassen wollen. Bei aktuellen, umstrittenen medizin-ethischen Themen mit gesellschaftspolitischer Relevanz gibt der Leitungskreis der ACM Stellungnahmen heraus, bei denen er eine christliche Position zu der Thematik veröffentlichen möchte.

www.bucer.de/institute/ilfw.html
(„Institut für Lebens- & Familienwissenschaften“)

Das „Institut für Lebens- & Familienwissenschaften“ (ILFW) des Martin-Bucer-Seminars besteht aus einem Forschungszweig für Lebenswissenschaften und einem Forschungszweig für Familienwissenschaften. Die Website bietet Artikel, Statistiken und Literaturempfehlungen. U.a. spielen am ILFW das Erheben und Sichten statistischer Daten zugunsten von Kindern und Familien eine zentrale Rolle. Es werden Argumente für das Lebensrecht Ungeborener ebenso gesammelt wie statistische Belege für die Vorteile von Langzeitehen und Kernfamilien – sowie die Nachteile und Probleme anderer Familienformen und die Familie verneinender Aktivitäten und Sichtweisen wie Pornografie oder Sextourismus.

PASTOR FRIEDEMANN PACHE
LÜNEBURG

Notizen

Notizen

Notizen

Notizen

Notizen

Notizen

Notizen

Notizen

Notizen

Notizen

Notizen

Notizen

Notizen